jetzt lerne ich **C**

jetzt lerne ich

C

Der einfache Einstieg in ANSI C mit vielen Beispielen

PETER MONADJEMI ECKART WINKLER

Markt+Technik

Bibliografische Information Der Deutschen Bibliothek
Die Deutsche Bibliothek verzeichnet diese Publikation in der Deutschen Nationalbibliografie; detaillierte bibliografische Daten sind im Internet über <http://dnb.ddb.de> abrufbar.

Umwelthinweis:
Dieses Buch wurde auf chlorfrei gebleichtem Papier gedruckt.

10 9 8 7 6 5 4 3 2 1

05 04 03

ISBN 3-8272-6570-3

ein Imprint der Pearson Education Deutschland GmbH,
Martin-Kollar-Straße 10–12, D-81829 München/Germany

Lektorat: Annette Tensil, atensil@pearson.de
Herstellung: Claudia Bäurle, cbaeurle@pearson.de
Coverkonzept: independent Medien-Design
Coverlayout: Sabine Krohberger
Titelillustration: Karin Drexler
Satz: text&form GbR, Fürstenfeldbruck
Druck und Verarbeitung: Bosch, Ergolding
Printed in Germany

Übersicht

»A programmer is just a tool which converts caffeine into code«

(anonym)

Im Sinne dieses bekannten und vielsagenden Zitats widmen Ihnen die Autoren und Lektoren der Buchreihe »Jetzt lerne ich« in jeder Ausgabe ein Rezept mit oder rund um das belebende und beliebte Getränk. Sollten Sie gerade ohne Bohnen oder Pulver sein: Über die Adresse *http://www.kaffee.mut.de* können Sie einen eigens entwickelten Markt+Technik Programmiererkaffee bestellen.

Viel Spaß und Genuß!

Mokkaflip Chicago

(1 Glas)
½ Tasse Milch
1 Esslöffel Pulverkaffee
1 Likörglas Cognac
1 Likörglas Mokkalikör
1 Päckchen Vanillezucker
3 Eiswürfel

Milch, Kaffee, Cognac, Likör und Vanillezucker in einem Shaker gut durchschütteln, sodass sich der Kaffee restlos auflöst. In einem hohen Stilglas 3 Eiswürfel mit dem Gemisch übergießen und mit Strohhalm servieren.

In der Terminologie der Mixgetränke hat sich für eine Mischung aus Eigelb, Alkoholika, Zucker und Eis der Name Flip eingebürgert. Streng genommen aber ist ein Egg-Flip ein Eierpunsch und somit ein Mokkaflip eben eine Mixtur mit Kaffee. Das Eigelb wurde in unserem Rezept durch Milch ersetzt, was harmonischer wirkt und weil das Gelbe vom Ei ohnehin nicht jedermanns Sache ist. Bei dieser Art von Mixgetränken sind die Grenzen fließend und Sie können durch kleine Varianten ohne weiteres Ihren Hauscocktail erfinden.

Das Kaffeerezept wurde entnommen aus:

»Kaffee«
Dr. Eugen C. Bürgin
Sigloch Edition, Blaufelden
ISBN: 3-89393-135-X

Mit freundlicher Genehmigung des Verlags.

jetzt lerne ich

Inhaltsverzeichnis

Vorwort

Die Programmierung eines Computers übt nach wie vor eine besondere Faszination aus. Insbesondere dann, wenn man sich vor Augen hält, zu welchen beeindruckenden Leistungen moderne Computer fähig sind. In der Welt der Programmiersprachen hat sich in den letzten 30 Jahren ein erstaunlicher Wandel vollzogen. Dominierten in den Siebzigerjahren Sprachen wie Ada, Cobol, Fortran, Lisp, Pascal, Prolog oder PL/1 die Softwareentwicklung und kamen in den Achtzigerjahren bedingt durch die »PC-Revolution« viele bis dahin unbekannte Sprachen hinzu, so war von dieser »Artenvielfalt bereits in den Neunzigerjahren keine Rede mehr. Fast wie nach der Theorie von Darwin, nach der nur die am besten angepassten in einer natürlichen Auslese überleben, bevorzugten Ende der Neunzigerjahre die überwiegende Mehrheit der Programmierer eine der folgenden Sprachen: C++, Java und Visual Basic. Der Rest entschied sich für etwas weniger »glanzvolle« (aber keinesfalls weniger leistungsfähige) Programmiersprachen wie Perl, Python und Delphi. Fairerweise muss auch Cobol erwähnt werden, das sich immer noch einer erstaunlichen Beliebtheit erfreut, da viele Millionen Befehlszeilen – vor allem im Großrechnerbereich – noch im Einsatz sind, und es schlichtweg zu teuer wäre sie zu ersetzen.

Doch wo ist C? Nun, C spielt eine interessante Sonderrolle. Auch wenn die meisten kommerziellen Großprojekte in C++, der »Nachfolgerin« von C, entwickelt werden, besitzt C nach wie vor nicht nur viele Anhänger, sondern hat seinen festen Platz in der Softwarebranche verteidigt. C ist die Programmiersprache, mit der weiterhin viele Anwender das Programmieren lernen. Außerdem wird C in wichtigen Bereichen wie der Maschinensteuerung eingesetzt, wo C++ viel zu aufwändig wäre und vor allem keine nennenswerten Vorteile bieten würde. C ist weiterhin die Sprache, in der neue Betriebssysteme programmiert werden. Auch wenn es hierfür C++ als Alternative gibt, ist C immer noch die Sprache, in der sich wichtige Aufgaben einen Tick schneller und einfacher lösen lassen, zumal »moderne« Eigenschaften von C++ wie Vererbung in vielen Bereichen keine große Rolle spielen.

Speziell für das Betriebssystem Windows gibt es noch einen kleinen Vorteil, der C für Programmieranfänger sehr attraktiv macht: Mit *LCC-Win32* ist ein hervorragender Compiler verfügbar, der nicht nur extrem schnell ist und über eine erstaunlich umfangreiche Programmbibliothek verfügt, sondern der auch kostenlos erhältlich ist. Dieser Compiler stellt nur minimale Hardwareanforderungen und läuft genauso gut unter Windows 95 wie auch unter Windows XP, sodass er zum Lernen von C ideal ist, zumal die meisten Anwender einen Computer mit einer Version von Windows zur Verfügung haben.

Zusammenfassend ist zu sagen, die inzwischen etwas betagte Programmiersprache C, die in den frühen Siebzigerjahren erfunden wurde, ist auch im 21. Jahrhundert noch erstaunlich vital. Auch wenn alle Welt über Java, JavaScript, Perl, Python und C# (die Microsoft-Sprache für die .NET-Plattform) reden mag, C ist die Sprache, mit der sich praktisch alle Programmieraufgaben bewältigen lassen. Und sollte für eine bestimmte Systemplattform Java, C++ oder C# gefragt sein – C-Programmierer sind im Vorteil, da diese Sprachen sozusagen Weiterentwicklungen von C darstellen.

Mit ANSI-C steht seit einiger Zeit ein Standard für die Programmiersprache C zur Verfügung, der auf allen modernen Systemen Gültigkeit hat. ANSI-C ist damit so etwas wie das »Esperanto« der modernen Softwareentwicklung geworden. ANSI-C, insbesondere der aktuelle Standard C99 (detaillierte Informationen finden Sie an vielen Stellen im Internet, z.B. unter der recht kryptischen Adresse *http://std.dkuug.dk/JTC1/SC22/WG14/*), ist die Basis für dieses Buch, allerdings sind nicht alle Hinweise und Beispiele streng ANSI-konform, da dies auch für die C-Compiler nicht zutrifft. Sollte es Abweichungen zum C99-Standard geben, finden Sie im Buch ein entsprechendes Symbol. Ansonsten sollten Sie sich zu diesem Thema am Anfang nicht allzu viele Gedanken machen. Anerkannte Standards sind wichtig, doch die Praxis sieht meistens so aus, dass es viele kleine und größere Abweichungen gibt und die meisten Programmierer weniger an uneingeschränkt portablen, sondern in erster Linie an gut funktionierenden Programmen interessiert sind.

Doch nun genug der Vorreden. Sie sind sicherlich schon gespannt, was Sie in dieser Einführung erwarten wird. Eines kann schon vorweg genommen werden, am Ende haben Sie eine wirklich faszinierende Programmiersprache von Grund auf kennen gelernt.

Viel Erfolg dabei wünschen Ihnen die Autoren

Peter Monadjemi, Starnberg, März 2003	Eckart Winkler Hofheim, März 2003

Einleitung

Warum C? Ganz einfach, C gehört auch im 21. Jahrhundert zu den wichtigsten Programmiersprachen. Es soll an dieser Stelle allerdings nicht ein weiteres Mal der Versuch unternommen werden, die Vorzüge von C mit den Merkmalen anderer Programmiersprachen zu vergleichen. C besitzt objektiv eine Vielzahl von Vorteilen, denn ansonsten wäre diese Sprache nicht so beliebt. Doch C weist auch ein paar kleinere Nachteile auf. Die markanteste Einschränkung ist sicherlich der Umstand, dass C nicht ganz einfach zu lernen ist. C wurde in den Siebzigerjahren von Informatikern entwickelt, die ein Werkzeug zur Implementierung des Betriebssystems Unix benötigten. An den Programmiereinsteiger wurde dabei natürlich nicht gedacht. Aus diesem Grund enthält C ein paar Eigenheiten, die einem Einsteiger als umständlich und verwirrend erscheinen mögen. Mit zunehmender Erfahrung werden Sie allerdings feststellen, dass es oft gerade diese Eigenheiten sind, die C so leistungsfähig machen.

Sicherlich wäre es ganz nett, wenn es in C eine Eingabefunktion gäbe, die genauso einfach zu bedienen ist wie der Input-Befehl in Basic. Sicherlich wäre es schön, wenn C-Programme ein wenig leichter zu lesen wären. Doch nachdem Sie das Prinzip von C verstanden und die ersten Programme hinter sich gebracht haben, werden Sie einen solchen Komfort nicht mehr vermissen. Im Gegenteil, Sie würden ihn wahrscheinlich entrüstet zurückweisen, denn er widerspräche dem »puristischen« Charakter von C. Natürlich lassen sich nicht alle Unterlassungen von C auf diese Weise entschuldigen. So könnten die Funktionen zur Stringverarbeitung ruhig ein wenig komfortabler sein, doch wofür gibt es Funktionsbibliotheken, die derartige Routinen enthalten und die Sie in Ihren Programmen nur noch aufrufen müssen?

C ist mehr als eine Programmiersprache, C ist auch eine Programmierphilosophie, die sehr viele Entwickler geprägt hat. Fast alle umfangreichen und erfolgreichen Softwareprodukte – wie Word, Excel oder auch Windows – wurden zum größten Teil in C geschrieben. Wer heute in C einsteigt, erlernt damit eine Sprache, mit der ca. 90 % der existierenden PC-Software erstellt wurde.

Lohnt es sich denn überhaupt noch, C zu lernen, es gibt doch bereits C++? Sicherlich, auch Programmiersprachen müssen sich weiterentwickeln. C ist inzwischen über 30 Jahre alt. Mit C++ steht ein Nachfolger bereits fest. Von den großen Compiler-Herstellern, wie Borland oder Microsoft, bietet inzwischen keiner mehr einen reinen C-Compiler an, es handelt sich nahezu ausnahmslos um kombinierte C-/C++-Compiler. Dennoch ist es kein Fehler, mit C anzufangen. Zum einen ist der Einstieg in C ein wenig leichter. Gerade bei den kleinen Beispielprogrammen, mit denen man als Anfänger in der Regel zu tun haben wird, bringt C++ keine oder nur geringe Vorteile. Zum anderen ist C++ eine Erweiterung von C. Wenn Sie erst einmal C beherrschen, ist der Umstieg auf C++ nicht mehr so schwer. Betrachten Sie C++ als eine natürliche Erweiterung von C.

Noch ein Argument könnte für C sprechen. Während C auf nahezu jedem Computertyp genutzt werden kann, benötigt ein C++-Compiler bereits deutlich mehr Ressourcen (wenngleich dies für Besitzer eines modernen Computers mit Pentium- oder Athlon-Prozessor keine Rolle spielt). Für die Schule, die Ausbildung an einer Universität bzw. Fachhochschule oder das Selbststudium zu Hause ist C daher immer noch bestens geeignet.

Jetzt lerne ich C!

Der Titel dieses Buches soll eines verdeutlichen: Die Zeit der Ausreden und Ausflüchte ist vorbei, jetzt wird C gelernt. Dass der Einstieg nicht nur relativ einfach ist, sondern auch Spaß machen kann, soll dieses Buch beweisen. Dafür sorgt nicht nur der lockere und hoffentlich angenehm zu lesende Schreibstil, auch die zahlreichen Beispiele haben ihren Anteil daran. Damit Sie diese Beispiele möglichst optimal nachvollziehen können, wurden die meisten Beispiele mit Markierungen versehen. Zu jeder einzelnen Markierung finden Sie im Anschluss an das Beispiel eine Beschreibung, sodass Sie die Programme Schritt für Schritt nachvollziehen können. Jedes Kapitel wird durch eine Reihe von Übungsfragen begleitet, mit deren Hilfe Sie Ihren Lernerfolg überprüfen können. Sicherlich kann dieses Buch nicht alles leisten. Nur wenn Sie bereit sind, die Übungen durchzuarbeiten und die Übungsaufgaben zu lösen, werden Sie am Ende dieses Buches von sich sagen können: »Jetzt kann ich in C programmieren«.

Für welchen Compiler ist dieses Buch?

Die meisten Bücher, die es heute zu den Programmiersprachen C und C++ gibt, behandeln einen bestimmten Compiler. Nicht so dieses Buch. Bereits der Untertitel deutet es an, es geht ausschließlich um ANSI-C, dem offiziellen Standard für die Programmiersprache C. Ob Sie einen PC, einen Unix-Rechner, einen älteren Computer wie den Amiga oder gar einen Großrechner einsetzen, Sie sollten alle Beispiele ausführen können, wenn für Ihren Computer ein ANSI-C-Compiler zur Verfügung steht. Bitte haben Sie daher auch Verständnis dafür, dass hier nicht individuell darauf eingegangen werden kann, wie ein C-Compiler installiert und bedient wird, dafür gibt es einfach zu viele und zu unterschiedliche Compiler. Damit Sie das Buch erfolgreich durcharbeiten können, wird daher vorausgesetzt, dass Sie über einen lauffähigen C-Compiler verfügen und wissen, wie man ein eingegebenes Programmlisting in eine ausführbare Programmdatei umwandelt.

Wie funktioniert ein Compiler?

Dennoch soll Ihnen das allgemeine Prinzip, nach dem aus einem C-Programm eine lauffähige Programmdatei wird, nicht vorenthalten werden. Jedes Programm beginnt zunächst mit einer Programmidee. Der Programmierer überlegt sich zunächst, welche Schritte zur Lösung eines gestellten Problems führen können. Diese Schritte werden anschließend mit den Befehlen, Funktionen und Operatoren einer Programmiersprache – z.B. C – in ein Programm umgesetzt. Dieses Programm wird zunächst einmal in Form einer reinen Textdatei eingegeben. Dies geschah früher mit Hilfe eines so genannten **Editors**, das heißt einem Hilfsprogramm zum Bearbeiten von Textdateien. Heutzutage bieten die meisten C-Compiler eine so genannte **Entwicklungsumgebung** an, in welcher der Editor ein zentraler Bestandteil ist. Das Ergebnis der Eingabe mit dem Editor ist eine Textdatei, die auch als **Quelltext** oder **Quellcode** (engl. *source code*) bezeichnet wird (damit sie als solche erkannt werden kann, besitzt die Datei in aller Regel die Erweiterung *.c*).

Nun kommt der **Compiler** ins Spiel. Das Wort Compiler leitet sich aus dem Englischen ab und bedeutet soviel wie zusammenbauen. Doch was genau soll zusammengebaut werden? Ganz einfach, der Inhalt der Textdatei hat für den Computer noch keinerlei Bedeutung. Der Computer, genauer gesagt der Prozessor (auch CPU genannt), der letztendlich für die Ausführung eines Programms zuständig ist, kann damit genauso wenig anfangen wie mit einem Liebesbrief oder einer wissenschaftlichen Abhandlung. Alles, was der Prozessor versteht, sind Maschinenbefehle. Es ist die Aufgabe des Compilers, die Quelltextdatei (daher auch der Name) in eine Maschinencodedatei umzuwandeln. Letztere wird als **Objektdatei** bezeichnet. Der Begriff soll Sie nicht verwirren – mit objektorientierter Programmierung hat dieser nämlich nichts zu tun; es soll vielmehr der Umstand beschrieben werden, dass diese Datei Programm- und Dateneinheiten (die Objekte) enthält, die im nächsten Schritt zur ausführbaren Programmdatei verknüpft werden.

Es ist die Aufgabe eines Hilfsprogramms mit dem etwas sonderbar klingenden Namen **Linker**, aus der Objektdatei (sie trägt meist die Dateierweiterung *.obj*) eine ausführbare Programmdatei (Dateierweiterung *.exe* unter Windows und DOS) zu machen. Der Linker kann eine oder mehrere Objektdateien in eine lauffähige Programmdatei umwandeln. Doch nun kommt das Entscheidende. Jedes C-Programm ruft irgendwelche Funktionen auf. Diese Funktionen befinden sich aber in so genannten **Funktionsbibliotheken**, das heißt in separaten Dateien, die üblicherweise die Erweiterung *.lib* (für *library*, deutsch *Bibliothek*) tragen. Damit ein C-Programm überhaupt funktionieren kann, muss der Inhalt dieser Funktionsbibliotheken in das Programm »eingebunden« werden. Genau das macht der Linker, der alle beteiligten Dateien, das heißt Objektdateien und Funktionsbibliotheken, miteinander verknüpft. Jetzt wird auch klar, welchem Umstand der Linker seinen Namen verdankt. Seine Tätigkeit leitet sich von dem englischen Verb *to link* (deutsch *verknüpfen*) ab. Der Linker verknüpft mehrere Programmmodule zu einer einzigen ausführbaren Programmdatei.

Dieser Zusammenhang ist für die meisten Programmiereinsteiger sehr verwirrend. Warum kann denn der Compiler nicht gleich eine Programmdatei erstellen, dann wären doch Objektdateien und Linker vollkommen überflüssig? Nun, möglich wäre das schon, doch dann ginge ein großer Teil der Flexibilität verloren. Stellen Sie sich vor, Sie haben ein Programm erstellt, das auf wunderbar elegante Weise Grafikausgaben durchführt. Damit es möglichst universell einsetzbar ist, ist es alleine nicht lauffähig, sondern enthält eine Reihe von Funktionen, die von anderen Programmen aufgerufen werden können. Nun wäre es äußerst unpraktisch, wenn Sie in jedes Programm, das diese Funktionen nutzen soll, den kompletten Programmtext einfügen müssten. Zwar ließe sich dies innerhalb der Entwicklungsumgebung noch relativ einfach bewerkstelligen, doch jedes Programm würde dann nicht nur unnötig aufgebläht werden, es würde auch länger dauern, bis das Programm komplett übersetzt ist.

Stattdessen wandelt man das Grafikprogramm einmal in eine Objektdatei um. Jedes Programm, das die Grafikfunktionen aufruft, wird mit Hilfe des Linkers mit dem Grafikprogramm zu einer ausführbaren Programmdatei verknüpft. Der Linker sorgt dabei unter anderem dafür, dass bei den einzelnen Funktionsaufrufen die korrekten Speicherdressen der jeweiligen Grafikfunktionen eingesetzt werden. Denn, wenn der Compiler das Hauptprogramm übersetzt, hat er natürlich noch keine Kenntnis darüber, an welcher Stelle im Programm sich die einzelnen Grafikfunktionen befinden, da diese in einer anderen Datei enthalten sind. Er lässt dafür einfach Plätze frei, die durch den Linker ausgefüllt werden. Abschließend lässt sich feststellen, auch wenn Sie am Anfang nicht direkt mit dem Linker konfrontiert werden, ist das Prinzip der Objektdateien, die durch den Linker zu einer Programmdatei verknüpft werden, eine sehr gute Idee.

Die einzelnen Schritte, die von einer Programmidee zum fertigen Programm führen, werden durch die folgende Abbildung noch einmal zusammengefasst. Unabhängig davon, mit welchem C-Compiler gearbeitet wird, ist dieses Schema immer das Gleiche.

Schritt 1: Der C-Compiler macht aus der Quelltextdatei zuerst eine Objektdatei

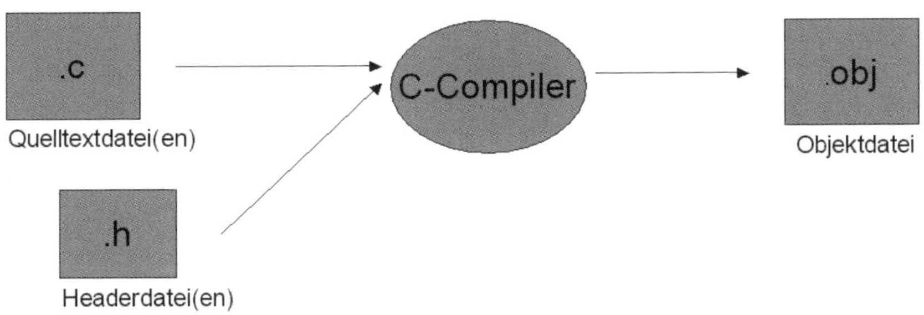

Schritt 2: Der Linker fasst Objekt- und Bibliotheksdateien zur Programmdatei zusammen

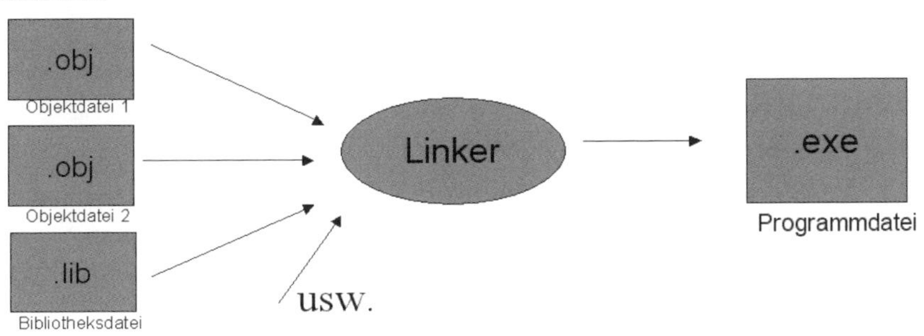

Ein Wort zu den Beispielprogrammen in diesem Buch

Aus didaktischen Gründen enthalten einige Beispielprogramme in diesem Buch am Anfang bestimmter Zeilen Buchstaben, durch die diese Zeilen markiert werden.

> Die speziellen Buchstaben am Zeilenanfang dürfen natürlich nicht mit eingegeben werden, da sie einzig und allein dazu dienen, die abgedruckten Quelltexte (auch als *Listings* bezeichnet) besser erklären zu können.

Hier ein kleines Beispiel:

```
A   #include <stdio.h>

B   void main()
    {
C   printf("C ist ein echter Knaller!\n");
    }
```

Jeder der drei C-Programmzeilen geht ein Buchstabe voran. Damit können die später folgenden Erklärungstexte leichter den einzelnen Programmzeilen zugeordnet werden. Sie finden die Buchstaben auch nur bei jenen Programmzeilen, die im jeweiligen Zusammenhang einer besonderen Erklärung bedürfen.

Danksagungen

Bedanken möchten wir uns zum Schluss bei dem Verlag, der sich, trotz langer Anlauf- und noch längerer Umsetzungsphase, für das »etwas andere« C-Buch von Anfang an begeistern konnte, bei unserer Lektorin, *Frau Annette Tensil*, für die gute Zusammenarbeit und die sprichwörtliche Geduld trotz mehrfach verschobener Abgabetermine. Besonderer Dank gilt auch *Jürgen Riedel*, der ein paar Tage seiner knapp bemessenen Freizeit opferte, um dem Buch völlig selbstlos ein paar höchst interessante Beispielprogramme beizusteuern (dass er inzwischen auf die Bahamas ausgewandert ist, hat damit nichts zu tun).

Zum Schluss möchten wir uns bei *Prof. Dr. Wilhelm Trost* von der Abteilung für *Mathematik VI der Universität Ulm* bedanken, der uns in einer sehr ausführlichen Stellungnahme auf einige Fehler aufmerksam gemacht und wertvolle Verbesserungsvorschläge zur Verfügung gestellt hat.

Beispielprogramme online

Und noch ein Hinweis. Wenn Sie an den Beispielprogrammen dieses Buches interessiert sind, können Sie diese unter der folgenden Internetadresse herunterladen:

www.mut.de/books/382765703

Möchten Sie Kritik, Anregungen oder Fragen zum Buch loswerden, erreichen Sie die Autoren und den Verlag unter *monadjemi@mut.de*.

Hinweise zur Neuauflage 2003

Nach fast 10 Jahren wurde eine Neuauflage natürlich höchste Zeit. Folgende Neuerungen gibt es zu vermelden:

- Das Buch wurde komplett überarbeitet, wobei ein Schwerpunkt auf den C99-Standard gelegt wurde.
- Mit dem neuen Kapitel 8 ist nun auch die Windows-Programmierung offiziell vertreten. Sie lesen hier, wie Sie mit dem außergewöhnlich leistungsfähigen LCC-Win32-Compiler sowohl Konsolen- als auch Windows-Programme umsetzen.
- Damit nicht alle Unix- und Linux-Fans enttäuscht sind (oder gar eine Konspiration vermuten), wird mit dem neuen Kapitel 9 auch das Thema »C unter Unix« behandelt. Hier geht es aber allgemein um Unix und nicht um eine spezielle Variante wie Linux.
- Für das Buch wurde mit LCC-Win32 ein hervorragender C-Compiler für Windows gefunden, der als kostenloser Download zur Verfügung steht. Dieser Compiler lässt wirklich keine Wünsche offen und ermöglicht einen Einstieg in die C-Programmierung, den sich jeder leisten kann. Dabei werden sowohl Programme für die Eingabeaufforderung als auch Programme für die grafische Windows-Benutzeroberfläche unterstützt. Mehr dazu im Anhang. Für Unix wird der GNU C-Compiler empfohlen.
- Wir sind alle rund 10 Jahre älter geworden (das merkt man dem Buch aber hoffentlich nicht an).

Ansonsten hat sich nicht viel geändert und das ist vermutlich auch gut so.

Kapitel 1

jetzt lerne ich

Einführung in die Welt der C-Programmierung

Herzlich Willkommen zu »Jetzt lerne ich C«! Der von Ihnen sicherlich mit viel Spannung erwartete Einstieg in die Programmierung mit der Programmiersprache C, der wohl wichtigsten Programmiersprache überhaupt, steht bevor. In diesem Kapitel erfahren Sie zunächst ein paar allgemeine Dinge über den Aufbau eines C-Programms und lernen im Anschluss daran, wie Sie Ausgaben auf dem Bildschirm durchführen. Dabei werden Sie auch Ihr erstes C-Programm eingeben und hoffentlich erfolgreich zur Ausführung bringen.

Jedes Programm muss mit dem Menschen, der es benutzt, kommunizieren. Nicht nur, dass der Mensch dem Programm mitteilen muss, was er von ihm will. Auch das Programm muss die Resultate seiner Arbeit an den Menschen möglichst anschaulich übergeben.

Für die Darstellung von Ergebnissen steht dem Programm normalerweise ein Bildschirm zur Verfügung, auf dem es Texte oder Grafiken ausgeben kann. Die Ausgabe von Texten auf dem Bildschirm ist eine der einfachsten Aufgaben, die ein C-Programm erledigen kann.

In diesem Kapitel lernen Sie den allgemeinen Aufbau eines C-Programms kennen. Sie werden dabei feststellen, dass alle kleineren C-Programme einen sehr ähnlichen Aufbau besitzen. Sie können sich für Ihre ersten Beispielprogramme daher einen allgemeinen Rahmen zusammenstellen, der je nach Art des Programms nur geringfügig modifiziert werden muss.

Sie üben in diesem Kapitel:

- Ein kleines C-Programm zu erstellen
- Die Durchführung von Ausgaben
- Die Durchführung von Eingaben
- Den Umgang mit Variablen

Voraussetzung

Für das Verständnis dieses Kapitels wird vorausgesetzt, dass Sie Ihren C-Compiler installiert haben und in der Lage sind, ein eingegebenes C-Programm zur Ausführung zu bringen.

1.1 Das erste C-Programm

Ihre erstes C-Programm übt sich noch in Bescheidenheit. Es soll lediglich den Text »C ist eine tolle Sprache!« auf dem Bildschirm ausgeben. Dieses C-Programm sieht folgendermaßen aus:

```
A   #include <stdio.h>

B   void main()
    {
C   printf("C ist eine tolle Sprache!\n");
    }
```

Tippen Sie das Programm ein, und führen Sie es aus. Irgendwo auf dem Bildschirm erscheint nun der Text »C ist eine tolle Sprache!« (diese Behauptung soll übrigens im weiteren Verlauf dieser Einführung auch bewiesen werden). Anschließend ist das Programm bereits wieder beendet, was Sie daran erkennen, dass entweder wieder der vertraute DOS-Prompt erscheint oder die Entwicklungsumgebung des C-Compilers sichtbar wird.

> ACHTUNG: Bitte geben Sie die Großbuchstaben A, B, C usw. zu Beginn einer Zeile keinesfalls mit ein.

Im Folgenden soll geklärt werden, aus welchen Grundelementen Ihr erstes C-Programm besteht.

Erläuterungen

A Die #include-Anweisung

Diese Anweisung gehört zu jenen Anweisungen, deren wahre Bedeutung Ihnen erst beim Durcharbeiten der folgenden Kapitel klar werden dürfte. Es ist zwar im Grunde eine sehr einfache Anweisung, doch um ihre tiefere Bedeutung zu verstehen, muss man bereits über ein wenig Erfahrung im Umgang mit C verfügen. Achten Sie aber darauf, dass diese Anweisung Ihren eigenen Beispielprogrammen stets vorangeht.

B Jedes C-Programm beginnt mit main

Das, was für die *#include*-Anweisung Gültigkeit hat, gilt (im Moment jedenfalls) auch für die »Anweisung« *main*. Bei *main* handelt es sich um eine so genannte Funktion (mehr dazu in Kapitel 4), die den Rahmen eines jeden C-Programms bildet. Obwohl *main* streng genommen eine Funktion und nicht eine Anweisung darstellt, dürfen Sie am Anfang weiterhin den Begriff Anweisung verwenden. Denn natürlich wollen wir die Dinge nicht unnötig kompliziert machen und vor allem keine Begriffshaarspalterei betreiben. Doch zurück zur Bedeutung von *main*. Die Anweisungen, die das Programm ausführen soll, werden in den geschweiften Klammern aufgeführt. Jedes C-Programm besteht aus genau einer Funktion mit dem Namen *main*, denn sie legt den Programmstart fest. Mit anderen Worten, Ihr C-Programm wird mit der ersten Anweisung gestartet, die als Erstes innerhalb der geschweiften Klammern aufgeführt wird, die auf den Namen *main* folgen. Da es in C, anders als in alten Basic-Versionen, keine Zeilennummern gibt, müssen Sie sich an der Funktion *main* orientieren, wenn Sie den Aufbau eines C-Programms verstehen möchten.

HINWEIS

Einige C-Compiler geben eine Warnung aus, wenn die *main*-Funktion den Datentyp *void* besitzt. (Lassen Sie sich nicht vom Begriff Datentyp irritieren, Sie erfahren natürlich später noch, was ein Datentyp ist.) Diese Compiler erwarten stattdessen den Datentyp *int*. Das ist jedoch nicht weiter schlimm. Sie müssen entweder den Datentyp vor *main* ändern oder die Warnung ignorieren.

C Der Ausgabebefehl printf

Die Zeile, die mit *printf* beginnt, übernimmt die Bildschirmausgabe. Der Text, der ausgegeben werden soll, folgt in Klammern und wird von Anführungszeichen (") eingeschlossen. Streng genommen handelt es sich auch bei *printf* nicht um einen Befehl, sondern um eine Funktion. Eine Funktion haben Sie bereits kennen gelernt: *main*. Mit deren Hilfe wird der Rahmen eines C-Programms festgelegt. Wie Sie in Kapitel 4 noch lernen werden, folgt auf den Namen einer Funktion immer ein Paar runder Klammern. Innerhalb der Klammern werden Dinge aufgeführt, mit denen die Funktion arbeiten soll. Bei der Funktion *main* blieben die Klammern leer, denn sie soll lediglich die Befehle, die innerhalb von *main* aufgeführt wurden, zur Ausführung bringen. Die *printf*-Funktion soll dagegen etwas ganz Spezielles erledigen, sie soll einen Text auf dem Bildschirm ausgeben. Und genau dieser Text muss in die runden Klammern gesetzt werden. Beachten Sie, dass die Anführungszeichen nicht ausgegeben werden, sie legen nur fest, wo der auszugebende Text beginnt und wo er endet.

Auch wenn es sich bei *printf* um eine C-Funktion handelt, können Sie sich *printf* für die ersten Beispielprogramme ruhig als einen »normalen« Befehl vorstellen. Sie werden im weiteren Verlauf der Einführung aber feststellen, dass die Programmiersprache C nur über sehr wenige wirkliche Befehle verfügt, die übrigens auch als Anweisungen bezeichnet werden. Die meisten Dinge, wie z.B. Ein- und Ausgaben, werden in einem C-Programm mit Hilfe von Funktionen erledigt.

HINWEIS

Mit *printf* kann ein Text auf dem Bildschirm ausgegeben werden. Der Text wird in runde Klammern eingeschlossen, die auf *printf* folgen.

Jeder Text, man sagt meist **Zeichenkette** oder **String**, muss in Anführungszeichen gesetzt werden. Sonst würde der C-Compiler ihn bei der Übersetzung des Programms nicht als Text erkennen. Die Klammern und Anführungszeichen sind also keine unnötige Anhäufung von Sonderzeichen, sondern unbedingt erforderlich. Es folgen noch Programmbeispiele, bei denen sie separat benutzt werden.

ACHTUNG

String ist ein anderer Ausdruck für Zeichenkette. Zu beachten ist, dass **Zeichenketten** immer in Anführungszeichen gesetzt werden müssen.

Ein C-Programm besteht aus einer oder mehreren Programmzeilen. Ihr erstes Beispielprogramm weist lediglich 5 Programmzeilen auf. Nicht jede Programmzeile muss einen Befehl oder eine Funktion enthalten. Viele Programmzeilen bestehen lediglich aus einer geschweiften Klammer oder, wie in Kapitel 2 gezeigt wird, aus einem Kommentar.

Die Rolle des Semikolons

Einige Programmzeilen enden mit einem Semikolon, andere dagegen nicht. Dies ist kein Zufall, es gibt hier tatsächlich einen Unterschied. Jeder Befehl und jede Funktion müssen durch ein Semikolon abgeschlossen werden. Das ist ja schön und gut, werden Sie jetzt vielleicht denken, doch im ersten Beispielprogramm kommt nur ein einziges Semikolon vor. Das ist auch richtig so, denn nur bei *printf* handelt es sich um einen »Befehl«. In der Programmzeile mit dem Funktionsnamen *main* folgt genauso wenig ein Semikolon wie in den Programmzeilen, in denen sich lediglich eine geschweifte Klammer befindet. Auch in der ersten Programmzeile mit der *#include*-Anweisung hat ein Semikolon nichts zu suchen, denn dies ist kein Befehl für den Compiler, sondern, wie Ihnen das nächste Kapitel noch verraten wird, eine Anweisung an den so genannten Präprozessor.

In C wird prinzipiell jeder Befehl mit einem **Semikolon** abgeschlossen.

Achten Sie genau darauf, ob Sie in Ihren C-Programmen die Semikola richtig gesetzt haben. Der C-Compiler nimmt diese Angelegenheit sehr genau. Allerdings erhalten Sie nur sehr selten eine Fehlermeldung, die darauf hinweist, dass ein Semikolon fehlt. Meistens führt ein fehlendes Semikolon zu einer scheinbar merkwürdigen Fehlermeldung, die sich auf die folgende Zeile bezieht. Dies ist eine Eigenheit des C-Compilers, mit der Sie sich wohl oder übel anfreunden müssen.

Das Hauptprogramm

Die Zeile *void main()* kennzeichnet den Beginn des Programms. Man spricht normalerweise vom **Hauptprogramm**. Mit geschweiften Klammern kann man in einem C-Programm immer mehrere Befehle zu einem so genannten **Block** zusammenfassen (in englischsprachigen Büchern finden Sie auch die Bezeichnung **compound statement**). Das Hauptprogramm stellt selbst auch einen Block dar und muss daher in geschweifte Klammern eingeschlossen werden.

Dass es sich hier um das Hauptprogramm handelt, wird durch das Wort *main* festgelegt. Das Wort *void* und die Klammern sind nötig, weil das Hauptprogramm aus der Sicht des Compilers eine **Funktion** ist, von denen es noch andere geben kann. Bei *printf* handelt es sich, wie Sie bereits wissen, auch um eine Funktion. Mehr soll zurzeit nicht über Funktionen verraten werden. Wenn Sie mit den Funktionen *main* und *printf* in Ihren eigenen Beispielprogrammen arbeiten möchten, dann benutzen Sie sie so, wie es in den Beispielprogrammen des Buches demonstriert wird. Mehr über Funktionen erfahren Sie übrigens in Kapitel 4.

Mit der Programmzeile *void main()* wird immer das **Hauptprogramm** eingeleitet. Die Befehle des Hauptprogramms folgen in ein Paar geschweifter Klammern eingeschlossen.

Das Hauptprogramm besteht in Ihrem ersten Beispielprogramm lediglich aus einer Befehlszeile, die den Text »C ist ein echter Knaller!« auf dem Bildschirm ausgeben soll. Doch es stellt sich die Frage, was es dabei mit der Zeichenfolge »*\n*« am Ende des Ausgabetextes auf sich hat, die auch noch innerhalb der Anführungsstriche steht. Ganz einfach, diese Zeichenfolge sorgt nach der Ausgabe des Textes automatisch für einen Zeilenvorschub, sodass folgende Texte in der nächsten Bildschirmzeile ausgegeben werden, denn es können durchaus mehrere *printf*-Anweisungen hintereinander folgen. Ohne den Zusatz »\n« würde die zweite Ausgabe an der Position des Bildschirms fortgesetzt werden, an der die erste aufgehört hat.

Achten Sie auf die Schreibweise. Der C-Compiler erkennt automatisch, welche Zeichen ausgegeben werden sollen und welche Zeichen eine besondere Funktion haben. So teilt das Zeichen »\« dem C-Compiler mit, dass nun Sonderzeichen folgen.

Beispiel Natürlich kann »\n« nicht nur am Ende der Zeichenkette, sondern auch an jeder anderen Position verwendet werden. Die Anweisung

```
printf("Sommer\nSand\nSonnenschein");
```

gibt in einer Zeile den Text »Sommer« aus, dann folgt ein Zeilenvorschub. Dieses Prinzip wiederholt sich beim Text »Sand«, schließlich folgt der dritte Text »Sonnenschein«. Die drei Texte werden somit untereinander ausgegeben.

Ein Ausgabestring kann beliebige Sonderzeichen enthalten, die nicht auf dem Bildschirm erscheinen, sondern eine besondere Funktion besitzen. Für den C-Compiler gelten diese Sonderzeichen als ein einziges Zeichen, wenngleich im Quelltext zwei Zeichen geschrieben werden müssen, z.B. »\n«.

Korrektheitsprüfungen des Compilers

Noch einmal zurück zur ersten Programmzeile des ersten Beispielprogramms. Es stellt sich die Frage, was die folgende Zeile bedeutet:

```
#include <stdio.h>
```

Offensichtlich handelt es sich dabei *nicht* um einen gewöhnlichen C-Befehl, denn dann müsste ein Semikolon am Ende folgen. Zudem steht diese Zeile außerhalb des Hauptprogramms, das heißt außerhalb der Funktion *main*. Die Aufgabe der *#include*-Anweisung ist für einen C-Einsteiger nicht unbedingt auf Anhieb einsichtig. Passen Sie also gut auf.

Aufgabe Machen Sie einfach die Probe aufs Exempel: Löschen Sie die erste Zeile, und kompilieren Sie das Programm erneut. Was geschieht? Der Compiler erzeugt wahrscheinlich eine Fehlermeldung oder zumindest eine Warnung: *'printf': no function prototype given*. Auf einmal scheint der C-Compiler die Funktion *printf* nicht mehr zu kennen. Was hat das zu bedeuten?

Erläuterungen Die Lösung ist einfach: C ist eine Programmiersprache mit einem sehr kleinen Sprachumfang. Bereits eine so wichtige Funktion wie *printf* zur Ausgabe eines Textes auf dem Bildschirm ist in der Sprache selbst nicht enthalten. Sie befindet sich in einer so genannten externen Programmbibliothek und wird durch den C-Compiler zum Programm hinzugefügt. Allerdings muss der Compiler wissen, wie die *printf*-Funktion benutzt wird. Denn sonst könnte er keine fehlerhafte Benutzung feststellen. Die dazu nötigen Informationen findet der Compiler in der Datei *stdio.h*. Achten Sie auf den kleinen, aber bedeutenden Unterschied. Bei der Datei *stdio.h* (dies wird auch durch die Erweiterung *.h* verdeutlicht) handelt es sich nicht um eine Programmdatei, sondern um eine normale Textdatei (schauen Sie sich den Inhalt ruhig einmal mit Hilfe des DOS-Kommandos *TYPE* oder einem Texteditor an), die beim Kompilieren so in das C-Programm integriert wird, als hätten Sie den Inhalt dieser Datei selbst eingegeben. Die Anweisung

```
#include <stdio.h>
```

fordert den Compiler auf, die Datei *stdio.h* einzubinden und teilt ihm gegebenenfalls auch mit, in welchem Verzeichnis sich diese Datei befindet. Natürlich soll Ihnen auch verraten werden, für was der Dateiname steht (obwohl man das für die Programmierung nicht wissen muss) – *stdio* ist ganz einfach die Abkürzung für »Standard Input Output«.

Aufgabe

Probieren Sie nun Folgendes aus: Fügen Sie die Zeile *#include <stdio.h>* wieder hinzu, ändern Sie aber den *printf*-Befehl in *printf(5)*. Warum sollte man mit der *printf*-Funktion nicht auch eine Zahl ausgeben können? Bringen Sie das geänderte Programm zur Ausführung.

Erläuterungen

Wieder sind (je nachdem, welchen Compiler Sie benutzen) eine Fehlermeldung und eine Warnung die Folge. Sie lauten etwa wie folgt: *'argument': different levels of indirection* und *'printf': different types: parameter 1*. So geht es also nicht. Um die Zahl 5 auf dem Bildschirm erscheinen zu lassen, muss man sie als Zeichenkette schreiben, also in Anführungszeichen setzen: *printf("5")*. Probieren Sie auch das einmal aus.

HINWEIS

Die Fehlermeldungen, die Ihnen C während der Übersetzung eines Programms darbietet, sind ein Kapitel für sich. Für einen C-Einsteiger sind sie in der Regel ein Buch mit sieben Siegeln. Sie sollten sich durch diese exotischen Meldungen keinesfalls entmutigen lassen. Obwohl C nicht so geduldig ist wie etwa Basic, werden Sie auch hier mit zunehmender Erfahrung feststellen, dass Sie auch die scheinbar merkwürdigsten Meldungen nicht mehr aus der Ruhe bringen können. Im Gegenteil, je eigenartiger die Fehlermeldung, desto stärker spornt es Sie an herauszufinden, was sich dahinter verbirgt. Wetten, dass das Erlernen der Programmierung so spannender wird als manche Quizshow im Fernsehen?

1.2 Variationen des ersten Programms

Die Eigenheiten eines C-Programms lernen Sie nur durch ständiges Üben. Sie sollten inzwischen ein Gefühl dafür erhalten haben, wie genau der Compiler es mit Ihrem Programm nimmt. Lassen Sie sich von den Fehlermeldungen des Compilers aber nicht von eigenen Experimenten abhalten. Machen

Sie aus dem Semikolon z.B. einen Punkt oder lassen es völlig weg, machen Sie aus den runden Klammern eckige, aus den geschweiften Klammern runde. Ändern Sie die Anführungszeichen in einfache Hochkommata ('), oder lassen Sie sie ganz weg.

Aufgabe Kompilieren Sie das geänderte Programm jeweils, und Sie werden sehen: Der Compiler akzeptiert keine der genannten Änderungen. Er beharrt auf der jeweiligen Schreibweise, auch wenn Sie vielleicht sagen würden: Ist doch wohl klar, was gemeint ist!

Die Rolle der Syntax

Erläuterungen Die Schreibweise jedes einzelnen C-Befehls, man spricht im Allgemeinen von der **Syntax**, ist genau definiert. Jede noch so kleine Abweichung wird mit einer lapidaren Fehlermeldung quittiert. Immerhin weiß der Compiler in den meisten Fällen, woran es gerade hapert und gibt dem Programmierer einen Hinweis, dass beispielsweise an einer Stelle ein Semikolon oder eine geschweifte Klammer erwartet wird. Dies hilft bei der Beseitigung des Fehlers enorm.

HINWEIS

Studieren Sie die entstandenen Fehlermeldungen, und prägen Sie sich die Fehlersituationen ein, auf die diese Meldungen zurückzuführen sind. Größere Programme sollten nicht daran scheitern, dass Sie etwa mit der Meldung *missing ';' before '}'* nichts anzufangen wissen.

Achten Sie auf die Groß- und Kleinschreibung

Aufgabe Auch bei der Frage, ob ein Befehl groß oder klein geschrieben werden muss, nimmt es der C-Compiler sehr genau. Ändern Sie z.B. die Schreibweise von »printf« in »PRINTF«, und kompilieren Sie das Programm erneut. Sie sehen: Obwohl dem Compiler die Funktion *printf* bekannt sein sollte, gilt das noch lange nicht für »PRINTF«. Ebenso wird es Ihnen mit »Printf« oder »printF« ergehen. Es ist also nicht egal, ob man Groß- oder Kleinbuchstaben verwendet, da C grundsätzlich zwischen Groß- und Kleinschreibung unterscheidet.

Sollte der Compiler wider Erwarten keine Warnung ausgeben, so liegt dies daran, dass – wie es z.B. bei Quick C der Fall ist – die Warnmeldungen unterdrückt werden und der Linker Groß-/Kleinschreibungsunterschiede ignoriert.

Genauso könnten Sie einmal versuchen, »Void« statt »void« zu schreiben. Auch hier bekäme der Compiler Schwierigkeiten. Im Gegensatz zu *printf* ist *void* ein Wort, das zum C-Sprachumfang gehört. Man spricht bei *void* auch von einem **reservierten Wort**. Auch hier bleibt der Compiler hart. Prinzipiell werden reservierte Worte klein geschrieben.

C unterscheidet Groß- und Kleinbuchstaben. Reservierte Worte werden immer komplett klein geschrieben.

Das Format des Programms

Aufgabe

Stellen Sie den C-Compiler noch einmal auf die Probe. Glauben Sie, dass es eine Rolle spielt, in welchem Format Sie die einzelnen Programmzeilen schreiben? Bauen Sie dazu das letzte Beispielprogramm etwas um. Schreiben Sie z.B. alles ab der Programmzeile

```
void main()
```

in eine einzige Zeile:

```
void main() { printf("C ist eine tolle Sprache!\n"); }
```

Oder verteilen Sie ein paar zusätzliche Leerzeichen im Programm, natürlich ohne dabei die vorhandenen Worte zu zerteilen. Wenn Sie die geänderten Programme zur Ausführung bringen, wird sofort deutlich: Der Compiler akzeptiert die Änderungen anstandslos.

Für das Format eines C-Programms, das heißt für die optische Gestaltung der einzelnen Programmzeilen, gibt es keine Regeln. Lediglich reservierte Wörter, Befehle und Funktionsnamen dürfen nicht durch Leerzeichen getrennt werden.

Auch mit der folgenden Variante erklärt sich der Compiler einverstanden:

```
#include <stdio.h>

            void
main(                   ){
printf                  (
    "C ist eine tolle Sprache!\n"
);}
```

Wie sinnvoll eine derartige Aufteilung ist, sei allerdings dahingestellt. Eins wird jedoch klar, die Formatierung eines C-Programms ist völlig dem Programmierer überlassen.

Warum sollten Sie sich dennoch über die Formatierung Gedanken machen? Nicht immer hat man es mit einem so einfachen Programm zu tun. Je größer ein Programm ist, um so unübersichtlicher kann es sein. Die Betonung liegt hier auf kann sein, denn der Programmierer hat Möglichkeiten, dem entgegenzuwirken.

Eine dieser Möglichkeiten ist eine vernünftige Formatierung, und genau aus diesem Grund ist es sinnvoll, den *printf*-Befehl als Teil des Hauptprogramms nach rechts einzurücken. Wie weit, ist vom persönlichen Geschmack des Programmierers abhängig. Insofern ist die Formatierung der Programme in diesem Buch nur als Vorschlag zu verstehen und in keiner Weise verbindlich. Dem Compiler entlockt eine Abweichung, wie gesehen, nicht einmal ein müdes Lächeln. Egal, für welche Form der Formatierung Sie sich entscheiden, zwei Regeln sollten Sie stets einhalten:

1. Verwenden Sie eine konsistente Formatierung, das heißt, verwenden Sie bei allen Ihren Programmen stets die gleiche Form der Einrückung.
2. Akzeptieren Sie die Formatierung anderer Programmierer auch, wenn sie Ihr ästhetisches Empfinden manches Mal auf eine harte Probe stellen sollte.

1.3 Arbeiten mit Variablen

Jedes Programm muss während seiner Ausführung Daten zwischenspeichern. Seien es Daten, die der Benutzer über die Tastatur eingegeben hat, seien es Daten, die aus einer Datei eingelesen wurden oder die als Ergebnis einer Berechnung entstanden sind.

Variablen

Um Werte, das heißt Zahlen oder Texte, während der Programmausführung zwischenspeichern zu können, muss man eine **Variable** anlegen und ihr den zu speichernden Werte zuweisen. Soll mit dem Wert an einer späteren Stelle weitergearbeitet werden, wird anstelle des Wertes einfach der Name der Variablen aufgeführt.

HINWEIS

Variablen sind Platzhalter für Werte, die während der Programmausführung zwischengespeichert werden sollen.

Eine Variable ist ganz einfach ein Stück im Arbeitsspeicher des Computers, dem der Programmierer einen **Namen** gegeben hat. Mit Hilfe dieses **Namens** erfolgt der Zugriff auf das Speicherstück. Mit anderen Worten, mit Hilfe des Namens kann der Inhalt des Speicherstücks ausgelesen oder mit einem neuen Wert belegt werden. Zu dem Inhalt des Speicherstücks sagt man normalerweise **Wert** oder **Inhalt der Variablen**. Der Wert der Variablen kann verändert werden, er ist **variabel**, daher auch der Name.

Eine **Variable** ist ein benannter Speicherabschnitt. Der Inhalt des Speicherabschnitts ist der **Wert der Variablen**.

Definition von Variablen

Bevor eine Variable in einem C-Programm benutzt werden kann, muss diese definiert werden, andernfalls ist eine Verwendung nicht möglich. Sie erhalten vom C-Compiler postwendend eine entsprechende Fehlermeldung. Wichtig ist außerdem zu wissen, dass es Variablen für völlig verschiedene Zwecke geben kann, z.B. solche, die Zahlen aufnehmen können, sodass man mit ihnen rechnen kann, undVariablen für Texte, sodass Zeichenketten gespeichert werden können. Schließlich existieren auch Variablen, die sowohl Zahlen als auch Texte speichern können; darauf wird noch in einem späteren Kapitel eingegangen.

Da der Compiler die unterschiedlichen Variablentypen auch unterschiedlich behandelt, müssen Sie dem Compiler mitteilen, welche Art von Variablen Sie definieren möchten. Dafür sind in C die so genannten **Datentypen** zuständig, die bei der Definition einer Variablen angegeben werden müssen und Auskunft über den Verwendungszweck geben.

Bei der Definition einer Variablen wird neben einem Namen auch ein Datentyp angegeben.

Für das folgende Beispielprogramm wird eine Variable zur Speicherung einer Zeichenkette, kurz eine **Stringvariable**, benötigt. Es wäre naheliegend, dass C für Zeichenketten einen eigenen Datentyp zur Verfügung stellt. Doch leider ist dies nicht der Fall. Allerdings kennt C einen Datentyp mit dem Namen *char* (steht für das englische »character«, wörtlich übersetzt »Zeichen«) für Variablen, die ein einzelnes Zeichen aufnehmen können. Das hilft bereits weiter, denn eine Zeichenkette besteht bekanntlich aus einer Aneinanderreihung einzelner Zeichen.

Obwohl Zeichenketten sich aus mehreren Zeichen zusammensetzen, können Variablen zur Speicherung von Zeichenketten mit dem Datentyp *char* definiert werden. Sie dürfen nur nicht vergessen, dass es sich hierbei um eine Aneinanderreihung mehrerer Variablen des Typs *char* handelt (man spricht in diesem Zusammenhang auch von einer Arrayvariablen, deutsch »Feldvariable«). Aus diesem Grund muss bei der Definition einer Variablen zur Speicherung von Zeichenketten die benötigte Zeichenanzahl mit angeben werden.

Dies klingt recht umständlich, und wenn Sie Basic kennen, wissen Sie, dass es dort einfacher geht. Mit diesem Einwand haben Sie prinzipiell recht. C ist eine Programmiersprache, bei deren Entwicklung der Programmierkomfort nicht gerade im Vordergrund gestanden hat. Insbesondere die Möglichkeiten zur Verarbeitung von Zeichenketten sind in C stark unterentwickelt. Wenn Sie sich einmal etwas näher mit der Geschichte von C beschäftigen, wird Ihnen schnell klar, warum C so viele, scheinbar merkwürdige Eigenheiten besitzt. C ist nämlich nicht wie Basic im Hinblick auf besondere Benutzerfreundlichkeit entwickelt worden, sondern um die Aufgaben eines Betriebssystems mit den Mitteln einer höheren Programmiersprache auszudrücken.

Die Zeichenkette »C-Programmierschule\n«, die für das Beispiel verwendet werden soll, besteht aus 20 Zeichen, denn \n gilt als ein einziges Zeichen. Was Sie nicht sehen können, jede Zeichenkette enthält ein weiteres, unsichtbares Zeichen, welches das Ende der Zeichenkette kennzeichnet. Die gesamte Stringvariable sollte also 21 Zeichen umfassen. Dies wird durch die Zeile

```
char txt[21];
```

festgelegt. Was geschieht beim Auftreten dieser Definition im Programm? Es wird ein Speicherabschnitt reserviert, in dem genau 21 Zeichen Platz haben. Diesem Speicherabschnitt wird der Name *txt* gegeben. Wo dieser Abschnitt im Speicher liegt, ist völlig unerheblich. Der Compiler weiß, welcher Speicherabschnitt gemeint ist, wenn er auf den Namen *txt* trifft.

ACHTUNG

Die Definition einer Variablen muss grundsätzlich am **Anfang** eines Blocks erfolgen, also nach einer öffnenden geschweiften Klammer. Hinter einem Befehl dürfen keine Variablendefinitionen aufgeführt werden.

Zur Wiederholung: Durch die Anweisung *char name[anzahl];* wird eine **Stringvariable** definiert. Sie heißt *name* und kann bis zu *anzahl* Zeichen enthalten. Ein Zeichen davon verwendet C, um das Stringende zu markieren. Variablendefinitionen dürfen nur am **Anfang** eines Blocks erfolgen.

Beispiel Genug der Theorie. Es folgt ein Programm, das eine Stringvariable mit dem Namen *txt* definiert, diese mit dem Text »C-Programmierschule\n« belegt und mittels der *printf*-Funktion auf dem Bildschirm ausgibt.

```
A   #include <stdio.h>

B   void main()
    {
C   char txt[21] = "C-Programmierschule\n";

D   printf(txt);
    }
```

Erläuterungen

A Die schon bekannte *#include*-Anweisung weist den Compiler an, genauer den Präprozessor (mehr dazu in Kapitel 2), den Inhalt der Datei *stdio.h* zu verarbeiten.

B Das C-Programm wird durch die *main*-Funktion eingeleitet. Das vorangestellte *void* legt fest, dass diese Funktion keinen Wert zurückgibt (mehr dazu in Kapitel 4).

C Es wird eine Stringvariable mit dem Namen *txt* vom Typ *char* reserviert. In dieser Variable haben 21 Zeichen Platz. Ihr wird der Text »C-Programmierschule« zugewiesen.

D Der Wert der Stringvariablen *txt* wird über die *printf*-Funktion auf dem Bildschirm ausgegeben.

Gegenüber dem ersten C-Programm wurde dieses Programm um die Definition der Stringvariablen *txt* ergänzt. Die *printf*-Funktion gibt jetzt keine Zeichenkette mehr im Klartext aus, sondern den Inhalt der Stringvariablen *txt*. Diese ist am Anfang des Hauptprogramms definiert.

Initialisierung einer Variablen

Bei der Definition einer Variablen kann ihr gleichzeitig auch ein Wert zugewiesen werden. Im Fall der Wertzuweisung zum Zeitpunkt der Definition spricht man von einer **Initialisierung** der Variablen. Die Wertzuweisung an eine Variable erfolgt über ein Gleichheitszeichen. Im letzten Beispiel erhält die Variable *txt* bei ihrer Definition den Wert »C-Programmierschule\n«. Man sagt auch, die Variable wird mit diesem Wert initialisiert.

HINWEIS

Eine **Variable** kann bereits bei ihrer **Definition** mit einem Wert versehen, das heißt **initialisiert** werden.

Vielleicht ist Ihnen beim Ausprobieren des letzten Beispiels eine Frage gekommen, die eigentlich nahe liegt: Warum muss man denn mühsam nachzählen, aus wie vielen Zeichen der Text »C-Programmierschule\n« besteht? Das könnte der Compiler doch eigentlich selbst machen. Er kann es auch. Sie müssen nur die Zahl 21 in den eckigen Klammern entfernen. Schreiben Sie stattdessen

```
char txt[] = "C-Programmierschule\n";
```

Das Programm wird unverändert laufen. So etwas ist natürlich nur dann möglich, wenn die Stringvariable initialisiert wird. Ohne Initialisierung hat der Compiler keine Möglichkeit, die gewünschte Länge zu ermitteln, und Sie müssen sie ihm schon mitteilen.

Unpassende Größe einer Stringvariablen

Aufgabe Ändern Sie die Definition der Variablen *txt* wie folgt:

```
char txt[10] = "C-Programmierschule\n";
```

Bringen Sie das Programm zur Ausführung. Was passiert? Ganz klar, der Compiler beschwert sich. So geht es natürlich nicht. Wenn eine Stringvariable der Größe 10 mit einer Zeichenkette der Länge 21 initialisiert werden soll, liegt sicher ein Programmierfehler vor. Der Compiler sagt in diesem Fall: *array bounds overflow* (bzw. *too many initializers* oder ähnlich). »Overflow« bedeutet soviel wie Überlauf: Die Variable »läuft« über, die Zeichenkette passt nicht hinein. Bei »array bounds« handelt es sich um die Grenze eines Arrays. Durch die obige Zuweisung wurden die bei der Definition festgelegten Grenzen dieses Arrays überschritten.

Wählen Sie nun eine zu hohe Länge:

```
char txt[30] = "C-Programmierschule\n";
```

In diesem Fall hat der Compiler keine Bedenken. Eventuell könnte hier etwas Speicherplatz verschenkt werden, das ist jedoch ein Problem des Programmierers und kümmert den Compiler nicht. Vielleicht lag das sogar in der Absicht des Programmierers. Denn es könnte sein, dass die Variable *txt* zu einem späteren Zeitpunkt mit einer längeren Zeichenkette belegt werden soll. In diesem Fall ergibt es durchaus einen Sinn, mehr Zeichen zu reservieren als am Anfang belegt werden.

Der Inhalt von nicht initialisierten Variablen

Nicht jede Variable wird bei ihrer Definition auch initialisiert, aber ihr kann während der Programmausführung jederzeit ein Wert zugewiesen werden. Die Frage ist, welchen Wert besitzt eine Variable, die bislang nicht initialisiert wurde? Die Antwort lautet: Sie besitzt einen zufälligen Wert. Durch die Definition einer Variablen wird ein gewisser Speicherplatz reserviert, der natürlich über irgendeinen Inhalt verfügt. Dieser hängt z.B. davon ab, welches Programm vor dem C-Programm in den Arbeitsspeicher geladen wurde.

Der Programmierer hat auf den Inhalt nicht initialisierter Speicherzellen keinen Einfluss. Normalerweise ist dies kein Problem. Sie sollten nur nicht den Fehler machen, versehentlich auf nicht initialisierte Variablen zuzugreifen. So ist die Ausführung der Anweisung

```
printf(txt);
```

wirklich nur dann zu empfehlen, wenn die Variable *txt* ordnungsgemäß einen Wert erhalten hat. Einige C-Compiler machen Sie bei der Übersetzung des Programms darauf aufmerksam, dass eine Variable in einem Programm noch nicht initialisiert wurde. Doch verlassen sollten Sie sich nicht darauf. Wie in Kapitel 5 bei der Besprechung von Zeigervariablen hoffentlich noch deutlicher werden wird, gehören nicht initialisierte Variablen zu den häufigsten Fehlerquellen in einem C-Programm.

1.4 Eingabe einer Zeichenkette

Aus Lektion 1.1 wissen Sie bereits, dass die Kommunikation eines Programms mit dem Menschen, der es bedient, in zwei Richtungen erfolgt. Zum einen muss das Programm Ausgaben auf dem Bildschirm durchführen können, um dem Benutzer Resultate seiner Arbeit anzeigen zu können. Dass Bildschirmausgaben in einem C-Programm mit Hilfe der *printf*-Funktion realisiert werden, ist für Sie inzwischen kein Geheimnis mehr. Zum anderen braucht es Eingaben.

Ohne die Möglichkeit, dem Programm von außen Befehle und Daten eingeben zu können, würde ein Programm immer exakt genauso ablaufen, also dieselben Verarbeitungsschritte vornehmen und dieselben Ausgaben auf dem Bildschirm produzieren. Dies traf auch auf die Programme aus den bisherigen Lektionen zu, es fehlte jegliche Eingabemöglichkeit. Der umgekehrte Weg, nämlich die Eingabe von Daten über die Tastatur, wurde noch ausgespart. Das soll nun nachgeholt werden.

Die Eingabefunktion scanf

Nötig ist also ein Gegenstück zu *printf*, das nicht eine Zeichenkette auf dem Bildschirm ausgibt, sondern eine Zeichenkette, die der Benutzer eintippt, empfängt und in einer Stringvariablen ablegt. Eine Funktion, die das erledigt, ist *scanf*.

> Eingaben über die Tastatur werden mit Hilfe der *scanf*-Funktion durchgeführt. Sie ist, vereinfacht ausgedrückt, das Pendant zum Basic-Befehl Input.

HINWEIS

Beispiel

Das folgende Programm liest eine Zeichenkette von der Tastatur ein, speichert sie in der Variablen *txt* und gibt sie wieder auf dem Bildschirm aus.

```
   #include <stdio.h>

   void main()
   {
A   char txt[80];

B   printf("Bitte eine Eingabe:");
C   scanf("%s",txt);
    printf(txt);
   }
```

Erläuterungen

A Es wird eine Stringvariable mit dem Namen *txt* definiert, die 79 Zeichen aufnehmen kann.

B Der Benutzer erhält über die *printf*-Funktion eine Aufforderung zur Eingabe.

C Ein über die Tastatur eingegebener Text wird durch die *scanf*-Funktion der Variablen *txt* zugewiesen.

Aufgabe Bringen Sie das Programm zur Ausführung. Auf dem Bildschirm erscheint der Text *Bitte eine Eingabe:*. Dahinter blinkt der Cursor. Sie sollten nun einen Text eintippen und die Eingabetaste drücken. In der nächsten Zeile erscheint dann der soeben eingetippte Text, und das Programm ist beendet.

Formatierte Eingabe

Die Aufgabe der *scanf*-Funktion ist schnell erklärt: Eine auf der Tastatur eingetippte Folge von Zeichen soll in der Stringvariablen *txt* abgelegt werden. Dass beim Aufruf der *scanf*-Funktion der Variablenname *txt* angegeben werden muss, leuchtet ein. Was aber bedeutet der Zusatz *»%s«*? Um das zu erklären, muss ein wenig weiter ausgeholt werden. Die *scanf*-Funktion ist sehr vielseitig. Mit ihr kann man nicht nur Zeichenketten von der Tastatur einlesen, sondern auch Zahlen. Man kann Beschränkungen in der Länge der Eingabe vornehmen oder auch mehrere Variablen auf einmal einlesen. Was durch die *scanf*-Funktion genau eingelesen werden soll, wird durch einen so genannten Formatstring bestimmt. Im obigen Beispiel lautet dieser Formatstring *»%s«*. Dieser weist die *scanf*-Funktion an, dass der Benutzer an dieser Stelle eine Zeichenkette eingeben wird.

ACHTUNG: Die *scanf*-Funktion benötigt grundsätzlich einen Formatstring, der festlegt, welche Art der Eingabe durchgeführt wird.

HINWEIS: Da die *scanf*-Funktion stets einen **Formatstring** erwartet, spricht man auch von einer **formatierten Eingabe**.

Das »f« am Ende von *scanf* ist ein Hinweis darauf, es steht für engl. *formated*, also *formatiert*. In dem Formatstring leitet das Prozentzeichen jeweils ein Format ein, es können auch mehrere sein. Das folgende »s« steht für *String*, also eine Zeichenkette.

Der Befehl

```
scanf("%s",txt);
```

ist somit wie folgt zu interpretieren: Lies eine Zeichenkette von der Tastatur ein und speichere sie in der Stringvariablen *txt*.

Begrenzung der Eingabelänge

Aufgabe

Ändern Sie nun den Formatstring in *»%3s«* um. Bringen Sie das Programm zur Ausführung, und tippen Sie den Text »abcdefg« ein. Überrascht? Das Programm hat keine Probleme damit, es verarbeitet aber offenbar nur die ersten drei Zeichen Ihrer Eingabe. Mit der Änderung des Formatstrings haben Sie eine Beschränkung der Eingabe auf drei Zeichen erreicht. Der Benutzer kann zwar mehr eingeben, die überzähligen Zeichen werden jedoch ignoriert.

Erläuterungen

Welchen Sinn kann es haben, den Benutzer eines Programms derart zu beschneiden? Nun, wenn eine Zeichenkette abgefragt werden soll, die nur 3 Zeichen lang sein darf, genügt die Definition einer Stringvariablen der Länge 4, das ist bereits bekannt. Trotzdem ist der Benutzer in der Lage, hier mehr als 3 Zeichen einzutippen. Bei Verwendung des Formatstrings »%s« versucht das Programm, diese Zeichenkette in die zu kleine Stringvariable zu übertragen, was zwangsläufig schief geht. Bei Verwendung des Formats »%3s« werden die überzähligen Zeichen jedoch abgeschnitten, sodass zumindest das Programm in geordneten Bahnen weiterlaufen kann.

Wo bleibt der Komfort?

Der eine oder andere Leser mag bezüglich der Möglichkeiten, die C für die Ein- und Ausgabe anbietet, ein wenig enttäuscht sein. Mehr als die relativ nüchternen Funktionen *printf* und *scanf* scheint C wohl nicht zu bieten? Diese Einschätzung ist zwar grundsätzlich richtig, muss aber dennoch ein wenig relativiert werden. Als C entwickelt wurde, kam es in erster Linie darauf an, Programmierprobleme zu lösen. Auf den Komfort für Programmierer wurde kein Wert gelegt, weil die Entwickler von C absolute Programmierfreaks waren und sich überhaupt nicht vorstellen konnten, dass andere mit ihrem Werk irgendwelche Probleme haben könnten. Auch waren die damaligen Rechnersysteme bei weitem nicht in der Lage, eine grafische Oberfläche zu unterstützen.

Doch die Zeiten ändern sich. Zum einen sind Programmierer, die sich zunächst ihren eigenen Computer bauen und anschließend dafür eine neue Programmiersprache entwickeln, relativ selten geworden, zum anderen wachsen natürlich auch die Ansprüche jener Personen, die die Software bedienen sollen. C hat sich an diese Entwicklung indirekt angepasst. Zwar macht der aktuelle ANSI-C-Standard an die »Benutzerfreundlichkeit« der Sprache und die Möglichkeit, komfortable Oberflächen erstellen zu können, nur wenige Zugeständnisse. Dafür gibt es mit Windows und Linux (Letzteres in Verbindung mit einer grafischen Oberfläche wie KDE) mindestens zwei Betriebssysteme im PC-Bereich, die dieses Manko beseitigen. Und da sowohl Windows als auch Linux in erster Linie in C (bzw. C++) programmiert wurden, ergibt sich für C-Programmierer ein natürlicher Aufstiegspfad. Sehen Sie die Funktionen *printf* und *scanf* daher nur als eine provisorische Lösung, die sicherstellen soll, dass ein Programm auf allen Betriebssystemen läuft. Beim Erlernen einer neuen Programmiersprache steht nämlich am Anfang nur die Sprache selbst im Vordergrund. Der Komfort in Gestalt schicker Oberflächen kommt später.

In Kapitel 8 erfahren Sie, dass ein C-Programm auch »fensterln«, sprich grafische Fenster anzeigen kann. Allerdings benötigt ein solches Programm statt 8 Zeilen etwa 80 Zeilen. Der Komfort hat eben seinen Preis.

1.5 Test

1. Mit welcher Funktion wird eine Zeichenkette auf dem Bildschirm ausgegeben, und wie lautet der Aufruf zur Ausgabe des Textes »Clever & Smart«?
2. Mit welcher Funktion wird eine Zeichenkette von der Tastatur eingelesen, und wie lautet der Aufruf zum Einlesen und Speichern einer höchstens 15 Zeichen langen Zeichenkette in die Stringvariable *txt*?
3. Wie lautet die Definition einer Stringvariablen *txt*, die maximal 15 Zeichen Text aufnehmen kann?
4. Mit welcher Zeile wird das Hauptprogramm eingeleitet, und worin werden die Befehle des Hauptprogramms eingeschlossen?
5. Wie lautet die Definition einer Stringvariablen, die mit dem Text »Hofbräuhaus« initialisiert wird?
6. Sie definieren in Ihrem Programm eine Stringvariable durch die Anweisung *char txt[]="abc";*. Warum ist der Compiler mit dem Aufruf *printf(TXT)* nicht einverstanden?
7. Worin besteht der Unterschied zwischen den Definitionen von *char txt[]="abc ";* und *char txt[]="abc";*? Worin liegt der Unterschied zwischen den Funktionsaufrufen *printf(txt);* und *printf(txt);*?

Die Lösungen zum Test finden Sie in Anhang A.

1.6 Übung

In diesem Abschnitt soll die Korrektur eines fehlerhaften Programms geübt werden. Tippen Sie dazu das folgende Programm zeichengenau ohne die Zeilennummern ab (die Doppelpunkte hinter den Zeilennummern müssen Sie natürlich auch weglassen). Gehen Sie das Programm zunächst schrittweise durch und versuchen so, die vorhandenen Fehler zu finden. Korrigieren Sie sie aber noch nicht.

Starten Sie im zweiten Schritt den Compiler, und gehen Sie der ersten Fehlermeldung des Compilers auf den Grund. Wenn Sie die Ursache der Meldung gefunden haben, beseitigen Sie den Fehler, und starten Sie den Compiler erneut. Wiederholen Sie dies so lange, bis der Compiler das Programm ohne Fehlermeldung kompiliert.

```
01:   #include <math.h>
02:
03:   Void main()
04:   {
05:    char txt1 = "Hallo\n";
06:
07:       print(txt1)
08:       char txt2[4];
09:       scanf("%3s", txt2);
10:       print(txt2;
11:   }
```

Der Compiler meldet folgende Fehler, die Sie am besten in dieser Reihenfolge beheben:

1. Zeile 3: *Void* ist unbekannt. Es muss natürlich *void* heißen.
2. Zeile 5: Die Initialisierung von *txt1* sagt dem Compiler, dass es sich dabei um eine **Stringvariable** handeln soll. Dann müssen aber die eckigen Klammern hinter *txt1* stehen.
3. Zeile 7: Der Compiler kennt *print* nicht. Die Funktion, die hier stehen sollte, heißt bekanntlich *printf*.
4. Zeile 7: Der Compiler kennt aber offenbar auch *printf* nicht. Sie erinnern sich: Durch *#include <stdio.h>* wird ihm die *printf*-Funktion erst bekannt gemacht. Fälschlicherweise steht in Zeile 1 jedoch *#include <math.h>*.
5. Zeile 7: Hinter der Programmzeile mit der *printf*-Funktion vermisst der Compiler ein **Semikolon**.
6. Zeile 8: Die Typangabe *char* ist fehl am Platz. Definitionen von Variablen dürfen nur am Anfang eines Blocks stehen. Schreiben Sie diese Zeile hinter die Definition von *txt1*, und entfernen Sie sie hier.
7. Zeile 10: Auch hier kennt der Compiler *print* nicht. Schreiben Sie stattdessen *printf*.
8. Zeile 10: Dem Funktionsaufruf fehlt eine schließende **runde Klammer**.

Das war alles. Neun Fehler in einem solch kleinen Programm sind zwar eine stolze Zahl, doch wenn Sie alle Fehler selbstständig entfernen konnten, haben Sie bereits eine Menge über die Programmiersprache C gelernt. Im nächsten Kapitel werden die Grundlagen ein wenig vertieft. Es geht um das Thema Variablen. Sie erfahren, welche Bedeutung der Datentyp einer Variablen hat, und Sie lernen nebenbei auch den Präprozessor des C-Compilers kennen.

1.7 Zusammenfassung

Die wichtigsten Aussagen in diesem Kapitel sind:

- Die Anweisung *void main()* leitet das Hauptprogramm ein. Alle Befehle des Hauptprogramms werden in ein Paar geschweifter Klammern eingeschlossen.
- Ausgaben auf dem Bildschirm werden mit Hilfe der *printf*-Funktion durchgeführt.
- Zeichenketten werden stets in Anführungszeichen eingeschlossen.
- Groß- und Kleinbuchstaben werden in C unterschieden.
- Die Formatierung des Programms ist dem Programmierer überlassen.
- Stringvariablen werden nach dem allgemeinen Schema *char name[anzahl]* definiert. Sie können gleich bei der Definition initialisiert werden. Während es sich bei *name* um den Namen der Stringvariablen handelt, legt *anzahl* die Anzahl der Zeichen fest. Beachten Sie, dass diese immer um 1 größer sein muss als die Anzahl der Zeichen, die gespeichert werden sollen, denn ein Zeichen dient dazu, das Ende der Zeichenkette zu markieren.
- Eingaben über die Tastatur werden mit Hilfe der *scanf*-Funktion durchgeführt.
- Die *scanf*-Funktion benötigt stets einen Formatstring. Dieser legt fest, welche Art von Ein- oder Ausgabe durchgeführt werden soll.

Kapitel 2

jetzt lerne ich

Grundlagen der C-Programmierung

Nachdem es im letzten Kapitel um den grundsätzlichen Aufbau eines C-Programms ging, sollen in diesem Kapitel die Grundlagen der Programmiersprache C systematisch angegangen werden. Die etwas trockene Überschrift soll Sie natürlich nicht abschrecken, denn der Inhalt dieses Kapitels ist leicht zu verstehen. Es ist das Einmaleins der C-Programmierung, das jedem angehenden C-Programmierer geläufig sein muss. Wer bereits mit Basic oder Pascal programmiert hat, wird daher viele Gemeinsamkeiten entdecken.

Das Konzept der Datentypen gehört zu den elementarsten Themen einer jeden Programmiersprache. Dass ein Programm in der Lage sein muss, anfallende Daten zu speichern und später wieder für Berechnungen oder ähnliche Operationen zur Verfügung zu stellen, wurde bereits im letzten Kapitel erwähnt. Ihnen ist bekannt, dass für die Zwischenspeicherung von Werten in einem Programm Variablen verwendet werden. Eine Variable besteht immer aus zwei Komponenten: einem Stück Arbeitsspeicher, das mit einem beliebigen, sprich »variablen« Inhalt belegt werden kann, und einem frei wählbaren Namen, dem Variablennamen, über den dieses Stück Arbeitsspeicher innerhalb des Programms angesprochen wird. Ohne einen Variablennamen können Sie auf den Inhalt einer Variablen nicht zugreifen. Ganz richtig ist diese Aussage allerdings nicht, denn wie Sie in Kapitel 5 noch lernen werden, lassen sich Variablen auch über einen so genannten Zeiger ansprechen. Doch bis dahin ist es noch ein weiter Weg. Zunächst einmal müssen Sie die unterschiedlichen Variablentypen kennen lernen, die in einem C-Programm vorkommen können.

Lernziel In diesem Kapitel lernen Sie etwas über den Umgang mit Variablen, die Rolle des Datentyps, die Ausgabe von Variablenwerten über die *printf*-Funktion sowie die Eingabe von Werten und die anschließende Zuweisung an eine Variable über die *scanf*-Funktion.

Sie lernen in diesem Kapitel:

- Den Umgang mit Variablen
- Die Bedeutung des Datentyps einer Variablen
- Die Durchführung einfacher Rechenoperationen
- Den Umgang mit Stringvariablen
- Das Funktionsprinzip des Präprozessors

Voraussetzung

Für das Verständnis dieses Kapitels wird vorausgesetzt, dass Sie über den allgemeinen Aufbau eines C-Programms Bescheid wissen.

2.1 Ganzzahlige Variablen

Bereits im letzten Kapitel wurde deutlich, dass es verschiedene Variablentypen gibt. Jede Variable besitzt einen Variablentyp. Oder anders herum, eine Variable ohne Typ gibt es in C nicht. Was aber hat es mit den Variablentypen genau auf sich? Stellen Sie sich dazu ein Schuhregalsystem mit verschieden großen Schubladen vor. Vereinbarungsgemäß passt ein Paar Schuhe immer nur in eine bestimmte Schublade. Angenommen, der Besitzer des Schuhregals verfügt über fünf paar verschiedene Schuhe. In diesem Fall muss es auch fünf verschiedene Schubladentypen geben. Jeder Schuh besitzt daher einen »Schuhtyp«. der unter anderem darüber entscheidet, in welcher Schublade der Schuh abgelegt wird. Ähnlich verhält es sich mit den Variablentypen. Es gibt unterschiedliche Variablentypen, da es auch verschiedene Typen von Werten gibt, die in einer Variablen gespeichert werden. So unterscheidet C z.B. ganze Zahlen, Fließkommazahlen – Zahlen mit einem Nachkommaanteil, bei denen die Position des Kommas verschiebbar (»fließend«) ist – sowie Zeichenketten, in denen eine Aneinanderreihung von Zeichencodes abgelegt werden.

HINWEIS

Jede Variable besitzt einen Datentyp. Dieser bestimmt, welche Sorte von Daten in der Variablen gespeichert werden können.

Insgesamt kennt C sechs verschiedene Grundvariablentypen, die allerdings in einer Reihe von Variationen eingesetzt werden, sodass die Anzahl an Datentypen, die Sie in einem C-Programm antreffen können, ein wenig größer ist. Hier hört die hübsche Analogie mit dem Schuhregal allerdings schon wieder auf. Obwohl für jeden Wertetyp ein eigener Variablentyp existiert, nimmt es C mit der Zuordnung nicht so genau. Sollten Sie z.B. einen ganzzahligen Wert einer Fließkommavariablen zuweisen, wandelt C die Ganzzahl automatisch, das heißt, ohne dass es für den Programmierer sichtbar wird, in eine Kommazahl um. Dies muss auch so sein, denn in jedem Variablentyp werden die Werte in einer ganz bestimmten Art und Weise gespeichert, man spricht auch von einem Format.

Bevor es weitergeht, ein paar kleine Sprachübungen

Programmierer sprechen gerne vom Ablegen eines Wertes und meinen damit, dass ein Wert in einem Bereich des Arbeitsspeichers gespeichert wird, der innerhalb des Programms die Rolle einer Variablen spielt und daher einen Variablennamen besitzt. Auch das Zuweisen eines Wertes an eine Variable entspricht dem Speichern eines Wertes in einem bestimmten Arbeitsspeicherbereich. Je mehr Sie sich mit der Programmierung beschäftigen, desto weniger denken Sie dabei an die Dinge, die der Computer bei der Umsetzung eines Befehls tatsächlich durchführt. Denken Sie daher möglichst abstrakt, und stellen Sie sich unter einer Variablen eine Art »virtuellen« Behälter vor, in dem während der Programmausführung beliebige Werte abgelegt werden können. An die in Programmiersprachenbüchern verwendeten Formulierungen gewöhnen Sie sich dann von ganz alleine.

Integervariablen

Zu den wichtigsten Variablen in einem C-Programm gehören die ganzzahligen Variablen, die auch als Integervariablen bezeichnet werden. Integervariablen sind Variablen, die nur ganze Zahlen als Werte aufnehmen können. Warum sind Integervariablen so wichtig? Nun, ganz einfach. Wie Sie noch feststellen werden, werden für die meisten Zwecke keine Kommazahlen benötigt. Selbst im täglichen Leben käme man weitgehend ohne Fließkommazahlen aus, wenn z.B. Geldbeträge in Cent oder Flüssigkeitsmengen in Milliliter angegeben und falls erforderlich entsprechende Rundungen durchgeführt würden.

Variablen müssen deklariert werden

Nun zu einem wichtigen Punkt, an dem es einen entscheidenden Unterschied zwischen der C-Programmierung und der Programmierung mit diversen einfacheren Sprachen wie Basic gibt. Jede Variable, die in einem C-Programm verwendet wird, muss zunächst einmal deklariert werden. Die Deklaration einer Variablen bedeutet, einen Namen und einen Variablentyp für die Variable festzulegen.

> HINWEIS
>
> Um in einem C-Programm eine Variable benutzen zu können, muss diese deklariert werden. Bei der Deklaration einer Variablen erhält diese einen Namen und einen Datentyp.

Definition oder Deklaration?

Schon wird der erste sprachliche Holperstein deutlich. Neben der Deklaration gibt es doch noch die Definition. Worin besteht denn da der Unterschied? Nun, es gibt einen Unterschied, doch der ist sehr subtil. Stellen Sie sich vor, Sie sitzen in einem Hörsaal, und der Professor hält eine Vorlesung über Informatik. Thema: Deklaration von Variablen. »Bei einer Deklaration« so sagt er, »wird der Name und der Typ eines Objektes eingeführt, es wird für dieses Objekt aber noch kein Arbeitsspeicher zugewiesen. Dies geschieht erst bei der Definition. Eine Definition ist damit eine Deklaration, nur dass zusätzlich auch Speicherplatz bereitgestellt wird.«.

Der Sinn der Unterscheidung wird deutlich, wenn man daran denkt, dass ein C-Programm über mehrere Dateien verteilt werden kann, Definitionen für ein Objekt aber nur einmal pro Programm erfolgen dürfen. Sie sind nur in *ihrer* Programmdatei *sichtbar,* in anderen Dateien müssen sie durch Deklaration *sichtbar* gemacht werden, eine Redefinition wäre zuviel, falls dort Bezug auf sie genommen werden soll. Daher muss der Vorgang der Deklaration von dem der Definition abtrennbar sein. Das heißt, es muss Sprachmittel geben, die den Gesamtvorgang der Definition durchführen und andere, die den Teilvorgang der Deklaration bewirken. Je nachdem, ob es sich um einfache Variablen, Strukturvariablen (dazu später mehr) oder Funktionen handelt, die Sprachmittel zu ihrer Definition und Deklaration unterscheiden sich voneinander. Für jemanden, der den Grund für die Unterscheidung zwischen Definition und Deklaration verstanden hat, wird das kein Problem sein.«

Bevor Sie sich nun die Haare raufen, sei auf Zeile 5 des Beispiels aus Abschnitt 1.7 hingewiesen, sie fasst Deklaration, Definition und Initialisierung in einer Anweisung zusammen. Weitere Hinweise zur Unterscheidung finden Sie in den Kapiteln 4 bis 6, dort werden zahlreiche Einzelheiten der Definition und Deklaration von Funktionen und Strukturvariablen besprochen, sodass Sie dann viel klarer sehen werden als vielleicht jetzt.

HINWEIS

Bei der Deklaration eines Programmobjekts, wie z.B. einer Variablen, wird ihr ein Name und ein Datentyp zugewiesen. Bei der Definition wird zusätzlich auch Speicherplatz reserviert. Da die Definition einer Variablen gleichzeitig auch eine Deklaration ist, ist eine Unterscheidung hier nicht notwendig. Im weiteren Verlauf dieses Buches wird daher meistens von einer Variablendefinition gesprochen.

Wie werden Variablen definiert?

Wie sieht es mit dem Wert der Variablen aus? Dieser wird ihr erst während der Programmausführung zugewiesen. Deklaration bedeutet daher lediglich, eine Variable dem Programm vorzustellen und den nötigen Speicherplatz bereitzustellen, die Wertzuweisung erfolgt in der Regel erst später. Festzuhalten ist daher, ohne Definition kann eine Variable in einem C-Programm nicht verwendet werden. Für die Definition einer Variablen gibt es keinen besonderen Befehl. Eine Variable wird vielmehr dadurch definiert, dass man den Namen der Variablen zusammen mit ihrem Variablentyp aufführt. Für die Variablentypen gibt es dagegen in C festgelegte Abkürzungen. Die Namen für Integervariablen lauten z.B. *short*, *int* oder *long*, je nachdem, wie groß die zu speichernden Zahlen werden können.

Beispiel

```
short Zahl1, Zahl2;
int Zahl1, Zahl2, Zahl3;
```

An welcher Stelle innerhalb eines C-Programms soll die Definition von Variablen erfolgen? Diese Frage ist nicht ganz so leicht zu beantworten, denn die Stelle, an der eine Variable definiert wird, hat – wie später noch erklärt wird – auch einen Einfluss auf die Bereiche des C-Programms, von denen aus die betreffende Variable angesprochen werden kann, man spricht hier auch vom *Gültigkeitsbereich* der Variablen. Für die ersten Beispielprogramme sollten Sie alle Variablen unmittelbar nach Programmbeginn definieren, das heißt innerhalb der Funktion *main*:

```
void main()
{
  short Zahl1, Zahl2;
...
}
```

Die Variablen *Zahl1* und *Zahl2* wurden damit als Ganzzahlvariablen vom Typ *short* definiert. Sie sind aber nur innerhalb der Funktion *main* gültig, das heißt, sie können nicht außerhalb von *main* angesprochen werden. Das ist kein Nachteil, sondern im Gegenteil eine beabsichtigte Einschränkung, die die Programmierung erleichtert und, wie Sie später noch sehen werden, Programmfehler vermeiden hilft.

Geben Sie das folgende Programm ein, und bringen Sie es zur Ausführung:

```
void main()
{
  short x;

  x = 5;
}
```

Obwohl das Programm vom Compiler anstandslos akzeptiert, das heißt fehlerfrei übersetzt wird, sieht man bei der Ausführung natürlich nichts. Ganz klar, denn es fehlt noch eine Ausgabeanweisung, wie z.B. die *printf*-Funktion. Doch irgendetwas muss bei der Programmausführung geschehen. Schauen wir einmal hinter die Kulissen. Wer Lektion 1.3 aufmerksam durchgearbeitet hat, müsste die Antwort eigentlich schon wissen, denn beide Programme sind sich sehr ähnlich. Durch die Anweisung

```
short x;
```

wird eine Variable mit dem Namen *x* vom Typ *short* definiert. Durch die folgende Anweisung

```
x = 5;
```

wird der Variablen *x* der Wert 5 zugewiesen. Also, erst die Definition, dann die Zuweisung. Das war es auch schon, denn nach der zweiten Anweisung ist das Programm bereits beendet.

Die Bildschirmausgabe von ganzzahligen Werten

Aufgabe So lehrreich ein solches Beispiel auch ist, auf die Dauer wird es ein wenig langweilig. Im Folgenden soll es darum gehen, den Wert einer Variablen auf dem Bildschirm auszugeben. Dieser Wert kann z.B. das Resultat umfangreicher Berechnungen sein. Der Zweck solcher Berechnungen liegt schließlich kaum darin, das Ergebnis irgendwo in den Tiefen des Speichers verschwinden zu lassen.

Lösung Sie benötigen einen Befehl, genauer gesagt eine Funktion, die den Wert der Variablen *x* auf dem Bildschirm ausgibt. Diese Funktion heißt, Sie werden es sich sicherlich schon gedacht haben, *printf*. Zur Ausgabe von Variablenwerten wird in einem C-Programm damit dieselbe Funktion benutzt wie zur Ausgabe von Zeichenketten.

Bevor eine Zahl auf dem Bildschirm erscheint, gilt es noch ein paar kleinere Probleme zu lösen. Bereits in Lektion 1.1 zeigte sich die *printf*-Funktion sehr anspruchsvoll und wollte bestimmte Argumente gar nicht annehmen. So verweigert sowohl die Anweisung

```
printf(5)
```

als auch die Anweisung

```
printf(x)
```

ihre Dienste. Es kann so auch nicht funktionieren, denn *printf* verarbeitet eben nur Zeichenketten. Wie wäre es denn mit folgender Anweisung?

```
printf("x")
```

In diesem Fall erscheint das Zeichen x auf dem Bildschirm, nicht aber der Wert der Variablen *x*. Aber genug auf die Folter gespannt: Wie bei der Funktion *scanf* muss auch bei der *printf*-Funktion ein so genannter Formatstring angegeben werden, der genau festlegt, auf welche Weise die Ausgabe erfolgen soll. Dieser Formatstring besteht aus druckbaren Zeichen, das heißt dem auszugebenden Text und den so genannten **Formatkennzeichnern**. Fehlen diese Formatkennzeichner, wird lediglich die Zeichenkette unverändert ausgegeben. Das ist der Grund, warum die Anweisung

```
printf("C-Programmierschule\n");
```

anstandslos funktioniert. Sollen zusätzlich zu einem Text aber Variablenwerte ausgegeben werden, muss der Formatstring zusätzliche Formatkennzeichner enthalten, die festlegen, auf welche Weise die auf den Formatstring folgenden Variablen ausgegeben werden. Stellen Sie sich die Formatkennzeichner als Platzhalter vor, die durch den Compiler bei der Ausgabe durch die entsprechenden Variablenwerte ersetzt werden.

Für die Ausgabe von Variablenwerten über die *printf*-Funktion muss für jede (!) auszugebende Variable ein Formatkennzeichner aufgeführt werden.

Die einzelnen Formatkennzeichner müssen Sie nicht auswendig lernen. Sie finden sie z.B. im Anhang C bei der Kurzbeschreibung der *printf*-Funktion und sicher auch in der Onlinehilfe Ihres C-Compilers. Der Formatkennzeichner zur Ausgabe von ganzen Zahlen lässt sich leicht merken, er heißt *%d*. Das »d« steht für dezimal, und in dezimaler Schreibweise wollen Sie das Ergebnis auch sehen.

Erweitern Sie also das letzte Beispielprogramm wie folgt:

```
#include <stdio.h>

void main()
{
  short x;

  x = 5;
  printf("%d\n",x);
}
```

Kompilieren Sie das Programm, und bringen Sie es zur Ausführung. Und siehe da, die Zahl 5 erscheint auf dem Bildschirm.

Formatstrings können in einem C-Programm sehr kompliziert werden. Doch unabhängig davon, wie umfangreich ein solcher String wird, er ist stets nach dem gleichen Prinzip aufgebaut. Lernen Sie daher möglichst bald, mit Formatstrings umzugehen, denn wann immer Sie in C eine Bildschirmausgabe durchführen möchten, sind Sie dabei auf Formatstrings angewiesen. Variieren Sie daher ruhig einmal den Formatstring, fügen Sie zusätzliche Zeichen ein, oder deklarieren Sie eine zweite Variable *y*, die Sie dann zusammen mit *x* ausgeben können. Hier ein Beispiel:

```
printf("x = %d, y = %d\n",x,y);
```

Durch diesen Aufruf der *printf*-Funktion wird der auszugebende Text direkt mit Formatkennzeichnern kombiniert. Beachten Sie, dass die Formatkennzeichner, wie z.B. *%d*, nicht vom Text separiert werden müssen, da sie der C-Compiler automatisch erkennt und durch die auf den Formatstring folgenden Variablen ersetzt.

Die Eingabe von ganzen Zahlen

Das letzte Beispielprogramm begann mit einer Wertzuweisung:

```
x = 5;
```

In vielen Fällen möchte man lieber eine Zahl über die Tastatur eingeben. Dafür steht die Funktion *scanf* zur Verfügung, die zur Eingabe einer Zeichenkette bereits in Lektion 1.4 verwendet wurde. Nun soll die *scanf*-Funktion dazu dienen, eine Zahl von der Tastatur entgegenzunehmen. Auch die *scanf*-Funktion ist eine universelle Eingabefunktion und benötigt daher Formatkennzeichner. Zum Glück sind diese mit denen der *printf*-Funktion identisch, sodass Sie keine neuen Zeichenkombinationen lernen müssen.

ACHTUNG

Wie die *printf*-Funktion benötigt auch die *scanf*-Funktion einen Formatkennzeichner, der festlegt, welchem Typ der eingegebene Wert unterliegt.

Doch einen Unterschied gilt es bei der Anwendung der *scanf*-Funktion zu beachten, dessen volle Tragweite Ihnen wahrscheinlich erst in einem späteren Kapitel klar werden wird. Die korrekte Anweisung für die Eingabe einer Zahl über die Tastatur und die anschließende Zuweisung des eingegebenen Wertes an die Variable *x* lautet

```
scanf("%d",&x);
```

Achten Sie dabei auf das &-Zeichen, das dem Variablennamen vorausgeht. Ohne diesen so genannten Adressoperator wird der eingegebene Wert der Variablen nicht korrekt zugewiesen. Was es mit diesem – in C sehr wichtigen – Adressoperator auf sich hat, erfahren Sie spätestens in Kapitel 5.

Den Variablen, denen über die *scanf*-Funktion ein Wert zugewiesen wird, muss ein Adressoperator (&) vorausgehen.

Der Unterschied zur Eingabe einer Stringvariablen liegt in einem unscheinbaren &-Zeichen. Was hat es dort zu suchen? Bei dem &-Zeichen handelt es sich um den so genannten **Adressoperator**. Sie wissen bereits, dass *scanf* eine Funktion ist. Eine Funktion kann normalerweise nicht den Wert einer Variablen ändern, die außerhalb ihres Rumpfes definiert wurde, doch genau das ist hier aber beabsichtigt. Nach Ausführung der Funktion *scanf* soll die Variable *x* jenen Wert besitzen, den der Benutzer des Programms über die Tastatur eingetippt hat. Um das zu ermöglichen, muss der Adressoperator angegeben werden, der somit einen direkten Zugriff auf die angegebene Variable erlaubt.

Der Adressoperator & liefert die Adresse des Speicherstücks, das zur Speicherung eines Variablenwertes verwendet wird.

Wahrscheinlich sind Sie neugierig, was geschieht, wenn der Adressoperator weggelassen wird. Verweigert die *scanf*-Funktion den Dienst, erhalten Sie gar eine Fehlermeldung? Weit gefehlt. Der C-Compiler geht davon aus, dass alles seine Richtigkeit hat und hält den Wert von *x* für die benötigte Adresse. Die Folge ist, dass der eingegebene Wert nicht unter der zur Variablen *x* gehörenden Speicherzelle gespeichert wird, sondern in einer ganz anderen Speicherzelle, deren Adresse durch den zufälligen Wert der Variablen *x* bestimmt wird. Nicht nur, dass bei allen Berechnungen mit der Variablen *x* falsche Ergebnisse herauskommen, auch Ihr Programm könnte möglicherweise abstürzen, wenn die vermeintliche Zuweisung an die Variable *x* einen Teil des Programms überschreibt. Sollten Sie das noch nicht so richtig verstanden haben, machen Sie sich im Moment keine weiteren Gedanken. In Kapitel 5 wird auf diesen Sachverhalt noch ausführlicher eingegangen.

Der C-Compiler überprüft nicht, ob den Funktionen *printf* oder *scanf* die richtigen Parameter übergeben wurden. Sie sind daher selbst dafür verantwortlich, dass die Formatkennzeichner stimmen und dass die Variablen, die an die *scanf*-Funktion übergeben werden, mit einem Adressoperator versehen sind.

Aufgabe

Doch Probieren geht bekanntlich über Studieren. Probieren Sie beide Varianten einmal aus, die korrekte und auch die fehlerhafte Version. Einen wirklichen Schaden können Sie damit selbstverständlich nicht anrichten.

Ersetzen Sie im letzten Beispielprogramm die Zuweisung

```
x = 5;
```

das eine Mal durch die Anweisung

```
scanf("%d",&x);
```

und ein weiteres Mal durch die Anweisung

```
scanf("%d",x);
```

und schauen Sie sich die unterschiedlichen Resultate an. Ärgern Sie sich aber nicht, wenn bei der zweiten Variante irgendwann einmal der Computer abstürzt. Um sicherzugehen, dass dabei keine wichtigen Daten verloren gehen, sollten Sie nach der Ausführung des zweiten Beispiels einen Warmstart des Computers durchführen (das ist natürlich ein wenig übertrieben, denn moderne Betriebssysteme lassen es nicht mehr so ohne weiteres zu, dass sich ein Programm so daneben benehmen kann, aber ganz unrealistisch ist diese Warnung trotzdem nicht).

Lange ganze Zahlen

Der Name des Datentyps *short* provoziert natürlich eine Frage: Was ist denn an den ganzen Zahlen eigentlich so kurz? Oder anders herum, gibt es denn auch lange ganze Zahlen? Ja, die gibt es. Der Unterschied zwischen kurzen, normalen und langen ganzen Zahlen besteht einfach in dem kleinsten negativen und größten positiven Wert, den eine solche Zahl annehmen kann. Der Name *short* bezieht sich damit auf den Wertebereich, den eine Variable dieses Typs annehmen kann. Dieser Bereich erstreckt sich bei *short*-Variablen von –32768 bis +32767. Ganz anders sieht es bei den langen ganzen Zahlen aus, der Datentyp lautet hier *long*. Da sich der Wertebereich von –2147483648 bis +2147483647 erstreckt, gibt es nur wenige Dinge, die sich mit langen ganzen Zahlen nicht darstellen lassen.

ACHTUNG

Während in einer Ganzzahlvariablen vom Typ *short* nur Zahlen im Bereich –32768 bis +32767 gespeichert werden können, beträgt dieser Wertebereich bei einer Ganzzahl vom Typ *long* –2147483648 bis +2147483647 (in Worten: rund 2 Milliarden).

C 99

C99 geht nun noch einen Schritt weiter und gestattet *long long* als neuen Datentyp mit einem natürlich noch viel größeren Wertebereich. Beim nächsten Standard wird der Platz im Buch sicher knapp werden, dieses Mal reicht er aber noch: Der Wertebereich von *long long* erstreckt sich nämlich von –9223372036854775808 bis +9223372036854775807 (in Worten: rund 9 Trillionen).

short oder int?

Vielleicht ist es Ihnen bereits aufgefallen, dass kurze Ganzzahlenvariablen sowohl vom Typ *short* als auch vom Typ *int* sein können. Gibt es denn da einen Unterschied? Die Antwort lautet: jein. Streng genommen gibt es für kurze Ganzzahlen nur den Typ *int*. Diesem Datentyp kann jedoch ein *short* vorausgehen, um sicherzustellen, dass der Compiler wirklich eine kurze Ganzzahl verwendet. Auf einigen 32-Bit-Systemen kann *int* wahlweise für eine 16- und eine 32-Bit-Zahl stehen. Da der Datentyp *short int* aber durch den »Subdatentyp« *short* abgekürzt wird und Programmierer im Allgemeinen ein wenig faul sind, finden Sie sehr häufig den Datentypbezeichner *short*, der aber in den allermeisten Fällen mit dem Datentyp *int* identisch ist. Auch bei der Ausgabe über die *printf*-Funktion und der Eingabe über die *scanf*-Funktion werden die Datentypen *int* und *short* gleich behandelt. Einige C-Compiler verfügen in ihrem *include*-Verzeichnis zudem über die Datei *limits.h*, in der die genaue Größe einer *int*-Variablen definiert ist.

Warum wird denn überhaupt zwischen kurzen und langen Ganzzahlen unterschieden? Wäre es nicht einfacher, lediglich einen einzigen Typ zu verwenden, der groß genug ist, um alle anfallenden Rechenaufgaben zu lösen? Nun, was Sie noch nicht wissen können, je größer ein Datentyp ist, desto mehr Speicherplatz belegen die darzustellenden Werte und desto aufwändiger werden die mit diesen Datentypen durchzuführenden Operationen. Mit anderen Worten, ein C-Programm wird am schnellsten ausgeführt, wenn es nur Ganzzahlen vom Typ *short* verwenden würde. Doch da sich damit nicht alle Rechenaufgaben lösen lassen, müssen in bestimmten Situationen lange ganze Zahlen verwendet werden. Für die Beispielprogramme innerhalb dieser Einführung müssen Sie sich um die zu verwendenden Datentypen keine Gedanken machen. Dennoch sollten Sie die eingesetzten Datentypen öfter einmal variieren, um die Auswirkung auf das Programm beobachten zu können.

Was passiert, wenn eine zu speichernde Zahl den Darstellungsbereich eines Datentyps überschreitet? Konkret, wie sieht es aus, wenn die Zahl 200.000 in einer kurzen ganzen Variable, das heißt in einer Variablen vom Datentyp *short*, gespeichert werden soll? Nun, da die größte darstellbare Zahl den Wert 32767 besitzt, kann die Zahl nicht gespeichert werden. Der Compiler gibt dennoch keine Fehlermeldung aus, sondern schneidet einfach den nicht darstellbaren Rest ab. Ausgegeben wird stattdessen die Zahl 3392. (Es soll Sie jetzt nicht irritieren, dass dieser Wert sehr seltsam aussieht, dies hat mit der internen Darstellung im Arbeitsspeicher zu tun, auf die aber an dieser Stelle nicht näher eingegangen werden soll).

Ausgabe einer langen Ganzzahl

Wie wird eine Zahl vom Typ *long* über die *printf*-Funktion auf dem Bildschirm ausgegeben? Die Lösung liegt wieder einmal bei den Formatkennzeichnern. Es ist klar, dass nicht der gleiche Formatkennzeichner verwendet werden darf wie bei der Ausgabe einer Zahl vom Typ *short*. Doch C macht es Ihnen leicht, denn das *d* ist schon fast korrekt. Sie müssen lediglich noch ein *l* (der Buchstabe) hinzufügen, damit die *printf*-Funktion weiß, dass eine lange ganze Zahl ausgegeben werden soll. Der korrekte Formatkennzeichner *%ld* gilt natürlich auch für die *scanf*-Funktion.

C 99

Als Formatkennzeichner beim Datentyp für sehr lange Ganzzahlen (*long long*) steht *%lld* zur Verfügung.

Achten Sie unbedingt darauf, dass es manchmal erforderlich sein kann, den Typ einer Zahl innerhalb eines C-Programms explizit anzugeben. Trifft der Compiler auf die Zuweisung

```
KurzZahl = 34;
```

geht er davon aus, dass es sich um eine Variable vom Typ *short* handelt. Die Zuweisung an eine Variable vom Typ *long* kann jedoch prinzipiell auf die gleiche Weise erfolgen:

```
LangZahl = 34;
```

Um eine lange ganze Zahl explizit als solche zu kennzeichnen, sollte ihr ein *L* angehängt werden. Die Zuweisung wird damit eindeutig:

```
LangZahl = 34L;
```

Schon weiß der Compiler dank der Angabe *L* Bescheid. Aha, das ist eine *long*-Zahl. Natürlich gibt es viele Fälle, in denen ein Weglassen des Typenkennzeichens keine Folgen hat. In einigen Situationen kann es dagegen zu falschen Resultaten kommen. Denken Sie daher gerade am Anfang daran, bei Zahlen vom Typ *long* prinzipiell ein *L* anzuhängen.

Typumwandlungen

Sind an einer Rechenoperation zwei oder mehr Operanden beteiligt und besitzen diese Operanden unterschiedliche Datentypen, findet eine Typumwandlung statt. Diese Typumwandlung wird entweder vom Compiler vorgenommen, sie kann aber auch explizit innerhalb des C-Programms erfolgen.

Bei umfangreicheren Berechnungen kann es durchaus passieren, dass zwar das Resultat in einer *short*-Zahl Platz findet, nicht aber die einzelnen Zwischenergebnisse. Die Folge ist, dass diese zwangsläufig in Form von *long*-Zahlen dargestellt werden müssen und dass am Ende der Berechnung der Inhalt einer *long*-Variablen in einer *short*-Variablen gespeichert werden soll. Geht denn so etwas? Da C fast jede Form von Datenmanipulation gestattet, ist das sicher eines der geringsten Probleme. Angenommen, ein Programm besitzt eine *long*-Variable mit dem Namen *lg* und eine *short*-Variable mit dem Namen *sh*. Die Zuweisung

```
sh = lg;
```

ist durchaus erlaubt, wobei der Compiler aber unter Umständen eine Warnung ausgibt. So ganz korrekt scheint diese Zuweisung also nicht zu sein. Der Compiler setzt die Anweisung zwar genauso um, wie es in diesem Fall beabsichtigt ist. Trotzdem will er den Programmierer darauf aufmerksam machen, dass unter Umständen ein Fehler vorliegt, da diese Form der Typumwandlung – man spricht in diesem Zusammenhang von einer impliziten Typumwandlung – nicht immer gewollt sein muss.

Die explizite Typumwandlung

Um derartige Warnungen zu vermeiden und vor allem, um das Programm eindeutiger lesbar zu machen, können Sie den Compiler auch explizit zu einer Typumwandlung veranlassen:

```
sh = (short) lg;
```

Eine solche »erzwungene« Typumwandlung wird auch als *cast* bezeichnet.

HINWEIS

> Ein **cast** ist eine explizite Typumwandlung, die bewirkt, dass eine Variable während der Ausführung einer einzelnen Anweisung den durch den *cast* festgelegten Datentyp annimmt.

Bei einer expliziten Typumwandlung wird der Datentyp, der durch die Umwandlung entstehen soll, in Klammern vor die Variable gesetzt, deren Datentyp umgewandelt werden soll. In diesem Fall soll der Wert der Variablen *lg* zunächst in den Datentyp *short* umgewandelt und erst danach der Variablen *sh* zugewiesen werden. Eine derartige Umwandlung wird in der Fachsprache »cast« genannt und ist prinzipiell mit jedem Datentyp möglich, sofern es sinnvoll ist.

Sie sollten beachten, dass Sie unter Umständen mit dem Resultat einer Typumwandlung nichts anfangen können, ob mit oder ohne *cast*. Wenn Sie obiges Beispiel betrachten und annehmen, *lg* enthält einen Wert, der außerhalb des Wertebereichs einer *short*-Variablen liegt, so werden Sie in *sh* nur den abgeschnittenen Rest finden. Die Maßnahmen, dies zu verhindern, liegen bei Ihnen. Wenn ein solcher Fall zu befürchten ist, müssen Sie eben doch bei einer *long*-Variablen bleiben.

2.2 Variablennamen und Kommentare

Für Variablennamen gibt es bestimmte Regeln, die Sie als Programmierer unbedingt kennen müssen. Nebenbei lernen Sie im folgenden Abschnitt auch, wie Kommentare in ein C-Programm eingebaut werden.

Variablennamen

Die Namen der Variablen, die in den meisten Beispielprogrammen vorkommen, sind nicht sehr einfallsreich; die Beispiele *x* und *y* beweisen es. Der Variablenname *txt* aus dem letzten Kapitel gibt immerhin einen Hinweis auf den Zweck der Variablen. Aber welche Namen sind denn überhaupt gestattet?

Die Regeln für Variablennamen sind zum Glück ganz einfach: Erlaubt ist eine beliebige Kombination aus Buchstaben und Ziffern. Drei Einschränkungen gibt es allerdings zu beachten: Eine Ziffer darf nicht am Anfang des Namens stehen. Unzulässig sind Umlaute, das »ß«, weitere fremdsprachenspezifischen Zeichen, Leerzeichen und Sonderzeichen (mit Ausnahme des Unterstrichs »_«, der als Leerzeichenersatz verwendet werden kann). Des Weiteren darf natürlich kein vom C-Compiler verwendetes Wort ein Variablenname sein. *short* kann somit keine Variable bezeichnen, denn dies ist der Name eines Datentyps. Daher spricht man bei Worten wie *short* auch von **reservierten Worten**. Eine Zusammenstellung aller reservierten Worte ist im Anhang zu finden.

Gültige Variablennamen sind daher neben *x*, *y* und *txt* auch z.B. *Beethoven*, *Fulsbuettel*, *_x*, *_X_Y* und *ABC*. Unzulässig sind dagegen beispielsweise *7B*, *long*, *asd%* und *x&y*. Die Gründe: *7B* beginnt entgegen der Namenskonvention mit einer Ziffer, *long* stellt ein reserviertes Wort dar, und die übrigen beiden Namen enthalten Sonderzeichen (% und &). Wie sieht es denn mit den Variablennamen *ABC*, *abc* und *Abc* aus? Im letzten Kapitel wurde bereits erwähnt, dass der C-Compiler zwischen Groß- und Kleinbuchstaben unterscheidet. Daher bezeichnen die genannten Namen tatsächlich drei verschiedene Variablen. Als Folge dieser Regelung sind *SHORT*, *Short* und *shoRt* keine reservierten Worte und können sehr wohl als Variablennamen verwendet werden.

Als Programmierer sollte man sich durchaus Gedanken über die Wahl der Variablennamen machen. Zwar ist *Huettelderituettel* ein Name, der an Originalität kaum zu überbieten ist, der Zweck der Variablen ist anhand dieses Namens aber nicht zu erkennen. Gleiches gilt für *Nebukadnezar* und *ABC*. Sicher ist es nicht immer ganz leicht, »sprechende« Variablennamen zu finden, bei denen der Zweck sofort abzulesen ist. Oft lässt sich der Zweck eben nicht einmal in einem Satz erklären.

In einem Programm aus dem Bankbereich wären Namen wie *Kontoauszugsnummer*, *Buchungstag* und *Verwendungszweck* sicher angebracht, sie sind allerdings recht lang und damit nicht gerade praktisch in ihrer Handhabung. Obwohl der C-Compiler derartige Namen erlaubt, wären Sie mit Abkürzungen wie *AuszNr*, *BuchTag* oder *Zweck* in der Regel besser beraten. Die genaue Schreibweise *AuszNr*, *ausznr* oder auch *ausz_nr* ist dem Geschmack des Programmierers überlassen, jeder entwickelt dabei auch seinen eigenen Stil.

Kommentare

Entscheidet man sich für Abkürzungen, sollte einem unbedarften Leser des Quelltextes mitgeteilt werden, wofür die jeweilige Abkürzung denn eigentlich steht. *AuszNr* könnte auch für Auszeichnungsnummer oder Auszählungsnummer stehen, was immer das auch zu bedeuten hat. Auch die eigenen Programme sind Wochen später oft nicht mehr lesbar und man spart sich viel Mühe, wenn der Programmtext entsprechende Erläuterungen enthält. Um Erklärungen an beliebigen Stellen im Programm unterbringen zu können, gibt es den **Kommentar**. Jeder zwischen den Zeichenkombinationen »/*« und »*/« stehende Text wird vom C-Compiler schlichtweg ignoriert.

Ein Kommentar wird durch »/*« eingeleitet und durch »*/« wieder beendet. Alle zwischen diesen Begrenzern stehenden Zeichen werden vom Compiler ignoriert.

C99 führt als zweite Möglichkeit das ein, was viele C-Compiler (und auch C++) ohnehin schon bieten, und zwar die Zeichenfolge »//«. Diese kennzeichnet einen Kommentar, der sich bis zum Ende der Zeile erstreckt. Ein zweiter Begrenzer ist in diesem Fall nicht erforderlich.

Beispiel

Kommentare eröffnen die Chance, z.B. hinter jeder Variablendefinition ihre Bedeutung im Klartext aufzuschreiben. Die Definitionen der drei genannten Variablen könnten dann so aussehen:

```
short AuszNr;      /* Auszugsnummer */
char BuchTag[10];  /* Buchungstag */
short Zweck;       /* Verwendungszweck der Buchung */
```

Kommentare sind an jeder Stelle eines Programms erlaubt. Auch Anweisungen sollten kommentiert werden, wobei man es aber auch übertreiben kann. Die folgende Anweisung muss sicherlich nicht unbedingt kommentiert werden:

```
x = 5; /* Zuweisung des Werts 5 an die Variable x */
```

Es ist ein guter Programmierstil, mehrere aufeinander folgende Anweisungen in ihrer Gesamtheit zu kommentieren. In einem Bankprogramm wäre ein Kommentar wie

```
/* Buchung durchführen */
```

durchaus angebracht. Auch das Programmlisting sollte stets mit einem Kommentar beginnen, aus dem z.B. der Zweck des Programms, der Name des Programmierers, das Datum der Erstellung bzw. der letzten Änderung hervorgeht:

```
/* ***************************** */
/* Supertext - Version 3.0       */
/* Letzte Änderung: 27/01/03     */
/* Alle Rechte vorbehalten       */
/* ***************************** */
```

Auch hier gilt, dass die Gestaltung von Kommentaren Dinge sind, die letztlich dem persönlichen Geschmack überlassen bleiben. Keine Geschmacksfrage ist es dagegen, ein Programm zu kommentieren. Dies ist vielmehr eine Notwendigkeit.

2.3 Arithmetische Operatoren

Nachdem eine Variable definiert und initialisiert wurde, wird sie in der Regel zur Durchführung irgendwelcher Berechnungen eingesetzt. Für die Durchführung von Rechenoperationen oder, vornehmer ausgedrückt, **arithmetischer Operationen**, stellt die Programmiersprache C eine Reihe so genannter Operatoren zur Verfügung. Ein Operator wird durch ein Symbol, wie z.B. + (Addition) oder && (logische UND-Verknüpfung, dazu später mehr) dargestellt. Seine Aufgabe ist es, mit zwei Zahlen (in einigen Fällen auch mit einer Zahl) eine Rechenoperation oder eine logische Verknüpfung durchzuführen.

Für die Verrichtung von Rechenoperationen stellt C eine Reihe so genannter Operatoren zur Verfügung. Kompliziertere mathematische Operationen werden nicht mit Operatoren, sondern mit Hilfe von Funktionen durchgeführt.

Addition

Der Additionsoperator heißt +. Die Zeichenfolge *a+b*, man spricht in diesem Fall auch von einem **Ausdruck**, ermittelt die Summe der beiden Variablenwerte *a* und *b*. Durch die Zuweisung

```
c = a + b
```

wird die Summe der Variablen *c* zugewiesen.

Beispiel

In einem kompletten Beispielprogramm sieht die Durchführung einer Addition so aus:

```
#include <stdio.h>

void main()
{
  short a, b, c;

  a = 3;
  b = 5;
  c = a + b;
  printf("c = %d\n",c);
}
```

Bringen Sie das Programm zur Ausführung. Auf dem Bildschirm sollte die Zeile

```
c = 8
```

erscheinen. Was passiert bei der Ausführung? Zunächst werden die drei Variablen *a*, *b* und *c* definiert. Wie man hier sieht, können Variablen gleichen Typs durchaus in einer einzigen Anweisung definiert werden. Anschließend erhalten *a* und *b* Werte zugewiesen. In der nächsten Anweisung findet die Wertzuweisung an die Variable *c* statt. Der ihr zugewiesene Wert *a+b* wird **Ausdruck** genannt. Ein Ausdruck ist nichts anderes als eine Aneinanderreihung von Zahlen, Strings oder sonstigen Datenelementen sowie Operatoren, die sich stets zu einem einzelnen Wert auflösen lässt.

Mit anderen Worten, ein Ausdruck steht grundsätzlich für einen einzelnen Wert, der, da er Variablen enthält, erst während der Programmausführung feststeht. Grundsätzlich wird bei einer solchen Zuweisung zunächst der Wert des Ausdrucks ermittelt und dann an die Variable, hier *c*, übergeben. Am Ende steht wieder die formatierte Ausgabe des Werts von *c*.

HINWEIS

Ein Ausdruck ist eine Rechenvorschrift, das heißt eine sinnvolle Aneinanderreihung von Zahlen, Strings oder sonstigen Datenelementen sowie Operatoren, die sich stets zu einem einzelnen Wert auflösen lässt.

Auf der rechten Seite einer Wertzuweisung kann sich immer ein Ausdruck befinden. Der Wert des Ausdrucks wird bei der Ausführung der Zuweisung ermittelt und an die links vom Gleichheitszeichen stehende Variable übergeben. Auf der linken Seite der Zuweisung darf dagegen kein Ausdruck verwendet werdem. Dies ist zwar trivial, doch für die C-Programmierung von grundlegender Bedeutung.

Ausdrücke

Aus welchen Elementen besteht ein Ausdruck? Als Bestandteile von Ausdrücken haben wir bisher Variablen, konstante Werte und den Additionsoperator kennen gelernt. Gültige Ausdrücke sind demnach a+b, a+3 und a+b+3. Das ist natürlich etwas wenig. Wie Sie sich wohl schon gedacht haben, existieren neben dem Additionsoperator (+) auch Operatoren für Subtraktion (–), Multiplikation (*) und Division (/). Ferner kann der Rest einer Division mit Hilfe des Modulo-Operators (%) berechnet werden. Die als Grundrechenarten bekannten Operationen können in einem C-Programm also ohne weiteres durchgeführt werden. Operatoren spielen in C eine große Rolle. Alle Operatoren, die für die Durchführung arithmetischer Operationen zur Verfügung stehen, werden in Tabelle 2.1 zusammengefasst.

Tabelle 2.1: Rechenoperatoren, Operator, Bedeutung

Operator	Bedeutung
+	Addition
–	Subtraktion
*	Multiplikation
/	Division
%	Rest einer Division (Modulo)

Die Auswertungsreihenfolge

Sobald ein Ausdruck mehr als einen Operator besitzt, spielt die Auswertungsreihenfolge eine Rolle. Diese legt fest, in welcher Reihenfolge die einzelnen Operatoren ausgewertet werden. Wie aus der Schule hoffentlich noch bekannt ist, gilt grundsätzlich die Regel Punkt vor Strich. Auch in C kann durch das Setzen von Klammern die Auswertungsreihenfolge geändert werden. Doch neben diesen Grundregeln gibt es noch eine Reihe von Feinheiten, die ein C-Programmierer unbedingt kennen sollte.

HINWEIS

Die Auswertungsreihenfolge (Operatorpriorität) legt fest, in welcher Reihenfolge Ausdrücke mit mehreren Operatoren berechnet werden.

Bei den Ausdrücken *a–b*, *3*x*y* oder *d/3* handelt es sich um gültige Ausdrücke, die der C-Compiler in ein Ergebnis mit einem bestimmten Datentyp umwandelt. Doch in welcher Reihenfolge erfolgt die Auswertung der Operatoren? Wie bereits erwähnt, gilt bei der Auswertung eines C-Ausdrucks die Regel Punkt vor der Strich. Das bedeutet, dass die Punktrechenarten Multiplikation und Division vor den Strichrechenarten Addition und Subtraktion ausgewertet werden. Der Ausdruck *3+4*5* ergibt daher den Wert 23. Die Operatoren für Multiplikation und Division haben eine höhere Priorität als die

Operatoren für Addition und Subtraktion. Besitzen zwei Operatoren dieselbe Priorität, werden sie von links nach rechts ausgewertet. Durch das Setzen von Klammern kann die Priorität verändert werden. Soll im letzten Ausdruck zuerst die Addition durchgeführt werden, muss er wie folgt lauten: *(3+4)*5*.

Bei der Auswertung von Rechenoperationen gilt die bekannte Punkt-vor-Strich-Regel. Die Auswertungsreihenfolge kann durch das Setzen runder Klammerpaare verändert werden.

In der folgenden Tabelle sind alle in C verfügbaren Operatoren aufgelistet. sie sind nach Rangordnung sortiert, wobei die ranghöchsten Operatoren oben stehen. Falls Sie den einen oder anderen Operator noch nicht kennen sollten, so ist das kein Problem. Haben Sie einfach ein wenig Geduld. Die wichtigsten werden Sie auf jeden Fall noch kennen lernen.

Tabelle 2.2: Die Auswertungsreihenfolge von C-Operatoren

<table>
<tr><th>Operator</th><th>Bemerkung</th></tr>
<tr><td><code>() [] . -></code></td><td>Primäre Operatoren</td></tr>
<tr><td><code>(typ) sizeof</code></td><td>Erstrangige unäre Operatoren</td></tr>
<tr><td><code>++ -- + - * & ! ~</code></td><td>Zweitrangige unäre Operatoren</td></tr>
<tr><td><code>* / %</code></td><td>Multiplikation, Division, Modulo</td></tr>
<tr><td><code>+ -</code></td><td>Addition, Subtraktion</td></tr>
<tr><td><code>>> <<</code></td><td>Shift-Operatoren</td></tr>
<tr><td><code>< <= > >=</code></td><td>Vergleichsoperatoren</td></tr>
<tr><td><code>== !=</code></td><td>Ist gleich, ungleich</td></tr>
<tr><td><code>&</code></td><td>Bitweises Und</td></tr>
<tr><td><code>^</code></td><td>Bitweises Exklusiv-Oder</td></tr>
<tr><td><code>|</code></td><td>Bitweises Oder</td></tr>
<tr><td><code>&&</code></td><td>Logisches Und</td></tr>
<tr><td><code>||</code></td><td>Logisches Oder</td></tr>
<tr><td><code>? :</code></td><td>Bedingte Bewertung</td></tr>
<tr><td><code>= += -= *= /= %= &= ^= |= <<= >>=</code></td><td>Zuweisungen</td></tr>
<tr><td></td><td>Aufzählung</td></tr>
</table>

Ganzzahlige Division

Mit der Durchführung arithmetischer Operationen in einem C-Programm sollten Sie nun keine Probleme mehr haben. Doch einige Falltüren öffnen sich erst bei näherer Betrachtung. Stellen Sie sich vor, die Variable *x* besitzt den Datentyp *short*. Was passiert dann bei der Operation

```
x = 10 / 4;
```

Nun, die Zahl 10 wird durch die Zahl 4 dividiert. Doch da es sich bei *x* um eine *short*-Variable handelt, kann das Ergebnis 2.5 nicht in der Variablen *x* gespeichert werden, denn dort haben nur ganze Zahlen Platz. Der C-Compiler macht es sich in diesem Fall einfach: Wenn 2.5 keine ganze Zahl sein will, dann wird eben daraus eine gemacht. Und wie ginge dies einfacher als durch Abschneiden der Dezimalstellen? Das Ergebnis der Division ist daher 2, die Zahlen nach dem Komma gehen verloren. Aus der Division wurde automatisch eine ganzzahlige Division.

HINWEIS

Bei der Division von ganzen Zahlen kann immer nur eine ganze Zahl herauskommen. Ein etwaiger Rest wird ignoriert.

Inkrement- und Dekrementoperatoren

Eine wichtige Eigenschaft von C-Programmen ist, dass sie sehr kompakt sind. Gute C-Programmierer können in ein oder zwei Befehlszeilen Dinge ausdrücken, für die in anderen Programmiersprachen oft ein halbes Dutzend Anweisungen benötigt werden. In einem C-Programm stehen dagegen viele Anweisungen auf kleinstem Raum. Der Grund dafür ist in einigen Operatoren zu suchen, die eine sehr kompakte Schreibweise ermöglichen. Für den Programmierer hat dies den meist sehr angenehmen Nebeneffekt, Schreibarbeit zu sparen. Der eigentliche Grund für diese Abkürzungen liegt aber darin, dass der Compiler diese kompakten Befehle auch effektiver umsetzt, was sich wiederum auf die Ausführungsgeschwindigkeit des Programms positiv auswirkt.

Erhöhen einer Variablen um eins

Eine in einem C-Programm sehr häufig auftretende Anweisung ist

```
x = x + 1;
```

Durch diese Anweisung wird der Wert der Variablen *x* um 1 erhöht. C bietet alternativ die Möglichkeit, dies in der Form

```
x++;
```

zu schreiben. Der gleiche Effekt, doch die Anweisung wird ein wenig einfacher. Auf die gleiche Weise wird eine Variable um eins verringert. Die Anweisung

```
x—;
```

führt dazu, dass der Wert der Variablen *x* um eins kleiner wird. Man spricht daher bei ++ von einem **Inkrementoperator** (Erhöhung) und bei — von einem **Dekrementoperator** (Verringerung).

Diese Operatoren können sogar in Ausdrücken eingesetzt werden. Das sieht dann so aus:

```
y = x++;
```

Hierdurch werden zwei Dinge erledigt. Der Wert von *x* wird in *y* gespeichert. Und der Wert von *x* wird um 1 erhöht. Die Frage ist aber, in welcher Reihenfolge dies geschieht. Wird erst *x* erhöht und der erhöhte Wert in *y* gespeichert, oder wird der ursprüngliche Wert in *y* gespeichert und *x* erst dann erhöht? Ein wichtiges Detail, über das man Bescheid wissen muss.

Die Antwort auf diese Frage ist einfach. Denn es geschieht genau in der Reihenfolge, in der es dasteht. Erst wird *x* in *y* gespeichert, dann wird *x* um 1 erhöht. Dies können Sie sich also recht leicht merken. Man spricht hier übrigens von einer Postfix-Schreibweise (lat. »post«=»nach«). Aber C wäre nicht C, wenn es nicht auch umgekehrt ginge:

```
y = ++x;
```

Hier wird erst der Wert von *x* um 1 erhöht und dann das Resultat in *y* gespeichert. Hier spricht man von einer Präfix-Schreibweise (lat. »prae«=»vor«). Bitte schreiben Sie nun ein kleines Testprogramm und geben Sie die Werte der beteiligten Variablen auf dem Bildschirm aus. Experimentieren Sie ein bisschen herum, um ein Gefühl für die Wirkung der Operatoren zu bekommen.

Weitere Zuweisungsoperatoren

Die nächste Frage: Wie erhöhen Sie eigentlich *x* um einen anderen Wert als 1? Muss dann der Inkrement-Operator entsprechend oft aufgerufen werden? Oder muss dann doch wieder eine »normale« Zuweisung benutzt werden?

Nun, C bietet hier eine ganze Familie gleichartiger Operatoren. Dies sind +=, -=, *= und /=. Da Sie das Grundprinzip ja schon verstanden haben, werden Sie mit den folgenden Beispielen sicher keinerlei Schwierigkeiten haben.

```
a = b+=7;
Bruttogehalt -= Freibetrag;
r = p *= q;
Preis /= 1.95583;
```

Erst einmal die Frage: Warum werden hier keine dieser Operatoren in Präfix-Schreibweise benutzt? Ganz einfach: Weil es eine solche nicht gibt. Überlegen Sie einmal, wie eine solche Schreibweise aussehen müsste. Das könnte sicher keiner mehr lesen!

Aber aufgepasst: Die Wirkung des betreffenden Operators entfaltet sich trotz Postfix-Schreibweise vor der weiteren Verwendung des Werts. Daher sind z.B. die Zuweisungen *y=++x* und *y=x+=1* identisch, während *y=x++* für *y* einen anderen Wert ergibt. Auch dies können Sie in Ihrem Beispielprogramm leicht ausprobieren.

Und nun zu den Beispielen. Der Reihe nach: Die Variable *b* wird um 7 erhöht und das Ergebnis in *a* gespeichert. Der Wert von *Bruttogehalt* wird um den Wert von *Freibetrag* verringert. Der Wert von *p* wird mit dem Wert von *q* multipliziert. Das Resultat ist der neue Wert von *p*, und dieser wird auch in *r* gespeichert.

Schließlich wird der Wert von *Preis* durch die Konstante 1.95583 dividiert, und dies ist der neue Wert von *Preis*. Vielleicht erinnern Sie sich: 1.95583 ist der Umrechnungskurs zwischen DM und Euro. Der ursprüngliche Wert von *Preis* war also ein DM-Wert, nach der Division ist es ein Euro-Wert.

2.4 Fließkommazahlen

Während eine ganze Zahl (Integerzahl) ihrem Namen entsprechend nur ganze Werte annehmen kann, besitzen Fließkommazahlen auch einen Nachkommaanteil. Ihren Namen verdanken sie dem Umstand, dass sich das Komma nicht an einer fixen Position befindet, sondern innerhalb der Zahl frei beweglich ist.

Natürlich möchte man in einem C-Programm nicht nur mit ganzen Zahlen arbeiten. In vielen Problemstellungen, die durch ein C-Programm gelöst werden sollen, tauchen nämlich Fließkommazahlen, das heißt Zahlen mit einem Nachkommaanteil auf. Geldbeträge sind dabei noch nicht einmal das beste Beispiel, denn diese ließen sich notfalls auch in Cent und damit ohne einen Nachkommaanteil darstellen. Fließkommazahlen werden nicht nur benötigt, um Zahlen mit einem Nachkommaanteil darzustellen. Wie Tabelle 2.3 zeigt, ist der Wertebereich einer Fließkommazahl sehr viel größer als der einer Integerzahl. Fließkommazahlen werden also immer dann gebraucht, wenn Zahlen in einem C-Programm verarbeitet werden müssen, die sich durch eine Ganzzahl nicht mehr darstellen lassen.

Tabelle 2.3: Wertebereich der C-Datentypen

Datentyp	**Wertebereich**
char	ASCII-Code (0...255)
int	–32768...+32767 (kann auf 32-Bit-Systemen *long* entsprechen)
short	–32768...+32767
long	–2147483648...+2147483647
float	$+/-3.4*10^{-38}...+/-3.4*10^{38}$
double	$+/-1.7*10^{-308}... +/-1.7*10^{308}$

Der Datentyp float

Um in einem C-Programm mit Fließkommazahlen operieren zu können, gibt es den Datentyp *float*. Dieser wird auf die gleiche Weise eingesetzt wie die Datentypen *short* oder *long*. So definiert die Anweisung

```
float fl;
```

eine *float*-Variable mit dem Namen *fl*.

> Der Datentyp *float* kann Fließkommazahlen im Bereich +/–3.4E-38 bis +/–3.4E+38 mit siebenstelliger Genauigkeit darstellen.

Beispiel

Das folgende Beispielprogramm demonstriert den Umgang mit *float*-Variablen:

```
    #include <stdio.h>

A   void main()
    {
B    float fl;

C    fl = 5.3;
D    printf("%g\n",fl);
    }
```

Erläuterungen

A Wie immer wird das Programm durch die *main*-Funktion eingeleitet.

B Es wird eine *float*-Variable mit dem Namen *fl* definiert.

C Die *float*-Variable *fl* erhält den Wert 5.3.

D Der Wert der *float*-Variablen *fl* wird über die *printf*-Funktion ausgegeben. Der Formatkennzeichner lautet *%g* oder *%f*.

Nach der Deklaration der Variablen *fl* wird ihr ein Wert zugewiesen. Wie bei einem Taschenrechner erfolgt die Kennzeichnung der Dezimalstellen durch den Dezimalpunkt und nicht durch ein Komma. Die Ausgabe der Zahl auf dem Bildschirm übernimmt wieder die *printf*-Funktion. Der Formatkennzeichner heißt allerdings diesmal *%g*, denn *printf* soll eine Fließkommazahl auf dem Bildschirm ausgeben. Ansonsten bringt das Programm nichts Neues.

Mit *float*-Zahlen können Sie auf die gleiche Weise rechnen wie mit allen anderen Zahlentypen auch, das heißt Sie müssen sich bei der Durchführung einer Rechenoperation keine Gedanken darüber machen, ob es sich bei den beteiligten Variablen um Fließkomma- oder Ganzzahlen handelt. Mit anderen Worten, den Ausdrücken *a+b* oder *3*x-2*y* kann man nicht ansehen, ob es sich bei den Variablen *a*, *b*, *x* und *y* um *short*-, *long*- oder *float*-Variablen handelt.

Bei der Division gibt es natürlich einen winzigen, aber entscheidenden Unterschied. Anders als bei den Ganzzahlen wird hier kein Rest abgeschnitten. Trotzdem werden Sie eine Überraschung erleben, wenn Sie eine Wertzuweisung wie z.B.

```
x = 10 / 4;
```

durchführen. Auch wenn es sich bei *x* um eine *float*-Variable handelt, wird das Resultat 2 lauten. Dies liegt einfach daran, dass 10 und 4 Ganzzahlen sind. Der Compiler sieht keine Veranlassung, diese in *float*-Zahlen umzuwandeln und führt daher eine Ganzzahlenoperation durch. Erst bei der Wertzuweisung wird das Ergebnis in eine Fließkommazahl umgewandelt. Dann ist es aber bereits zu spät, da der Rest schon bei der Division verloren ging. Sie können diese eigenmächtige Beschneidung vermeiden, indem Sie die Operanden explizit als Fließkommazahlen kennzeichnen:

```
x = 10.0 / 4.0;
```

Ein unscheinbarer Dezimalpunkt sagt dem Compiler bereits bei der Auswertung der Rechenoperation, dass Fließkommazahlen beteiligt sind und daher der Rest mit berücksichtigt werden muss. Das Ergebnis ist diesmal, wie es auch zu erwarten ist, 2.5.

Der Datentyp double

Wie bei den Ganzzahlen gibt es auch Fließkommazahlen in zwei Varianten: kurze und lange. Genau wie bei den Ganzzahlen unterscheiden sich auch diese Fließkommatypen durch ihren Darstellungsbereich. Die kurzen Fließkommazahlen haben Sie bereits durch den Datentyp *float* kennen gelernt. Auch für die langen Fließkommazahlen gibt es einen eigenen Datentyp, er heißt *double*. Dieser Name leitet sich von dem Umstand ab, dass Zahlen vom Typ *double* eine »doppelte Genauigkeit« besitzen. Doppelte Genauigkeit bezieht sich dabei auf die Anzahl an wirksamen Nachkommastellen und damit auch auf den Wertebereich.

HINWEIS

Der Datentyp *double* kann Fließkommazahlen im Bereich +/–1.7E–308 bis +/–1.7E+308 mit fünfzehnstelliger Genauigkeit darstellen.

Natürlich kann die *printf*-Funktion auch *double*-Werte auf dem Bildschirm ausgeben, allerdings wird wieder ein anderer Formatkennzeichner benötigt. Wie bei den Ganzzahlen unterscheidet er sich von dem für kurze – oder einfach genaue – Fließkommazahlen zuständigen Formatkennzeichner durch ein vorangestelltes *l* und lautet somit *%lg oder %lf*.

C 99

Auch im Bereich der Fließkommazahlen bietet C99 etwas Neues, und zwar den Datentyp *long double* mit einem noch wesentlich erweiterten Wertebereich. Zur Formatierung mittels *printf* kommt der Kennzeichner *%llg* oder *%llf* zum Einsatz. Die von *float* und *double* bekannten mathematischen Funktionen sind natürlich auch für *long double* verfügbar.

Damit kennen Sie alle wichtigen numerischen Datentypen, die die Sprache C zu bieten hat. Noch nicht erwähnt wurde der Umstand, dass C bei den Ganzzahlen zusätzlich zwischen vorzeichenlosen und vorzeichenbehafteten Datentypen unterscheidet. Eine vorzeichenlose Variable kann nur positive Werte annehmen, der Darstellungsbereich ist entsprechend doppelt so groß wie bei einer vorzeichenbehafteten Variablen des gleichen Typs. Bei Fließkommazahlen gibt es diese Unterscheidung nicht.

Vorzeichenlose Ganzzahlenvariablen werden durch den Zusatz *unsigned* definiert. *Beispiel*

```
unsigned short MitgliedsNr;
```

Die Variable *MitgliedsNr* besitzt den Datentyp *unsigned short*, das heißt, sie kann vorzeichenlose Ganzzahlen im Bereich von 0 bis 65535 enthalten. Vorzeichenlose Variablen werden immer dann definiert, wenn – wie z.B. bei einer Mitgliedsnummer – negative Werte nicht vorkommen können.

Datenumwandlungen über Casts

Zwischen allen Datentypen eines C-Programms sind Typumwandlungen durch einen so genannten Cast (erinnern Sie sich noch?) möglich.

Ein Cast ist der Name eines C-Datentyps, der in runde Klammern gesetzt wird. *Beispiel*

```
db = (double) fl;
```

Aus der *float*-Variablen *fl* wird durch den Cast *(double)* ein Wert vom Typ *double*, welcher der Variablen *db* zugewiesen wird. Beachten Sie, dass sich der Datentyp der Variablen *fl* nicht ändert. Lediglich der Wert dieser Variablen erhält vorübergehend, nämlich für diese eine Anweisung, einen neuen Datentyp. Die folgende Anweisung

```
fl = (float) lg;
```

wandelt entsprechend den Wert der *long*-Variablen *lg* in einen *float*-Wert um und weist ihn der *float*-Variablen *fl* zu.

Probieren Sie derartige Typumwandlungen einmal selbst aus. Um sicher in C programmieren zu können, müssen Sie dieses Prinzip im Schlaf beherrschen. Wenn Sie unter Windows programmieren, werden Sie mit einer Vielzahl von Datentypen konfrontiert, die komplizierter sind als die Standarddatentypen, *Aufgabe* die Sie im Rahmen dieser Einführung kennen lernen werden. Auch bei diesen komplizierteren Datentypen sind Typumwandlungen über einen Cast möglich.

Mathematische Funktionen

Natürlich sind Fließkommazahlen wesentlich vielseitiger als ganze Zahlen. Nicht nur, dass man sich nicht mehr über abgeschnittene Dezimalstellen wundern muss. Mit Fließkommazahlen sind auch eine Vielzahl mathematischer Operationen möglich. Viele aus der Schule bekannte mathematische Funktionen – wie Sinus, Cosinus oder Logarithmus – stehen auch in C in Form von Funktionen zur Verfügung und können daher in Ausdrücke eingebaut werden.

ACHTUNG

Mathematische Funktionen gehören nicht zum Befehlswortschatz von C, sie stehen in Form von Bibliotheksfunktionen zur Verfügung.

Beispiel Mit Hilfe der mathematischen Funktionen werden auch »kompliziertere« Zuweisungen möglich: Hier zwei Beispiele:

```
y = 2 * sin (2*x);
y = sqrt(x+5);
```

Während die *sin*-Funktion den Sinus berechnet, wird bei der *sqrt*-Funktion die Quadratwurzel der in Klammern stehenden Zahl ermittelt. Der Name *sqrt* ist übrigens die Abkürzung für »square root«, zu Deutsch Quadratwurzel.

Aufgabe Hier eine kleine Übung. Schreiben Sie ein kleines Programm, welches einen Wert von der Tastatur entgegennimmt, diesen der Variablen *x* zuweist, den Ausdruck *y=2*sin(2*x)* berechnet und das Resultat auf dem Bildschirm ausgibt.

Lösung Waren Sie erfolgreich? Wenn nein, könnte es daran liegen, dass der Compiler die Funktion *sin* scheinbar nicht kennen will. Was ist die Ursache dafür? Erinnern Sie sich dazu noch einmal an die Situation in Kapitel 1, als der Compiler die Funktion *printf* nicht kennen wollte, obwohl es sich eindeutig um eine C-Funktion handelt. Die Lösung lag damals in der unscheinbaren Anweisung

```
#include <stdio.h>
```

In dieser so genannten **Include-Datei**, die auch als **Header-Datei** bezeichnet wird, ist der Funktionsprototyp der Funktion *printf* enthalten (mehr über Funktionsprototypen in Kapitel 4). Ohne einen Funktionsprototyp weigert sich ein ANSI-C-Compiler eine Funktion zu übersetzen. Doch warum gibt es mit der *sin*-Funktion Schwierigkeiten, denn die obige *#include*-Anweisung dürfte Ihr Programm bereits enthalten? Nun, ganz einfach. Der Funktionsprototyp für die *sin*-Funktion ist in der Header-Datei *math.h* enthalten.

> Für jede Bibliotheksfunktion, die in einem C-Programm vorkommt, muss zuvor eine Header-Datei mit den dazugehörigen Funktionsprototypen über eine *#include*-Anweisung geladen werden. Für mathematische Funktionen ist die Datei *math.h* zuständig.

Lösung

Fügen Sie daher in Ihr Programm die Anweisung

```
#include <math.h>
```

ein. Es sollte sich nun fehlerfrei übersetzen lassen.

```
#include <stdio.h>
#include <math.h>

void main()
{
  float x, y;

  /* Tastaturabfrage */
  printf("Geben Sie einen float-Wert ein:\n");
  scanf("%g",&x);

  /* Berechnung des Resultats */
  y = 2*sin(2*x);

  /* Ausgabe des Resultats */
  printf("Resultat: %g\n",y);
}
```

Wie Sie sehen, wurde in dem Beispielprogramm auch von Kommentaren reichlich Gebrauch gemacht. Eine Auflistung der gebräuchlichsten mathematischen Funktionen finden Sie im Anhang.

Rechenungenauigkeiten

Die Verwendung von Fließkommazahlen schützt nicht vor Rechenungenauigkeiten. Die Ursachen für diese Ungenauigkeiten liegen darin, dass im Fließkommaformat nicht alle rationalen Zahlen genau ausgedrückt werden können, die meisten können nur mit angenäherter Genauigkeit dargestellt werden.

Beispiel Wie lautet das Resultat der *float*-Division

```
10.0 / 3.0
```

Ganz klar: 3.3333... . Das Ergebnis hat allerdings unendlich viele Dezimalstellen, und das ist ein Problem. Zwar kann eine *float*-Zahl eine Menge Dezimalstellen haben, aber leider nicht unendlich viele. Das bedeutet, es muss irgendwo ein Schlussstrich gezogen werden. Überschreitet ein Ergebnis die Anzahl der darstellbaren Nachkommastellen, werden die überschüssigen Ziffern einfach abgeschnitten. Das bedeutet aber auch, dass das Resultat in diesem Fall nicht exakt ist. Jede Operation ist daher mit einem kleinen Fehler behaftet. Dies müssen Sie sich immer vor Augen halten, wenn es Ihnen auf die Genauigkeit bei der Durchführung von Berechungen ankommt. Angenommen, es würden folgende Anweisungen durchgeführt:

```
x = 10.0 / 3.0
```

und

```
y = 2.0 / 3.0
```

Anschließend soll die Summe beider Variablen der Variablen *z* zugewiesen werden:

```
z = x + y
```

Den mathematischen Gesetzen folgend, müsste *z* jetzt exakt gleich 4.0 sein. Das ist aber nicht unbedingt der Fall, da die beiden Divisionen eine Abweichung vom exakten Wert ergeben haben, der durch die Addition nicht korrigiert wird. Wie Sie sich selber durch ein kleines Beispielprogramm überzeugen können, wird der Variablen *z* von einigen C-Compilern ein Wert um 3.999999 zugewiesen.

C 99

In den letzten Lektionen ist viel über Mathematik gesprochen worden. Der neue C99-Standard bietet hier noch etwas Neues, und zwar das Rechnen mit komplexen Zahlen. Mit Hilfe der Schlüsselworte *_Complex* und *_Imaginary* lassen sich hierfür Variablen definieren, und zwar in Kombination mit anderen Schlüsselwörtern.

Es wird allerdings empfohlen, die Definitionen aus der Include-Datei *complex.h* zu nutzen. Damit lassen sich komplexe Zahlen in dreierlei Genauigkeit definieren, und zwar *float complex*, *double complex* und *long double complex*.

Beispiel

```
#include <complex.h>

void main()
{
  double complex cTest = 3 + 1.3 * I;
}
```

Natürlich kann man mit komplexen Zahlen auch rechnen, und die bekannten mathematischen Funktionen gibt es auch hier.

2.5 Zeichen und Strings

Neben numerischen Werten spielen in einem C-Programm auch Zeichenketten, die so genannten Strings, eine wichtige Rolle. Obwohl Zeichenketten in Variablen gespeichert werden können, existiert für Zeichenketten kein eigener Datentyp. Die Programmiersprache C kennt allerdings den Datentyp *char* für ein einzelnes Zeichen. Indem in einem C-Programm ein Array vom Typ *char* definiert wird, lassen sich auch Zeichenketten verarbeiten.

Die Definition von Zeichenketten (bzw. Strings) dürfte Ihnen aus dem letzten Kapitel noch geläufig sein. Definitionsgemäß besteht eine Zeichenkette aus einem oder mehreren Zeichen. In C können Sie problemlos auf die einzelnen Zeichen einer Zeichenkette zugreifen. Anders als z.B. in Basic sind dazu keine speziellen Funktionen notwendig.

> HINWEIS: Zeichenketten werden in C auch als **Strings** bezeichnet. Stringvariablen besitzen den Datentyp *char** oder *char[]*, das sind keine eigenen Datentypen, sondern Zeiger auf Ketten von *char* (siehe Kapitel 5).

Der Datentyp char

Aufgabe

Wie wird die Zeichenkette »C macht Spaß!« in der Variablen *text* gespeichert? Nun, definieren Sie dazu eine Variable mit dem Namen *text*, die den Datentyp *char* besitzen soll. Doch da in dieser Variablen nicht ein einzelnes Zeichen, sondern insgesamt 13 Zeichen gespeichert werden sollen, muss ein Array mit 14 Elementen definiert werden (ein Element dient bekanntlich dazu, das Ende der Zeichenkette zu markieren):

```
char text[14];
```

Probieren Sie nun in einem kleinen Testprogramm die Zuweisung

```
text = "C macht Spass!"
```

Merkwürdigerweise hat der Compiler etwas dagegen. Er sagt: »Left operand must be lvalue« oder so ähnlich. Was es damit auf sich hat, können Sie jetzt noch nicht verstehen. Im Kapitel 5 über Zeiger und Arrays wird näher darauf eingegangen. Merken Sie sich zunächst, dass eine Zuweisung, wie sie bei ganzzahligen und Fließkommavariablen gang und gäbe ist, bei Zeichenketten nicht gestattet ist.

Trotzdem muss es ja eine Möglichkeit geben, einer einmal definierten Stringvariablen einen Wert zuzuweisen, und nicht nur durch eine Initialisierung. Ja, die gibt es tatsächlich. Allerdings ist hierzu ein Funktionsaufruf nötig. Die Funktion heißt *strcpy*.

Beispiel:

```
#include <stdio.h>
#include <string.h>

void main()
{
  char text[14];

  strcpy(text, "C macht Spass!");
  printf(text);
}
```

Zwei Dinge sind zu erwähnen. Zum einen muss in jedem Fall die *Include*-Datei *string.h* eingebunden werden, sobald eine Stringfunktion benutzt werden soll. Zum anderen ist natürlich die Reihenfolge wichtig, in der die Parameter an die Funktion *strcpy* übergeben werden müssen. Diese kann man sich aber leicht merken. Sie ist dieselbe wie bei einer Zuweisung. Also zuerst die Zielvariable, dann der zuzuweisende Text.

Bei Benutzung der Funktion ist eine gewisse Vorsicht geboten. Denn der Compiler kann – anders als bei der Initialisierung einer Stringvariablen – nicht prüfen, ob die übergebenen Werte und Inhalte korrekt sind. So könnte der Variablen *text* auch ein 100 Zeichen langer String auf diese Weise zugewiesen werden. Der Compiler würde es akzeptieren. Allerdings könnte es dann zur Laufzeit des Programms zu einem Absturz kommen, denn auch die Funktion *strcpy* geht natürlich davon aus, alles wäre korrekt.

Denn aus Sicht der Funktion sind die beiden Parameter nur Zeiger auf den Beginn einer Zeichenkette. Wie lange diese sind, kann sie nicht wissen. Dies sei als kleiner Hinweis gedacht. Ausführlich wird es um dieses Thema im Kapitel 5 gehen. An dieser Stelle sollten Sie den unbedingten Rat beherzigen, immer zu überprüfen, ob Ihre Stringvariablen ausreichende Länge besitzen. Wenn das der Fall ist, kann auch nicht viel schief gehen.

Dass Stringvariablen den Datentyp *char* besitzen, zieht eine Reihe von Konsequenzen nach sich. So steht der Name einer Stringvariablen streng genommen nur für das erste Zeichen des Strings. Alle übrigen Elemente werden über einen Index angesprochen, der, wie bei C üblich, stets in eckigen Klammern stehen muss.

Der Zugriff auf einzelne Zeichen eines Strings

Jedes einzelne Zeichen eines Strings, das heißt jedes einzelne Arrayelement, wird über einen Index angesprochen. So weist die Anweisung

```
ch = text[3];
```

der Variablen *ch* das 4. Zeichen (die Nummerierung beginnt bei Null) aus der Zeichenkette zu. Über die folgende Anweisung erhält das erste Zeichen einen neuen Wert:

```
text[0] = 'a';
```

Beachten Sie, dass hier Hochkommata ('), keine Anführungszeichen (") verwendet werden müssen. Diese Art der Stringverarbeitung ist zugegeben ein wenig umständlich, sie ist aber typisch für die Programmiersprache C.

Bei der Definition von Zeichenkettenvariablen muss die Länge der Variablen angegeben werden.

Aufgabe

Doch wie werden Variablen definiert, die nur ein einzelnes Zeichen aufnehmen sollen? Vielleicht so:

```
char ch[1];
```

Nun, diese Überlegung wäre nur fast richtig. Diese Anweisung deklariert nämlich kein einzelnes Zeichen, sondern eine Zeichenkette der Länge 1. Das ist ein kleiner, aber wesentlicher Unterschied. Ein einzelnes Zeichen wird sehr viel einfacher durch folgende Anweisung definiert:

```
char ch;
```

Wie kann man dieser Zeichenvariablen einen Wert zuweisen? Natürlich wie bei allen Wertzuweisungen mit Hilfe des Gleichheitszeichens. Vorher wurde ja schon angedeutet, dass einzelne Zeichen in einfache Hochkommata (') und nicht – wie bei Zeichenketten – in Anführungsstriche (") gesetzt werden müssen. Somit wissen Sie schon (fast) alles über Zeichenketten. Die entsprechende Zuweisung muss somit folgendermaßen aussehen:

```
ch = 'C';
```

Der Datentyp *char* definiert eine Variable, die ein einzelnes Zeichen aufnehmen kann. Soll eine Variable mehrere Zeichen aufnehmen, muss ein Array vom Typ *char* definiert werden.

Das folgende Beispielprogramm demonstriert den Umgang mit Zeichenketten:

```
    #include <stdio.h>

    void main()
    {
A    char ch = 'C';
B    char txt[] = "abcde";

C    txt[3] = ch;
D    printf(txt);
    }
```

Erläuterungen

A Hier wird eine Variable mit dem Namen *ch* vom Typ *char* definiert. Diese Variable kann ein einzelnes Zeichen aufnehmen. Gleichzeitig wird der Variablen *ch* der Wert »C« zugewiesen.

B Es wird eine Variable mit dem Namen *txt* vom Typ *char* definiert. Durch die eckigen Klammern wird ein Array, das heißt eine Aneinanderreihung von *char*-Elementen definiert. Die Anzahl der *char*-Elemente steht nicht in den eckigen Klammern, sie wird vielmehr durch die Länge der Zeichenkette bestimmt, die der Variablen *txt* bei der Definition zugewiesen wird.

C Das 4. Zeichen der Stringvariablen *txt* erhält den Inhalt der *char*-Variablen *ch*.

D Der Inhalt der Stringvariablen *txt* wird über eine *printf*-Funktion ausgegeben. Ein Formatkennzeichner ist in diesem Fall nicht erforderlich.

Was passiert in diesem Programm? Zunächst einmal wird eine Zeichenvariable mit dem Namen *ch* definiert. Ihr wird als Anfangswert ein *C* zugewiesen. Anschließend wird die Stringvariable *txt* definiert und mit dem Wert

```
abcde
```

initialisiert. Durch die Zuweisung

```
txt[3] = ch;
```

wird ein Zeichen aus dem String *txt* durch den Inhalt der Variablen *ch* ersetzt, also durch ein großes *C*. Danach wird der Inhalt der Variablen *txt* über die *printf*-Funktion auf dem Bildschirm ausgegeben (ein Formatkennzeichner ist diesmal nicht erforderlich).

Bringen Sie das Programm zur Ausführung. Auf dem Bildschirm sollte der Text *abcCe* erscheinen. Haben Sie das erwartet? Oder rechneten Sie nicht eher damit, dass der dritte Buchstabe, also das kleine *c*, durch das große *C* ersetzt würde? Keine Angst, Sie haben nichts falsch gemacht. Wie bereits erwähnt wurde, beginnt die Nummerierung von Arrays bei Null. Und was hat das mit den Zeichenketten zu tun? Nun, Zeichenketten sind in C nichts anderes als Arrays mit dem Datentyp *char*. Der Ausdruck *txt[3]* bezeichnet daher nicht das 3. Zeichen der Zeichenkette, sondern das 4. Das letzte Zeichen besitzt damit den Index 4, auch wenn die Zeichenkette insgesamt 5 Zeichen umfasst.

Die Ein- und Ausgabe von einzelnen Zeichen

Wie kann man ein einzelnes Zeichen auf dem Bildschirm ausgeben? Hier kommt natürlich wieder die *printf*-Funktion zum Einsatz. Der Formatkennzeichner für Zeichen lautet *%c*. Die Anweisung

```
printf("%c",ch);
```

gibt somit den Inhalt der Zeichenvariablen *ch* auf dem Bildschirm aus.

Eingabe von Zeichen

Für die Entgegennahme von Zeichen von der Tastatur und die Speicherung der eingegebenen Zeichen in einer Variablen ist die *scanf*-Funktion zuständig.

Beispiel:

```
scanf("%c",&ch);
```

Der Aufruf dieser Funktion bewirkt, dass ein Zeichen von der Tastatur entgegengenommen und der *char*-Variablen *ch* zugewiesen wird. Achten Sie darauf, dass wie bei der Eingabe ganzer Zahlen auch hier der Adressoperator & zum Einsatz kommen muss.

Der ASCII-Code

Alle Zeichen werden in einem C-Programm in einem international genormten Zeichencode dargestellt. Dieser Zeichencode heißt »American Standard Code for Information Interchange« oder kurz ASCII-Code. Da sich alle PC-Programme an diesen Standard halten, besitzt z.B. der Buchstabe A unter allen PC-Betriebssystemen, aber auch bei allen PC-Programmiersprachen, den gleichen Wert.

Der ASCII-Code umfasst alle Groß- und Kleinbuchstaben sowie Ziffern, aber auch alle wichtigen Sonderzeichen. Vorsicht geboten ist lediglich bei den typisch deutschen Zeichen, und zwar den Umlauten, dem ß und dem Paragraphen-Zeichen. Diese sind eben nicht international gebräuchlich, ihr Code kann auf einem PC in einem anderen Land durchaus einem anderen Zeichen entsprechen.

Jedes Zeichen besitzt einen ASCII-Code. Dieser ist international genormt und daher bei allen modernen Computersystemen identisch.

Aufgabe Was würden Sie zu der folgenden Befehlssequenz sagen?

```
char ch;
ch = 65;
```

Kann die Zuweisung einer Zahl an eine Zeichenvariable so funktionieren? Bauen Sie diese beiden Anweisungen in ein C-Programm ein, werden sie vom Compiler anstandslos akzeptiert. Also muss diese Zuweisung doch erlaubt sein. Doch was genau wird durch sie bewirkt? Nun, jedem Zeichen ist tatsächlich eine Zahl zugeordnet, der so genannte **ASCII-Code**. Der ASCII-Code dient einfach der Nummerierung aller vorhandenen Zeichen. Er besagt z.B., dass das Zeichen *A* den ASCII-Code 65 besitzt, das Zeichen *B* den ASCII-Code 66, das Zeichen *X* den ASCII-Code 88 usw. Die Zuweisung

```
ch = 65;
```

ist daher identisch mit der Zuweisung

```
ch = 'A';
```

Über die *printf*-Funktion können Sie den ASCII-Code einer Zeichenvariablen anzeigen. Die Anweisung

```
printf("ch %d %c\n",ch,ch);
```

gibt zunächst den ASCII-Code und dann das Zeichen selbst auf dem Bildschirm aus. Mit Zeichen können Sie sogar rechnen, wenngleich dies nur selten sinnvoll ist. Die Anweisungsfolge

```
ch = 'A';
ch++;
```

bewirkt, dass die Variable *ch* den Wert *B* erhält. Warum? Nun, weil in der ASCII-Codetabelle das Zeichen *B* (Zeichencode 66) unmittelbar auf das Zeichen *A* (Zeichencode 65) folgt. Was dagegen die Anweisungsfolge

```
ch = '+';
ch—;
```

bewirkt, ist nicht auf den ersten Blick ersichtlich. Sie müssen dazu erst die ASCII-Tabelle im Anhang konsultieren. Sie erkennen dann, dass die Variable *ch* durch diese Zuweisung den Wert * erhält, denn dieses Zeichen steht in der ASCII-Tabelle unmittelbar vor dem +-Zeichen. Oder andersherum ausgedrückt, während das *-Zeichen den ASCII-Code 42 besitzt, lautet der ASCII-Code des +-Zeichens 43.

Wenn Sie den groben Aufbau der ASCII-Tabelle kennen (die Sie übrigens nicht auswendig lernen müssen), können Sie Zeichenvariablen in einem C-Programm sehr viel flexibler verarbeiten. So bilden sowohl die Groß- als auch die Kleinbuchstaben eine zusammenhängende Gruppe und können z.B. in einer Programmschleife angesprochen werden. Das Gleiche gilt für Zahlen, die die ASCII-Codes 48 (»0«) bis 57 (»9«) belegen. Sehen Sie sich die ASCII-Tabelle einmal genauer an, um diese Systematik erkennen zu können.

2.6 Der Präprozessor

Der Präprozessor ist nicht etwa ein historisches Werkzeug, das früher die Höhlenmenschen zum Kochen benutzten (o.k., Sie müssen jetzt nicht lachen, aber alleine der Versuch zählt). Es ist vielmehr ein Zusatz des Compilers, der ein C-Programm bereits vor der eigentlichen Kompilierung bearbeitet (daher auch der Zusatz »Prä«).

Aufgabe

Um die Arbeitsweise des Präprozessors kennen zu lernen, soll im Folgenden ein Programm geschrieben werden, in dem zunächst ein Geldbetrag von der Tastatur abgefragt wird. Von diesem Betrag soll anschließend die Mehrwertsteuer von 16 Prozent berechnet und, zusammen mit dem Gesamtbetrag, ausgegeben werden.

Lösung

```
#include <stdio.h>

    void main()
    {
     /* Ausgangsbetrag */
A     float eingabe;
     /* Mehrwertsteuer */
B     float steuer;
     /* Gesamtbetrag */
C     float gesbetr;

     /* Abfrage von der Tastatur */
D     printf("Geldbetrag:\n");
E     scanf("%g",&eingabe);

     /* Berechnung der Werte */
F     steuer = eingabe * 16.0 / 100.0;
G     gesbetr = eingabe + eingabe * 16.0 / 100.0;

     /* Ausgabe der Resultate */
H     printf("Mehrwertsteuer: %g\n",steuer);
I     printf("Gesamtbetrag: %g\n",gesbetr);
    }
```

Erläuterungen

A Es wird eine *float*-Variable mit dem Namen *eingabe* definiert.

B Es wird eine *float*-Variable mit dem Namen *steuer* definiert.

C Es wird eine *float*-Variable mit dem Namen *gesbetr* definiert.

D Die *printf*-Funktion gibt eine Eingabeaufforderung aus.

E Der über die Tastatur eingegebene Wert wird der Variablen *eingabe* zugewiesen.

F Für die Variable *steuer* wird ein Wert berechnet.

G Für die Variable *gesbetr* wird ein Wert berechnet.

H Die *printf*-Funktion gibt den Wert der Variablen *steuer* aus.

I Die *printf*-Funktion gibt den Wert der Variablen *gesbetr* aus.

Achten Sie darauf, auf welche Weise die Werte der Variablen *steuer* und *gesbetr* berechnet werden. Um von dem eingegebenen Betrag 16 Prozent zu berechnen, ist eine Multiplikation mit 16 und die anschließende Division durch 100 notwendig. Diese Berechnung wird an zwei Stellen im Programm durchgeführt.

Erweiterung

Doch was ist zu tun, wenn sich der Mehrwertsteuersatz eines weniger schönen Tages auf 17 Prozent erhöhen sollte? Ganz klar, es sind jene Stellen zu suchen, an denen die Zahl 16 auftaucht. An diesen Stellen muss der neue Mehrwertsteuersatz, in diesem Fall 17, eingetragen werden. Das mag zwar bei diesem kleinen Programm noch akzeptabel erscheinen, bei einem größeren Programm könnte es unter Umständen hundert Stellen geben, die zudem auf mehrere Dateien verteilt sein könnten, an denen eine solche Änderung notwendig wird. Auch eine triviale Änderung kann nicht nur unnötige Arbeit verursachen, es können sich auch sehr schnell Fehler einschleichen, wenn man versehentlich zu ändernde Programmpassagen übersieht. Wie schön wäre es doch, wenn die Änderung nur an einer Stelle im Programm durchgeführt werden müsste. Zum Glück ist dies in C kein Problem, definieren Sie doch einfach eine Konstante.

Die Definition von Konstanten

Auch Konstanten dienen, wie Variablen, zur Zwischenspeicherung von Werten während der Programmausführung. Anders als bei einer Variablen kann sich der Wert einer Konstanten während der Programmausführung aber nicht ändern.

Eine Konstante ist ein Datenelement, das während der Programmausführung seinen Wert nicht ändert. In einem C-Programm werden Konstanten über die *const*-Anweisung oder über eine *#define*-Anweisung definiert.

const oder #define?

Konstanten können sowohl über eine *const*- als auch über eine *#define*-Anweisung definiert werden. Wo liegt der Unterschied? Nun, die *const*-Anweisung definiert eigentlich eine »echte« Variable, deren Wert aber während der Programmausführung nicht geändert werden darf. Diese »Variable« hat dann den Charakter einer Konstanten.

Die *#define*-Anweisung definiert lediglich eine Textkonstante, die bereits durch den Präprozessor durch ihren Wert ersetzt wird. Der Compiler kommt also mit dem Namen einer über die *#define*-Anweisung definierten Konstante gar nicht in Berührung. Für die Beispielprogramme in diesem Buch genügt die *#define*-Anweisung, die *const*-Anweisung wird zudem nur relativ selten verwendet.

Beispiel

In einem C-Programm ist es die einfachste Übung, einen symbolischen Namen zu definieren, der für einen bestimmten Zahlenwert steht. Überall, wo dieser Name innerhalb des Programms auftaucht, ersetzt ihn der Compiler bei der Umsetzung des Programms durch den entsprechenden Zahlenwert. Die dafür zuständige Anweisung heißt *#define*. Dies ist allerdings keine Anweisung, die der Compiler zu übersetzen hat. Es ist vielmehr eine Anweisung, die bereits vom Präprozessor bearbeitet wird. Obwohl der Präprozessor zum Compiler gehört, es sich streng genommen also nicht um ein separates Programm handelt, ist diese kleine, aber feine Unterscheidung wichtig.

> Konstanten werden über eine *#define*-Anweisung definiert. Diese Anweisung wird nicht vom Compiler, sondern vom Präprozessor bearbeitet.

Aufgabe

Auf das obige Beispiel bezogen wäre es sinnvoll, zu Beginn des Programms folgende Anweisung einzufügen:

```
#define MWST 16
```

Diese Anweisung definiert eine Konstante mit dem Namen *MWST* und dem Wert 16. Sollte eines Tages eine Änderung des Mehrwertsteuersatzes anstehen, genügt es, diese Anweisung zu ändern. An allen Stellen innerhalb des Programms, an denen die Konstante *MWST* aufgeführt wurde, wird automatisch mit dem aktuellen Wert gearbeitet. Dabei spielt es keine Rolle, ob dies zweimal oder zweitausendmal geschieht. Das ist der Hauptvorteil von Konstanten. Beachten Sie, dass auf die *#define*-Anweisung kein Semikolon folgen darf, denn es handelt sich nicht um eine Anweisung für den Compiler, sondern für den Präprozessor. Wenn sich der Compiler mit dem Programm beschäftigt, hat der Präprozessor unter anderem bereits alle Konstanten durch ihre Werte ausgetauscht.

Fügen Sie die neue Anweisung in das Beispielprogramm ein, unmittelbar auf die *#include*-Anweisung folgend, und ersetzen Sie die Zahl 16.0 in den beiden Berechnungen durch den symbolischen Namen *MWST*. Bringen Sie das Programm nun zur Ausführung. Die Ergebnisse dürften sich nicht geändert haben. Ersetzen Sie nun die *#define*-Anweisung durch die Anweisung

```
#define MWST 17
```

und übersetzen Sie das Programm erneut. Nach der Ausführung müsste nun ein anderes Ergebnis auf dem Bildschirm erscheinen.

Zum Schluss noch ein Hinweis zur Schreibweise. Es ist in C üblich, durch die *#define*-Anweisung definierte Namen in Versalien zu schreiben und längere Namen eventuell mit Unterstrich zu trennen.

Erweiterung

Die *#define*-Anweisung gibt noch sehr viel mehr her. So ist es z.B. möglich, eine Konstante durch andere Konstanten zu definieren. In der nächsten Anweisung wird die Konstante *STEUER* aus der Summe zweier anderer Konstanten gebildet:

```
#define STEUER KIRCHENSTEUER + LOHN_STEUER
```

Die Konstanten *KIRCHENSTEUER* und *LOHN_STEUER* müssen allerdings ebenfalls durch eine *#define*-Anweisung definiert werden. Solche Definitionen können jedoch zu Problemen führen, wie gleich zu sehen ist.

Schreibweisen für Präprozessoranweisungen

Dass die *#define*-Anweisung durch ein »#«-Zeichen eingeleitet wird, hat einen besonderen Grund. Es ist, wie Sie bereits wissen, keine Anweisung des Compilers, sondern eine Anweisung des Präprozessors. Kennen Sie noch eine weitere Präprozessoranweisung? Richtig, z.B. die *#include*-Anweisung. Auch diese Anweisung wird nicht durch den Compiler, sondern durch den Präprozessor verarbeitet. Sie bewirkt, dass alle Befehle der auf die *#include*-Anweisung folgenden Datei so abgearbeitet werden, als wären sie in dem gerade zu verarbeitenden Programm aufgeführt. Wie die *#define*-Anweisung ist auch die *#include*-Anweisung eine Arbeitserleichterung für den Programmierer, denn die Befehle der so genannten Header-Datei müssen nicht jedes Mal neu eingetippt werden.

Die Arbeitsweise des Präprozessors

Um die Präprozessoranweisung, besonders aber die *#define*-Anweisung, immer korrekt anwenden zu können, ist eine gewisse Kenntnis der Arbeitsweise des Präprozessors notwendig. Die *#define*-Anweisung bewirkt nämlich nur ein reines Textersetzen. Sie sagt dem Präprozessor z.B., dass jedes Auftreten des Namens *MWST* durch die Zahl 16.0 zu ersetzen ist. Der Compiler ist also nicht das einzige Programm, das einen C-Text bearbeitet. Vorher kommt der Präprozessor zum Einsatz. Er nimmt den C-Quelltext, führt die an ihn gestellten Anweisungen durch und übergibt das Resultat dem C-Compiler. Anweisungen, die mit dem »#«-Zeichen beginnen, sind Anweisungen an den Präprozessor. Erst wenn der Präprozessor seine Arbeit abgeschlossen hat, bekommt der Compiler den nun veränderten Text zu Gesicht. Für ihn ist es somit egal, ob Sie Ihr Programm mit oder ohne *#define*-Anweisungen schreiben. Es ist aber wirklich wichtig, sich klarzumachen: Auf Grund der Anweisung

```
#define MWST 16.0
```

macht der Präprozessor aus der Zuweisung

```
steuer = eingabe * MWST/100;
```

die Zuweisung

```
steuer = eingabe * 16.0/100;
```

In welchen Fällen diese Arbeitsweise eine Rolle spielt, sehen Sie nun. Definieren Sie einmal in Gedanken die Konstante *DOPPELVIER*:

```
#define DOPPELVIER 2*4
```

Die Anweisung

```
x = DOPPELVIER;
```

speichert daher den Wert 8 in *x*. Kein Wunder, denn *DOPPELVIER* besitzt den Wert 8. Doch welcher Wert wird durch die Anweisung

```
x = 40 / DOPPELVIER;
```

in der Variablen *x* gespeichert? Wenn *DOPPELVIER* den Wert 8 besitzt, dann müsste das Ergebnis doch 5 sein. Doch weit gefehlt. Wenn Sie diese Anweisung in ein Beispielprogramm einbauen und den Wert von *x* ausgeben lassen, erscheint die Zahl 80 auf dem Bildschirm.

Wie konnte das passieren? Sie wissen bereits, dass der Präprozessor einen reinen Textersatz vornimmt. Das bedeutet aber auch, dass *DOPPELVIER* nicht den Wert 8, sondern den Wert 2*4 besitzt. Mathematisch gesehen ist dies kein Unterschied, betrachtet man aber diesen Austausch unter dem im letzten Abschnitt erläuterten Funktionsprinzip des Präprozessors, wird der Unterschied deutlich. Der Präprozessor macht aus der Zuweisung

```
x = 40 / DOPPELVIER;
```

nicht

```
x = 40 / 8;
```

sondern

```
x = 40 / 2 * 4;
```

Da der Divisions- und der Multiplikationsoperator gleichberechtigt von links nach rechts ausgewertet werden, ist tatsächlich 80 das Ergebnis. Nun könnte man anstelle der obigen Definition auch

```
#define DOPPELVIER 8
```

schreiben. Allerdings ist dies keine besonders gute Lösung, denn es muss möglich sein, eine Konstante aus mehreren Werten zusammenzusetzen. Bleiben Sie also bei der obigen Definition von *DOPPELVIER* und führen Sie stattdessen folgende Überlegung durch: Der Präprozessor erzeugt die Wertzuweisung

```
x = 40 / 2 * 4;
```

Damit das gewünschte Ergebnis herauskommt, müssen Sie lediglich dafür sorgen, dass die Multiplikation zuerst ausgeführt wird. Und wie geht das? Ganz einfach durch Setzen eines Paars runder Klammern:

```
#define DOPPELVIER (4*2)
```

Probieren Sie das einmal selber aus! Die Möglichkeiten des Präprozessors sind damit noch längst nicht erschöpft, doch für diese Einführung soll es erst einmal genügen.

2.7 Test

1. Welche numerischen Datentypen können in einem C-Programm verwendet werden?
2. In einem C-Programm sind zwei Variablen deklariert:

   ```
   long lg;
   short sh;
   ```

   Bei der Übersetzung der Anweisung

   ```
   sh = lg;
   ```

   beschwert sich der Compiler mit einer Warnung. Was ist zu tun?
3. Welche der folgenden Variablennamen sind zulässig, welche unzulässig?

   a. _A

   b. Short

   c. 7DD7

   d. float

e. KKK

f. db_7%

g. Y

h. A123

i. _2 (siehe Lektion 2.2)

4. In einem C-Programm ist *a* eine *short*-Variable. Warum ergibt die Zuweisung

```
a = 9 / 4 * 4;
```

den Wert 8 und nicht 9?

5. Welchen Wert besitzt die *short*-Variable *x* nach Ausführung der folgenden Zuweisung (siehe Lektion 2.3)?

```
x = 2 * 3 + 4 * 5;
```

6. In einem C-Programm ist *txt* ein Array vom Typ *char* (Stringvariable), in dem eine Zeichenkette gespeichert werden soll:

```
char txt[30];
```

Wie lautet der korrekte Formatkennzeichner für die Ausgabe der gesamten Zeichenkette mit der *printf*-Funktion? Wie lautet der Formatkennzeichner zur Ausgabe des 5. Zeichens der Zeichenkette auf dem Bildschirm?

7. In einem C-Programm ist *txt* ein Array vom Typ *char* (Stringvariable) und *ch* eine Zeichenvariable, das heißt eine Variable vom Typ *char*. Wie muss eine Zuweisung lauten, in der das 5. Zeichen von *txt* an die Variable *ch* zugewiesen wird?

8. In einem C-Programm ist *lg* eine *long*-Variable. Es wird die Wertzuweisung

```
lg = 257 * 258
```

durchgeführt. Warum enthält *lg* nun nicht den korrekten Wert 66306, sondern stattdessen den Wert 770, obwohl der Rechenbereich von *lg* groß genug zur Aufnahme des korrekten Werts ist? Und was können Sie tun, um dennoch das korrekte Ergebnis zu erhalten?

9. Bei der Wertzuweisung

```
fl = 10.0 * 3.0 / 4.0;
```

mit einer *float*-Variablen *fl* dürfen Sie die Multiplikation und die Division durchaus vertauschen:

```
fl = 10.0 / 4.0 * 3.0;
```

Auch in diesem Fall resultiert das gleiche Ergebnis, nämlich 7.5. Warum ist das bei Verwendung der *short*-Variablen *sh* in den Zuweisungen

```
sh = 10 * 3 / 4
```

und

```
sh = 10 / 4 * 3
```

nicht so?

10. In einem C-Programm soll der Sinus der Zahl 5 berechnet werden. Wie lautet die nötige Wertzuweisung für *float*-Zahlen, und wie lautet sie für *short*-Zahlen?

11. In einem C-Programm finden Sie die Anweisung

    ```
    x = 2 * x;
    ```

    Die Variable *x* kann aber streng genommen nie das Doppelte ihrer selbst sein. Wird hier der Compiler an der Nase herumgeführt?

12. Was kann den Compiler wohl an folgendem Kommentar stören:

    ```
    /* Mit den Zeichen /* beginnen Sie einen Kommentar,
       mit den Zeichen */ beenden Sie ihn. */
    ```

13. Zum Geburtstag lädt Herr Weber 20 Gäste in ein Restaurant ein. Die anfallenden Kosten berechnet er mit Hilfe eines C-Programms:

    ```
    #define ANZ_GAESTE 20
    #define SUPPE 4.50
    #define HAUPTGANG 13.80
    #define DESSERT 5.20
    #define ESSEN SUPPE+HAUPTGANG+DESSERT
    ```

    Die Gesamtkosten für das Essen berechnet er dann durch:

    ```
    ges = ANZ_GAESTE * ESSEN; // EUR-Gesamtsumme
    ```

    Warum kommt er hier zu einem falschen Ergebnis, und was sollte er tun, um das zu korrigieren?

14. Ein Student erhält bei seinem Ferienjob die Aufgabe, ein riesiges C-Programm in den Computer einzutippen. Ungefähr 500-mal taucht dort die folgende Anweisung auf:

    ```
    printf("Zwischenergebnis: %d %d %d",x1,x2,x3);
    ```

    Was kann er tun, um sich die Arbeit zu erleichtern?

15. In einem Programm werden Zeichenketten verarbeitet, die alle die Form *3+4* haben, also immer aus einer Ziffer, einem Additionsoperator und einer weiteren Ziffer bestehen. Am Ende der Verarbeitung soll die Summe beider Ziffern in der *short*-Variablen *x* gespeichert sein. In den folgenden

Zeilen werden die beiden Ziffern in den *short*-Variablen *y* und *z* zwischengespeichert und schließlich die Summe gebildet. Warum ist das Ergebnis stets falsch?

```
y = (short)txt[0];
z = (short)txt[2];
x = y + z;
```

Haben Sie eine Idee, wie dem Programmierer geholfen werden kann?

Die Lösungen zum Test finden Sie in Anhang A.

2.8 Zusammenfassung

Variablen dienen dazu, während der Programmausführung Werte zwischenzuspeichern. Bei einer Variablen handelt es sich um ein Stück des Arbeitsspeichers, das innerhalb des Programms über einen Namen angesprochen wird. Neben dem Variablennamen, für den bestimmte Regeln gelten, besitzt eine Variable auch einen Datentyp. Dieser legt fest, welche Sorte von Werten sich in einer Variablen speichern lassen. So sind die Datentypen *short*, *int* und *long* (in C99 auch *long long*) für die Speicherung von Ganzzahlen vorgesehen, während Fließkommazahlen in Variablen des Datentyps *float* oder *double* (in C99 auch *long double*) gespeichert werden. Einen Datentyp für die Speicherung von Texten gibt es in C nicht. Stattdessen wird für Zeichenkettenvariablen der Datentyp *char* verwendet. Da eine *char*-Variable aber nur ein einzelnes Zeichen aufnehmen kann, müssen zur Speicherung von Zeichenketten mehrere *char*-Variablen zu einem Array zusammengefasst werden.

Die Regel für einen Variablennamen lautet: Ein Variablenname darf aus einer beliebigen Kombination aus Buchstaben, Ziffern und dem Unterstrich »_« bestehen. Die maximale Länge ist von Compiler zu Compiler verschieden, die meisten Compiler verwenden aber nur die ersten 31 Zeichen eines Variablennamens. Variablennamen, die sich erst ab dem 31sten Zeichen unterscheiden, werden als identisch angesehen. Es gibt aber noch einige Einschränkungen zu beachten: Eine Ziffer darf nicht am Anfang des Namens stehen. Es dürfen keine Umlaute oder ß verwendet werden. Es kann kein reservierter Name verwendet werden. Auch die Groß- und Kleinschreibung spielt in einem C-Programm eine Rolle, das heißt bei *Text* und *text* handelt es sich um zwei verschiedene Variablen.

Bevor der C-Compiler das Programm verarbeitet, wird es durch den **Präprozessor** vorbereitet. Der Präprozessor untersucht den Quelltext und führt dabei alle Präprozessoranweisungen aus, denen generell ein #-Zeichen vorausgeht. Die Aufgabe der Präprozessoranweisungen ist es, den Programmaufbau zu vereinfachen. So bewirkt die Anweisung *#include*, dass der Inhalt einer angegebenen Datei verarbeitet wird. Dieser Inhalt muss dafür nicht im Quelltext aufgeführt werden. Über die *#define*-Anweisung lassen sich Textkonstanten definieren. Diesen Textkonstanten wird im Programmtext ein beliebiger Text zugewiesen. Später tauscht der Präprozessor den Konstantennamen im gesamten Quelltext gegen den jeweiligen Wert aus. Auf diese Weise lassen sich Konstanten definieren, es können aber auch Programmpassagen abgekürzt werden, die sich häufig wiederholen.

Die wichtigsten Aussagen in diesem Kapitel sind:

- Variablen bieten eine Möglichkeit, Werte während der Programmausführung zwischenzuspeichern. Eine Variable besitzt einen Namen, einen Datentyp und einen Wert.
- In Variablen vom Typ *short*, *int* oder *long* (bzw. *long long* in C99) können nur ganze Zahlen gespeichert werden. Entsteht bei Rechenoperationen mit diesen Variablen ein Nachkommaanteil, wird dieser abgeschnitten.
- In Variablen vom Typ *double* oder *float* (bzw. *long double* in C99) werden Fließkommazahlen gespeichert. *double*-Variablen besitzen die doppelte Genauigkeit von *float*-Variablen, belegen dafür aber auch mehr Platz.
- Zeichenketten werden in einer Variablen vom Typ *char* gespeichert. Bei der Definition einer Zeichenvariablen ohne gleichzeitige Initialisierung muss die Anzahl der zu speichernden Zeichen angegeben werden. Nach der Initialisierung ist die direkte Zuweisung einer Zeichenkette an die Stringvariable nicht möglich. Hier muss stattdessen auf die Funktion *strcpy* zurückgegriffen werden.
- Alle Variablen müssen deklariert werden. Bei der Deklaration erhalten sie einen Namen und einen Typ. Bei der Definition wird gleichzeitig auch Speicherplatz reserviert. Bei Variablen entspricht die Deklaration in der Regel auch der Definition. Wird der Variablen zum ersten Mal ein Wert zugewiesen, spricht man von Initialisierung.
- Der Präprozessor bearbeitet den Quelltext vor dem C-Compiler. Die Präprozessoranweisungen, z.B. *#include* oder *#define*, dienen dazu, den Programmaufbau zu vereinfachen.

Kapitel 3

jetzt lerne ich

Kontrollstrukturen

In diesem Kapitel lernen Sie die wichtigsten Kontrollstrukturen der Programmiersprache C kennen. Kontrollstrukturen sind dazu da, den Programmverlauf zu steuern. Zu den Kontrollstrukturen gehören Entscheidungen, Auswahlanweisungen und Programmschleifen. Mit ihrer Hilfe erhält ein C-Programm eine eigene »Intelligenz«, die es in die Lage versetzt, Anweisungen in Abhängigkeit bestimmter Bedingungen durchzuführen oder Anweisungen eine bestimmte Anzahl oft zu wiederholen. Erst die Kontrollstrukturen erschließen die stärkste Eigenschaft eines jeden Computers, nämlich die Fähigkeit, einzelne Befehle millionenfach in einer Sekunde ausführen zu können.

Folgende Fragen werden in diesem Kapitel beantwortet:

- Was ist eine Entscheidung?
- Was ist eine Bedingung?
- Wie werden logische Verknüpfungen durchgeführt?
- Welche Vorteile bietet eine Mehrfachauswahl?
- Was ist eine Programmschleife?

Sie üben in diesem Kapitel:

- Den Umgang mit der *if*-Anweisung
- Den Umgang mit der *switch*-Anweisung
- Den Umgang mit logischen Verknüpfungen
- Die Programmierung von Schleifen

Folgende Anweisungen lernen Sie kennen:

if, else, switch, case, break, default, while, for, continue

Voraussetzung

Für dieses Kapitel werden Kenntnisse über den allgemeinen Aufbau eines C-Programms und die Umsetzung eines C-Programms vorausgesetzt.

3.1 Entscheidungen

Alle bisher vorgestellten Beispielprogramme hatten eines gemeinsam: Sie wurden linear abgearbeitet, das heißt die Programmausführung begann mit dem ersten Befehl, es folgte die Ausführung des zweiten Befehls usw. Obwohl auch diese Programme Daten entgegennahmen, Berechnungen durchführten und die Resultate auf dem Bildschirm wieder ausgaben, lassen sich größere Programme auf diese Weise nicht realisieren. Denken Sie nur an ein Textverarbeitungsprogramm. Nachdem das Programm gestartet wurde, kann der Benutzer einen Text eingeben, eine Datei laden oder das Programm wieder verlassen. Mit anderen Worten, da für den Programmverlauf eine Vielzahl von Optionen zur Verfügung stehen, muss es auch eine Möglichkeit geben, z.B. in Abhängigkeit von Benutzereingaben, verschiedene Programmteile zu durchlaufen.

Diese Möglichkeit wird in einem Programm über eine so genannte Entscheidung realisiert. Eine Entscheidung ist ein Befehl, der eine Bedingung testet und in Abhängigkeit dieser Bedingung einen Befehl ausführt. Die in C für die Durchführung einer Entscheidung zuständige Anweisung heißt *if*.

3.2 Die if-Anweisung

Mit Hilfe der *if*-Anweisung werden in einem C-Programm Entscheidungen durchgeführt, das heißt, die Ausführung einer oder mehrerer Anweisungen wird von einer Bedingung abhängig gemacht.

Die *if*-Anweisung wird wie folgt eingesetzt:

```
if (logischer Ausdruck) Anweisung
```

oder

```
if (logischer Ausdruck)
{
   Anweisungsblock
}
```

Wenn auf die *if*-Anweisung mehrere Anweisungen folgen, müssen diese in geschweifte Klammern gesetzt werden.

Die auf die *if*-Anweisung folgenden Anweisungen werden nur dann ausgeführt, wenn die in Klammern gesetzte Bedingung wahr ist.

Aufgabe

Bereits in Lektion 2.4 wurde die mathematische Funktion *sqrt* vorgestellt. Sie berechnet die Quadratwurzel einer *float*-Zahl. Die *sqrt*-Funktion soll dazu verwendet werden, die Bedeutung der *if*-Anweisung zu demonstrieren. Wie Sie aus der Schule noch wissen, darf die Wurzel nicht aus negativen Zahlen gezogen werden. Ein Programm, das die Quadratwurzel aus einer über die Tastatur eingegebenen *float*-Zahl berechnet und das Resultat auf dem Bildschirm ausgibt, sollte diese Regel berücksichtigen.

Geben Sie das folgende Programm ein, und bringen Sie es zur Ausführung.

```
#include <stdio.h>
#include <math.h>

  void main()
  {
A    float x, y = -1;

  /* float-Zahl einlesen */
B    printf("Bitte eine float-Zahl:\n");
C    scanf("%g",&x);

  /* Quadratwurzel berechnen */
D    if ( x >= 0 ) y = sqrt(x);

  /* Resultat ausgeben */
E    printf("Quadratwurzel: %g\n",y);
  }
```

Erläuterungen

A Es werden zwei Variablen *x* und *y* mit dem Typ *float* definiert. Der Variablen *y* wird der Wert –1 zugewiesen.

B Es wird eine Eingabeaufforderung über die *printf*-Funktion ausgegeben.

C Die *scanf*-Funktion nimmt von der Tastatur eine Zahl entgegen und weist sie der Variablen *x* zu.

D Wenn der Wert von *x* größer oder gleich Null ist, wird die *sqrt*-Funktion aufgerufen und das Ergebnis der Variablen *y* zugewiesen.

ACHTUNG

Die von der *if*-Anweisung zu prüfende Bedingung muss immer in runde Klammern gesetzt werden.

E Es wird das Ergebnis, das heißt der Wert der Variablen *y*, ausgegeben.

Bei der Ausführung werden Sie feststellen, dass das Programm eine gewisse eigene »Intelligenz« besitzt. Geben Sie eine positive Zahl oder die Zahl 0 ein, wird das Resultat korrekt berechnet; bei der Eingabe einer negativen Zahl erscheint dagegen eine –1 auf dem Bildschirm. Wie ist das möglich? Ganz einfach, die Anweisung

```
y = sqrt(x);
```

wird nur dann ausgeführt, wenn der Wert von *x* größer oder gleich Null ist. Sichergestellt wird dies durch die folgende Anweisung

```
if ( x >= 0 ) y = sqrt(x);
```

Diese besagt: Falls die Variable *x* größer oder gleich 0 ist, dann führe das Folgende aus. Hier also: Falls *x* größer oder gleich 0 ist, berechne die Quadratwurzel von *x*.

Im Unterschied zu Basic schreibt man in C kein *then*, der »dann«-Teil folgt in C einfach der in Klammern gesetzten Bedingung.

Der Ausdruck *x >= 0* wird als **Bedingung** bezeichnet. Man spricht auch von einem **Vergleichsausdruck** oder einem **logischen Ausdruck**. Das Attribut »logisch« bezieht sich hier nicht auf seine umgangssprachliche Bedeutung, sondern auf die so genannte boolesche Logik, nach der ein Wert nur zwei Zustände, nämlich 0 (falsch) und 1 (wahr) annehmen kann. Falls die Bedingung erfüllt ist, wird die darauf folgende Anweisung (oder die Anweisungen, falls ein in geschweifte Klammern gesetzter Programmblock verwendet wird) ausgeführt. Ist die Bedingung dagegen nicht erfüllt, wird die zu *if* gehörige Anweisung bzw. der Anweisungsblock ignoriert und die Programmausführung mit den danach folgenden Anweisungen fortgesetzt. Im obigen Programm behält die Variable *y* damit ihren Initialisierungswert, also –1. Dieser Wert wird dann auch auf dem Bildschirm ausgegeben.

3.2.1 Die if else-Anweisung

Obwohl die *if*-Anweisung sehr praktisch ist und daher zu den wichtigsten C-Anweisungen gehört, besitzt sie ein kleines Manko. Angenommen, Sie geben im letzten Beispiel den Wert –5 ein, beim nächsten Versuch dagegen den Wert –9. In beiden Fällen erhalten Sie den Wert –1. Besser wäre es dagegen, wenn Sie das Programm mit einem Hinweistext auf die fehlerhafte Eingabe aufmerksam machen würde. Für diesen Fall gibt es die *else*-Anweisung.

Die auf die *else* folgende Anweisung (bzw. der darauf folgende Anweisungsblock) wird dann ausgeführt, wenn die Bedingung der *if*-Anweisung nicht erfüllt ist.

Ein Beispielprogramm für die else-Anweisung

Aufgabe

Erweitern Sie das letzte Beispielprogramm, indem Sie in die Abfrage eine *else*-Anweisung einbauen, die bewirkt, dass im Falle einer Fehleingabe ein Fehlertext ausgegeben wird.

Lösung

Ersetzen Sie Zeile D durch folgende Programmzeile:

```
if (x >= 0) y = sqrt(x);
  else printf("Negative Zahlen nicht erlaubt!\n");
```

Bringen Sie das Programm nun zur Ausführung. Für positive Zahlen oder 0 hat sich natürlich nichts verändert. Bei negativen Zahlen erscheint dagegen wie gewünscht ein Hinweistext. Das Pseudoresultat –1 wird allerdings trotzdem noch mit ausgegeben. Wie Sie die Ausgabe des Ergebnisses für diesen Fall vollständig unterdrücken können, wird im Folgenden gezeigt.

3.2.2 Zusammenfassung zu Blöcken

Auch die Ausgabe des Resultats muss von der Bedingung *x >= 0* abhängig gemacht werden. Denkbar wäre es, auch die Ausführung der *printf*-Funktion über eine weitere *if*-Anweisung von der Bedingung *x >= 0* abhängig zu machen:

```
if (x >= 0) printf("Quadratwurzel: %g\n",y);
```

Doch es geht noch ein wenig einfacher. Würde nämlich in einem Programm 50 Mal eine Ausgabeanweisung vorkommen, müsste unter Umständen vor alle 50 Anweisungen eine *if*-Anweisung gestellt werden. Nein, das kann auch von einem C-Programmierer nicht verlangt werden. C bietet – wie bereits erwähnt – die Möglichkeit, mehrere Anweisungen zu einem so genannten *Block* zusammenzufassen. Dieser Block wird dann wie eine einzige Anweisung behandelt und kann als solche von einer einzigen *if*- oder *if else*-Anweisung abhängig gemacht werden.

Ein Block besteht aus einer oder mehreren Anweisungen, die durch geschweifte Klammern zusammengefasst werden. Ein solcher Block wird durch den C-Compiler wie eine einzelne Anweisung behandelt. Blöcke werden besonders häufig innerhalb von Entscheidungen und Programmschleifen (zu Schleifen später mehr) eingesetzt.

Aufgabe Ändern Sie das obige Beispielprogramm, sodass auch die *printf*-Funktion zur Ausgabe der Variablen *y* nur dann ausgeführt wird, wenn die Eingabe größer oder gleich Null ist.

Lösung Die *printf*-Funktion muss dazu zusammen mit der *sqrt*-Funktion in einen Block gesetzt werden:

```
    #include <stdio.h>
    #include <math.h>

    void main()
    {
     float x, y;

     /* float-Zahl einlesen */
      printf("Bitte eine float-Zahl:\n");
      scanf("%g",&x);

A     if ( x >= 0 )
B     {
      /* Quadratwurzel berechnen */
C       y = sqrt(x);

      /* Resultat ausgeben */
D       printf("Quadratwurzel: %g\n",y);
      }
E     else
F       printf("Negative Zahlen nicht erlaubt!!\n");
    }
```

Erläuterungen

A Über die *if*-Anweisung wird geprüft, ob der Wert von *x* größer oder gleich Null ist.

B Die linke geschweifte Klammer »{« leitet einen Block ein.

C Als Erstes wird innerhalb des Blocks die *sqrt*-Funktion aufgerufen.

D Als zweite Anweisung wird innerhalb des Blocks die *printf*-Funktion ausgeführt. Durch die rechte Klammer »}« wird der Block beendet. Der C-Compiler behandelt diesen Block als eine zusammenhängende Anweisung, die ausgeführt wird, wenn die Bedingung wahr ist.

E Über die *else*-Anweisung folgt nun eine Anweisung oder ein Block, der ausgeführt wird, wenn die Bedingung nicht erfüllt ist.

F Der Fehlertext wird immer dann ausgegeben, wenn der Wert von *x* kleiner als Null ist.

Die Zusammenfassung mehrerer Anweisungen zu einem Block geschieht durch die geschweiften Klammern. Darauf wurde bereits in der Lektion 1.1 hingewiesen, als es um den grundsätzlichen Aufbau eines C-Programms ging. Beachten Sie, dass die Initialisierung der Variablen *y* nun entfallen kann.

Außerdem sollten Sie beachten, auf welche Weise bei einem solchen Block das Semikolon zum Einsatz kommen muss. Sie wissen, dass in C eine Anweisung grundsätzlich durch ein Semikolon abgeschlossen wird. Dies gilt demzufolge auch für alle Anweisungen innerhalb eines Blocks. Es gilt aber nicht für den Block selbst. Hierbei belässt es C bei der schließenden geschweiften Klammer.

Ganz im Gegenteil könnte ein Semikolon nach der geschweiften Klammer sogar schaden. Denn der Compiler erkennt ein zusätzliches Semikolon immer als zusätzliche (leere) Anweisung. Das könnte in diesem Beispiel zu Problemen führen. Probieren Sie es aus und schreiben Sie nach der geschweiften Klammer vor dem *else* ein Semikolon. Der Compiler erkennt nun zwei Anweisungen (einen Block und eine leere Anweisung) zwischen *if* und *else*, und das ist nicht gestattet.

3.3 Logische Ausdrücke

In der letzten Lektion haben Sie gelernt, dass durch *if* oder *if else* eine Anweisung oder Anweisungsfolge (Block) von einer Bedingung abhängig gemacht werden kann. Die einzige Bedingung, die in den Beispielen verwendet wurde, war *x >= 0*. Diese Bedingung prüft, ob der Wert der Variablen *x* größer oder gleich 0 ist.

Bedingungen können aber noch auf weit vielfältigere Art formuliert werden. Es gibt eine Reihe von Vergleichsoperatoren, und diese können noch durch logische Operatoren verknüpft werden. Bei solchen Kombinationen von Vergleichs- und logischen Operatoren spricht man von **logischen** oder auch **booleschen Ausdrücken**.

3.3.1 Vergleichsoperatoren

Die Zeichenfolge >= ist ein Vergleichsoperator. Mit seiner Hilfe werden zwei Werte verglichen, die links und rechts vom Vergleichsoperator aufgeführt werden. So prüft der Vergleichsausdruck *a >= b*, ob der Wert der Variablen *a* größer oder gleich dem Wert der Variablen *b* ist.

Selbstverständlich können auch ganze numerische Ausdrücke verglichen werden. Der Ausdruck

```
2 * a >= 3 * b + 5
```

ist ein Beispiel für einen etwas umfangreicheren Ausdruck. Dabei spielt es keine Rolle, ob es sich um ganzzahlige oder Fließkommaausdrücke handelt. Auch Ausdrücke vom Typ *char* können verglichen werden, wie dieses Beispiel deutlich macht:

```
ch >= 'A'
```

In einem C-Programm stehen die folgenden sechs Vergleichsoperatoren für den Vergleich numerischer Werte zur Verfügung:

Tabelle 3.1: Vergleichsoperatoren

Operator	**Bedeutung**
>	größer
>=	größer oder gleich
<	kleiner
<=	kleiner oder gleich
==	gleich
!=	ungleich

ACHTUNG

Die Gleichheit zweier Werte wird in C über den ==-Operator und nicht wie in Basic über den =-Operator geprüft. Da = in C für eine Zuweisung steht, ist es sehr wichtig, darauf zu achten, wirklich == zu schreiben, sonst sind schwer lokalisierbare Fehler die Folge. Für das Prüfen auf Ungleichheit steht in C ein eigener Operator zur Verfügung, er lautet !=. Man darf also keinesfalls wie in diversen anderen Sprachen den Größer- und Kleineroperator einfach kombinieren, <> ist also in C nicht erlaubt.

Zulässige logische Ausdrücke sind daher: *x >= y-z*, *x < sqrt(y+1)*, *a == 0* oder *a != b*. Sie alle können auf eine *if-* oder *if else*-Anweisung folgen und somit die Rolle einer Bedingung spielen, von deren Zustand die Ausführung einer Anweisung oder eines Blocks abhängt.

3.3.2 Logische Operatoren

Häufig soll eine Anweisung nicht von einer, sondern von mehreren Bedingungen abhängig gemacht werden. Die Anweisung (oder der Anweisungsblock) werden nur dann ausgeführt, wenn alle Bedingungen erfüllt sind (UND-Verknüpfung) oder wenn mindestens eine der angegebenen Bedingungen (ODER-Verknüpfung) erfüllt ist. Ein typisches Beispiel ist die Programmierung eines Getränkeautomaten. Ein Getränk soll nur dann ausgegeben werden, wenn Geld eingeworfen (Bedingung 1) **und** ein Getränk gewählt wurde (Bedingung 2). Die Verknüpfung der einzelnen Bedingungen wird in einem Programm mit Hilfe logischer Operatoren durchgeführt.

Aufgabe

Angenommen, es soll die Zuweisung

```
z = sqrt(x) + sqrt(y);
```

ausgeführt werden. In diesem Fall darf weder der Wert der Variablen *x* noch der Wert der Variablen *y* negativ sein. Sinnvoll wäre also, die Ausführung der *sqrt*-Funktion von einer Bedingung wie »Falls x größer oder gleich 0 UND falls y größer oder gleich 0« abhängig zu machen. Eine solche UND-Verknüpfung zweier Bedingungen wird in C über den &&-Operator realisiert.

Lösung

```
if ( x >= 0 && y >= 0 ) z = sqrt(x) + sqrt(y);
```

Durch den &&-Operator können beliebig viele Bedingungen aneinander gekettet werden. Nur wenn alle (Teil-)Bedingungen erfüllt sind, wird die folgende Anweisung auch ausgeführt. Die Anweisung

```
if ( x != 0 && y != 0 && x != y ) printf("Alles klar!");
```

führt nur dann zu einem Aufruf der *printf*-Funktion, wenn wirklich jede einzelne der drei Bedingungen erfüllt ist.

Soll bereits eine von mehreren Bedingungen dazu führen, dass eine bestimmte Anweisung ausgeführt wird, verwenden Sie eine **ODER-Verknüpfung**. Die Bezeichnung ODER leitet sich von dem Umstand ab, dass *Bedingung1* oder *Bedingung2* oder *Bedingung3* usw. erfüllt sein muss. Es können auch mehrere oder alle Bedingungen erfüllt sein. Ein Beispiel wäre die Bedingung »Falls x größer als 0 ODER falls y größer als 0 ist«. Für eine ODER-Verknüpfung ist in C der ||-Operator zuständig.

Beispiel

```
if (ch == '.' || ch == ',' || ch == ';' || ch == ':')
   printf("Es war ein Interpunktionszeichen!");
```

Durch den ||-Operator werden drei Bedingungen verknüpft. Ist eine der drei Bedingungen erfüllt, wird die *printf*-Funktion ausgeführt. Zwar enthält diese Anweisung zu etwa achtzig Prozent Sonderzeichen, was einen C-Laien in seiner Meinung über die Unlesbarkeit der Sprache C bestimmt bestärken würde, doch sollte Ihnen dies keine Probleme mehr bereiten.

Natürlich lässt sich auch prüfen, ob eine bestimmte Bedingung NICHT erfüllt ist. Mit anderen Worten, eine bestimmte Bedingung muss negiert werden, was über den !-Operator geschieht. Der Ausdruck

```
x > 0 || !(y < 0)
```

prüft daher, ob Variable *x* größer als 0 ist, oder ob die Bedingung »Variable *y* kleiner 0« nicht erfüllt ist.

In diesem Beispiel wäre es natürlich auch möglich, die Bedingung folgendermaßen zu formulieren: *x > 0 || y >= 0*. Auf den !-Operator kann also hier verzichtet werden. Allerdings gibt es in C Fälle, in denen das nicht möglich ist.

Die Auswertungsreihenfolge

Sobald mehrere Vergleichsoperatoren kombiniert werden, spielt die Frage der Auswertungsreihenfolge eine wichtige Rolle. Angenommen, eine Anweisung soll immer dann ausgeführt werden, wenn mindestens einer der beiden Fälle zutrifft. Fall 1: Die Variable *x* ist größer als 0. Fall 2: Die Variable *x* ist gleich 0 und gleichzeitig ist die Variable *y* größer als 0. Der zugehörige logische Ausdruck könnte daher lauten:

```
x > 0 || x == 0 && y > 0
```

Aber ist das denn richtig? Es sind nämlich zwei Varianten denkbar, wie der Compiler diesen Ausdruck interpretieren kann. Denken Sie dazu noch einmal an die Überlegungen, die anlässlich der Auswertung des Ausdrucks *3+4*5* in Lektion 2.3 angestellt wurden.

Angenommen, *x* ist *5* und *y* ist *0*. Der Compiler kann dabei von links beginnen und zunächst *x > 0 || x == 0* betrachten. Diese Bedingung ist erfüllt, da Variable *x* den Wert 5 besitzt. Der erste Teilausdruck ist somit wahr. Der zweite Ausdruck *y > 0* wäre bei dieser Betrachtungsweise durch den *&&*-Operator mit dem ersten Ausdruck verknüpft, aber leider nicht erfüllt, denn Variable *y* ist 0. Der Gesamtausdruck wäre dann also auch nicht erfüllt.

Anders herum könnte der Compiler bei dem *&&*-Operator beginnen und zunächst testen, ob Variable *x* gleich Null ist (*x == 0*) und (*&&*) Variable *y* größer als Null ist (*y > 0*). Obwohl dies bei den gegebenen Werten nicht der Fall ist, wird der Gesamtausdruck auf Grund des ||-Operators als wahr erkannt, denn *x > 0* ist wahr und es muss nur einer der Teilausdrücke erfüllt sein. Es stellt sich also einfach wieder die Frage nach der Auswertungsreihenfolge. Eine Punkt-vor-Strich-Regel gibt es bei logischen Operatoren natürlich nicht. Stattdessen gilt in C die Regel, dass zunächst der NICHT-Operator (!-Operator), dann der UND-Operator (*&&*-Operator) und schließlich der ODER-Operator (||-Operator) ausgewertet wird. Dies entspricht genau dem, was mit dem Ausdruck *x > 0 || x == 0 && y > 0* erreicht werden sollte.

Auch bei der Verknüpfung mehrerer logischer Operatoren besteht die Möglichkeit, die Auswertungsreihenfolge durch das Setzen von Klammern zu beeinflussen. Soll z.B. geprüft werden, ob Variable *x* größer als *5* und gleichzeitig eine der Variablen *y* und *z* einen Wert von *3* hat, so kann man den erforderlichen Ausdruck wie folgt formulieren:

```
x > 5 && (y == 3 || z == 3 )
```

Kurzschreibweisen für Vergleichsoperatoren

Zwei sehr häufig vorkommende Vergleiche können in einem C-Programm abgekürzt werden. Um festzustellen, ob der Wert einer Variablen ungleich Null ist, genügt es, die Variable alleine aufzuführen. Der !-Operator muss also nicht zwingend angegeben werden. Die Anweisung

```
if (x != 0) printf("Ungleich Null!\n")
```

entspricht der Anweisung

```
if (x) printf("Ungleich Null!\n")
```

Auch den Vergleich mit Null kann man etwas abkürzen, denn die Umkehrung des Vergleichs *!= 0* ist *== 0*. Unter Benutzung des NICHT-Operators kann der Vergleich *x == 0* daher als *! (x !=0)* geschrieben werden. Als logische Folge des eben Gelernten lässt sich der Vergleich *x == 0* daher auch als *!x* formulieren. Die Vergleiche

```
if (x == 0 ) printf("Gleich 0!\n");
```

und

```
if ( !x ) printf("Gleich 0!\n");
```

sind somit gleichwertig.

Beispiel

Betrachten Sie einmal folgenden logischen Ausdruck:

```
x > 3 || !x && y || x > y
```

Dieser Ausdruck ist auf Grund des ||-Operators (ODER-Verknüpfung) wahr, falls mindestens eine der drei (Teil-)Bedingungen wahr ist. Ist die Variable *x* größer als *3*, ist die Variable *x* gleich *0* und gleichzeitig Variable *y* ungleich *0* oder ist Variable *x* größer als *y*, dann ist die Gesamtbedingung wahr. Alles klar?

Transformation logischer Ausdrücke

Nicht immer ist es empfehlenswert, einen logischen Ausdruck so zu formulieren, wie er der Logik des Programms entsprechen würde. In manchen Fällen ist es aus Gründen der besseren Lesbarkeit empfehlenswert, einen Ausdruck zu transformieren. Obwohl der Ausdruck dabei anders formuliert wird, bleibt die zugrundeliegende Logik erhalten.

Beispiel

Der logische Ausdruck *x > 3 && !(y < 5 || !(z <= 5 && w <= 5))* ist sehr schwer zu lesen. Eine inhaltliche Bedeutung in Bezug auf die Realität (des Programms) lässt sich kaum ermitteln. Es besteht aber die Möglichkeit, den Ausdruck in eine etwas besser lesbare Form zu transformieren.

Obwohl es hierfür feste Regeln der mathematischen Logik gibt, kommt man mit »gesundem Menschenverstand« ebenso zum Ziel. Zumindest solange die

Ausdrücke vom Kaliber dieses Beispiels sind. Als Faustregel empfiehlt es sich, bezogen auf die Klammerebenen, von innen nach außen zu beginnen. Ganz innen steht demnach der Teilausdruck

```
!(z <= 5 && w <= 5)
```

Demnach muss Variable *z* kleiner oder gleich 5 und gleichzeitig Variable *w* kleiner oder gleich 5 sein, damit der Ausdruck erfüllt ist. Oder anders herum, die Bedingung ist nicht erfüllt, wenn Variable *z* oder Variable *w* größer als 5 sind. Dies wird folgendermaßen formuliert:

```
z > 5 || w > 5
```

Der Gesamtausdruck lautet nach dieser ersten Transformation nun

```
x > 3 && !(y < 5 || z > 5 || w > 5 )
```

Der nächste zu betrachtende Teilausdruck ist *!(y < 5 || z > 5 || w > 5)*. Mit anderen Worten, der Ausdruck ist wahr, wenn nicht gilt, dass Variable *y* kleiner als 5 oder Variable *z* größer als 5 oder *w* größer als 5 ist. Oder anderes herum, der Ausdruck ist wahr, wenn Variable *y* größer oder gleich 5 ist, Variable *z* kleiner oder gleich 5 ist und Variable *w* kleiner oder gleich 5 ist. In C wird dies folgendermaßen formuliert:

```
y >= 5 && z <= 5 && w <= 5
```

Die Gesamtbedingung besitzt nun folgendes Aussehen:

```
x > 3 && y >= 5 && z <= 5 && w <= 5
```

Man erkennt somit sofort, dass alle vier Bedingungen *x > 3*, *y >= 5*, *z <= 5* und *w <= 5* erfüllt sein müssen, damit der Gesamtausdruck wahr wird.

Losgelöst vom Programmkontext ist die inhaltliche Bedeutung des so transformierten Ausdrucks natürlich nach wie vor unklar. Es ist aber deutlich abzulesen, welche Werte die verschiedenen Variablen annehmen dürfen, damit der Gesamtausdruck erfüllt ist.

Logische Variablen

Nun könnte es in einem größeren Programm passieren, dass Sie einen komplizierten logischen Ausdruck an mehreren Stellen im Programm durch eine *if*-Anweisung abfragen möchten. Was läge da näher, als den Wert dieses logischen Ausdrucks einmal zu berechnen und in einer Variablen zu speichern? Und an jeder der besagten Stellen können Sie dann auf diese Variable zugreifen und müssen nicht mehr den komplizierten logischen Ausdruck hinschreiben.

Die Zuweisung sollte etwa so aussehen:

```
alle_groesser_1 = x>1 && y>1 && z>1;
```

Und so die Benutzung in einer *if*-Anweisung:

```
if ( alle_groesser_1 )
```

Die Frage ist nur, wie wird die Variable *alle_groesser_1* definiert, welchen Typ hat sie und welche Werte kann sie annehmen? Das ist ganz einfach: Es gibt ja bekanntlich nur zwei Wahrheitswerte, nämlich »wahr« und »falsch«. Und in C ist definiert: »wahr« entspricht 1, und »falsch« entspricht 0. Von daher kann die Variable *alle_groesser_1* einen beliebigen numerischen Typ haben. Zu empfehlen ist *short*, weil hiermit am wenigsten Speicherplatz verschenkt wird. Sie kann aber auch vom Typ *long* und sogar *double* sein, auch wenn das wenig Sinn ergibt.

Eines muss aber auf jeden Fall beachtet werden, wenn Sie das Resultat eines logischen Ausdrucks im späteren Programmverlauf noch einmal verwenden wollen: Die Werte der Variablen im Ausdruck dürfen sich nicht ändern, sonst muss der Ausdruck eben doch erneut berechnet werden.

C 99

Haben Sie sich eben noch gefragt, mit welchem Datentyp eine logische Variable definiert werden soll, so ist in C99 die Antwort einfacher. Hier wird als Neuerung der Typ *_Bool* zur Verfügung gestellt, der nur die Werte 0 und 1 annehmen kann. Darüber hinaus gibt es die Datei *stdbool.h*. In dieser werden einige Begriffe definiert, mit denen Sie Ihr Programm besser lesbar machen können, und zwar *bool*, *true* (für »wahr«) und *false* (für »falsch«).

Beispiel

```
#include <stdio.h>
#include <stdbool.h>

void main()
{
  short x = -1;
  bool test1 = true;
  bool test2 = x>0;

  printf("test1=%d, test2=%d\n",test1,test2);

}
```

Möchten Sie raten, wie die Ausgabe lautet? Klar, *test1* und *test2* sind logische Variablen, und diese können nur die Werte 0 und 1 annehmen. Daher können Sie folgende Ausgabe erwarten:

```
test1=1, test2=0
```

3.4 Die alternative Auswahl

Die Ausdrücke, die in den bisherigen Beispielen einer Entscheidung zugrunde gelegt wurden, konnten entweder wahr oder falsch sein. Ein Ausdruck kann aber auch mehrere Werte annehmen, z.B. die Zahlenwerte 1 bis 6. In diesem Fall kommt anstelle einer Ja-Nein-Entscheidung eine alternative Auswahl zum Einsatz.

3.4.1 *else if*-Ketten

Aufgabe Ein Programm soll dem Benutzer die Möglichkeit bieten, eine *float*-Zahl eingeben zu können. Von der eingegebenen *float*-Zahl soll wahlweise der Sinus, der Kosinus oder die Quadratwurzel berechnet werden. Welche der drei Rechenoperationen ausgeführt wird, hängt von einer *short*-Zahl ab, die ebenfalls zuvor eingegeben werden muss. Das Resultat soll auf dem Bildschirm ausgegeben werden.

Lösung Hier liegt eine einfache Form einer Menüsteuerung vor. Die Eingabe einer Auswahlzahl, welche die Werte 1, 2 oder 3 annehmen kann, bestimmt einfach, welcher Programmteil als Nächstes ausgeführt wird. Unter Benutzung des bisher Gelernten könnte ein derartiges Programm wie folgt aussehen:

```
#include <stdio.h>
#include <math.h>

  void main()
  {
A  short index;
   float x, y;

  /* Index-Eingabe */
 printf("Geben Sie eine ganze Zahl von 1 bis 3 ein:\n");
B  scanf("%d",&index);

   /* Eingabe des x-Werts */
   printf("Geben Sie eine Fliesskommazahl ein:\n");
C   scanf("%g",&x);

  /* Berechnung des Resultats */
D  if ( index==1 )
   {
    y = sin(x);
    printf("Der Sinus ist: %g\n",y);
   }
```

```
E  else if ( index==2 )
   {
    y = cos(x);
    printf("Der Kosinus ist: %g\n",y);
    }
F  else if ( index==3 )
   {
    if ( x >=0 )
    {
     y = sqrt(x);
     printf("Die Quadratwurzel ist: %g\n",y);
    }
G   else
      printf("Unerlaubter x-Wert!\n");
    }
H  else
    printf("Unerlaubter Index!\n");
   }
```

Erläuterungen

A Die Variable *index*, die zur Auswahl der gewünschten Funktion herangezogen werden soll, wird als *short*-Variable deklariert.

B Der Benutzer gibt einen Wert ein, welcher der Variablen *index* zugewiesen wird.

C Der Benutzer gibt einen Wert ein, welcher der Variablen *x* zugewiesen wird.

D Wenn *index* den Wert 1 besitzt, wird die *sin*-Funktion aufgerufen.

E Wenn *index* den Wert 2 besitzt, wird die *cos*-Funktion aufgerufen.

F Wenn *index* den Wert 3 besitzt, wird die *sqrt*-Funktion aufgerufen.

G Wenn ein negativer Wert eingegeben wurde, wird eine Fehlermeldung angezeigt.

H Wenn *index* einen anderen Wert (als 1, 2 oder 3) besitzt, wird eine Fehlermeldung angezeigt.

Nachdem der Index und der Wert der Variablen *x* abgefragt werden, folgt eine so genannte *else if*-Kette, das heißt eine Aneinanderreihung von *if*- und *else*-Anweisungen, die sprachlich wie folgt ausgedrückt werden könnte: Falls der Index gleich 1 ist, berechne den Sinus, ansonsten, falls der Index gleich 2 ist, berechne den Kosinus, ansonsten, falls der Index gleich 3 ist, berechne die Quadratwurzel, ansonsten gib eine Fehlermeldung aus.

Aufgabe

Bringen Sie das Beispielprogramm zur Ausführung. Erweitern Sie es um zusätzliche *else if*-Zweige, in denen weitere Funktionen berechnet werden. Eine Auflistung der wichtigsten mathematischen Funktionen finden Sie im Anhang C.

Ergebnis Sollen in einem neu eingefügten *else if*-Zweig mehrere Anweisungen ausgeführt werden, müssen diese in einem neuen Block zusammengefasst werden. Eine End If-Anweisung wie in Basic gibt es in C nicht. Ein Zweig in einer Entscheidung wird vielmehr durch eine Bedingung eingeleitet und entweder durch die auszuführende Anweisung oder durch die rechte geschweifte Klammer des zugehörigen Anweisungsblocks wieder beendet.

HINWEIS

Else if-Ketten sind in C recht häufig. Die auf die *if*-Anweisung folgenden Bedingungen können beliebig gewählt werden. Das letzte Beispielprogramm stellt einen Sonderfall dar, da alle Bedingungen von derselben Form sind. In allen Fällen wird der Wert der Variablen *index* abgefragt.

3.4.2 Die switch-Anweisung

Anstelle mehrerer *else if*-Anweisungen ist es in vielen Fällen vorteilhafter, die *switch*-Anweisung einzusetzen. Diese Anweisung bietet den Vorteil, dass der Programmaufbau ein wenig übersichtlicher wird.

```
switch (Zahl) {
   case 1: printf("Der Wert ist 1\n");
   break;
   case 2: printf("Der Wert ist 2\n");
   break;
   case 7: printf("Der Wert ist größer als 2\n");
   break;
   default: printf("Der Wert ist unbekannt!\n");
}
```

Aufgabe Das letzte Beispielprogramm soll diesmal mit Hilfe einer *switch*-Anweisung umgesetzt werden.

Lösung

```
#include <stdio.h>
#include <math.h>

  void main()
  {
    short index;
    float x, y;

  /* Index-Eingabe */
  printf("Geben Sie eine ganze Zahl von 1 bis 3 ein:\n");
  scanf("%d",&index);

  /* Eingabe des x-Werts */
  printf("Geben Sie eine Fliesskommazahl ein:\n");
  scanf("%g",&x);
```

```
   /* Berechnung des Resultats */
A     switch ( index )
    {
B     case 1:
        y = sin(x);
        printf("Der Sinus ist: %g\n",y);
C       break;
D     case 2:
        y = cos(x);
        printf("Der Kosinus ist: %g\n",y);
E       break;
F    case 3:
        if ( x>=0 )
        {
          y = sqrt(x);
          printf("Die Quadratwurzel ist: %g\n",y);
        }
        else
          printf("Unerlaubter x-Wert!!\n");
G       break;
H        default:
         printf("Unerlaubter Index!!\n");
         break;
     } /* Ende der switch-Anweisung */
    }  /* Ende der main - Funktion  */
```

Erläuterungen

A Die *switch*-Anweisung prüft den Wert der Variablen *index*.

B Die auf die *case*-Anweisung folgenden Anweisungen werden nur ausgeführt, wenn der Wert von *index* 1 ist.

C Die *break*-Anweisung beendet den *case*-Zweig, das heißt, die folgenden Anweisungen werden nicht mehr ausgeführt, wenn der Wert von *index* 1 ist.

D Die auf die *case*-Anweisung folgenden Anweisungen werden nur ausgeführt, wenn der Wert von *index* 2 ist.

E Die *break*-Anweisung beendet den zweiten *case*-Zweig.

F Die auf die *case*-Anweisung folgenden Anweisungen werden nur ausgeführt, wenn der Wert von *index* 3 ist.

G Die *break*-Anweisung beendet den dritten *case*-Zweig.

H Die *default*-Anweisung leitet einen *case*-Zweig ein, der immer dann ausgeführt wird, wenn keine der zuvor durchgeführten Abfragen zu einem Ergebnis führte.

Sieht dieses Programm dank der *switch*-Anweisung nicht gleich viel übersichtlicher aus? Vergleichen Sie am besten beide Programme Anweisung für Anweisung. Der Einsatz der *switch*-Anweisung ist immer dann möglich, wenn allein der Wert eines Ausdrucks entscheidend für die Verzweigung eines Programms ist.

HINWEIS

Beachten Sie, dass es keinen zwingenden Grund gibt, die *switch*-Anweisung einzusetzen. Sie müssen vielmehr abwägen, ob Sie lieber die *switch*-Anweisung oder eine *else if*-Kette verwenden möchten. Eine solche Entscheidung wird meist von der Anzahl der Alternativen bzw. der vorhandenen *else*-Zweige abhängen.

Einschränkungen der switch-Anweisung

Leider besitzt die *switch*-Anweisung eine Reihe von Einschränkungen. Eine betrifft den Datentyp des zu bewertenden Ausdrucks. Dieser muss ganzzahlig oder vom Typ *char* sein. Die Datentypen *float* oder *double* sind in einer *switch*-Anweisung also nicht erlaubt. Diese Einschränkung erscheint auch ganz natürlich, wenn Sie an das Genauigkeitsproblem bei der Darstellung von Fließkommazahlen denken. Mit anderen Worten, die Abfrage einer bestimmten Fließkommazahl könnte nie verlässlich sein, da bereits eine minimale Abweichung dazu führt, dass zwei Fließkommazahlen nicht als gleich erkannt werden (Lektion 2.4).

Auch die zweite Einschränkung ist sehr wichtig. Sobald der zu prüfende Ausdruck mit der Konstanten eines *case*-Zweigs übereinstimmt, werden alle folgenden Anweisungen bis zum Ende der *switch*-Anweisung ausgeführt. Mit anderen Worten, auch die folgenden *case*-Zweige werden durchlaufen. Um dies zu verhindern, muss ein *case*-Zweig mit einer *break*-Anweisung beendet werden.

Beispiel

```
switch (Zahl)
{
  case 1:  printf("Der Wert ist 1\n");
  case 2:  printf("Der Wert ist 2\n");
  case 7:  printf("Der Wert ist größer als 2\n");
  default: printf("Der Wert ist unbekannt!\n");
}
```

Wenn *Zahl* den Wert 1 besitzt, werden insgesamt vier Ausgaben durchgeführt, da das Programm nach der Ausführung der ersten *printf*-Funktion auch die übrigen *case*-Zweige abarbeitet.

Die Bestandteile der switch-Anweisung

Die *switch*-Anweisung wird niemals alleine, sondern stets in Zusammenhang mit einer oder mehreren *case*-Anweisungen eingesetzt. In der Regel wird man jeden *case*-Zweig durch eine *break*-Anweisung beenden und am Schluss eine *default*-Anweisung anbringen, die den Alternativzweig enthält, der immer dann zur Ausführung gelangt, wenn in den vorherigen *case*-Zweigen keine Übereinstimmung erzielt wurde.

Bei einer *switch*-Anweisung werden die einzelnen Alternativen durch die *case*-Anweisung eingeleitet. Da auf die *case*-Anweisung mehrere Anweisungen folgen können, muss der *case*-Zweig beendet werden. Dies geschieht durch die *break*-Anweisung, die, wie Sie später noch sehen werden, auch innerhalb von Programmschleifen zum Einsatz kommen kann. Im vorletzten Beispiel gewährleistet die *break*-Anweisung, dass im Falle *index == 1* nur die Anweisungen *y = sin(x)* und der Aufruf der *printf*-Funktion durchgeführt werden und danach die *switch*-Anweisung beendet wird. Die Programmausführung wird daher an dieser Stelle unterbrochen und hinter der *switch*-Anweisung fortgesetzt.

> Natürlich könnte auch die zweite *case*-Anweisung automatisch anzeigen, dass hier der vorhergehende *case*-Zweig beendet wird. Selbstverständlich könnte das so sein, doch ist es in C nun einmal anders.

HINWEIS

Aufgabe

Schreiben Sie ein Programm, das eine Zahl zwischen 1 und 6 entgegennimmt und über eine *switch*-Anweisung die dazugehörige Schulnote ausgibt. Liegt der eingegebene Wert außerhalb des Bereichs, soll anstelle einer Note eine Fehlermeldung ausgegeben werden.

Lösung

```
#include <stdio.h>

A   void main ()
    {
B   int Note;
C    printf("Wie lautet die Note?");
D    scanf("%d",&Note);

E    switch(Note)
     {
F     case 1:
G      printf ("Das Urteil: Sehr gut\n");
H      break;
I     case 2:
J      printf ("Das Urteil: Gut\n");
K      break;
```

```
L       case 3:
M        printf ("Das Urteil: Befriedigend\n");
N        break;
O       case 4:
P        printf ("Das Urteil: Ausreichend\n");
Q        break;
R       case 5:
S        printf ("Das Urteil: Mangelhaft\n");
T        break;
U       case 6:
V        printf ("Das Urteil: Ungenügend\n");
W        break;
X       default:
Y        printf ("Fehler bei der Eingabe!\n");
       }
      }
```

Erläuterungen

A Das Programm wird, wie immer, durch die Funktion *main* eingeleitet.

B Es wird eine *int*-Variable mit dem Namen *Note* deklariert.

C Über die *printf*-Funktion wird eine Eingabeaufforderung ausgegeben.

D Die *scanf*-Funktion nimmt eine Eingabe entgegen und weist den Inhalt der Variablen *Note* zu.

E Die *switch*-Anweisung prüft den Wert der Variablen *Note*.

F Ist der Wert von *Note* 1?

G Die *printf*-Funktion wird nur dann aufgerufen, wenn der Wert von *Note* 1 ist.

H Die *break*-Anweisung beendet den *case*-Zweig.

I Ist der Wert von *Note* 2?

J Die *printf*-Funktion wird nur dann aufgerufen, wenn der Wert von *Note* 2 ist.

K Die *break*-Anweisung beendet den *case*-Zweig.

L Ist der Wert von *Note* 3?

M Die *printf*-Funktion wird nur dann aufgerufen, wenn der Wert von *Note* 3 ist.

N Die *break*-Anweisung beendet den *case*-Zweig.

O Ist der Wert von *Note* 4?

P Die *printf*-Funktion wird nur dann aufgerufen, wenn der Wert von *Note* 4 ist.

Q Die *break*-Anweisung beendet den *case*-Zweig.

R Ist der Wert von *Note* 5?

S Die *printf*-Funktion wird nur dann aufgerufen, wenn der Wert von *Note* 5 ist.

T Die *break*-Anweisung beendet den *case*-Zweig.

U Ist der Wert von *Note* 6?

V Die *printf*-Funktion wird nur dann aufgerufen, wenn der Wert von *Note* 6 ist.

W Die *break*-Anweisung beendet den *case*-Zweig.

X Der Wert von *Note* stimmte mit allen vorherigen Abfragen nicht überein.

Y Es wird eine entsprechende Fehlermeldung ausgegeben.

Die default-Anweisung

Besitzt der auf die *switch*-Anweisung folgende Ausdruck keinen Wert, der mit den hinter den einzelnen *case*-Anweisungen aufgeführten Werten übereinstimmt, wird entweder die *switch*-Anweisung verlassen oder es werden jene Anweisungen ausgeführt, die auf die *default*-Anweisung folgen. Tauchen z.B. nach der Anweisung

```
switch(index)
```

die Alternativen *case 1:*, *case 2:* und *case 3:* auf und besitzt *index* aber den Wert 4, so wird normalerweise keine Anweisung ausgeführt. Es sei denn, die *switch*-Anweisung besitzt einen *default*-Zweig, dessen Anweisungen in diesem speziellen Fall zur Ausführung gelangen.

> Die auf die *default*-Anweisung folgenden Anweisungen kommen immer dann zur Ausführung, wenn keine der angegebenen *case*-Alternativen zutrifft.

ACHTUNG

Es spricht für einen guten Programmierstil, wenn jede *switch*-Anweisung auch eine *default*-Alternative enthält. So verhindert ein *default*-Zweig z.B., dass ein auf Grund eines Programmierfehlers fehlerhafter Wert unerkannt bleibt, denn im *default*-Zweig könnte eine Warnung auf dem Bildschirm ausgegeben werden.

Der folgende Auszug eines Beispielprogramms verwendet eine *switch*-Anweisung, um ein eingegebenes Zeichen in verschiedene Kategorien einzuteilen. Die zu einem Zeichen gehörende Kategorie wird auf dem Bildschirm ausgegeben.

```
A  switch (ch)
   {
B   case '.': case ',': case ';': case ':':
     printf("Interpunktionszeichen\n");
C    break;
D   case '0': case '1': case '2': case '3': case '4':
    case '5': case '6': case '7': case '8': case '9':
     printf("Zahl\n");
E    break;
F   case '(': case ')': case '[': case ']': case '{':
     case '}':
     printf("Klammer\n");
G    break;
H   case '-': case '_': case '|':
     printf("Strich\n");
I    break;
J   case '<': case '>': case '=':
     printf("Vergleichssymbol\n");
K    break;
L   case '+': case '*': case '/':
     printf("Rechenoperator\n");
M    break;
N   case '%': case '&': case '#':
     printf("Sonderzeichen\n");
O    break;
P   default:
     printf("Sonstiges Zeichen\n");
   }
```

Erläuterungen

A Das Programm beginnt mit einer *switch*-Anweisung, die den Wert der Variablen *ch* prüft.

B Diese Folge von *case*-Anweisungen prüft, ob es sich bei der Variablen *ch* um ein Interpunktionszeichen handelt.

C Die *break*-Anweisung beendet den *case*-Zweig.

D Diese Folge von *case*-Anweisungen prüft, ob es sich bei der Variablen *ch* um eine Ziffer handelt.

E Die *break*-Anweisung beendet den *case*-Zweig.

F Diese Folge von *case*-Anweisungen prüft, ob es sich bei der Variablen *ch* um eine Klammer handelt.

G Die *break*-Anweisung beendet den *case*-Zweig.

H Diese Folge von *case*-Anweisungen prüft, ob es sich bei der Variablen *ch* um ein Strichsymbol handelt.

I Die *break*-Anweisung beendet den *case*-Zweig.

J Diese Folge von *case*-Anweisungen prüft, ob es sich bei der Variablen *ch* um ein Vergleichssymbol handelt.

K Die *break*-Anweisung beendet den *case*-Zweig.

L Diese Folge von *case*-Anweisungen prüft, ob es sich bei der Variablen *ch* um einen Rechenoperator handelt.

M Die *break*-Anweisung beendet den *case*-Zweig.

N Diese Folge von *case*-Anweisungen prüft, ob es sich bei der Variablen *ch* um ein Sonderzeichen handelt.

O Die *break*-Anweisung beendet den *case*-Zweig.

P Die *default*-Anweisung leitet den Zweig ein, der abgearbeitet wird, wenn keiner der vorangegangenen *case*-Zweige ausgeführt wurde.

Obwohl diese *switch*-Anweisung bereits sehr umfangreich ist, werden durch die einzelnen *case*-Zweige natürlich nicht alle vorhandenen Zeichen erfasst, z.B. fehlen sämtliche Buchstaben. An diesem Beispiel soll in erster Linie das Prinzip der *switch*-Anweisung veranschaulicht und das in den letzten Abschnitten vermittelte Wissen gefestigt werden.

Diese Form der *switch*-Anweisung ist typisch für den Einsatz von Anweisungen in einem C-Programm. Sie sehen an diesem Beispiel, dass die Zusammenfassung verschiedener Zeichen einfach dadurch geschieht, dass die entsprechenden *case*-Alternativen hintereinander geschrieben werden. Auf eine *case*-Anweisung muss daher nicht sofort eine Anweisung folgen, es können auch mehrere *case*-Anweisungen zu einer komplexeren Bedingung kombiniert werden.

HINWEIS

Auf die *case*-Anweisung muss immer eine Konstante folgen. Die Möglichkeit – wie es z.B. Basic erlaubt – anstelle einer einfachen Konstanten einen Bereich oder einen Vergleichsoperator folgen zu lassen, gibt es in C leider nicht.

HINWEIS

Erwähnenswert ist bei dem letzten Beispiel die Abfrage des Zeichens »–«. Obwohl es nicht nur ein Bindestrich ist, sondern auch in die Kategorie Rechenoperator gehört, ist eine entsprechende Abfrage mit einer *case*-Anweisung nicht möglich. Sämtliche in einer *switch*-Anweisung vorkommenden Konstanten müssen verschieden voneinander sein.

3.5 Programmschleifen

In diesem Abschnitt geht es um ein sehr wichtiges Thema, die Programmschleifen. Eine Programmschleife besteht aus einer oder mehreren Anweisungen, die eine bestimmte Anzahl oft ausgeführt werden. Programmschleifen eignen sich daher sehr gut dazu, eine Gruppe von Anweisungen mehrfach hintereinander auszuführen. Die Anzahl der Durchläufe hängt entweder von einer vorher festgelegten Konstanten oder von einer Bedingung, der so genannten Schleifenabbruchbedingung, ab. In C gibt es mehrere verschiedene Schleifentypen, die sich dadurch unterscheiden, auf welche Weise die Abbruchbedingung und damit die Anzahl der durchzuführenden Wiederholungen festgelegt wird. Folgende Schleifentypen stehen in C zur Verfügung:

- Die *while*-Schleife
- Die *for*-Schleife

3.5.1 Die while-Schleife

Bei der *while*-Schleife, die durch die *while*-Anweisung gebildet wird, wird die Anzahl an Wiederholungen durch einen Ausdruck festgelegt.

Der Aufbau einer *while*-Schleife ist daher auch extrem einfach:

```
while(logischer Ausdruck)
    Anweisung
```

oder

```
while(logischer Ausdruck)
{
    Anweisungsblock
}
```

Die Anweisung (oder der Anweisungsblock) wird so lange wiederholt, wie der in Klammern stehende Ausdruck wahr ist, das heißt ungleich Null ist. In den folgenden Beschreibungen wird übrigens nicht mehr zwischen einer Anweisung und einem Anweisungsblock differenziert, da beide vollkommen gleichwertig sind. Merken Sie sich bitte, dass anstelle einer Anweisung stets auch ein Anweisungsblock aufgeführt werden kann.

Das folgende Beispiel demonstriert die Anwendung der *while*-Schleife. Es wird so lange die Quadratwurzel eines eingegebenen Wertes berechnet, bis ein negativer Wert eingegeben wird.

```
#include <stdio.h>
#include <math.h>

  void main()
  {
    float x;

    /* Erste Eingabe */
    printf("Quadratwurzeln berechnen\n");
    printf("Abbruch bei einer negativen Zahl\n");
A   scanf("%g",&x);

B   while ( x >= 0 )
    {
    /* Berechnung und Ausgabe des Resultats */

C     printf("Resultat: %g\n",sqrt(x));

      /* Eingabe des neuen Wertes */
D     scanf("%g",&x);
    }
  }
```

Bringen Sie das Programm zur Ausführung, und stellen Sie fest, wann die Programmschleife verlassen wird. Zufrieden? Sie starten das Programm nur einmal und können trotzdem beliebig viele Quadratwurzeln berechnen.

Erläuterungen

A Die *scanf*-Funktion nimmt einen Wert für die Variable *x* entgegen.

B Die *while*-Anweisung prüft, ob die Variable *x* größer oder gleich Null ist.

C Nur wenn dies der Fall ist, wird der Anweisungsblock ausgeführt.

D Innerhalb des Anweisungsblocks nimmt die *scanf*-Funktion so lange Werte entgegen, bis die Programmschleife verlassen wird, das heißt die Variable *x* einen Wert kleiner Null erhält.

Kurz zusammengefasst: Bei der *while*-Schleife handelt es sich um eine Schleife, die eine Anweisung so oft ausführt, wie eine bestimmte Bedingung erfüllt ist. Die Bedingung im Beispielprogramm lautet $x >= 0$. Und wie überall können auch bei der *while*-Schleife mehrere Anweisungen zu einem Anweisungsblock zusammengefasst werden. Solange die Bedingung $x >= 0$ erfüllt ist, werden die in geschweiften Klammern zusammengefassten Anweisungen ausgeführt.

Zählschleifen

Der wohl nahe liegendste Einsatz für Programmschleifen sind Zählschleifen, bei denen eine Anweisung oder ein Anweisungsblock eine festgelegte Anzahl oft ausgeführt werden muss.

Beispiel

```
x = 1;
while ( x<16 )
{
  printf("%d\n",x);
  x++;
}
```

Hier werden, bei 1 beginnend, alle ganzen Zahlen auf dem Bildschirm ausgegeben, die kleiner als 16 sind. Denn die Schleife läuft, solange die Bedingung $x < 16$ erfüllt ist. In der Schleife wird zunächst der Wert der Variablen *x* auf dem Bildschirm ausgegeben, dann wird die Variable *x* inkrementiert.

Endlosschleifen

Was passiert, wenn der Programmierer die Anweisung

```
x++;
```

in dieser Schleife vergisst? Variable *x* besitzt dann bei jedem Durchlauf den Wert 1, denn ihr Wert wird nicht verändert. Die Folge: Die Bedingung $x < 16$ ist immer erfüllt, die Schleife wird praktisch unendlich oft wiederholt. Eine solche Schleife wird daher auch **Endlosschleife** genannt. Die einzige Möglichkeit, eine Endlosschleife zu beenden, besteht in einem Programmabbruch, wie er z.B. über die Tastenkombination [Strg]+[C] erreicht werden kann, falls es im Programm berücksichtigt ist.

Sonderfälle von while-Schleifen

Trotzdem findet man zuweilen *while*-Schleifen in der Form

```
while(1)
{
  /* Anweisungen */
}
```

Was hat das zu bedeuten? Der logische Ausdruck lautet hier 1. Wie Sie sich erinnern (Lektion 3.2), ist dies eine Kurzform für *1 != 0*. Dieser Ausdruck ist aber immer wahr, die Schleife kann also nur eine Endlosschleife sein. Endlosschleifen haben durchaus ihre Berechtigung. Stellen Sie sich ein Programm vor, das laufend Eingaben von der Tastatur entgegennimmt und auswertet. Die Eingabeschleife wird als Endlosschleife realisiert.

Abbruch einer while-Schleife

Solche Endlosschleifen sind in Wirklichkeit aber keine echten Endlosschleifen, denn sie können z.B. über die *break*-Anweisung verlassen werden. Die Wirkung der *break*-Anweisung ist dieselbe wie bei der *switch*-Anweisung. Eine *break*-Anweisung innerhalb einer *while*-Schleife bricht die Ausführung der Schleife ab und setzt die Programmausführung hinter der *while*-Schleife fort, das heißt nach dem in der Schleife ausgeführten Anweisungsblock.

Endlosschleifen werden über eine *break*-Anweisung beendet.

Wozu wird denn überhaupt eine zweite Abbruchmöglichkeit gebraucht, denn schließlich existiert mit dem auf die *while*-Anweisung folgenden Ausdruck bereits eine solche Bedingung? Nun, es könnte sein, dass innerhalb der Schleife Anweisungen ausgeführt werden, deren Ergebnis zu einem Schleifenabbruch führen muss. Ein Beispiel wäre eine komplexere Berechnung, bei der verschiedene Zwischenergebnisse zu einem Abbruch der Berechnung führen sollen.

Beispiel

In einem C-Programm soll der Wert des Ausdrucks

```
sqrt(sqrt(x - 5) - 5)
```

für verschiedene Werte der Variablen x berechnet werden. Dabei muss stets die Bedingung $x >= 5$ erfüllt sein, da die Quadratwurzelfunktion bekanntlich keine negativen Werte verarbeiten kann. Gleichzeitig muss aber auch die Bedingung *sqrt(x – 5) >= 5* erfüllt sein, denn auch die zweite *sqrt*-Funktion erlaubt keine negativen Werte. Mit Hilfe der *break*-Anweisung lässt sich die Abbruchbedingung ein wenig eleganter und vor allem leichter lesbar beschreiben.

Neben ästhetischen Gesichtspunkten gibt es noch einen weiteren Grund. Bei jeder Prüfung der Abbruchbedingung wird zweimal die *sqrt*-Funktion aufgerufen, was natürlich Zeit kostet. Als Lösung empfiehlt es sich, eine zusätzliche Variable y zu definieren, der der innere Teilausdruck *sqrt(x – 5)* zugewiesen wird. Die zu testende Bedingung lautet somit $y < 5$.

```
while(1)
{
  /* x-Wert abfragen */
  scanf(%g",&x);
  /* Erster Test */
  if ( x<5 ) break;
  /* Teilausdruck berechnen */
  y = sqrt(x-5);
  /* Zweiter Test */
  if ( y<5 ) break;
```

```
  /* Resultat berechnen und ausgeben */
  printf("Resultat: %g\n",sqrt(y-5));
}
```

Erläuterungen

Der Wert der Variablen *y* wird außer in der Bedingung *y < 5* natürlich in der Berechnung des Resultats verwendet. Ansonsten ist dies ein typisches Beispiel für die Benutzung der *break*-Anweisung. Wenn Sie sich das Programm am Beginn dieser Lektion ansehen, sollte Ihnen auch eine weitere Unschönheit auffallen.

Die *scanf*-Funktion muss zweimal aufgerufen werden, da bereits vor dem ersten Durchlauf der *while*-Schleife eine Überprüfung der Variablen *x* in Form der Abfrage *x >= 0* erfolgen muss. Im letzten Beispiel reicht dagegen ein einziger Aufruf der *scanf*-Funktion, denn durch die Verwendung der *break*-Anweisung kann die Abbruchbedingung auch innerhalb der Schleife getestet werden.

Die continue-Anweisung in der while-Schleife

Eine Alternative wäre es, die Schleife im letzten Beispiel bei Zutreffen der zweiten Abbruchbedingung gar nicht abzubrechen. Es kann in diesem Fall durchaus sinnvoller sein, einfach nur den Rest der Schleife zu überspringen und am Anfang der Schleife einen neuen Wert abzufragen. Hierfür gibt es die Anweisung *continue*. Sie bewirkt, dass die *while*-Bedingung sofort erneut geprüft und mit dem Beginn der Schleife fortgefahren wird.

ACHTUNG

Die *continue*-Anweisung bewirkt, dass die Programmausführung am Schleifenanfang fortgesetzt wird.

Die *while*-Schleife aus dem letzten Beispiel besitzt nun folgendes Aussehen:

```
A while (1)
  {
   /* x-Wert abfragen */
   scanf("%g",&x);
   /* Erster Test */
B  if ( x < 5 ) break;
   /* Teilausdruck berechnen */
   y = sqrt(x-5);
   /* Zweiter Test */
C  if ( y<5 )
   {
    printf("Unerlaubter x-Wert!\n");
D   continue;
   }
```

```
  /* Resultat berechnen und ausgeben */
  printf("Resultat: %g\n",sqrt(y-5));
}
```

Erläuterungen

A Die *while*-Anweisung leitet eine Endlosschleife ein.

B Ist der Wert der Variablen *x* kleiner als 5, wird die *while*-Schleife abgebrochen.

C Ist der Wert der Variablen *y* kleiner als 5, wird eine Fehlermeldung ausgegeben.

D Die Programmausführung wird über die *continue*-Anweisung am Anfang der Schleife fortgesetzt.

Die do-while-Schleife

Wie Sie gesehen haben, wird bei der *while*-Schleife die Bedingung, die über Fortsetzung oder Abbruch der Schleife entscheidet, zu Beginn geprüft. Es könnte aber auch die Notwendigkeit entstehen, diese Bedingung am Ende der Schleife zu prüfen. Und hierfür gibt es eine Variante, die *do-while*-Schleife.

```
idx=0;
do
{
  printf("a[%d]='%c'\n",idx,a[idx]);
} while ( a[idx++] );
```

Zwei Schlüsselworte kommen hier also zur Anwendung, und zwar *do* am Anfang und *while* zusammen mit der Bedingung am Ende. Dazwischen kann ein Block stehen oder auch eine einzelne Anweisung. In Worte gefasst kann eine *do-while*-Schleife wie folgt beschrieben werden: »Führe die Anweisung(en) so lange aus, wie die Bedingung erfüllt ist«.

In diesem Beispiel werden die einzelnen Zeichen der Stringvariablen *a* ausgegeben, solange noch nicht das Ende der Zeichenkette erreicht ist. In typischer C-Manier steht die Bedingung am Ende. Die Schleife soll natürlich bis zum Ende der Zeichenkette durchlaufen werden. Dieses wird durch eine binäre Null markiert. Die Bedingung, unter der die Schleife noch weiterlaufen soll, müsste eigentlich lauten *a[idx]!=0*. Wie Sie aber bereits wissen, kann dieses *!=0* bei Bedingungen weggelassen werden. Zudem ist die Inkrementierung der Variablen *idx* gleich inbegriffen, damit es keine Endlos-Schleife wird.

Zu beachten ist bei der *do-while*-Schleife, dass die Anweisungen auf jeden Fall mindestens einmal durchlaufen werden, weil die Prüfung der Bedingung und damit ein möglicher Abbruch erst am Ende erfolgt. Die Schleife wird also auch dann einmal durchlaufen, wenn die Bedingung nicht erfüllt ist. Eine solche Schleife nennt man daher auch **annehmende Schleife**, im Gegensatz zu einer **abweisenden Schleife**, wie sie die *while*-Schleife darstellt.

3.5.2 Die for-Schleife

Wenn Sie sich in den bisherigen Beispielen der *while*-Schleife umsehen, stellen Sie fest, dass gewisse Elemente typisch sind und immer wiederkehren: Da gibt es eine Initialisierung, bei der Variablen einen Anfangswert erhalten. Da gibt es eine Bedingung, die über Abbruch oder Fortsetzung der Schleife entscheidet. Und da gibt es eine Änderungsanweisung, die die zunächst initialisierten Variablen weiterzählt, damit es nicht zu einer Endlosschleife kommt. In Erweiterung der *while*-Schleife fasst die *for*-Schleife all dies übersichtlich zusammen.

```
for (Initialisierung; Bedingung; Änderung)
  Anweisung;
```

Die *Initialisierung* stellt einen Ausdruck dar, der z.B. den Anfangswert eines Schleifenzählers festlegt. Bei der *Bedingung* handelt es sich dagegen um eine Bedingung, die bestimmt, ob die Ausführung der Schleife fortgeführt oder abgebrochen wird. Durch *Änderung* wird z.B. bestimmt, um welchen Wert der Schleifenzähler nach jedem Durchlauf verändert wird, das heißt erhöht oder verringert.

Die Bedeutung der *for*-Schleife verstehen Sie am einfachsten, wenn Sie sie mit der *while*-Schleife vergleichen. Eine *while*-Schleife, in der die Zeichen von »A« bis »Z« mitsamt ihrer ASCII-Werte ausgegeben werden, könnte wie folgt aussehen:

```
ch = 'A';
while ( ch<='Z' )
{
  printf("%d %c\n",ch,ch);
  ch++;
}
```

Zu Beginn der Schleife wird der *char*-Variablen *ch* ein Anfangswert zugewiesen, *ch* wird zunächst initialisiert. Die Abbruchbedingung der *while*-Schleife lautet *ch <= 'Z'*, das heißt, die Schleife wird so lange wiederholt, bis der Wert von *ch* dem ASCII-Wert von »Z« entspricht. Über den Inkrementoperator ++ wird `ch` bei jedem Durchlauf der Schleife erhöht. Wird stattdessen eine *for*-Schleife eingesetzt, sieht das gleiche Programm folgendermaßen aus:

```
for ( ch = 'A'; ch<='Z'; ch++ )
  printf("%d %c\n",ch,ch);
```

Sie sehen, dass sich mit der *for*-Anweisung bestimmte Schleifentypen einfacher aufbauen lassen, da die Grundelemente der Schleife – wie Initialisierung, Prüfung einer Bedingung und Erhöhen bzw. Verringern des Schleifenzählers – bereits in einer Anweisung zusammengefasst werden.

Als Erstes folgt in der Klammer der *for*-Anweisung die Initialisierung, die der Schleifenvariablen, hier *ch*, einen Anfangswert zuweist, hier »A«. Als Nächstes folgt, getrennt durch ein Semikolon, die Schleifenbedingung, die festlegt, wie oft die Schleife durchlaufen wird. Im obigen Beispiel lautet sie *ch* <= 'Z', das heißt, die Schleife wird so lange durchlaufen, wie der Wert von *ch* nicht größer ist als »Z«. Als dritter Parameter wird die Reinitialisierung aufgeführt, die festlegt, auf welche Weise die Schleifenvariable bei jedem Durchlauf erhöht oder verringert werden soll. Sie lautet *ch++*, das heißt, die Variable *ch* wird bei jedem Durchlauf um eins erhöht. Wie immer kann auf die *for*-Anweisung entweder eine einzelne Anweisung oder ein in geschweifte Klammern zusammengefasster Anweisungsblock stehen.

> Auch wenn nicht alle Parameter der *for*-Anweisung aufgeführt werden müssen, die beiden Semikola dürfen nicht fehlen. Im einfachsten Fall besitzt eine *for*-Schleife daher das Aussehen *for (;;)*.

ACHTUNG

Ein typisches Beispiel für die Anwendung der *for*-Schleife findet man bei der Verarbeitung von Zeichenketten. Angenommen, es sollen alle Kleinbuchstaben einer Zeichenkette in Großbuchstaben umgewandelt werden. Sie benötigen dazu eine Funktion, die diese Umwandlung für ein einzelnes Zeichen durchführt. Diese Funktion heißt *toupper*. Weiterhin wird eine Funktion benötigt, welche die Länge einer Zeichenkette bestimmt. Denn wie sonst könnte eine Abbruchbedingung formuliert werden? Diese Funktion heißt *strlen*. Überlegen Sie ruhig einmal, wie eine derartige Schleife aussehen könnte, bevor Sie sich das folgende Programm ansehen:

```
A  #include <stdio.h>
   #include <string.h>
   #include <ctype.h>

  void main()
  {
B  char txt[80];
C  short index;

   /* Dateneingabe */
   printf("Geben Sie bitte eine Zeichenkette ein:\n");
D  scanf("%s",txt);

   /* Umwandlung aller Klein- in Großbuchstaben */
E  for ( index=0; index<strlen(txt); index++ )
F   txt[index] = toupper(txt[index]);

   /* Ausgabe des Resultats */
   printf(txt);
   }
```

Erläuterungen

A Die drei *#include*-Direktiven sind notwendig, da sich die Funktionsprototypen der verwendeten Funktionen in den Dateien *stdio.h*, *string.h* und *ctype.h* befinden.

B Definiert ein Array mit dem Namen *txt* vom Typ *char*, das 80 Zeichen aufnehmen kann.

C Definiert eine *short*-Variable mit dem Namen *index*.

D Die über die Tastatur eingegebene Zeichenkette wird der Variablen *txt* zugewiesen.

E Über die *for*-Schleife werden alle Buchstaben des eingegebenen Textes in Großbuchstaben umgewandelt. Die Schleife läuft so lange, wie die Variable *index* kleiner ist als die Länge des eingegebenen Textes. Bei jedem Durchlauf wird die Variable *index*, die bei Null beginnt, um eins erhöht.

F Die *toupper*-Funktion wandelt ein Zeichen der Zeichenkette in einen Großbuchstaben um. Die Variable *index* spielt die Rolle des Index, der festlegt, welches Element des Arrays, sprich der Zeichenkette, angesprochen werden soll.

In jedem Schritt wird der Funktion *toupper* ein Zeichen übergeben, nämlich *txt[index]*. Falls dieses ein Kleinbuchstabe ist, wandelt es die Funktion in einen Großbuchstaben um. Ansonsten bleibt es unverändert.

Mehrere Initialisierungen

Die Abbruchbedingung der *for*-Schleife im letzten Beispielprogramm lautet

```
index < strlen(txt)
```

Obwohl diese korrekt formuliert wurde, ist diese Art der Abbruchbedingung nicht sehr günstig, denn bei jedem Schleifendurchlauf muss zur Prüfung der Bedingung die Funktion *strlen* aufgerufen werden. Nicht nur, dass der Funktionsaufruf zeitaufwändig ist, er ist streng genommen sogar überflüssig, denn die Länge der Zeichenkette bleibt konstant. Es wäre daher besser, die Länge der Zeichenkette nur einmal zu Beginn zu berechnen und in einer zusätzlichen Variablen zu speichern. Bei jedem Durchlauf müssen nur zwei Variablenwerte verglichen werden. Angenommen, die Länge der Zeichenkette wird zu Beginn der Variablen *len* zugewiesen:

```
len = strlen(txt);
```

Neben der Variablen *index* muss nun auch noch die Variable *len* in der *for*-Schleife initialisiert werden. Ist dies denn möglich? Ja, das geht. Die beiden Variablen müssen lediglich durch ein Komma getrennt werden. Die neue *for*-Schleife sieht dann folgendermaßen aus:

```
for ( index=0, len = strlen(txt); index < len; index++ )
  txt[index] = toupper(txt[index]);
```

Das Gleiche funktioniert auch bei der Reinitialisierung, das heißt, es können auch mehrere Variablen pro Schleifendurchlauf erhöht und/oder verringert werden. Sie müssen sie lediglich durch Kommata trennen. Auch die Schleifenbedingung darf komplexer aussehen. Durch die logischen Operatoren *&&*, || und *!* sind genügend Möglichkeiten gegeben. Es dürfen jedoch nicht mehrere Abbruchbedingungen aufgeführt werden, denn die grundsätzliche Logik einer Programmschleife muss erhalten bleiben. Und diese besagt nun einmal, dass es nur eine Abbruchbedingung geben kann.

In einer *for*-Schleife können auch mehrere Initialisierungen und Reinitialisierungen vorgenommen werden. Sie werden durch Kommata getrennt.

Varianten der for-Schleife

Drei Dinge sind es, die eine *for*-Schleife ausmachen:

- Initialisierung
- Abbruchbedingung
- Reinitialisierung

Jeder dieser drei Bestandteile kann aber auch entfallen, denn warum sollte man etwa eine Variable initialisieren, die den richtigen Wert bereits besitzt? In einem solchen Fall wird die Initialisierung einfach weggelassen. Das Semikolon muss aber dennoch aufgeführt werden.

Beispiel

Eine *for*-Schleife ohne Initialisierung kann wie folgt aussehen:

```
for (; x < 10; x++)
```

Eine *for*-Schleife ohne Initialisierung und ohne Reinitialisierung kann dagegen folgendes Aussehen besitzen:

```
for (; x < 10;)
```

Alternativ kann natürlich auch die Anweisung

```
while (x < 10)
```

verwendet werden. Es gibt schließlich keinen zwingenden Grund, unbedingt eine *for*-Schleife zu benutzen.

Endlosschleifen mit der for-Anweisung

Auch mit einer *for*-Anweisung lassen sich Endlosschleifen konstruieren:

```
for (x = 0; ; x--)
```

Zwar gibt es hier eine Initialisierung und eine Reinitialisierung, eine Abbruchbedingung fehlt jedoch.

Im einfachsten Fall beschränkt sich eine *for*-Schleife auf die Anweisung

```
for(;;)
```

Sie entspricht der Anweisung

```
while(1)
```

Natürlich kann auch die *for*-Schleife, ebenso wie die *while*-Variante, durch eine *break*-Anweisung verlassen werden.

ACHTUNG

Eine *for*-Schleife kann durch eine *break*-Anweisung vorzeitig beendet werden.

Die continue-Anweisung in der for-Schleife

Betrachten Sie nun noch einmal die *while*-Schleife zu Beginn dieser Lektion und die dazu äquivalente *for*-Schleife. Was ist zu tun, wenn der Aufruf der *printf*-Funktion für die Buchstaben »E« »R« und »T« übersprungen werden soll? Nun, wie Sie es in einem der letzten Abschnitte gelernt haben, gibt es hierfür die Anweisung *continue*. Diese muss lediglich vor der *printf*-Anweisung eingebaut werden, und schon tritt der gewünschte Effekt ein.

```
ch = 'A';
while (ch<='Z')
{
  if (ch=='E' || ch=='R' || ch=='T')
    continue;
  printf("%d %c\n",ch,ch);
  ch++;
}
```

```
for (ch = 'A'; ch<='Z'; ch++)
{
  if (ch=='E' || ch=='R' || ch=='T')
    continue;
  printf("%d %c\n",ch,ch);
}
```

Natürlich sind bei der *for*-Schleife noch die geschweiften Klammern hinzuzufügen, sonst ist die Ergänzung aber in beiden Fällen identisch.

Erweiterung

Falls Sie beide Varianten ausprobieren, werden Sie bei der *while*-Schleife eine kleine Überraschung erleben: Sobald die Variable *ch* beim Wert »E« angekommen ist, geht gar nichts mehr. Das Letzte, was Sie sehen, ist die Ausgabe des Buchstabens »D«.

Sehen Sie sich in Ruhe an, was Sie angerichtet haben: Angenommen, die Variable *ch* hat soeben am Ende der Schleife den Wert »E« erhalten. Dann geht es bei der Prüfung der Abbruchbedingung weiter. Die Bedingung ch <= 'Z' ist auf jeden Fall erfüllt. Das Programm führt daher als Nächstes die *if*-Anweisung aus. Diese ist erfüllt, da *ch == 'E'* erfüllt ist. Doch nun gelangt die *continue*-Anweisung zur Ausführung, womit die Abbruchbedingung direkt noch einmal geprüft wird. Da hat sich natürlich nichts verändert, die *if*-Anweisung ist daher wieder an der Reihe. Auch hier ist alles beim Alten. Es kann sich gar nichts mehr verändern, denn die Variable *ch* hat immer den Wert »E« und behält diesen auch bei. Die einzige Stelle im Programm, wo eine Änderung möglich wäre, wird ständig übersprungen. Machen Sie sich diesen Sachverhalt unbedingt klar, bevor Sie weiterlesen. Hier liegt also eine schöne Endlosschleife vor. Doch warum ist das bei der *for*-Schleife nicht so? Die Antwort hat damit zu tun, an welcher Stelle die Variable *ch* erhöht wird. Wenn diese gerade den Wert »E« erhalten hat, wird auch hier als Nächstes die Anweisung ausgeführt, die der Bedingung folgt. Dies führt ebenfalls dazu, dass die übrigen Anweisungen komplett übersprungen werden. Allerdings, und das ist der Unterschied zur *while*-Schleife, gehört hier die Reinitialisierung, also die Anweisung

```
ch++;
```

nicht zu den Schleifenanweisungen. Da sie in der Schleifendefinition steht, wird sie über die *continue*-Anweisung automatisch ausgeführt. In diesem Fall wird also zunächst Variable *ch* inkrementiert, wodurch sie als neuen Wert den Buchstaben »F« annimmt. Mit diesem Wert wird die Bedingung *ch <= 'Z'* geprüft. Eine Endlosschleife kann diesmal nicht entstehen.

> Bei einer *for*-Schleife bewirkt die Anweisung *continue*, dass die Programmausführung mit dem Reinitialisierungsteil der Schleife fortgesetzt wird.

Aufgabe

Für die folgende Übung soll ein Programm entwickelt werden, das eine Zeichenkette von der Tastatur abfragt und alle in dieser Zeichenkette vorkommenden Zeichen in drei Kategorien einteilt. Die Kategorien sollen sein: Buchstaben, Ziffern und sonstige Zeichen. Für jede dieser Kategorien soll die Häufigkeit in der eingegebenen Zeichenkette ermittelt und zusätzlich ausgegeben werden. Es soll also die Frage beantwortet werden: Wie viele Buchstaben, wie viele Ziffern und wie viele sonstige Zeichen befinden sich in der eingegebenen Zeichenkette?

Lösung

Die Eingabe der Zeichenkette sollte Ihnen keinerlei Schwierigkeiten bereiten, denn so etwas kam in vielen Beispielprogrammen schon vor. Die Eingabe müsste wie folgt aussehen:

```
printf("Bitte eine Zeichenkette:\");
scanf("%s",txt);
```

Nun wird es ernst. Um festzustellen, wie viele Buchstaben sich in einer Zeichenkette befinden, muss die Zeichenkette von vorne bis hinten durchgearbeitet werden. Für eine solche Aufgabe ist, wie Sie bereits wissen, die *for*-Schleife bestens geeignet. Dazu wird eine Variable mit dem Namen *index* von 0 beginnend hochgezählt und als Index für die Zeichen der Zeichenkette verwendet. Sehen Sie sich einfach noch einmal die entsprechende *for*-Schleife aus dem letzten Beispiel an. Die *for*-Schleife für das jetzige Beispiel sieht zunächst so aus:

```
for ( index=0, len=strlen(txt); index<len; index++ )
```

Am Ende des Programms sollen drei Resultate präsentiert werden: die Anzahl der vorhandenen Buchstaben, die Anzahl der vorhandenen Ziffern und die Anzahl der vorhandenen sonstigen Zeichen. Für jedes Resultat ist eine eigene Variable notwendig, die in Abhängigkeit des jeweiligen Zeichens inkrementiert wird. Die Überprüfung, welches Zeichen in welche Kategorie gehört, findet im Inneren der Schleife statt.

Das Einführen dreier Variablen ist nicht weiter schwer, sie erhalten die Namen *buch*, *ziff* und *sonst*. Ihr Datentyp ist *short*, denn sie können nur ganze Werte annehmen, die nicht größer als 32.767 werden. Bei der Definition der Variablen werden diese mit Null initialisiert. Zwar könnte dies auch innerhalb der Schleife geschehen, doch wenn nichts dagegen spricht, ist es üblich, Variablen bereits bei ihrer Definition zu initialisieren. In diesem Fall spricht allerdings etwas dagegen. Stellen Sie sich vor, dass die Funktion zur Überprüfung einer Zeichenkette auch von anderen Programmen aus aufrufbar sein soll. In diesem Fall kann das andere Programm nicht »wissen«, mit welchem Wert die Variablen initialisiert werden müssen. Aus diesem Grund werden solche Variablen innerhalb der Funktion, in der sie verwendet werden, initialisiert; in diesem Fall ist es die Funktion *main*.

Die *for*-Schleife besitzt folgenden Aufbau:

```
for (index=0, buch=0, ziff=0, sonst=0, len=strlen(txt);
    index<len; index++)
```

TIPP

Dank einer weiteren C-Spezialität lässt sich die Initialisierung der vier Variablen ein wenig vereinfachen. Da sie alle den gleichen Wert, nämlich 0, erhalten sollen, kann die Initialisierung auch in einem Schritt durchgeführt werden:

```
for (index=buch=ziff=sonst=0, len=strlen(txt);
  index<len; index++ )
```

Jetzt aber zum inneren Aufbau der Schleife. Das zum aktuellen Index gehörige Zeichen der Zeichenkette erhalten Sie, wie Sie noch aus Lektion 2.5 wissen sollten, durch den Ausdruck *txt[index]*. Die Einteilung eines einzelnen Zeichens in verschiedene Kategorien wurde bereits in Lektion 3.4 am Beispiel der *switch*-Anweisung geübt. Ob dieses Beispiel auch hier angebracht ist, ist zurzeit jedoch noch fraglich.

Wie bereits erwähnt, sollen alle Zeichen in drei Kategorien eingeteilt werden. Der Kategorie Buchstaben gehören 52 Zeichen an, jeweils 26 Groß- und Kleinbuchstaben. Der Kategorie Ziffern gehören 10 Zeichen an. Für beide Kategorien müsste streng genommen 62 Mal das Wort *case* in das Programm geschrieben werden. Doch eine besondere Eigenschaft des ASCII-Codes spart Ihnen eine Menge Arbeit. Wie in Lektion 2.5 erwähnt wurde, belegen die Klein- und Großbuchstaben sowie die Ziffern in der ASCII-Codetabelle jeweils zusammenhängende Bereiche. So kann durch den Ausdruck

```
ch >= 'A' && ch <='Z'
```

festgestellt werden, ob es sich bei *ch* um einen Großbuchstaben handelt. Warum ist das richtig? In Lektion 2.5 wurde erwähnt, dass im ASCII-Code auf das »A« sämtliche Großbuchstaben alphabetisch geordnet folgen, sodass der Wert für »B« um 1 größer ist als der von »A«, der von »C« noch um 1 größer usw. Den größten Wert hat demzufolge der Buchstabe »Z«. Wenn der ASCII-Code von *ch* demnach größer oder gleich dem ASCII-Code des Zeichens »A« und kleiner oder gleich dem des Zeichens »Z« ist, muss es sich bei *ch* folglich um einen Großbuchstaben handeln.

Auf die gleiche Weise lässt sich überprüfen, ob *ch* einen Kleinbuchstaben darstellt. Der dafür notwendige Ausdruck lautet:

```
ch >= 'a' && ch <= 'z'
```

Auf welche Weise sich Ziffern überprüfen lassen, müsste Ihnen bereits klar sein. Hier ist die Lösung:

```
ch >= '0' && ch <= '9'
```

Die *char*-Variable *ch* ist also ein Buchstabe, falls die Bedingung *ch >= 'A' && ch <= 'Z' || ch >= 'a' && ch <= 'z'* erfüllt ist. Sie ist eine Ziffer, falls die Bedingung *ch >= '0' && ch <= '9'* erfüllt ist. In allen anderen Fällen liegt das Zeichen natürlich in der Kategorie der sonstigen Zeichen. Damit sind Sie einen entscheidenden Schritt weiter, denn der Aufbau der benötigten *if*-Abfrage steht nun fest:

```
if ( txt[index]>= 'A' && txt[index] <= 'Z'
  || txt[index]>= 'a' && txt[index] <= 'z' )
  buch++;
else if ( txt[index] >= '0' && txt[index] <= '9' )
  ziff++;
else
  sonst++;
```

Weil es so schön war, noch einmal zur Wiederholung: Die Variable *buch* wird um eins erhöht, wenn das Zeichen im Bereich »A« bis »Z« oder im Bereich »a« bis »z« liegt. Fehlt nur noch die Ausgabe der Resultate, was aber kein Problem für Sie darstellen sollte. Werden auch die Variablendefinitionen noch ergänzt, ist das Programm komplett:

```
#include <stdio.h>
#include <string.h>

void main()
{
  char  txt[80];  /* Probetext */
  short index;    /* Schleifenindex */
  short len;      /* Länge des Textes */
  short buch;     /* Anzahl der Buchstaben */
  short ziff;     /* Anzahl der Ziffern */
  short sonst;    /* Anzahl sonstiger Zeichen */

    /* Dateneingabe */
    printf("Bitte eine Zeichenkette:\n");
    scanf("%s",txt);

    /* Ermittlung der Resultate */
    for (index=buch=ziff=sonst=0, len=strlen(txt);
      index<len; index++)
    {
        if (   txt[index] >= 'A' && txt[index] <= 'Z'
            || txt[index] >= 'a' && txt[index] <= 'z')
            buch++;
        else if (txt[index] >= '0' && txt[index] <= '9' )
            ziff++;
        else
            sonst++;
    }

    /* Ausgabe der Resultate */
    printf("%d Buchstaben, %d Ziffern, %d Sonstige\n",
    buch, ziff, sonst);
}
```

3.6 Bedingte Kompilierung

Nun sind Sie also bestens über *if* und *else* informiert, und auch die Funktionsweise des Präprozessors bereitet Ihnen keine Schwierigkeiten mehr. Es ist daher an der Zeit, den Schwierigkeitsgrad um eine Stufe zu steigern.

3.6.1 Die Grundlagen

Es soll mit einem kleinen Programmausschnitt begonnen werden.

```
#include <stdio.h>

#define TEST

void main()
{
  short a=5, b=3, c=-7;

#ifdef TEST
  printf("a=%d, b=%d, c=%d\n",a,b,c);
#endif

}
```

Da Sie das Kapitel über den Präprozessor sicher aufmerksam gelesen haben, wird Ihnen hier etwas bekannt vorkommen. Da ist nämlich die Präprozessoranweisung *#define*. Aber halt! Fehlt da nicht etwas? *#define* dient doch der Zuweisung eines konstanten Wertes an einen symbolischen Namen. Der symbolische Name, also *TEST*, ist bereits vorhanden. Wo aber ist der konstante Wert, für den *TEST* stehen soll?

Ein berechtigter Einwand, der sich gleich auflösen wird. Aber der Reihe nach. Es ist natürlich eine der Eigenschaften des Präprozessors, mit *#define* definierte Symbole durch ihren wahren Wert zu ersetzen. Eine zweite ist es zu entscheiden, ob ein Symbol definiert ist oder nicht. Und hierfür spielt es keine Rolle, ob das Symbol mit einem Wert verknüpft ist oder nicht. Und natürlich kann diese Eigenschaft nur durch eine weitere Präprozessoranweisung ausgespielt werden, und das ist *#ifdef*. Diese sehen Sie im weiteren Programmverlauf.

Kompilieren Sie das Programm und führen es aus. Auf dem Bildschirm erscheint die Ausgabe:

```
a=5, b=3, c=-7
```

Entfernen Sie nun die Zeile mit der *#define*-Anweisung, kompilieren Sie das Programm erneut und lassen es laufen. Möchten Sie vorher raten, was passiert? Richtig, es passiert nichts. Die beim ersten Versuch auf dem Bildschirm erschienene Ausgabe kommt nun nicht. Das war auch nicht anders zu erwarten: Das Symbol *TEST* ist nun nicht definiert, und die Anweisung *#ifdef* sorgt dafür, dass der *printf*-Aufruf ausgelassen wird.

Jetzt werden Sie natürlich sagen: Wieso brauche ich dafür eine neue Anweisung *#ifdef*, wenn ich das mit einem normalen *if* auch schaffen kann? Und wieder haben Sie recht. Denn so geht es auch:

```
#include <stdio.h>

void main()
{
  short test=1;
  short a=5, b=3, c=-7;
  if ( test==1 )
    printf("a=%d, b=%d, c=%d\n",a,b,c);
}
```

Auch bei dieser Variante können Sie auf einfache Weise zwischen den Zuständen »mit/ohne Testausgabe« hin- und herschalten, indem Sie die Variable *test* wahlweise mit 1 oder einem anderen Wert initialisieren und jeweils neu kompilieren. Insofern scheinen beide Programmbeispiele absolut identisch zu sein. Aber der Schein trügt. In Wirklichkeit gibt es einen gewaltigen Unterschied.

Erinnern Sie sich bitte noch einmal an den Abschnitt über den Präprozessor. Da haben Sie gelernt, dass dieser einen ersten Arbeitsschritt auf dem Weg vom Programmtext zum ausführbaren Programm bildet. Seine Eingabe ist eine Textdatei. Seine Arbeitsweise besteht aus reinen textuellen Operationen, z.B. Ersetzungen von definierten Symbolen durch Konstanten. Oder – wie bei *#ifdef* – durch Entfernen von mitunter ganzen Abschnitten in Abhängigkeit von definierten Symbolen. Erst das Resultat dieses Schritts, also wieder eine Textdatei, erhält der Compiler und beginnt mit seiner Arbeit.

Das heißt also, beim ersten Beispiel bekommt der Compiler den *printf*-Aufruf überhaupt nicht zu Gesicht, wenn die *#define*-Anweisung fehlt. Denn der Präprozessor hat den *printf*-Aufruf ja gerade entfernt. Im zweiten Beispiel hingegen wird er auf jeden Fall mitkompiliert. Aber erst zur Laufzeit des Programms wird entschieden, ob er auch ausgeführt wird. Der Wert der Variablen *test* könnte auch per Tastatureingabe belegt werden, sodass man von vorneherein nie sagen kann, ob die Zeile nun auf dem Bildschirm erscheinen wird oder nicht.

Sie sollten sich auch klarmachen, dass bei Nutzung der bedingten Kompilierung das ausführbare Programm meist kleiner wird, da gewisse Programmteile gar nicht mitkompiliert werden. Dafür ist es nur beim »normalen« *if* möglich, die momentan nicht gewünschten Programmteile durch geschickt gewählte Bedingungen später doch mal wieder ausführen zu lassen.

Es kann sogar sein, dass Sie eine bedingte Kompilierung gar nicht vermeiden können. Das kann dann der Fall sein, wenn Sie ein Programm für verschiedene Betriebssysteme schreiben. Im Kapitel über die C-Programmierung unter Unix werden Sie Beispiele hierfür finden.

3.6.2 Varianten

Mit Hilfe der Präprozessoranweisung *#ifdef* können Sie also festlegen, dass Programmteile nur dann kompiliert werden, wenn eine bestimmte Konstante durch *#define* definiert ist. Ebenso wäre es im Gegenteil vielleicht wünschenswert, Programmteile auszublenden, wenn eine Konstante definiert ist. Denkbar ist es auch, von zwei alternativen Programmteilen in Abhängigkeit vom Vorhandensein einer Konstanten den einen oder anderen zu kompilieren oder es soll bei der Entscheidung auf den Wert der Konstanten ankommen.

Tatsächlich ist all das möglich. Denn neben *#define*, *#ifdef* und *#endif* bietet der Präprozessor auch die Anweisungen *#ifndef*, *#else*, *#elif*, *#if* und *#undef*. Um nicht zu viele Worte zu verlieren, kommen nun einfach ein paar Beispiele. Anhand dieser können Sie die Benutzung der neuen Anweisungen am besten sehen und erlernen.

```
#ifndef KONST1
#include <konst.h>
#endif
```

Die Anweisung *#ifndef* enthält gegenüber der Ihnen bekannten Anweisung *#ifdef* nur einen Buchstaben mehr. Wahrscheinlich ist Ihnen aber längst klar, was sie bedeutet. Somit lassen sich diese Zeilen auch sehr einfach lesen: Falls die Konstante *KONST1* nicht definiert ist (»if not defined«), wird die Datei *konst.h* eingebunden. *#ifndef* bewirkt also das genaue Gegenteil von *#ifdef*.

Was hat diese Konstruktion aber für einen Sinn, warum benutzt man hier nicht einfach nur die *#include*-Anweisung und lässt den Rest weg? Nun, vermutlich hatte der Programmierer Probleme, das Programm ohne das *#ifndef* zu kompilieren. Vermutlich wird in der Datei *konst.h* die Konstante *KONST1* definiert, aber ebenso in einer anderen eingebundenen Datei. Und diese beiden Definitionen führen zu Kollisionen, die eben nur auf diese Weise behoben werden können.

So etwas ist bei großen Programmen aber durchaus normal. Dort müssen nämlich oft eine Vielzahl an Dateien per *#include* eingebunden werden. Und deren Hierarchie lässt sich meist nicht leicht nachvollziehen. Dabei entstehenden Problemen gehen Programmierer meist durch die gezeigte Art aus dem Weg.

```
#undef MAXLEN
#define MAXLEN 100
```

Hinter diesen beiden Zeilen steckt vermutlich ein ähnliches Problem wie eben. Offenbar will der Programmierer mit der Konstanten *MAXLEN* arbeiten. Er hat es bestimmt auch zunächst nur mit der *#define*-Anweisung versucht. Aber dann wird ihn der Präprozessor darüber belehrt haben, dass

MAXLEN bereits definiert ist und diese Definition nicht mit der ersten übereinstimmt.

Weil dies offenbar einen Namenskonflikt darstellt, muss dafür gesorgt werden, dass *MAXLEN* zunächst gelöscht wird. Diesem Zweck dient die Anweisung *#undef*. Danach kann dann, wie gewohnt, *MAXLEN* per *#define* mit einem Wert nach Wunsch belegt werden.

```
#ifdef TEST
  char ProgName[] = "Testprogramm";
#else
  char ProgName[] = "Programm Version 3.8";
#endif
```

Hier wird eine Stringvariable definiert, so viel ist klar. Diese wird mit dem Namen des Programms initialisiert. Natürlich kann es nur einen geben! In Abhängigkeit von der Konstanten *TEST* wird der Präprozessor also eine dieser Definitionen entfernen. Falls *TEST* definiert ist, erhält *ProgName* den Wert »Testprogramm«, ansonsten den Wert »Programm Version 3.8«.

```
#if defined VERSION3
  char ProgName[] = "Programm Version 3.0";
#elif defined VERSION2
  char ProgName[] = "Programm Version 2.0";
#else
  char ProgName[] = "Programm Version 1.0";
#endif
```

Wahrscheinlich wird Ihnen mittlerweile bei all den Erklärungen langweilig, denn Sie können das auch ohne langwierige Erläuterungen gut lesen: Falls *VERSION3* definiert ist, wird *ProgName* mit dem Text »Programm Version 3.0« initialisiert. Wenn stattdessen *VERSION2* definiert ist, wird *ProgName* mit »Programm Version 2.0« initialisiert, wenn auch das nicht zutrifft, mit »Programm Version 1.0«. Neu ist nur die Schreibweise *#if defined* statt *#ifdef* und die Anweisung *#elif*, die identisch ist zu *#else* mit einer zusätzlichen Bedingung.

```
#if WERT==1
  printf("Eins\n");
#elif WERT==2 || WERT==3
  printf("Zwei oder Drei\n");
#elif WERT>3
  printf("Groesser Drei\n");
#else
  printf("Kleiner Eins\n");
#endif
```

Nun kommt es wirklich auf den Wert der Konstanten *WERT* an. Dieser kann durch die Präprozessoranweisungen *#if* und *#elif* überprüft werden. In Abhängigkeit dieses Wertes wird also eine der Möglichkeiten kompiliert. Es können alle Vergleichsoperatoren und auch alle logischen Operatoren benutzt werden. Ebenso lassen sich die arithmetischen Operatoren verwenden.

Zu beachten ist aber, dass nur ganzzahlige Vergleiche möglich sind. Das heißt also: keine Fließkommazahlen und auch keine Zeichenketten. Ebenso sind keine Funktionsaufrufe erlaubt, die sind dem Präprozessor unbekannt.

3.7 Test

1. Die Zuweisung *x = y + z;* soll nur dann ausgeführt werden, wenn Variable *x* gleich 0 ist und wenn die Variablen *y* und *z* beide positiv sind. Wie lautet die gesamte Anweisung?

2. In einem Programm finden Sie die folgenden zwei Zeilen:

   ```
   /* Falls x oder y größer als 5 */
   if ((x || y) > 5)
   ```

   Warum führt diese *if*-Anweisung nicht das aus, das der Programmierer offenbar vorgesehen hat? Wie lautet die korrekte Bedingung, die der im Kommentar angegebenen entspricht?

3. In einem Programm finden Sie die folgenden Zeilen:

   ```
   x = 10.0/3.0 + 2.0/3.0;
   if (x == 4.0)
     printf("Exakt vier!");
   ```

   Obwohl *x* eine *float*-Variable ist und das Resultat der Berechnung auch 4 ergeben müsste, erscheint beim Ablauf des Programms der Text »Exakt vier!« möglicherweise nicht auf dem Bildschirm. Warum?

4. Was stört den C-Compiler an folgender *switch*-Anweisung (*ch* ist eine *char*-Variable):

   ```
   switch(ch)
   {
     case 'A': case 65:
       printf("Es ist ein A\n"); break;
     case 'B': case 66:
       printf("Es ist ein B\n"); break;
     case 'C': case 67:
        printf("Es ist ein C\n"); break;
     default:
        printf("Kein ABC\n");
   }
   ```

5. In folgender *switch*-Anweisung wird abhängig vom Wert der *char*-Variablen *ch* der *short*-Variablen *x* ein Wert zugewiesen. Die Fülle der *case*-Alternativen ist jedoch unschön. Wandeln Sie die *switch*-Anweisung daher in eine *else if*-Kette um.

```
switch (ch)
{
 case 'A': case 'B': case 'C': case 'D': case 'E':
 case 'F': case 'G': case 'H': case 'I': case 'J':
 case 'K': case 'L': case 'M': case 'N': case 'O':
  x = 1; break;
 case 'a': case 'b': case 'c': case 'd': case 'e':
 case 'f': case 'g': case 'h': case 'i': case 'j':
 case 'k': case 'l': case 'm': case 'n': case 'o':
  x = 2; break;
 case '0': case '1': case '2': case '3': case '4':
 case '5': case '6': case '7': case '8': case '9':
  x = 3; break;
 case '#': case '&':
  x = 4; break;
 default:
  x = -1; break;
}
```

6. Entwerfen Sie eine Schleife, in der ein Zeichen von der Tastatur abgefragt wird. Wird das Zeichen »#« eingegeben, soll die Schleife beendet werden. Ansonsten sollen der ASCII-Wert und das Zeichen selbst auf dem Bildschirm ausgegeben werden.

7. In einer Schleife soll getestet werden, ob eine Zeichenkette *txt* eines der Zeichen »x«, »y« oder »z« enthält. Falls ja, soll der Text »xyz« auf dem Bildschirm ausgegeben werden. Falls nein, soll der Text »Kein xyz« erscheinen. Überlegen Sie zunächst, welche Schleifenform hier angebracht ist.

8. In einem C-Programm finden Sie folgende Konstruktion:

```
FOREVER
{
  scanf("%g",&x);
  if ( x<0 ) break;
   printf("%g",sqrt(x));
}
```

FOREVER ist kein Bestandteil der Sprache C. Wie hat der Programmierer erreicht, dass ihn der Compiler trotzdem akzeptiert?

9. Welchen Zweck erfüllen die Anweisungen *continue* und *break* bei der *switch*-Anweisung, und welchen Zweck haben sie bei den Schleifen *while* und *for*?

10. Was bedeutet die Abfrage:

```
if ( strlen(txt) ) printf("Alles klar!");
```

11. Es sollen für alle Werte zwischen 0 und 3 in Schritten von 0.01 Sinus-Werte berechnet werden. Dies soll also für 0.00, 0.01, 0.02 usw. bis 2.99, 3.00 geschehen. Nur falls der Wert des Sinus größer als 0.95 ist, soll er auf dem Bildschirm ausgegeben werden.

12. Beim Kompilieren seines C-Programms erhält Herr Schiebelhuth die Meldung *Warning: constant bool expression in line 42*. Er kann damit nichts anfangen und bittet Sie um Hilfe. In Zeile 42 finden Sie Folgendes:

```
if ( x<0 ) printf("x ist negativ!\n");
```

Da in dem logischen Ausdruck die Variable x vorkommt, sehen Sie sich nun noch die Definition von *x* an. Sie finden:

```
unsigned short x;
```

Wie kann nun der Compiler zu der Auffassung kommen, der logische Ausdruck *x<0* würde einen konstanten Wert liefern?

13. In einem der Beispiele zur bedingten Kompilierung wird die Stringvariable *ProgName* in Abhängigkeit von den Konstanten *VERSION3* und *VERSION2* gesetzt:

```
#if defined VERSION3
  char ProgName[] = "Programm Version 3.0";
#elif defined VERSION2
  char ProgName[] = "Programm Version 2.0";
#else
  char ProgName[] = "Programm Version 1.0";
#endif
```

Definieren Sie nun eine Konstante *PROGNAME*, mit der Sie *ProgName* dann folgendermaßen definieren können:

```
char ProgName[] = PROGNAME;
```

Hierbei soll natürlich trotzdem die Initialisierung abhängig von den Konstanten *VERSION3* und *VERSION2* erfolgen.

14. Abhängig vom Wert der Konstanten *WERT* soll mit *printf* ein Text auf dem Bildschirm ausgegeben werden. Und zwar soll der Text »Erste Variante« ausgegeben werden, falls *WERT* ungleich 3 oder 4 ist. In allen anderen Fällen soll der Text »Zweite Variante« angezeigt werden. Hierbei soll die bedingte Kompilierung benutzt werden.

Nach kurzer Überlegung tippt Günter die folgenden Zeilen ein. Als er das Programm startet, erscheint nur der Text »Erste Variante«. Irgendwas hat unser Günter also falsch gemacht, nur was?

```
#if WERT!=3 || WERT!=4
  printf("Erste Variante\n");
#else
  printf("Zweite Variante\n");
#endif
```

Die Lösungen zum Test finden Sie in Anhang A.

3.8 Zusammenfassung

Kontrollstrukturen steuern die Programmausführung. Wenn es darum geht, in Abhängigkeit von einer Bedingung eine Verzweigung durchzuführen, wird der *if*-Befehl eingesetzt. Dieser Befehl prüft die in Klammern folgende Bedingung und führt die folgende Anweisung oder den folgenden Anweisungsblock nur dann aus, wenn die Bedingung wahr ist, das heißt der aus dem Ausdruck resultierende Wert ungleich Null ist. Ansonsten wird die Anweisung bzw. der Anweisungsblock übersprungen.

Soll für diesen Fall eine alternative Anweisung zur Ausführung gelangen, muss die *if*-Anweisung durch eine *else*-Anweisung ergänzt werden.

Kann ein ganzzahliger Ausdruck eine überschaubare Anzahl konstanter Werte annehmen, auf Grund deren eine Verzweigung erforderlich wird, bietet sich die *switch-case*-Anweisung an. Eine *switch*-Anweisung prüft einen Ausdruck und bietet über die *case*-Anweisung für jeden möglichen Wert, den der Ausdruck annehmen kann, einen eigenen Anweisungszweig an. Jeder *case*-Zweig sollte durch eine *break*-Anweisung beendet werden, damit nicht auch die folgenden *case*-Zweige durchlaufen werden.

Programmschleifen bewirken, dass eine Anweisung oder ein Anweisungsblock eine bestimmte Anzahl oft durchlaufen wird. In C gibt es zwei verschiedene Schleifenbefehle: *while* und *for*. Während die *while*-Schleife so lange wiederholt wird, wie ein in Klammern folgender Ausdruck wahr, das heißt ungleich Null ist, werden bei einer *for*-Schleife die Anzahl der Durchläufe durch einen Schleifenzähler und eine Abbruchbedingung festgelegt.

Obwohl sich die *while*- und die *for*-Schleife sehr ähnlich sind, gibt es doch gewisse Unterschiede. In beiden Fällen kann über die *continue*-Anweisung bewirkt werden, dass der Rest der Schleife übersprungen und die Schleife erneut durchlaufen wird.

Die *while*-Schleife gibt es in einer zweiten Variante, bei der die Schleifenbedingung nicht am Anfang, sondern am Ende überprüft wird. Hier kommt das zusätzliche Schlüsselwort *do* zum Einsatz.

Die wichtigsten Aussagen in diesem Kapitel sind:

- Entscheidungen werden über den *if*-Befehl durchgeführt.
- Soll bei Nichteintreffen der auf den *if*-Befehl folgenden Bedingung ein eigener Anweisungsblock ausgeführt werden, muss die *if*-Anweisung um einen *else*-Zweig ergänzt werden.
- Verzweigungen auf Grund ganzzahliger Ausdrücke können mit Hilfe der *switch*-Anweisung aufgebaut werden. Die *switch*-Anweisung prüft einen konstanten Ausdruck. Innerhalb der *switch*-Anweisung gibt es eine Reihe von *case*-Anweisungen, die jeweils einen bestimmten Wert des Ausdrucks testen.
- Für Programmschleifen stehen in C die Befehle *while* und *for* zur Verfügung.

Kapitel 4

jetzt lerne ich

Funktionen

In diesem Kapitel geht es um die *Funktionen*. Funktionen sind die Grundbausteine, aus denen jedes C-Programm besteht. Eine Funktion steht stellvertretend für eine Gruppe von Befehlen und Zuweisungen, die beim Aufruf der Funktion ausgeführt werden. Da einer Funktion bei ihrem Aufruf auch Werte, die so genannten Argumente, übergeben werden können, mit denen die Funktion z.B. Berechnungen durchführen kann, sind Funktionen leistungsfähige und sehr flexibel einsetzbare Programmelemente. Die Programmierung von Funktionen ist sehr simpel, da es lediglich darum geht, einen Namen für die Funktion zu finden und den Inhalt der Funktion in geschweifte Klammern zu setzen. Etwas trickreicher ist dagegen das Thema Parameterübergabe, da man sich hier an eine Reihe von Konventionen halten muss. Doch selbstverständlich ist auch dies kein schwieriges Thema.

Sie lernen in diesem Kapitel etwas über:

- Die Bedeutung einer Funktion
- Die Definition einer Funktion
- Den Unterschied zwischen einer Funktionsdeklaration und einer Funktionsdefinition
- Den Aufruf einer Funktion
- Den Rückgabewert einer Funktion
- Die Übergabe von Funktionsparametern
- Die Bedeutung von Funktionsprototypen

- Zufallszahlen
- Den Geltungsbereich von Variablen

Sie üben in diesem Kapitel:

- Eine Funktion zu definieren
- In der Funktionsdefinition Parameter aufzuführen
- An diese Funktion Argumente zu übergeben
- Was passiert, wenn in einem C-Programm keine Funktionsdeklaration aufgeführt wird?

Voraussetzungen für dieses Kapitel:

Sie sollten für dieses Kapitel über den allgemeinen Aufbau eines C-Programms Bescheid wissen und die Bedeutung des Begriffs *Datentyp* kennen.

4.1 Was ist eine Funktion?

Funktionen sind die Grundbausteine eines C-Programms. Jedes C-Programm besitzt mindestens eine Funktion, nämlich die Funktion *main*. Eine Funktion enthält Anweisungen und Befehle, die beim Aufruf einer Funktion ausgeführt werden. Funktionen können die unterschiedlichsten Aufgaben übernehmen. Beispiele für Funktionen sind *printf*, die eine Zeichenkette auf dem Bildschirm ausgibt, oder *strlen*, welche die Länge einer Zeichenkette ermittelt. Um eine Funktion aufrufen zu können, muss diese entweder innerhalb des Programms oder in einer so genannten Funktionsbibliothek definiert sein. Funktionen, wie z.B. *printf* oder *scanf*, liegen bereits fix und fertig in Funktionsbibliotheken vor. Diese Funktionen werden bei der Übersetzung des C-Programms automatisch in das Programm integriert.

Dafür ist der so genannte **Linker** zuständig. Wundern Sie sich aber nicht, wenn Ihnen der Linker bislang noch nicht aufgefallen sein sollte. Obwohl der Linker stets beim Erstellen einer ausführbaren Programmdatei beteiligt ist, verrichtet er seine Arbeit innerhalb der Entwicklungsumgebung des Compilers sozusagen im Hintergrund.

INFO: Der Linker ist ein Hilfsprogramm, das nach der Übersetzung eines C-Programms durch den Compiler, die in den Funktionsbibliotheken enthaltenen Funktionen in die Programmdatei integriert.

Warum werden Funktionen verwendet?

Wenn Sie in C programmieren, ist es sinnvoll, ein Programm in Funktionen aufzuteilen. Diese Vorgehensweise hat einen entscheidenden Vorteil: Programmteile, die mehrfach benutzt werden, müssen nur einmal geschrieben werden. Außerdem ist ein solches Programm wesentlich übersichtlicher. Und noch einen Vorteil bieten Funktionen: Variablen können innerhalb verschiedener Funktionen den gleichen Namen tragen. Programmieren in C heißt daher, ein Programm in Funktionen aufzuteilen. Lediglich kleinere Programme, wie z.B. die meisten der Beispielprogramme aus diesem Buch, bestehen aus einer einzigen Funktion, der Funktion *main*. Funktionen, die Standardaufgaben übernehmen, z.B. Bildschirmausgabe oder Dateiverwaltung, sind in Funktionsbibliotheken untergebracht. Auch diese Funktionen können von jedem C-Programm aufgerufen werden.

C ist nicht die einzige Programmiersprache, die Funktionen kennt. Auch Programmiersprachen wie Java, JavaScript oder Visual Basic besitzen entsprechende Elemente. Die Funktionen in C besitzen mit ihren Gegenstücken in anderen Programmiersprachen viele Ähnlichkeiten, wenngleich es natürlich auch Unterschiede gibt. Allerdings, anders als in manchen anderen Programmiersprachen, ist in C die Verwendung von Funktionen nicht optional, denn Funktionen bilden das Grundgerüst eines C-Programms. Oder anders herum ausgedrückt, jeder Befehl eines C-Programms befindet sich innerhalb einer Funktion. Programmieren in C heißt daher, Funktionen zu definieren und sei es nur die *main*-Funktion. Wer in C größere Programme entwickeln möchte, muss sicher mit Funktionen umgehen können. In diesem Kapitel lernen Sie, wie Funktionen definiert und wie sie aufgerufen werden.

Das folgende Beispielprogramm enthält neben der *main*-Funktion eine weitere Funktion mit dem Namen *Summe*. Geben Sie das Programm ein, und bringen Sie es zur Ausführung.

```
#include <stdio.h>

  int Summe (int, int);

A  void main()
  {
B  int a = 2, b = 4,c;
C  c = Summe (a,b);
D  printf("Die Summe ist: %d\n",c);
E  }
F  int Summe (int s1, int s2)
  {
G  return (s1+s2);
H }
```

Erläuterungen

A Die erste Funktion des Programms heißt *main*. Sie umfasst zwei Befehle. Wie bei jeder Funktion werden diese Befehle in geschweifte Klammern gesetzt.

> Jedes C-Programm besitzt eine Funktion mit dem Namen *main*.

B Es werden drei Variablen vom Typ *int* mit den Namen *a*, *b* und *c* definiert.

C Die Funktion *Summe* wird aufgerufen. Als Parameter werden ihr die Werte der Variablen *a* und *b* übergeben. Das Ergebnis der Funktion, das heißt der Rückgabewert, wird der Variablen *c* zugewiesen.

D Über eine *printf*-Funktion wird der Wert der Variablen *c* ausgegeben.

E Mit der rechten geschweiften Klammer wird die Funktion *main* wieder beendet.

F Hier wird die zweite Funktion des Programms definiert. Der Name lautet *Summe*. Ihr Rückgabewert ist vom Typ *int*, ihr können zwei Parameter übergeben werden, die ebenfalls beide den Datentyp *int* besitzen.

G Innerhalb der Funktion wird kein Befehl ausgeführt. Allerdings gibt die Funktion *Summe* über die *return*-Anweisung einen Wert zurück, der aus der Summe der beiden Variablen *s1* und *s2* gebildet wird. An diese beiden Variablen wurden beim Aufruf der Funktion *Summe* die beiden Funktionsparameter übergeben.

H Auch die Funktion *Summe* wird durch eine rechte geschweifte Klammer beendet.

Auch wenn in diesem Beispielprogramm einige Dinge bereits vorweggenommen werden, die in den folgenden Abschnitten noch ausführlicher erläutert werden, sollten Sie sich die einzelnen Programmzeile genau anschauen. In diesem Beispiel werden zwei Funktionen definiert: die Funktion *main* und die Funktion *Summe*. Innerhalb der Funktion *main* wird die Funktion *Summe* aufgerufen:

```
c = Summe (a,b);
```

Sie sehen, dass bei einem Funktionsaufruf der Name der Funktion angegeben wird. Zusätzlich können der Funktion Werte übergeben werden, die in runden Klammern, durch Kommata getrennt, aufgeführt werden müssen. Funktionen sind Platzhalter für Befehle und Zuweisungen. Die Funktion *Summe* ist ein Platzhalter für die Anweisung *return*. Beim Aufruf der Funktion *Summe* werden alle in ihr enthaltenen Anweisungen, in diesem Fall lediglich die Anweisung *return*, ausgeführt.

Die Bedeutung des Rückgabewertes

Nun zu der wohl wichtigsten Eigenschaft einer Funktion. Funktionen können einen **Rückgabewert** besitzen. Funktionen mit einem Rückgabewert kann man sich als Variablen vorstellen, deren Wert beim Aufruf der Funktion neu berechnet wird. Der Rückgabewert legt den Typ der Funktion fest. Wie jede Variable besitzt auch jede Funktion einen Typ. Dabei kann es sich um einen der Standarddatentypen oder um einen zusammengesetzten Datentypen (dazu später mehr) handeln.

Jede Funktion besitzt einen Datentyp. Der Datentyp einer Funktion wird bei der Funktionsdefinition dem Funktionsnamen vorangestellt. Er entspricht dem Datentyp des Rückgabewertes.

Auf welche Weise der Rückgabewert einer Funktion verarbeitet wird, macht das letzte Beispielprogramm deutlich. In der Anweisung

```
c = Summe (a,b);
```

wird der Rückgabewert der Funktion der Variablen *c* zugewiesen. Der Rückgabewert selber tritt also gar nicht in Erscheinung. Er wird vielmehr durch den Funktionsnamen repräsentiert.

Da jede Funktion einen Rückgabewert besitzt, steht ein Funktionsname in einem Programm stets für einen Wert. Funktionsnamen können daher in Ausdrücken wie Variablen verwendet werden. Sie dürfen nur nicht vergessen, den Funktionsnamen mit einem Paar runder Klammern zu versehen, denn ansonsten verwendet der C-Compiler in dem betreffenden Ausdruck nicht den Rückgabewert, sondern die Adresse der Funktion.

Funktionsnamen müssen in einem Ausdruck immer mit einem Paar runder Klammern versehen werden.

4.2 Bibliotheksfunktionen

Wie viel wurde in den vergangenen Kapiteln schon von Funktionen geredet! Mit den Funktionen *printf* und *scanf* haben Sie bereits zwei offenbar unersetzliche Funktionen kennen gelernt. Es ging weiter mit Funktionen für die Arbeit mit Zeichenketten, z.B. *strlen*. Schließlich wurden mit *sqrt*, *sin* und *cos* drei wichtige mathematische Funktionen vorgestellt, die nur für *float*- und *double*-Werte benutzt werden können. Jetzt ist es an der Zeit, die Bedeutung dieser Funktionen für ein C-Programm systematisch zu betrachten.

Bei allen eingangs aufgezählten Funktionen handelt es sich um so genannte **Bibliotheksfunktionen**. Diese spielen für die C-Programmierung eine sehr wichtige Rolle. Der Grund ist einfach, die Sprache C besitzt nur einen sehr kleinen Sprachkern. Der C-Sprachwortschatz ist relativ einfach; komplizierte Befehle gibt es in C nicht. Ein Maß dieser Einfachheit mag die Anzahl der reservierten Worte sein, die C kennt. Verglichen mit den knapp 90 Befehlen und über 150 Funktionen einer vergleichsweise simplen Programmiersprache wie Visual Basic nehmen sich die rund 30 reservierten Wörter bei C sehr bescheiden aus. Doch wie im richtigen Leben gilt: Es kommt eben darauf an, was man daraus macht.

Eine derartige Einfachheit des Befehlswortschatzes darf natürlich nicht zu einer Einschränkung der Leistungsfähigkeit führen. Aus diesem Grund gibt es Bibliotheksfunktionen. Dies sind die Spezialisten, die den Befehlswortschatz von C erweitern. Diese Funktionen sind eigenständige Programmeinheiten, die meist selbst in C geschrieben sind. Sie sind universell anwendbar. Da sich diese Funktionen in separaten Programmmodulen – den so genannten Bibliotheken – befinden, werden sie auch als **Bibliotheksfunktionen** bezeichnet.

INFO

Eine Programmbibliothek ist eine Datei, die eine oder mehrere C-Funktionen enthält. Diese Funktionen werden daher auch als Bibliotheksfunktionen bezeichnet.

Der Aufruf von Funktionen, die sich in Funktionsbibliotheken befinden, unterscheidet sich in nichts von Funktionen, die in dem C-Programm definiert werden. Um eine Funktion aus einer Funktionsbibliothek jedoch benutzen zu können, müssen Sie über eine *#include*-Anweisung zunächst jene Dateien einbinden, die den so genannten **Funktionsprototypen** (mehr dazu später) für die betreffende Funktion enthält.

Übersicht über die Funktionsbibliotheken

Die Funktionen der Funktionsbibliotheken sind thematisch eingeteilt. Je nachdem, zu welcher Gruppe eine bestimmte Funktion gehört, wird eine andere *#include*-Anweisung benötigt. So finden Sie die Prototypen aller Funktionen, die etwas mit der Eingabe über die Tastatur oder die Ausgabe auf dem Bildschirm zu tun haben, in der Header-Datei *stdio.h*. Die entsprechende *#include*-Anweisung lautet daher:

```
#include <stdio.h>
```

Auch die Prototypen der Funktionen für den Zugriff auf Dateien sind in dieser Datei enthalten. Die Prototypen für mathematische Funktionen finden Sie in der Datei *math.h*, die für Funktionen, die mit Zeichenketten arbeiten, in der Datei *string.h*. Eine Übersicht über die wichtigsten Funktionen finden Sie in Anhang C.

4.3 Der Aufbau einer Funktionsdefinition

Zu den Bibliotheksfunktionen gibt es nicht viel zu erklären. Der Programmierer betrachtet sie vielmehr als »Black boxes«, deren Inhalt nur sehr selten eine Rolle spielt. Es kommt darauf an zu wissen, mit welchen Parametern eine Funktion aufgerufen wird und welchen Datentyp der Rückgabewert besitzt. Sehr viel spannender ist es dagegen, eigene Funktionen zu definieren. Als Programmierer legen Sie nicht nur fest, welche Parameter der Funktion übergeben werden sollen und welchen Wert die Funktion zurückgibt. Sie bestimmen natürlich auch, was beim Aufruf der Funktion geschehen soll.

Eine Funktionsdefinition besteht aus einem **Funktionskopf** und einem **Funktionsrumpf**.

HINWEIS

Der Funktionskopf

Jede Funktionsdefinition wird durch den Funktionskopf eingeleitet. Dieser besteht aus dem Datentyp des Rückgabewertes, dem Namen der Funktion und den Parametern, die beim Aufruf der Funktion übergeben werden.

```
Rückgabewert Funktionsname (Parameter)
```

Der **Rückgabewert** kann als Funktionswert betrachtet werden, der die im Funktionskopf angegebene Typzugehörigkeit besitzt. In Bezug auf den Datentyp wird eine Funktion wie eine Variable behandelt. Als Datentyp kommen alle Standarddatentypen in Frage, die Sie in den vorangegangenen Kapiteln bereits kennen gelernt haben. Für den Funktionsnamen gelten die gleichen Namensregeln wie bei Variablennamen. Sicherlich erinnern Sie sich noch daran: Ein Name darf aus einer beliebigen Kombination von Buchstaben, Ziffern und dem Unterstrich-Symbol »_« bestehen. Es gibt allerdings auch Einschränkungen: Eine Ziffer darf nicht am Anfang des Namens stehen, reservierte Worte dürfen nicht verwendet werden.

Argument oder Parameter?

Bliebe noch die Bedeutung der **Parameter** zu klären. Ein Parameter ist nichts anderes als ein Wert, mit dem eine Funktion aufgerufen wird. Parameter sind üblicherweise Werte, die die Funktion verarbeiten soll. Bei der *sqrt*-Funktion ist der Parameter jener Wert, von dem die Quadratwurzel berechnet werden soll. Häufig lesen Sie aber auch von dem Begriff **Argument**. Gibt es da einen Unterschied? Eigentlich nicht. Spricht man von der Funktionsdefinition, werden die in Klammern aufgeführten Variablennamen als Argumente bezeichnet. Wird die Funktion während der Programmausführung aufgerufen, werden für die Argumente natürlich konkrete Werte eingesetzt, diese werden als Parameter bezeichnet. Zwingend erforderlich ist diese sprachliche Unterscheidung allerdings nicht.

Übung Im Folgenden soll eine Funktion mit dem Namen *doppel* definiert werden, die eine übergebene Variable vom Typ *short* verdoppelt und das Ergebnis zurückgibt. Sowohl die übergebenen Parameter, in diesem Fall ein *short*-Wert, als auch der Rückgabewert, der ebenfalls den Typ *short* besitzt, stehen bereits fest. Da auch der Funktionsname den Regeln folgt – die denen der Namensvergabe von Variablen entsprechen –, steht der Definition des Funktionskopfes nichts im Weg:

```
short doppel (short x)
```

Beachten Sie, dass auf den Funktionskopf kein Semikolon folgen darf.

ACHTUNG

Bei der Definition eines Funktionskopfes müssen drei Dinge festgelegt werden: der Rückgabewert, der Funktionsname und die Namen und Datentypen der zu übergebenden Parameter.

Der Funktionsrumpf

Natürlich ist es mit dem Funktionskopf alleine nicht getan, denn dieser legt lediglich den formellen Rahmen der Funktion fest. Nicht minder wichtig sind die Anweisungen, die beim Aufruf der Funktion zur Ausführung gelangen sollen. Diese werden unter dem Begriff **Funktionsrumpf** zusammengefasst.

```
{
/* Anweisungen */

  return (Rückgabewert);
}
```

Der Funktionsrumpf wird in einem Paar geschweifter Klammern zusammengefasst. Sofern die Funktion einen Rückgabewert besitzt, was in der Regel der Fall ist, enthält die Funktion auch eine *return*-Anweisung. Über sie wird der Wert festgelegt, den die betreffende Funktion zurückgibt.

ACHTUNG

Der Funktionsrumpf enthält die Anweisungen, die beim Aufruf der Funktion zur Ausführung gelangen sollen.

Aufgabe Da Sie das Definieren von Funktionen noch üben müssen, sollen in der Funktion *doppel* keine undurchschaubar komplizierten Berechnungen durchgeführt werden. Es geht in diesem Beispiel einfach um eine Multiplikation mit 2. Der Funktionsrumpf sieht damit folgendermaßen aus:

```
{
   return ( 2 * x );
}
```

Trauen Sie es sich bereits zu, die komplette Funktionsdefinition aufzuschreiben? Wenn nicht, hier ist die Lösung:

```
short doppel (short x)
{
  return ( 2 * x );
}
```

Kommt Ihnen das bekannt vor? Kein Wunder, denn genauso ist auch die Funktion *main* aufgebaut, die in jedem C-Programm zu finden ist. Lediglich auf eine *return*-Anweisung kann die *main*-Funktion verzichten, denn es kommt sehr selten vor, dass ein C-Programm einen Wert an das aufrufende Betriebssystem, in der Regel den Kommandointerpreter oder die Betriebssystemshell, zurückgeben muss.

Die Funktionsweise der Funktion *doppel* ist schnell enträtselt. Im Grunde besteht der Funktionsrumpf nur aus einer Anweisung, der *return*-Anweisung. Über diese Anweisung wird festgelegt, welchen Wert der Rückgabewert der Funktion besitzen soll. Im obigen Beispiel wird der Rückgabewert durch die Rechenvorschrift *2*x* ermittelt. Doch was genau ist *x*? Nun, hierbei handelt es sich um eine Variable, deren Wert jenem Wert entspricht, der beim Aufruf der Funktion *doppel* übergeben wurde. Damit fügen sich alle Teile in das Gesamtbild. Beim Aufruf der Funktion *doppel* wird, wie im nächsten Abschnitt gezeigt wird, ein Wert übergeben. Dieser Wert wird beim Funktionsaufruf automatisch der Variablen *x* zugewiesen. Mit dieser Variablen könnte man nun innerhalb der Funktion irgendwelche Berechnungen anstellen. In diesem Fall wird darauf aber noch verzichtet. Stattdessen wird der doppelte Wert von *x* über die *return*-Anweisung dem Rückgabewert zugewiesen. Genau dies ist der Wert, den die Funktion *doppel* zurückgibt.

Wird die Funktion *doppel* folgendermaßen aufgerufen:

```
y = doppel(5);
```

erhält die Variable *y* den Wert 10. Warum das so ist, wird in den nächsten beiden Lektionen hoffentlich deutlicher.

Funktionen und der Programmaufbau

Was eine Funktion ist und wie sie aufgerufen wird, ist inzwischen mehr als deutlich geworden. Offen ist allerdings noch die Frage, an welcher Stelle eine Funktion im Programm definiert wird. In diesem Punkt macht Ihnen C keine Vorschriften. Es ist allerdings üblich, zuerst die Funktion *main* aufzuführen und alle folgenden Funktionen in beliebiger Reihenfolge.

Um den Aufbau eines Programms besser verfolgen zu können, wird als Erstes die Funktion *main* aufgeführt. Der Grund ist einfach, in dieser Funktion ist der allgemeine Programmaufbau enthalten. Unterhalb der *main*-Funktion folgen alle weiteren Funktionen, die bei der Ausführung der *main*-Funktion aufgerufen werden.

Aufgabe Definieren Sie eine Funktion, die den Mittelwert dreier Werte berechnet, die beim Aufruf der Funktion übergeben werden. Der errechnete Mittelwert soll zurückgegeben werden. Überlegen Sie sich bereits jetzt, welche Rolle der Datentyp des Rückgabewertes spielt.

Lösung

```
#include <stdio.h>
A   float Mittel(float , float , float );
B   void main ()
    {
C   float Wert1, Wert2, Wert3;
D   float Mittelwert;
E   Wert1 = 3.5;
    Wert2 = 7.5;
    Wert3 = 3;
F   Mittelwert = Mittel(Wert1, Wert2, Wert3);
G   printf("Der Mittelwert ist: %f\n",Mittelwert);
    }

H   float Mittel(float x, float y, float z)
   {
I   return ((x+y+z)/3);
   }
```

Erläuterungen

A In dieser Zeile wird der so genannte Funktionsprototyp deklariert. Jede Funktion, mit Ausnahme der *main*-Funktion, benötigt einen Funktionsprototypen. Mehr dazu in Lektion 4.7.

B Hier beginnt die Funktion *main*. Diese Funktion benötigt keinen Funktionsprototypen, ihr Rückgabewert ist *void*.

C Es werden drei *float*-Variablen deklariert.

D Es wird eine weitere *float*-Variable definiert, die später das Funktionsergebnis aufnehmen soll.

E Die drei *float*-Variablen erhalten einen Wert.

F In dieser Zeile erfolgt der Aufruf der Funktion *Mittel*. Beim Aufruf der Funktion werden die Variablen *Wert1*, *Wert2* und *Wert3* als Funktionsparameter übergeben. Das Ergebnis der Funktion, der Rückgabewert, wird der Variablen *Mittelwert* zugewiesen.

G Das Ergebnis der Funktion wird ausgegeben.

H Dies ist der Funktionskopf der Funktion *Mittel*. Im Gegensatz zum Funktionsprototypen müssen hier die Namen der Funktionsparameter, über die sie innerhalb der Funktion angesprochen werden können, aufgelistet werden. Außerdem wird der Funktionskopf nicht durch ein Semikolon beendet.

I Die *return*-Anweisung legt den Rückgabewert fest. Dieser besteht aus einem Ausdruck, in dem der Mittelwert der drei übergebenen Parameter berechnet wird.

Auch wenn Ihnen an diesem Beispiel noch nicht alle Dinge unbedingt klar sein müssen, sollten Sie sich dennoch schon einmal die Formalismen einprägen, die beim Umgang mit Funktionen eine Rolle spielen. Doch keine Angst, auf die Bedeutung des Funktionsprototypen oder das Prinzip der Parameterübergabe wird in den folgenden Lektionen noch ausführlicher eingegangen. Sind Sie übrigens selber darauf gekommen, dass die Funktion *Mittel* einen Rückgabewert vom Typ *float* besitzen muss? Klar, denn da ein Mittelwert natürlich auch einen Nachkommaanteil besitzen kann, steht der Funktionsname für eine Fließkommazahl. Und diese besitzt entweder den Datentyp *float* oder den Datentyp *double*, wobei bei Mittelwerten wohl selten eine so hohe Genauigkeit verlangt wird.

4.4 Der Aufruf einer Funktion

Auf welche Weise Funktionen benutzt werden, ist Ihnen bereits bekannt. Da eine Funktion einen Rückgabewert liefert, wird sie überall dort eingesetzt, wo auch die Verwendung einer Variablen erlaubt ist. Dies wird besonders deutlich bei den mathematischen Funktionen, die häufig in arithmetischen Ausdrücken zu finden sind:

```
y = sin(x) + cos(x);
```

Die *sin*-Funktion berechnet von einem *float*- oder *double*-Wert den Sinus, ein Aufruf wie *sin(x,2)* wäre sinnlos und wird daher nicht gestattet. Die notwendigen Informationen, um dies zu überprüfen, findet der Compiler bekanntlich in der Datei *math.h*. Deshalb ist bei Benutzung der Sinusfunktion auch die Präprozessoranweisung

```
#include <math.h>;
```

notwendig. Aber dies alles wissen Sie bereits aus vorangegangenen Lektionen.

Es gibt aber auch Funktionen, bei denen der Rückgabewert keine Rolle spielt. Bestes Beispiel ist die Ihnen bereits bekannte Funktion *printf*. Obwohl auch diese Funktion einen Rückgabewert besitzt, nämlich die Anzahl der ausgegebenen Zeichen, hat dieser in den allermeisten Fällen für die Programmausführung keine Bedeutung. Ähnlich verhält es sich bei den Funktionen *scanf* oder *strcpy*. Auch hier können Sie den Rückgabewert getrost vergessen.

ACHTUNG

Nicht immer spielt der Rückgabewert einer Funktion eine Rolle. Die *printf*-Funktion ist ein Beispiel für eine Funktion, bei der der Rückgabewert in der Regel nicht weiterverarbeitet wird.

Eine Funktion wird stets innerhalb einer anderen Funktion, z.B. der Funktion *main*, aufgerufen. Die Funktion *main* bildet damit den äußersten Rahmen eines C-Programms. Beachten Sie, dass eine Funktion zwar innerhalb einer anderen Funktion aufgerufen werden kann. Die Definition einer Funktion im Funktionsrumpf einer anderen Funktion ist in C dagegen nicht erlaubt.

ACHTUNG

Eine Funktion kann in C nicht innerhalb einer anderen Funktion definiert werden.

Beispiel Der Aufruf der Funktion *doppel* sollte Ihnen nun keine Schwierigkeiten bereiten:

```
y = doppel(5);
```

Was geschieht bei diesem Aufruf genau? Nun, wie zu erkennen ist, wird die Funktion *doppel* mit dem Funktionsparameter 5 aufgerufen. Dieser Wert wird der Variablen *x* zugewiesen, denn diese steht in der Funktionsdefinition stellvertretend für den Funktionsparameter. Als Nächstes kommt die *return*-Anweisung zur Ausführung, welche den Wert von *x* verdoppelt und das Ergebnis als Rückgabewert übergibt. Nach Beendigung der Funktion steht der Ausdruck *doppel(5)* für den Wert 10. Dieser wird der Variablen *y* zugewiesen, wodurch diese ebenfalls den Wert 10 erhält.

Beachten Sie, dass eine Funktion eine in sich abgeschlossene Einheit darstellt. Außerhalb der Funktion *doppel* ist der Wert von *x* nicht bekannt. Die Verwendung von *x* führt daher entweder zu einer Fehlermeldung, oder, wenn *x* z.B. in der Funktion *main* definiert wurde, zu einem ganz anderen Wert. Auf diesen wichtigen Aspekt wird in einer der folgenden Lektionen unter dem Stichwort »lokale Variablen« noch ausführlich eingegangen.

Kurz zusammengefasst: Ein Funktionsaufruf besteht aus folgenden Komponenten:

```
x = Summe (a, b);
```

einem Funktionsnamen, in diesem Fall lautet er *Summe*, den Funktionsparametern, die beim Aufruf der Funktion übergeben werden, hier die Variablen *a* und *b*, sowie einem Rückgabewert, der nach Beendigung der Funktion für den Funktionsnamen steht. Im obigen Beispiel wird der Rückgabewert direkt der Variablen *x* zugewiesen. Man könnte ihn aber auch über eine *printf*-Funktion ausgeben:

```
printf("Die Summe ist: %d\n",Summe (a,b));
```

Der Aufruf einer Funktion kann einen Rückgabewert zurückgeben, er muss es aber nicht. Der Rückgabewert wird innerhalb der Funktionsdefinition durch eine *return*-Anweisung festgelegt.

Ob eine Funktion einen Wert zurückgeben kann, hängt davon ab, ob sie eine *return*-Anweisung besitzt. Eine Funktion kann auch mehrere *return*-Anweisungen besitzen, wobei aber immer nur eine *return*-Anweisung für die Beendigung der Funktion benutzt wird.

Zur Wiederholung: Den Rückgabewert einer Funktion können Sie wie eine Variable behandeln. Zum einen lässt er sich einer anderen Variablen zuweisen:

```
Ergebnis = Summe (a, 2 * b);
```

Zum anderen kann er aber auch in einem arithmetischen Ausdruck verarbeitet werden:

```
Ergebnis = sqrt(Summe (a, b)) / Anteil * 100;
```

Funktionen ohne Funktionsparameter

Eine Funktion muss keine Funktionsparameter besitzen. Sie kann in diesem Fall trotzdem einen Wert zurückgeben.

Beispiel

```
void main()
{
   x = NoFun();
}
```

Die Funktion *NoFun* besitzt einen Rückgabewert, aber keine Funktionsparameter. Sie liefert daher (wahrscheinlich) stets den gleichen Rückgabewert.

Auch wenn einer Funktion keine Parameter übergeben werden, müssen dem Aufruf der Funktion ein Paar runde Klammern folgen.

Eine Funktion soll den Wert der Quadratwurzel aus 2 berechnen. Ganz klar, hier wird kein Parameter benötigt, denn die zu verarbeitenden Daten stehen bereits fest. Es ist immer die Zahl 2, die durch die Funktion verarbeitet werden soll. Der Rückgabewert ist auch klar, er muss den Datentyp *float* oder *double* besitzen. Die Funktion mit dem Namen *sqrt2* und dem Datentyp *double* besitzt folgenden Aufbau:

```
double sqrt2()
{
  return ( sqrt(2.0) );
}
```

Ein Aufruf von *sqrt2* kann z.B. folgendermaßen aussehen:

```
y = sqrt2();
```

Damit stehen alle Komponenten fest, die das Gesamtprogramm besitzen muss:

```
    #include <stdio.h>
A   #include <math.h>

B   double sqrt2();

C   void main()
    {
     printf("Wurzel aus 2: %lg\n",sqrt2());
    }

D   double sqrt2()
    {
E    return ( sqrt(2.0) );
    }
```

Erläuterungen

A Die Datei *math.h* enthält den Funktionsprototypen für die *sqrt*-Funktion.

B Der Funktionsprototyp für die Funktion *sqrt2*, über den der Compiler die Anzahl und Art der Parameter sowie den Datentyp des Rückgabewerts erfährt, muss dagegen im Programm aufgeführt werden. Dieser Prototyp ist allerdings noch nicht ganz vollständig.

C Jedes C-Programm benötigt die Funktion *main*. Sie besitzt in diesem Fall keine Funktionsparameter und keinen Rückgabewert.

D Dies ist der Funktionskopf der Funktion *sqrt2()*.

E Der Rückgabewert der Funktion *sqrt2* wird über eine *return*-Anweisung festgelegt.

Der Parameter kann auch void sein

Ergibt diese Überschrift für Sie etwa keinen rechten Sinn? Kein Problem, lesen Sie einfach weiter, oder noch besser, bringen Sie das Programm zur Ausführung. Nun? Der Compiler vermisst scheinbar den Prototypen der Funktion *sqrt2*. Doch wie Sie sich sofort überzeugen können, wurde dieser nicht vergessen. Was also ist die Ursache für die Fehlermeldung? Was Sie noch nicht wissen können, leider akzeptiert der Compiler die Anweisung

```
double sqrt2();
```

nicht als Funktionsprototypen. Die Ursache ist das leere Klammerpaar. Der Compiler nimmt an, Sie hätten vergessen, in den Klammern die Funktionsparameter aufzuführen und beschwert sich. Tun Sie dem Compiler den Gefallen und weisen explizit darauf hin, dass es sich bei *sqrt2* um eine parameterlose Funktion handelt. Möglich wird dies durch das Schlüsselwort *void*, das anstelle eines Parameters in den Klammern aufgeführt werden muss:

```
double sqrt2 ( void );
```

Funktionen ohne Rückgabewert

Die Aussage, dass jede Funktion einen Rückgabewert besitzt, muss bereits an dieser Stelle wieder eingeschränkt werden. Es gibt nämlich auch Funktionen, die keinen Wert zurückgeben. Ein Beispiel wäre eine Funktion, die nichts anderes tut als die Zeichenkette »Hallo\n« auf dem Bildschirm auszugeben. Ein Rückgabewert wird nicht benötigt. Auch das gestattet C, wobei wieder das magische Wort *void* ins Spiel kommt.

Die folgende Funktion *GutenTag* besitzt keinen Rückgabewert:

```
void GutenTag (void)
{
    printf("Hallo, wie gehts?");
}
```

Durch den »Datentyp« *void* wird dem Compiler mitgeteilt, dass diese Funktion keinen Rückgabewert besitzt. Eine *return*-Anweisung gibt es ebenfalls nicht. Funktionen ohne Rückgabewert können aber sehr wohl durch eine *return*-Anweisung beendet werden. Bei dieser darf dann aber kein Rückgabewert angegeben werden. Dies würde der Compiler auch gar nicht akzeptieren. Denn wir haben ihm zuvor mitgeteilt, dass die Funktion *GutenTag* keinen Rückgabewert besitzt.

Übrigens ist auch die Hauptfunktion *main* in den meisten Fällen eine parameterlose Funktion ohne Rückgabewert. Lediglich, wenn einem C-Programm über die Kommandozeile Parameter, wie z.B. ein Dateiname oder eine Option, übergeben werden sollen, wird *main* mit einer Parameterliste versehen. Einen Rückgabewert besitzt *main* nur dann, wenn dem aufrufenden Programm, in der Regel der Kommandointerpreter des Betriebssystems, ein Fehlercode mitgeteilt werden soll.

Funktionen ohne Rückgabewert besitzen den Datentyp *void*. ACHTUNG

Funktionen ohne Rückgabewert sind in C relativ selten und zwar aus einem guten Grund. Denn wenn auch eine Funktion wie *printf* im Grunde keinen Rückgabewert benötigt, so kann dieser doch eine wichtige Information darüber liefern, wie die Funktion ausgeführt wurde. So könnte bei der Ausführung der Funktion ein Fehler aufgetreten sein. Durch Abfrage des Rückgabewertes kann sich der Programmierer davon überzeugen, dass alles klargegangen ist. So liefert die *printf*-Funktion beispielsweise stets die Anzahl der Zeichen zurück, die sie auf dem Bildschirm ausgegeben hat. Aus irgendeinem Grund könnten weniger Zeichen ausgegeben werden als die Länge der Zeichenkette besagt. Vielleicht trat bei der Ausgabe auch ein illegales Zeichen auf. Es ist ein guter Programmierstil, in eigenen Funktionen derartige Fehlersituationen zu berücksichtigen und in Form eines Fehlercodes zurückzugeben.

Vor allem ist es sinnvoll, die Rückgabewerte solcher Funktionen auch tatsächlich abzufragen. Nur so gelangt man zu sicheren und stabilen Programmen.

Aufgabe Es soll eine Funktion definiert werden, die eine Dezimalzahl im Bereich 0 bis 9 in den dazugehörigen ASCII-Code umwandelt.

Lösung

```
A   char DezToASCII (int n)
    {
B    if ((n < 0) || (n > 9))
C     return (-1);
     else
D     return (n+48);
    }
```

Erläuterungen

A Die Funktion *DezToASCII* besitzt einen Rückgabewert vom Typ *char*. Beim Aufruf wird ihr ein Parameter vom Typ *int* übergeben, der innerhalb der Funktion über die Variable *n* angesprochen wird.

B Es wird geprüft, ob *n*, das heißt der Funktionsparameter, im Bereich 0 bis 9 liegt.

C Ist das nicht der Fall, gibt die Funktion den Wert –1 zurück.

D Ansonsten wird der Wert *n + 48*, das heißt der ASCII-Code der übergebenen Zahl zurückgegeben.

In diesem Programmbeispiel wird der Funktion *DezToASCII* eine Variable vom Typ *int* als Funktionsparameter übergeben. Ist dieser Wert kleiner als Null oder größer als neun wird–1 zurückgegeben, ansonsten der ASCII-Code der Ziffer. Obwohl in der Funktion zweimal die *return*-Anweisung vorkommt, kann es immer nur einen Rückgabewert geben.

HINWEIS

Obwohl die lokale Variable *n* den Typ *int* besitzt, ist der Rückgabewert der Funktion *DezToASCII* vom Typ *char*. Der Compiler muss daher eine interne Typenumwandlung (Stichwort: Cast) vornehmen.

Funktionen, deren Rückgabewert nicht genutzt wird

Auch wenn eine Funktion einen Rückgabewert besitzt, muss dieser nicht genutzt werden.

```
main()
{
    int a=2, b=3;
    Summe(a,b);
}
```

In diesem Fall wird der Rückgabewert der Funktion *Summe* nicht genutzt. Ob der Aufruf in diesem Fall sinnvoll ist, sei dahingestellt. Denn eigentlich ist der Rückgabewert der einzige Grund, diese Funktion aufzurufen. Dennoch ist ein solcher Aufruf möglich. Und außerdem könnte es sich hier ja um eine andere Funktion handeln als in dem anfänglichen Beispiel. Wenn in der Funktion beispielsweise Ausgaben auf dem Bildschirm gemacht würden, könnte dies durchaus sinnvoll sein.

Ein Beispiel für eine Funktion, deren Rückgabewert in der Regel nicht genutzt wird, ist die Bibliotheksfunktion *printf*. Diese Funktion besitzt den Typ *int*, der Rückgabewert ist die Anzahl der ausgegebenen Zeichen. Da dieser Wert in der Regel nicht interessiert, wird er nur in seltenen Fällen ausgewertet. Dennoch könnte man *printf* auch in der folgenden Form aufrufen:

```
n = printf("\nSo geht es auch!");
```

Genau genommen müsste man *printf* so aufrufen, denn *printf* ist so definiert. Dass Sie *printf* aufrufen können, ohne den Funktionswert an eine Variable zuweisen zu müssen, ist ein Zugeständnis an schlechte Programmiergewohnheiten, die ein Syntaxprüfprogramm wie z.B. *Lint* mit einer Hinweismeldung aufdecken würde. Nicht schlimm, denken Sie. Aber stellen Sie sich vor, Sie wollen Ihr Programm verkaufen und Ihr Kunde will sicher sein, ein fehlerfreies Produkt zu erhalten. Er setzt das *Lint*-Programm auf Ihr Programm an und erhält auf einmal ein paar peinliche Diagnosemeldungen.

Sie vermeiden solche Meldungen nur, wenn Sie absolut korrekt arbeiten. Beispiele für eine uneingeschränkt richtige Nutzung sind diese Anweisungen:

```
n = printf("Hallo");
```

```
(void)printf("Hallo");
```

Die Anweisung

```
printf ("Hallo");
```

ist dagegen eigentlich nicht ganz richtig, weil vernachlässigt wird, dass für *printf()* ein Rückgabewert vom Typ *int* definiert wurde. Mit dem Cast *(void)* können Sie diesen Wert in einen Typ umwandeln, der sich bildlich gesprochen in Luft auflöst, den Sie keiner Variablen mehr zuweisen können.

4.5 Das Prinzip der Parameterübergabe

Nun zum wichtigsten Punkt im Zusammenhang mit Funktionen. Beim Aufruf einer Funktion können bekanntlich Parameter übergeben werden. Diese müssen bei der Definition der Funktion im **Funktionskopf** aufgeführt werden.

Beispiel

```
int FunName (int a, int b)

{
  int x1,x2;
  x1 = a + b;
  x2 = a * b;
  return (x1+x2);
}
```

Der **Funktionskopf** legt bekanntlich den Namen der Funktion, die zu übergebenden Parameter und den Rückgabewert der Funktion, das heißt den Typ der Funktion, fest. Im obigen Beispiel werden bei der Definition der Funktion *FunName* im Funktionskopf zwei Funktionsparameter mit dem Namen *a* und *b* deklariert. Wie bei jeder Variablendeklaration üblich, muss der Variablen ein Typ vorangehen.

Da die Funktionsparameter bei der Funktionsdefinition im Funktionskopf noch keine Werte erhalten, werden sie auch als **formale Argumente** oder **formale Parameter** bezeichnet.

Innerhalb der Funktion spielen die formalen Parameter die Rolle von lokalen Variablen, da sie nur innerhalb der Funktion gültig sind. Der so genannte *Gültigkeitsbereich* einer Variablen ist, wie in Lektion 4.9 noch gezeigt wird, von großer Bedeutung. Der Gültigkeitsbereich legt fest, in welchen Teilen des Programms eine Variable angesprochen werden kann und in welchen sie keinen Wert besitzt.

ACHTUNG

Eine **lokale Variable** ist eine Variable, die nur innerhalb einer Funktion gültig ist. Außerhalb der Funktion ist sie für den Compiler unbekannt.

Beim Aufruf der Funktion *FunName* werden für die formalen Parameter Werte eingesetzt.

Beispiel

```
int Wert1 = 1000;
int Wert2 = 2000;

c = FunName (Wert1, Wert2);
```

Beim Aufruf der Funktion *FunName* findet eine Übergabe der aktuellen Parameter an die formalen Parameter statt. Mit anderen Worten, die formalen

Parameter *a* und *b* werden durch die aktuellen Werte der Variablen *Wert1* und *Wert2* ersetzt. In diesem konkreten Fall erhält der formale Parameter *a* den Wert 1000, der formale Parameter *b* den Wert 2000. Das Prinzip der Parameterübergabe wird durch Bild 4.1 verdeutlicht.

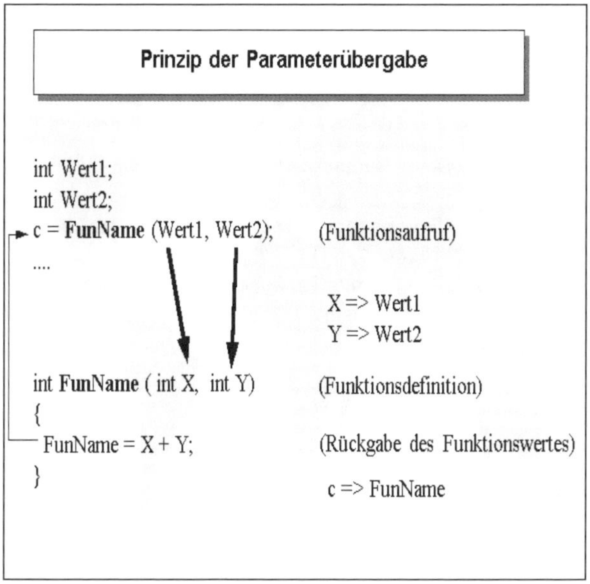

Bild 4.1: Das Prinzip der Parameterübergabe

Ein Beispielprogramm (euler.c)

Die Anwendung von Funktionen, vor allem das Prinzip der Parameterübergabe, lernt man am besten an anschaulichen Beispielen. Das folgende Beispiel wird sicherlich bei einigen Lesern Erinnerungen an den Mathematikunterricht wecken. Es geht um das *Eulersche Integrationsverfahren* (Trapezverfahren), mit dessen Hilfe sich die Fläche unter einer Kurve relativ einfach berechnen lässt.

Vorsicht, es erwartet Sie eine erhöhte Dosis Mathematik! Das Eulerverfahren basiert auf der Idee, die Fläche unter einer »gutartigen« Funktion mit Hilfe kleiner Trapeze anzunähern. Dabei wird zwischen der unteren Fläche, die sich aus Rechtecken mit der Kantenlänge gleich dem Funktionswert der linken Intervallgrenze ergeben, und der oberen Summe, die diesmal aus Rechtecken mit der Kantenlänge gleich dem Funktionswert der rechten Intervallgrenze zusammengesetzt ist, unterschieden. Die »wahre« Fläche ergibt sich durch Mittelung der beiden Flächen, was einer Näherung mittels Trapezen entspricht. Die Funktion, über die zu integrieren ist, können Sie selbst angeben, nämlich in der Funktion namens *funktion* (siehe Hinweis J, unten).

```
/* Erstellung von euler.c am 13.2.94 */
   /*      Made by Mad Doc Riedel       */

   #include <stdio.h>
A  #include <math.h>

B  double funktion();

C  void main()
   {
   int i,n;
   float anfang, ende, interv, wert, sum_u, sum_o;

D   printf("Die untere Integrationsgrenze angeben : ");
    scanf("%f",&anfang);
    printf("Die obere Integrationsgrenze angeben : ");
    scanf("%f",&ende);
    printf(
       "Geben Sie die Anzahl der Intervalle an
        (maximal 32000): ");
    scanf("%d",&n);

E   /* Initialisierung zu Null */
    wert  = 0.0;
    sum_u = 0.0;
    sum_o = 0.0;

    /* Berechnung der Intervallbreite
      (Breite des Trapezes). */
F   interv = (ende - anfang) / n;

    /* Aufsummierung der einzelnen Intervallflächen für
       die obere Fläche und die untere Fläche. */
G   for (i=0;i<=n-1;i++)
    {
H    sum_u = sum_u + funktion(anfang + i * interv) *
             interv;
     sum_o = sum_o+funktion(anfang + (i+1) * interv) *
             interv;
    }
    /* Berechnung der "wahren" Fläche durch Mittelung
       der beiden Flächen. */
    wert=(sum_o+sum_u)/2;
    printf(
    "Das Integral in den obigen Grenzen hat den Wert:
     %f \n",wert);
} /* main Ende */
```

```
     /* Definition der benutzten Funktion */
I    double funktion(double x)
     {
J      return(exp (-x*x));
     }
```

Erläuterungen

A In dieser Header-Datei mit dem Namen *math.h* befindet sich der Funktionsprototyp der Funktion *exp*, die als Beispiel für die Integrationsmethode verwendet wird.

B Diese Zeile definiert den Funktionsprototypen der Funktion *funktion*. In dieser Funktion wird die zu integrierende Funktion eingesetzt.

C Die Definition der Funktion *main* leitet wie immer das Hauptprogramm ein.

D Über eine Reihe von *scanf*-Funktionen werden die für die Integration benötigten Werte eingegeben.

E Vor der Integration müssen eine Reihe von Variablen mit dem Wert Null initialisiert werden.

F Diese Zuweisung berechnet die Länge eines Intervalls.

G In dieser *for*-Schleife wird die untere Fläche berechnet.

H Die Variable *sum_u* steht für den aktuellen Wert der unteren Fläche, die Variable *sum_o* für den Wert der oberen Fläche.

I In dieser Zeile beginnt die Definition der Funktion *funktion*. Ihr wird ein Argument vom Typ *double* übergeben. Auch der Rückgabewert besitzt diesen Datentyp.

J Diese Anweisung hat es in sich, denn über die *return*-Anweisung wird gleichzeitig die zu integrierende Funktion festgelegt. Hier müssen Sie die Funktion einfügen, die durch das Euler-Verfahren integriert werden soll. Das Ergebnis dieser Funktion ist gleichzeitig auch der Rückgabewert der Funktion.

4.6 Lokale Variablen

Dass eine Variable, die im Funktionskopf deklariert wird, innerhalb der Funktion wie eine lokale Variable behandelt wird, wissen Sie bereits. Doch was ist, wenn innerhalb der Funktion – z.B. zur Zwischenspeicherung von Ergebnissen – weitere Variablen benötigt werden? Nun, ganz einfach, diese Variablen werden, wie Sie es gewohnt sind, am Beginn der Funktion definiert. Ohne es zu ahnen, haben Sie bereits von Anfang an mit lokalen Variablen gearbeitet. So ist jede Variable, die innerhalb der *main*-Funktion definiert wird, eine lokale Variable, denn sie ist nur innerhalb der *main*-Funktion gültig.

Am Beginn jeder Funktion können beliebig viele Variablen definiert werden. Es sind lokale Variablen, denn sie sind nur innerhalb der Funktion gültig.

Als Beispiel soll eine Funktion dienen, die eine *long*-Zahl *n* als Parameter hat und alle Zahlen von 1 bis *n* aufaddiert. Die Summe ist das Funktionsergebnis, das über die *return*-Anweisung zurückgegeben werden soll.

```
A   #include <stdio.h>
B   long summe (long);      /* Globale Variable */
    void main()
    {
C   long Anzahl = 2003;
D   printf("Die Summe ist %ld\n",summe(Anzahl));
    }
E   long summe (long n)
    {
F   long index, sum;

    /* Summe berechnen */
G   for (index=1, sum=0; index<=n; index++)
        sum = sum + index;

    /* Resultat zuruückgeben */
H   return (sum);
    }
```

Erläuterungen

A Die *#include*-Anweisung wird für die *printf*-Funktion benötigt.

B Der Funktionsprototyp der Funktion *summe* legt den Datentyp des Rückgabewertes und den des Funktionsparameters fest.

C In der Funktion *main* wird die (lokale) Variable *Anzahl* definiert und mit dem Wert 2003 initialisiert.

D Über die *printf*-Funktion wird die Funktion *summe* mit dem aktuellen Wert der Variablen *Anzahl* aufgerufen.

E Dies ist der Funktionskopf der Funktion *summe*. Der Funktionsparameter erhält den Namen *n*, er wird innerhalb der Funktion wie eine lokale Variable behandelt.

F Innerhalb der Funktion *summe* werden die beiden lokalen Variablen *index* und *sum* definiert.

G Durch eine *for*-Schleife wird die Summe gebildet und in der lokalen Variablen *sum* gespeichert.

H Die *return*-Anweisung gibt den Wert von *sum* an die *main*-Funktion zurück. Dort wird er über die *printf*-Funktion ausgegeben.

Kommt Ihnen das nicht bekannt vor? Kein Wunder, denn die Definition der lokalen Variablen *index* und *sum* wird genauso vorgenommen wie die Definition der Variablen *Anzahl* im Hauptprogramm, das heißt in der Funktion *main*.

C 99

Erwähnt wurde bereits, dass die Definition von lokalen Variablen nur am Beginn einer Funktion bzw. eines in geschweifte Klammern eingeschlossenen Blocks möglich ist. Diese Einschränkung ist in C99 völlig aufgehoben. Hier dürfen Variablendefinitionen an jeder Stelle im Programm vorgenommen werden.

Hierbei erhebt sich allerdings die Frage, ob das denn wirklich ein Vorteil ist. Die Forderung, alle lokalen Variablen am Beginn einer Funktion definieren zu müssen, sorgt doch für mehr Übersichtlichkeit. Es ist immer sofort ersichtlich, welche Variablen diese Funktion benötigt. Und wenn man einmal den Faden verloren haben sollte und nicht mehr weiß, welchen Typ eine bestimmte Variable hat, weiß man immerhin sofort, wo man nachsehen muss, um dies zu erfahren.

In der Tat ist das fast ein Glaubenskrieg. Die einen plädieren heftig dafür, die anderen dagegen. Wenn der C99-Standard diese Möglichkeit nun anbietet, muss es doch auch gewichtige Gründe dafür geben. Und die gibt es tatsächlich. Zunächst einmal existiert diese Möglichkeit durch die erwähnte »Blockdefinition« bereits in abgeschwächter Form, ist also nichts wirklich Neues. Der Programmierer wird jedenfalls von der Notwendigkeit entlastet, immer Blöcke definieren zu müssen, wenn er mitten in einer Funktion lokale Variablen definieren möchte.

Ein echter Vorteil ist, dass Variablen immer erst dann definiert werden müssen, wenn sie wirklich benötigt werden. Dies kann die Speicherverwaltung enorm entlasten und damit auch Laufzeitvorteile bringen. Ebenso ist es natürlich viel angenehmer, bei einer eventuellen Umstrukturierung des Programms komplette Blöcke mit Variablendefinitionen und Anweisungen von einer Funktion in eine andere zu verschieben anstatt sich mühsam vom Anfang der Funktion die Variablendefinitionen herauszupicken, die zu dem Anweisungsblock gehören.

Ein Beispielprogramm für Bibliotheksfunktionen (bier.c)

Das folgende Beispiel wurde für unsere Leser im süddeutschen Raum entwickelt. Stellen Sie sich vor, Sie sitzen an einem heißen Sommertag in einem Münchener Biergarten. Vor Ihnen steht die lang ersehnte kühle Maß mit einer stattlichen Schaumkrone. Doch halt, vor dem Genuss gilt es noch, eine Rechenaufgabe zu lösen. Wie lange dauert es, bis von der Schaumkrone nur noch eine Lage Bläschen übrig geblieben ist? Zum Glück sind Sie angehender

C-Experte und können dieses kleine Problem elegant mit einer Bibliotheksfunktion lösen. Eine Bierschaumkrone besitzt nämlich mit einem Urankern eine interessante Gemeinsamkeit, beide zerfallen nach den gleichen Gesetzmäßigkeiten, die durch eine einfache Funktion beschrieben werden können. Damit der nicht aufzuhaltende Zerfall Ihrer Bierschaumkrone nicht zur bitteren Realität wird, sollten Sie die für die Lösung des Problems zuständige *log*-Funktion (der Funktionsprototyp befindet sich in der Header-Datei *math.h*) in ein C-Programm einbauen.

Als Parameter benötigt diese Funktion den Durchmesser des Bierglases (0.07 m), den Radius eines Bierschaumbläschens (0.01 m) und die Halbwertszeit des Bierschaumzerfalls. Letzterer hängt von der Biersorte ab und wurde von uns in mühevoller Kleinarbeit im letzten Sommer empirisch ermittelt. Damit ergibt sich folgender Funktionsaufruf:

```
t_ende = -t_halb * (log(h_ende) - log(h_0)) / log(2);
```

In dieser Formel ist *t_halb* die ermittelte Halbwertszeit, die natürlich von der Biersorte abhängt. Bei *h_0* handelt es sich um die Anfangshöhe der Bierschaumkrone in cm, während *h_ende* die Höhe der letzten Schaumlage (der Wert beträgt 0.0002m) darstellt. Das Ergebnis *t_ende* ist die Zeitspanne, die der Bierschaum benötigt, um auf diesen Endwert zu zerfallen.

```
/* Programm bier.c erstellt am 13.2.94 */
/* Made by Butthead Juergen R           */

    #include <stdio.h>
A   #include <math.h>
    #include <stdlib.h>

    /* Hier werden die Halbwertszeiten für den
       Bierschaum der jeweiligen Biersorten
       festgelegt
    */

B   const float     hweiss=60;
    const float     hpils=75;
    const float     hdunkel=90;

    /* h_ende bezeichnet die Höhe des Bierschaums,
       bis zu der die Zeit gemessen wird.
    */

void main()
{
    const float     h_ende=0.2;

    int sorte,wahl;
```

```
    float t_halb, t_ende, h_0;

    printf ("Welche der folgenden drei Biersorten
             trinken Sie?\n\n");
    printf ("1. Hefe-Weizenbier\n");
    printf ("2. Pils\n");
    printf ("3. Dunkelbier\n\n");
    printf ("0. Ich trinke kein Bier\n\n");

    printf("Geben Sie eine der Zahlen ein ");

    wahl=0;
C    while (wahl!=1)
    {
D    scanf("%d",&sorte);
     printf("\n");

E    if (sorte==1)
     {
      t_halb = hweiss;
      wahl=1;
     }
     if (sorte==2)
     {
      t_halb=hpils;
      wahl=1;

     }

     if (sorte==3)
     {
      t_halb = hdunkel;
      wahl=1;
     }

F    if (sorte==0)
       return;
G   }

H   printf("Wie hoch ist der Bierschaum im Glas
           (0.4l) in cm? ");
    scanf("%f",&h_0);
    printf("\n");

    /* An dieser Stelle erfolgt die eigentliche
       Berechnung nach der Zerfallsformel, wie sie
       z.B. für den radioaktiven Zerfall gilt.
    */
```

```
I   t_ende = -t_halb * (log(h_ende) - log(h_0)) /
              log(2);

J   printf("\n");
    printf("Bis der Schaum nur noch eine Lage
            Blasen hoch ist,\n");
    printf("dauert es %f", t_ende);
    printf(" Sekunden\n");
}
```

Erläuterungen

A In der Header-Datei *math.h* ist der Funktionsprototyp der *log*-Funktion enthalten.

B Diese Konstanten legen die empirisch ermittelten Halbwertszeiten für den Bierschaum der einzelnen Biersorten fest.

C Die *while*-Schleife dient der Eingabe der Kennzahl der Biersorte, die für die Berechnung benutzt werden soll. Sie wird erst verlassen, wenn eine der vorgesehenen Zahlen 0–3 eingegeben wurde. In der Schleifenbedingung wird die Variable *wahl* benutzt, die in der Schleife bei korrekter Benutzereingabe auf 1 gesetzt wird.

D Die Kennzahl der Biersorte wird von der Tastatur abgefragt.

E Diese und die folgenden *if*-Anweisungen speichern zum einen die gemäß der gewählten Biersorte gültigen Halbwertszeiten in der Variablen *t_halb* und setzen zum anderen die Variable *wahl* auf den Wert 1, damit die *while*-Schleife abgebrochen werden kann.

F Diese *if*-Anweisung dient der Beendigung des Programms, falls als Kennzahl 0 eingegeben wurde. Da *main* keinen Rückgabewert besitzt, wird die *return*-Anweisung ohne Wert benutzt.

G Hier endet die *while*-Schleife für die Eingabe.

H Nun wird die aktuelle Höhe des Bierschaums abgefragt.

I Diese Formel berechnet die gesuchte Zerfallsdauer.

J In dieser und den folgenden Zeilen wird das Resultat der Berechnung auf dem Bildschirm ausgegeben.

4.7 Die Rolle des Funktionsprototypen

Ist das Prinzip der Parameterübergabe bereits wichtig, so muss das Thema Funktionsprototypen als extrem wichtig bezeichnet werden. Nach dem ANSI-C-Standard, der für alle modernen C-Compiler verbindlich ist, muss jede Funktion einen **Funktionsprototypen** besitzen. Anhand des Funktionsprototypen kann der Compiler überprüfen, ob beim Aufruf einer Funktion die Anzahl und die Typen der übergebenen Parameter stimmen. Der Funktionsprototyp wird entweder im C-Programm oder, was bei größeren Dateien üblich ist, in einer separaten *Include-Datei* (Dateierweiterung *.h*) aufgeführt. Diese Dateien werden auch als **Header-Dateien** bezeichnet.

> Die Header-Dateien der Bibliotheksfunktionen befinden sich, wenn bei der Installation des Compilers nichts anderes festgelegt wurde, im Unterverzeichnis *include*.

Diese Header-Dateien werden zu Beginn eines C-Programms über eine *#include*-Anweisung eingelesen:

Beispiel

```
#include <stdio.h>
```

Diese Anweisung finden Sie in den meisten C-Programmen. Sie bewirkt, dass der Inhalt der Datei *stdio.h* verarbeitet wird, die eine Reihe von Funktionsprototypen enthält, unter anderem für die Funktionen *printf* und *scanf*. Der Inhalt von Header-Dateien wird so verarbeitet, als hätten Sie ihn direkt über die Tastatur eingegeben. Header-Dateien sind daher einzig und allein eine (enorme) Arbeitserleichterung.

Funktionen müssen deklariert werden

Der Funktionsprototyp wird auch als Funktionsdeklaration bezeichnet. Der C-Compiler erwartet, dass jede Funktion, mit Ausnahme der Funktion *main*, vor ihrem ersten Aufruf deklariert wird. Bei der Deklaration einer Funktion wird festgelegt, wie die Funktion heißen soll, welchen Typ die Funktionsparameter und welchen Typ der Rückgabewert besitzt.

> Fehlt die Deklaration einer Funktion, gibt der Compiler eine Warnung aus, das Programm wird aber korrekt übersetzt. In einigen Fällen führt das Fehlen einer Funktionsdeklaration aber auch zu einer Fehlermeldung.

Beispiel

```
int Summe (int, int)
```

Bei der Deklaration wird die Funktion noch nicht ausgeführt. Dies geschieht erst beim Aufruf der Funktion. Auch müssen die formalen Parameter noch keine Namen erhalten, der Compiler interessiert sich zu diesem Zeitpunkt nur für die Datentypen der Funktionsparameter.

Der Sinn einer Funktionsdeklaration besteht darin, Fehler beim Aufruf von Funktionen zu vermeiden. Die Funktionsdeklaration informiert den Compiler über den Typ der Funktionsparameter und den Typ des Rückgabewertes der Funktion.

Im Unterschied zum Funktionskopf bei der Definition einer Funktion wird die Deklaration einer Funktion durch ein Semikolon abgeschlossen.

Diese Warnung bezüglich eines fehlenden Prototypen erscheint bei einigen C-Compilern nicht in jedem Fall, sondern in Abhängigkeit von Einstellungsparametern für die so genannte Warnstufe.

Kurz zusammengefasst: Der Funktionsprototyp sagt dem Compiler, welchen Datentyp der Rückgabewert und die einzelnen Parameter besitzen. Ohne einen solchen Prototypen wüsste der Compiler dies erst beim Auftreten der eigentlichen Funktionsdefinition. Und die liegt in der Regel erst hinter dem Aufruf der Funktion. Eine Überprüfung wäre dann nicht mehr möglich. Wird eine Funktion mit den falschen Parametertypen, mit zu wenigen oder zu vielen Parametern aufgerufen, gäbe es für den Compiler keine Möglichkeit, dies festzustellen.

Probieren Sie den Einfluss der Funktionsprototypen ruhig noch einmal aus. Rufen Sie die Funktion *doppel* aus Lektion 4.3 einmal absichtlich falsch auf, so falsch wie es nur irgend geht. Merkt der Compiler etwas? Na klar! Sie können den Compiler natürlich auch ärgern: Entfernen Sie den Prototypen einfach. Natürlich merkt er sofort, dass der Prototyp fehlt. Das ist ihm auf jeden Fall eine Warnung, manchmal sogar eine gehässige Fehlermeldung wert.

Die Rolle der Header-Dateien

Die Funktionsprototypen hängen mit den Header-Dateien eng zusammen, denn die Prototypen aller Bibliotheksfunktionen sind in separaten Header-Dateien enthalten. Da diese über eine *#include*-Anweisung in ein Programm eingebunden werden, werden sie manchmal auch als **Include-Dateien** bezeichnet.

Eine Header-Datei ist nichts anderes als eine Textdatei, die Funktionsprototypen und Konstantendefinitionen enthält.

Header-Dateien sind nicht nur den Funktionsbibliotheken vorbehalten. Sobald Ihre Programme mehr als ein halbes Dutzend Funktionen enthalten, sollten Sie die Funktionsprototypen in einer eigenen Datei zusammenfassen. Auf das letzte Beispielprogramm bezogen könnten Sie den Funktionsprototyp

```
short doppel ( short );
```

auch in einer Datei mit dem Namen *doppel.h* auslagern. Einen Vorteil bringt dies im Moment natürlich noch nicht. Aber vielleicht trägt diese Maßnahme dazu bei, dass Sie mit Header-Dateien unbefangener umgehen.

4.8 Zufallszahlen

Keine Programmiersprache kommt ohne Zufallszahlen aus. Sie werden gebraucht, um Spielprogramme, stochastische Experimente oder Simulationen durchzuführen. Sie verleihen dem ansonsten sehr nüchternen Computer einen Hauch von Unberechenbarkeit, der die ganze Angelegenheit sehr reizvoll macht. Zufallszahlen werden in C über die Bibliotheksfunktion *rand* erzeugt, deren Funktionsprototyp sich in der Header-Datei *stdlib.h* befindet. In der Regel wird der Zufallszahlengenerator zuvor über die Funktion *srand* initialisiert.

Ein Beispielprogramm für die rand-Funktion (pizufall.c)

Stellen Sie sich vor, ein tragisches Missgeschick hätte Sie in eine Verzerrung des Raum-Zeit-Kontinuums geraten lassen und Sie dadurch unversehens in die griechische Antike versetzt. Vor Ihnen sitzt zufällig ein etwas merkwürdig aussehender alter Grieche, der mit einem Hirtenstock scheinbar sinnlos Kreise in den Sand zeichnet. »Störe nicht meine Kreise« erwidert der Greis, als Sie sich ihm nähern, »ich habe ein schwieriges Problem zu lösen.« Bei dem Wort Kreis fällt Ihnen natürlich sofort die Kreiszahl *Pi* ein, und auf einmal ist Ihnen klar, wer Ihnen da gegenüber sitzt. Dem Mann müsste man doch helfen können, doch wie war noch einmal der Wert von *Pi*? Da Sie zwar über keine besonders guten Erinnerungen an den Mathematikunterricht, dafür aber über solide C-Kenntnisse verfügen, liegt eine Lösung nahe. Mit einem Zufallszahlengenerator lässt sich nämlich der Wert für *Pi* recht gut annähern.

Bei diesem Verfahren, das auch als Monte-Carlo-Methode bezeichnet wird, wird die Fläche eines Quadrates mit Zufallspunkten ausgefüllt. Da sich innerhalb des Quadrates auch ein Kreis befindet, liegt ein bestimmter Prozentsatz der Punkte innerhalb der Kreisfläche. Nach einer bestimmten Anzahl an Punkten, z.B. 100, ergibt sich aus dem Verhältnis der Anzahl der Punkte innerhalb des Kreises zu der Gesamtzahl aller Punkte, die alle innerhalb des Quadrates liegen, eine Annäherung an die Kreiszahl *Pi*. Diese Methode nutzt den Umstand aus, dass der Radius des Kreises so gewählt wird, dass er der halben Seitenlänge des Quadrats entspricht. Da sich die Fläche des Kreises nach der Formel $Pi * Radius^2$ berechnet, und die des Quadrats mit $4 * Radius^2$, kürzt sich der Radius heraus und *Pi* bleibt übrig. Da das Verhältnis der beiden Flächen aber dem bereits erwähnten Verhältnis der beiden Punktzahlen entspricht, ergibt sich somit ein angenäherter Wert für *Pi*. Je besser der Zufallsgenerator ist, desto besser ist der Näherungswert für *Pi*. Sie werden allerdings feststellen, dass die ANSI-C-Funktion *rand* nicht besonders gut geeignet ist.

```
  /* Erstellung von pizufall.c am 13.2.94 */
    /*   Autor: Dipl. Phys. Jürgen Riedel    */

    #include <stdio.h>
    #include <stdlib.h>

    void main()
    {
     int   i, maxiter;
A    float in_kreis, x, y, z, pi;

     in_kreis=0;
     printf("Geben Sie die Anzahl der Iterationen an: ");
     scanf("%d",&maxiter);

     /* Initialisierung des Zufallsgenerators */
B    srand(1);
     for (i=0; i<maxiter; i++)
     {
     /* Berechnung der x- und y-Koordinaten mittels
        Zufallsgenerator */
C     x = rand() % 10;
      y = rand() % 10;
     /* Berechnung des Hypothenusenquadrates nach
        Pythagoras   */
      z = (x*x+y*y);
     /* Liegt das Hypothenusenquadrat noch im
        Viertelkreis ?  */
D     if (z <= 100.0)

     /* Aufsummieren aller Punkte, die innerhalb des
        Viertelkreises liegen */
E     in_kreis++;
     }

    /* Berechnung des Verhältnisses der Punkte, die im
       gesamten  Kreis liegen, zu den Punkten, die
       außerhalb liegen */
F   pi = 4 * in_kreis / maxiter;
    printf("Das Ergebnis ist: pi=%f\n",pi);
    }
```

Erläuterungen

A Definition einer Reihe von Variablen, die, da es auf Genauigkeit ankommt, den Datentyp *float* erhalten.

B Initialisierung des Zufallszahlengenerators.

C Erzeugen zweier zufälliger Koordinaten im Bereich 0 bis 10, das heißt den Abmessungen des Quadrats.

D Diese Abfrage prüft über den Satz des Pythagoras, ob der Punkt (x, y) im Viertelkreis liegt.

E Wenn dies der Fall sein sollte, wird die Variable *in_kreis* erhöht.

F Nach Beendigung der Schleife wird die Anzahl der Treffer durch die Anzahl der Schleifendurchläufe geteilt und mit 4 multipliziert. Das Resultat sollte dem Wert der Kreiszahl *Pi* nahe kommen.

4.9 Der Gültigkeitsbereich von Variablen

Sie wissen nun, wie eine Funktion aufgebaut ist, wie sie aufgerufen wird und auf welche Weise Funktionsparameter übergeben werden. Sie wissen auch, dass die übergebenen Funktionsparameter innerhalb der Funktion wie Variablen behandelt werden. Noch nicht geklärt wurde dagegen, was es mit dem **Gültigkeitsbereich** von Variablen auf sich hat und welchen Gültigkeitsbereich jene Variablen besitzen, die bei einer Funktionsdefinition im Funktionskopf deklariert werden.

In dem folgenden Beispielprogramm sollen drei Zahlen über die Tastatur eingegeben und den Variablen *Zahl1*, *Zahl2* und *Zahl3* zugewiesen werden. Von diesen drei Variablen soll die Summe berechnet und der Variablen *Summe* zugewiesen werden. Die Ausgabe dieser Variablen soll von einer eigenen Funktion übernommen werden.

Die Umsetzung des Programms sollte Ihnen keine größeren Probleme bereiten. Als Erstes werden über die *scanf*-Funktion drei Werte von der Tastatur eingelesen und den Variablen *Zahl1*, *Zahl2* und *Zahl3* zugewiesen:

```
printf("Bitte die 1. Zahl eingeben:\n");
scanf("%g",&Zahl1);

printf("Bitte die 2. Zahl eingeben:\n");
scanf("%g",&Zahl2);

printf("Bitte die 3. Zahl eingeben:\n");
scanf("%g",&Zahl3);
```

Achten Sie auf den Formatkennzeichner, der diesmal »%g« heißt, da eine Fließkommazahl eingegeben wird. Auch die Summenbildung ist nicht weiter schwer:

```
Summe = Zahl1 + Zahl2 + Zahl3;
```

Die Ausgabe der Variablen *Summe* soll nun eine Funktion mit dem Namen *DruckeSumme* übernehmen. Dabei kann es sich um eine parameterlose Funktion handeln, denn der auszugebende Wert ändert sich nicht:

```
void DruckeSumme()
{
  printf("Die Summe ist: %g",Summe);
}
```

Vergessen Sie nicht den Funktionsprototypen, der zusätzlich *void* als »Funktionsparameter« enthalten muss:

```
void DruckeSumme(void);
```

Das komplette Programm besitzt somit den folgenden Aufbau:

```
#include <stdio.h>

void DruckeSumme ( void );

void main()
{
  float Zahl1, Zahl2, Zahl3, Summe;

  printf("Bitte die 1. Zahl eingeben:\n");
  scanf("%g",&Zahl1);

  printf("Bitte die 2. Zahl eingeben:\n");
  scanf("%g",&Zahl2);

  printf("Bitte die 3. Zahl eingeben:\n");
  scanf("%g",&Zahl3);
    /* Dateneingabe */
  Summe = Zahl1 + Zahl2 + Zahl3;
  DruckeSumme();
}

void DruckeSumme()
{
    printf("Die Summe ist: %g\n",Summe);
}
```

Bringen Sie das Programm zur Ausführung, und machen Sie sich auf eine Überraschung gefasst, denn es wird nicht funktionieren. Es kann auch nicht gehen. Der Grund dafür ist sicher nicht auf Anhieb zu finden. Er hängt mit dem Gültigkeitsbereich der Variablen *Summe* zusammen. Der Compiler bemängelt, dass er die Variable *Summe* nicht kennt. Dabei wurde diese Variable doch bereits definiert. Die Frage ist nur, wo wurde sie definiert, und an welcher Stelle will der Compiler die Variable *Summe* nicht kennen?

Wenn Sie genau aufpassen, finden Sie die Antworten auf beide Fragen selber heraus. Die Lösung liegt in dem Umstand, dass die Variable *Summe* im Hauptprogramm, das heißt in der *main*-Funktion, nicht aber in der Funktion *DruckeSumme* gültig ist. Daraus lässt sich eine wichtige Konsequenz ableiten: Eine Variable, die in einer Funktion definiert wird, ist nur innerhalb dieser Funktion gültig. Außerhalb dieser Funktion ist die Variable für den Compiler unbekannt.

Eine Variable ist nur in der Funktion gültig, in der sie definiert wird.

Um die Variable *Summe* dennoch in der Funktion *DruckeSumme* ansprechen zu können, gibt es eine einfache Lösung. Übergeben Sie die Variable *Summe* einfach als Parameter an die Funktion *DruckeSumme*. Die Funktion sieht nun folgendermaßen aus:

```
void DruckeSumme(float Ergebnis)
{
  printf("Die Summe ist: %g\n",Ergebnis);
}
```

Beachten Sie, dass der Name der lokalen Variablen, die beim Aufruf der Funktion *DruckeSumme* den aktuellen Wert der Variablen *Summe* erhält, nicht *Summe* lauten muss. Bei *Ergebnis* handelt es sich um eine eigenständige (lokale) Variable, die mit der (ebenfalls lokalen) Variablen *Summe* nichts zu tun hat. Beachten Sie ferner, dass sich der Gültigkeitsbereich der Variablen *Summe* nicht geändert hat.

Doch die Änderung der Funktion *DruckeSumme* ist nur die halbe Miete, auch der Funktionsaufruf muss angepasst werden:

```
DruckeSumme(Summe);
```

Fehlt nicht noch etwas? Richtig, auch der Funktionsprototyp ist zu aktualisieren, denn ansonsten beschwert sich der Compiler sofort mit einer anderen Fehlermeldung:

```
void DruckeSumme ( float );
```

Obwohl die Funktion *DruckeSumme* nach wie vor keinen Rückgabewert besitzt, wird ihr nun beim Aufruf ein Wert mit dem Datentyp *float* übergeben. Der Name des Funktionsparameters spielt beim Funktionsprototypen keine Rolle, da sich der Compiler nur für die Anzahl und die Datentypen der zu übergebenden Funktionsparameter interessiert.

Gibt es denn keine Möglichkeit, den Gültigkeitsbereich einer Variablen auszudehnen? Diese Möglichkeit gibt es. Sie entspricht wahrscheinlich dem, von dem Sie im ersten Moment bei der Umsetzung des letzten Beispielprogramms ausgegangen sind. Eine Variable, die in der Funktion *main* deklariert wird, sollte im gesamten Programm, das heißt in allen übrigen Funktionen gültig sein. Wie das Beispielprogramm jedoch gezeigt hat, nimmt die *main*-Funktion in dieser Beziehung keine Sonderstellung ein.

Globale Variablen

Es gibt jedoch eine einfache Möglichkeit, eine Variable so zu deklarieren, dass sie im gesamten Programm gültig ist. Deklarieren Sie die Variable ganz einfach außerhalb einer Funktion:

```
#include <stdio.h>

void DruckeSumme ( float);

float Summe;

void main()
{
float Zahl1, Zahl2, Zahl3;

...
```

Eine kleine Änderung mit großer Wirkung. Die Variable *Summe* wurde durch eine einfache Umstellung ihrer Position innerhalb des Programms zur **globalen Variablen**. Das Attribut global bezieht sich auf den Umstand, dass die Variable nun im gesamten Programm gültig ist, das heißt sowohl in der Funktion *main* als auch in der Funktion *DruckeSumme*. Bei den Variablen *Zahl1*, *Zahl2* und *Zahl3* handelt es sich nach wie vor um lokale Variablen, ihr Gültigkeitsbereich ist auf die *main*-Funktion beschränkt.

ACHTUNG

Eine globale Variable ist im gesamten Programm gültig, lokale Variablen dagegen nur innerhalb der Funktion, in der die Variablen deklariert wurden.

Natürlich stellt sich die berechtigte Frage, warum denn nicht einfach alle Variablen global deklariert werden? Damit müssten sich doch Probleme, wie sie im letzten Beispielprogramm aufgetreten sind, generell vermeiden lassen. Auch die Notwendigkeit, einzelne Variablen als Parameter an Funktionen übergeben zu müssen, entfiele damit. Nun, dies wäre nur auf den ersten Blick eine befriedigende Lösung. Die Möglichkeit, mit lokalen Variablen arbeiten zu können, ist nämlich eine der stärksten Eigenschaften einer Programmiersprache.

Warum? Zum einen macht die Möglichkeit, einer Funktion Parameter übergeben zu können, diese zu universellen Bausteinen. Eine Funktion, die nur mit globalen Variablen arbeitet, kann nicht mehr in andere Programme eingebunden werden, da die Funktion dann Annahmen über das Programm treffen müsste, wie z.B. hinsichtlich der Namen der globalen Variablen, die keinesfalls selbstverständlich sind. Eine Funktion ist als Programmbaustein erst dann universell anwendbar, wenn ihr die benötigten Werte als Parameter übergeben werden können. In diesem Fall muss sich das aufrufende Programm an die Datentypen der Funktionsparameter halten. Dass diese übereinstimmen, dafür sorgen bekanntlich die Funktionsprototypen. Und noch ein weiterer Vorteil ergibt sich aus dem lokalen Gültigkeitsbereich von Variablen. Sie können Variablennamen mehrfach verwenden. Besteht ein Programm aus einer bestimmten Anzahl von Funktionen, kann in jeder einzelnen Funktion z.B. der Variablenname *Zahl* eingesetzt werden.

Eine Alternative: die #define-Anweisung

Nun kann es sein, dass Sie die gesamte Diskussion um den Gültigkeitsbereich von Variablen über sich ergehen ließen und sich dabei fragten: Warum arbeitet man hier nicht einfach mit der *#define*-Anweisung und ersetzt den Befehl zur Ausgabe der Variablen durch eine Konstante? Nein, das wäre ein wenig zu einfach gewesen, und außerdem hätten Sie dann nichts über den Gültigkeitsbereich und globale Variablen gelernt. Und gerade dies sind Themen, auf die es bei der C-Programmierung ankommt.

Dennoch soll Ihnen auch die einfachste aller Lösungen nicht vorenthalten werden. Was sagen Sie denn zu folgendem:

```
#define DruckeSumme printf("Die Summe ist: %g",Summe)
```

Die Textkonstante *DruckeSumme* steht für den Aufruf der *printf*-Funktion. Überall, wo im Programm die Konstante *DruckeSumme* auftaucht, ersetzt sie der Präprozessor durch die *printf*-Funktion. Die Notwendigkeit, eine Funktion aufrufen zu müssen, entfällt samt Parameterübergabe und Gültigkeitsbereichbeschränkungen. Natürlich ist eine derartige Lösung nur sinnvoll, wenn es sich wie hier um eine einzige Anweisung handelt. Zwei oder drei Anweisungen wären vielleicht auch noch zu vertreten, dann aber sollte Schluss sein.

Zu beachten ist, dass bei der Definition einer Textkonstanten, die für mehrere Anweisungen stehen soll, diese mit geschweiften Klammern zu einem Block zusammengefasst werden sollten. Denn was würde in folgendem Fall geschehen?

```
#define SCHIEB x = y; y = z; z = -1
if (x > y) SCHIEB;
```

Ein ähnliches Problem wurde in Lektion 2.6 bereits besprochen. Da durch den Präprozessor nur ein reiner Textersatz durchgeführt wird, würde die *if*-Anweisung nach Durchlauf des Präprozessors so aussehen:

```
if ( x > y ) x = y; y = z; z = -1;
```

Das heißt, die Anweisungen

```
y = z;
```

und

```
z = -1;
```

würden auf jeden Fall durchgeführt, lediglich die Anweisung *x = y;* wäre von der Bedingung *x > y* abhängig. Und das ist sicher nicht im Sinne des Erfinders.

4.10 Alternativen zu Funktionen – die Makros

Erinnern Sie sich nun bitte an das letzte Kapitel. Da wurde eine *#define*-Anweisung vorgestellt, mit der problemlos an allen Stellen im Programm der Wert einer Variablen auf dem Bildschirm ausgegeben werden kann. Sie lautet:

```
#define DruckeSumme printf("Die Summe ist: %g\n",Summe)
```

Der kleine Schönheitsfehler: Der Name der Variablen ist fest vorgegeben. Möchten Sie diese für eine zweite Variable benutzen, müssen Sie auch eine zweite *#define*-Anweisung schreiben.

Und nun die gute Nachricht: Ähnlich wie eine Funktion kann auch *#define* mit Parametern arbeiten. Man spricht in diesem Fall von einem Makro. Und das definieren Sie so:

```
#define DruckeSumme(x) printf("Die Summe ist: %g\n",x)
```

Natürlich muss der Wert, der ausgegeben werden soll, beim Aufruf des Makros mit angegeben werden. Aber keine Angst: Wenn Sie ihn vergessen, wird Sie der Präprozessor mit einer passenden Fehlermeldung darauf aufmerksam machen. Und so sieht der Aufruf aus:

```
DruckeSumme(summe);
```

Jetzt werden Sie wahrscheinlich sagen: Das ist ja sehr schön, dass nun mit Makros dasselbe erreicht werden kann, wie es sich mit Funktionen bereits realisieren lässt. Der entscheidende Punkt ist aber: Welchen Vorteil bringt es? Ganz klar: Ein Funktionsaufruf kostet Rechenzeit. Und wenn in einer Funktion nur eine oder zwei Anweisungen stehen, kann es schon sinnvoll sein, ein Makro zu verwenden.

Der Haken ist aber, dass das ausführbare Programm auf diese Weise größer wird, also mehr Arbeitsspeicher verbraucht. Denn an jeden Aufruf des Makros kopiert der Präprozessor den gesamten Text des Makros. Sie haben also die Auswahl: ein schnelles, aber großes Programm durch Makros, ein kleines, aber langsameres Programm durch Funktionen. Sie müssen sich entscheiden.

Mehrzeilige Makros

Eines ist aber schon mal klar: Besonders umfangreich können Makros nicht sein. Zwar ist es theoretisch möglich, Makros mit mehreren Zeilen zu definieren. Hierfür wird mit dem Symbol \ am Ende der Zeile festgelegt, dass eine weitere Zeile folgt. Denken Sie aber an die Konsequenzen: Denn Sie wissen ja, dass Makros vom Präprozessor verarbeitet werden. Jeder Aufruf wird durch den kompletten Text des Makros ersetzt. Und bei vielen Aufrufen kann der Programmtext sehr groß werden. Und das ist ja gerade das, was durch den Einsatz von Funktionen vermieden werden soll.

Beispiel:

```
#define Drucke(a,b,s) { printf("Erster Summand: %d\n",a); \
printf("Zweiter Summand: %d\n", b); \
printf("Summe: %d\n", s); }
```

Beherzigt ist hier auch schon der Rat aus der letzten Lektion, mehrere Anweisungen mit einer geschweiften Klammer zusammenzufassen, damit das Makro auch in einer *if*-Anweisung benutzt werden kann.

Typenlose Parameter

Vielleicht ist Ihnen ja schon aufgefallen, dass im Gegensatz zu der Definition von Funktionen die Typen der Parameter nicht angegeben werden müssen. Das ist ja auch klar, denn der Präprozessor nimmt nur eine Textersetzung vor, während der Compiler dann sehen muss, ob es passt.

Das eröffnet Ihnen natürlich Möglichkeiten, die Sie mit Funktionen nicht haben. Sie können sich Makros definieren, die mit Parametern verschiedener Typen funktionieren. Sehen Sie sich dies mal an:

```
#define DURCH2(x) x=x/2
```

Ein ziemlich unspektakuläres Makro, das nichts anderes tut, als den Wert des Parameters zu halbieren. Aber überlegen Sie: Ob Sie beim Aufruf eine *short*-, eine *long*- oder *double*-Variable angeben, es wird immer funktionieren. Um dasselbe mit einer Funktion zu erreichen, müssten Sie für jeden möglichen Parametertypen eine eigene Funktion samt Prototyp schreiben.

Makros in Ausdrücken

Bisher bestanden alle Makros aus einer oder mehreren Anweisungen und konnten daher auch nur anstelle einer Anweisung eingesetzt werden. Wieso sollte das nicht auch in Ausdrücken funktionieren? Dann muss das Makro natürlich einen Wert zurückliefern. Aber das sollte doch kein Problem sein:

```
#define ZWOELFPROZENT(x) (x*12/100)
```

Dieses Makro berechnet zwölf Prozent des Parameters und kann nun folgendermaßen benutzt werden. Ähnlichkeiten zu tatsächlich existierenden Steuerformeln sind natürlich ausgeschlossen:

```
steuer = grundbetrag + ZWOELFPROZENT(gewinn);
```

Überlegen Sie, was der Präprozessor daraus macht:

```
steuer = grundbetrag + (gewinn*12/100);
```

Das sieht doch ganz vernünftig aus, oder? Es bliebe noch zu erwähnen, dass auch solche Makros für Parameter von verschiedenem Typ benutzt werden können. Und die Klammern bei der Definition des Makros helfen bei der Vermeidung von so manchem Problem. Warum? Nun, wenn Sie es nicht wissen, dann blättern Sie noch einmal zurück zum Abschnitt über den Präprozessor. Die Definition der Konstanten *DOPPELVIER* hat ja erst bei Benutzung der Klammern korrekt funktioniert.

Bedingte Bewertung

Eine Sache fehlt nun noch, die unbedingt zu diesem Thema gehört, auf den ersten Blick aber nicht einfach zu durchschauen ist. Eine Sache, die viel zu dem Ruf von C beiträgt, eine schwer verständliche Sprache zu sein. Aber nur Mut, so schwierig ist es auch wieder nicht.

Zu Beginn ein kleines Beispiel:

```
if ( x>0 )
  y = 1;
else
  y = -1;
```

Das ist für Sie nichts Neues. Der Variablen *y* wird abhängig von der Bedingung *x>0* der Wert 1 oder –1 zugewiesen. Das Ziel soll nun sein, ein Makro *SIGN* zu definieren, das eine Zuweisung der folgenden Form gestattet:

```
y = SIGN(x);
```

Überlegen Sie doch einmal, wie Sie das mit den bisher vorgestellten Mitteln bewerkstelligen können. Und wenn Sie etwas finden, können Sie einen Preis gewinnen. Bevor Sie aber »Hurra!« schreien: Probieren Sie es bitte mit Ihrem Compiler aus...

Fündig geworden? Wohl kaum. Denn genau hierfür bietet C eine Kurzschreibweise, die Sie noch nicht kennen. Sie wird als bedingte Bewertung bezeichnet. Dem Beispiel von eben entspricht die Anweisung:

```
y = (x>0) ? 1 : -1;
```

Zu lesen wäre dies etwa wie folgt:

```
y = (falls x>0), dann 1, sonst -1
```

Sehen Sie sich dies genau an und vergleichen Sie mit dem ursprünglichen Beispiel. Wenn man es weiß, ist es doch einfach, oder? Klar ist dann natürlich auch, wie die gesuchte Makrodefinition zu lauten hat:

```
#define SIGN(x) ((x>0) ? 1 : -1)
```

Festzuhalten bleibt: Die bedingte Bewertung ist aus Sicht des Compilers ein Ausdruck, der einen Wert liefert. Sie besteht aus drei Komponenten, und zwar einer Bedingung und zwei alternativen Teilausdrücken. Sie werden in dieser Reihenfolge angegeben: *Bedingung ? Teilausdruck1 : Teilausdruck2*. Wenn die Bedingung erfüllt ist, hat der gesamte Ausdruck den Wert von Teilausdruck1. Ist die Bedingung dagegen nicht erfüllt, weist der gesamte Ausdruck den Wert von Teilausdruck2 auf.

Halb Funktion, halb Makro, das ist eine **Inline-Funktion**. Dieses von C++ bereits bekannte Konzept ist im neuen C99-Standard verfügbar. Eine Inline-Funktion wird genau wie eine »herkömmliche« Funktion definiert, natürlich mit dem Zusatz *inline*. Und nicht nur das, sie verhält sich auch exakt genauso.

Das heißt, es gibt Parameter mit fest vorgegebenen Typen, es gibt lokale Variablen usw. Allerdings wird – und das ist der Unterschied – für jeden Aufruf der Code der gesamten Funktion an die betreffende Stelle kopiert, wie eben bei einem Makro. Sie wird daher schneller ausgeführt, der Speicherverbrauch steigt aber.

Beispiel:

```
inline long max(long x, long y)
{
  if ( x>y )
    return x;
  else
    return y;
}
```

4.11 Test

1. Welche Aussagen treffen auf Funktionen zu?
   a. Funktionen dienen nur für mathematische Berechnungen.
   b. Funktionen sind die Grundbausteine eines C-Programms.
   c. Funktionen sind Platzhalter für Befehle und Zuweisungen.
   d. Funktionen können wie Variablen einen Wert besitzen.

2. Welche Fehler stecken in folgenden Programmbeispielen?

   a. `n = Funny ( x );`

   b.
   ```
   int n
   n = Funny ( x);
   ...
   char Funny ( int f1)
   {
   return(5);
   }
   ```

   c. `Funny(int x1, x2, x3);`

3. Gibt es eine Begrenzung für die Anzahl an Funktionen in einem C-Programm?

4. Welche Bedeutung hat *void* vor dem Funktionsnamen bei der Deklaration einer Funktion?

5. Was passiert, wenn die Deklaration einer Funktion vergessen wird?

6. Das folgende Programmbeispiel enthält mindestens drei Fehler:

```
#include <stdio.h>

void TestFun(float, float);

main()
{
  int x,y;
  x = TestFun(y, 3.14);
}

void TestFun(int F1, int F2)
{
...
}
```

7. Schreiben Sie eine Funktion *sincos*, die für einen beliebigen *double*-Wert *x* den Ausdruck *sin(x)+cos(x)* berechnet.

8. Die Funktion mit dem Namen *vonbis* soll alle *long*-Zahlen von einem Start- bis zu einem Endwert addieren. Die Summe soll zurückgegeben werden. Für den Startwert 6 und den Endwert 9 ergibt sich also z.B. ein Resultat von 30.

9. Eine Funktion *pi* soll den Wert der gleichnamigen mathematischen Konstanten zurückgeben. Sie hat den Wert 3.1415926534. Schreiben Sie eine solche Funktion. Wie lautet der zugehörige Prototyp? Ist es überhaupt sinnvoll, zu diesem Zweck eine Funktion zu schreiben, oder sehen Sie eine andere Möglichkeit? Denken Sie bei der Beantwortung dieser Frage daran, dass Sie die Funktion *pi* in Ausdrücken wie *umf=2*pi()*rad;* verwenden wollen.

10. Sabine hat in ihrem Programm das folgende Makro definiert:

```
#define DruckeErgebnis(a,b) { printf("Komponente a: %d\n",a); \
printf("Komponente b: %d\n",b); }
```

Dieses Makro ruft sie folgendermaßen auf:

```
if ( komponente1<0 )
  DruckeErgebnis(0, komponente2);
```

Alles funktioniert wunderbar und liefert das gewünschten Ergebnis. Im Zuge einer Programmerweiterung kommt zu der *if*-Abfrage noch ein *else*-Zweig hinzu. Damit sieht diese Konstruktion wie folgt aus:

```
if ( komponente1<0 )
  DruckeErgebnis(0, komponente2);
else
  DruckeErgebnis(komponente1, komponente2);
```

Leider beschwert sich der Compiler über die *else*-Anweisung. Können Sie Sabine erklären, woran es liegt? Hinweis: Überlegen Sie zunächst, wie der Präprozessor die Ersetzung des Makros *DruckeErgebnis* vornimmt.

11. Folgendes Makro findet sich in einem Programmtext:

```
#define MAX(x,y) ((x>y) ? x : y)
```

Offenbar wird hier das Maximum zweier Parameter *x* und *y* ermittelt, und auf den ersten Blick sieht die Makrodefinition einwandfrei aus. Inmitten einer komplizierten Schleife sehen Sie nun den Aufruf:

```
aktwert = MAX(maxwert++, startwert);
```

Hier geschehen gleich mehrere Dinge auf einmal. Es wird das Maximum zweier Werte berechnet, und gleichzeitig der eine inkrementiert, das heißt um 1 erhöht. So etwas ist in C nichts Ungewöhnliches. Für viele Programmierer ist es fast schon ein Sport, möglichst viel in eine einzelne Anweisung zu stecken.

Diese Programmierer kommen mit ihren derart geschriebenen Programmen meist auch wunderbar zurecht, wenn auch die Lesbarkeit für andere stark eingeschränkt ist. Hier jedoch wird es zu einem echten Problem kommen. Was sagen Sie dazu?

Die Lösungen zum Test finden Sie in Anhang A.

4.12 Übung

Im Folgenden soll ein Programm entwickelt werden, das eine Zahl zwischen 0 und 255 entgegennimmt, die Eingabe überprüft, die Zahl in eine Binärzahl umwandelt und wieder ausgibt.

Die Aufgabe soll in folgenden Schritten gelöst werden:

1. Festlegen eines allgemeinen Programmrahmens
2. Festlegen der zu verwendenden Funktionen
3. Deklaration dieser Funktionen
4. Definition dieser Funktionen
5. Prüfen des logischen Ablaufs
6. Übersetzen und Ausführen des Programms

Schritt 1: Festlegen des allgemeinen Rahmens

```
#include <stdio.h>

void main()
{

}
```

Der bislang in allen Beispielprogrammen verwendete Standardrahmen für C-Programme kann auch für dieses Beispielprogramm übernommen werden. Da noch nicht feststeht, welche Bibliotheksfunktionen benötigt werden, kann es unter Umständen erforderlich sein, zusätzliche *Include*-Anweisungen aufzuführen.

Schritt 2: Festlegen der zu verwendenden Funktionen

Das Programm muss in jedem Fall die Funktion *main* enthalten, denn diese Funktion legt den Beginn der Programmausführung fest. Des Weiteren wird eine Funktion mit dem Namen *PruefeEingabe* benötigt, welche feststellen soll, ob die eingegebene Zahl im Bereich 0 bis 255 liegt. Schließlich wird eine Funktion mit dem Namen *DezToBin* gebraucht, welche eingegebene Dezimalzahl in eine Binärzahl umwandelt.

Schritt 3: Deklaration der Funktionen

Bevor die Funktionen *PruefeEingabe* und *DezToBin* definiert werden, werden sie deklariert. Bei dieser Gelegenheit muss man sich schon einmal Gedanken darüber machen, welche Parameter den beiden Funktionen übergeben werden und welchen Rückgabewert sie besitzen sollen:

1. Deklaration von PruefeEingabe

Dieser Funktion wird die zu prüfende Zahl (Datentyp *int*) übergeben. Der Rückgabewert ist eine Variable, die entweder 0 oder 1 sein soll, das heißt ebenfalls den Typ *int* besitzt:

```
int PruefeEingabe(int);
```

2. Deklaration von DezToBin

Dieser Funktion wird die umzuwandelnde Zahl (Datentyp *int*) übergeben. Einen Rückgabewert gibt es nicht, da diese Funktion die umgewandelte Dezimalzahl auch ausgeben soll. Die Funktion erhält daher den Rückgabewert *void*:

```
void DezToBin (int);
```

Schritt 4: Definition der Funktionen

Nach der Deklaration der Funktionen *PruefeEingabe* und *DezToBin* folgt die Definition dieser Funktionen. Diese unterscheidet sich von der Deklaration in zwei Punkten. Zum einen muss bei der Definition auch ein Funktionsrumpf aufgeführt werden, zum anderen werden im Funktionskopf nun die formalen Parameter eingesetzt.

1. Definition von PruefeEingabe

```
int PruefeEingabe(int Eingabe)
{
  if ((Eingabe >= 0) && (Eingabe < 256))
     return (0);
  else
     return (1);
}
```

Je nachdem, wie groß der Wert des übergebenen Parameters *Eingabe* ist, wird über die *return*-Anweisung entweder eine 0 oder eine 1 zurückgegeben.

2. Definition von DezToBin

```
void DezToBin(int Zahl)
{
  int x, n;
  for (n=128; n >= 1; n/=2)
   {
     x = Zahl / n;
     Zahl = Zahl - x * n;
     printf("%d",x);
   }
}
```

Die Umwandlung einer Dezimalzahl in eine Binärzahl ist ein wenig trickreich, wenngleich nicht besonders schwierig. Die übergebene Zahl wird laufend durch Potenzen von 2 dividiert und das Ergebnis ausgegeben. Da es einen Potenzoperator in C nicht gibt, wird das Bilden der Zweierpotenzen durch Division durch 2 bewerkstelligt, beginnend bei 128. Die übergebene Zahl wird somit nacheinander durch 128, 64, 32, 16 usw. geteilt, wobei das Ergebnis entweder 0 oder 1 ist.

Schritt 5: Prüfen des logischen Ablaufs

Nach der Eingabe findet eine Überprüfung statt. Liegt die Zahl außerhalb des Bereichs, soll die Eingabe wiederholt werden. Aus diesem Grund findet sowohl die Eingabe als auch die Überprüfung innerhalb einer *while*-Schleife statt.

Diese wird so lange wiederholt, wie der Wert der Variablen *EingabeOk* den Wert 1 besitzt. Erst wenn der Wert dieser Variablen innerhalb des erlaubten Bereichs liegt, erhält die Variable *EingabeOk* den Wert 0, und die Schleife wird verlassen. Anschließend wird die Funktion *DezToBin* aufgerufen, welche die Dezimalzahl in eine Binärzahl umwandelt. Damit wäre das Programm fertig. Es sieht nun wie folgt aus:

```
#include <stdio.h>

void DezToBin(int);
int PruefeEingabe(int);

void main()
{
  int DezZahl;
  int EingabeOk = 1;

  while (EingabeOk)
  {
    printf("Geben Sie eine Zahl ein (0-255):");
    scanf("%d",&DezZahl);
    EingabeOk = PruefeEingabe(DezZahl);
    if (EingabeOk == 1)
      printf("Fehler bei der Eingabe!\n");
  }
  DezToBin(DezZahl);
}

int PruefeEingabe(int Eingabe)
{
  if ((Eingabe >= 0) && (Eingabe < 256))
     return (0);
```

```
  else
     return (1);
}

void DezToBin(int Zahl)
{
  int x, n;
  for (n=128; n >= 1; n/=2)
   {        /* Absichtlich ein wenig umständlich */
     x = Zahl / n;
     Zahl = Zahl - x * n;
     printf("%d",x);
   }
}
```

Schritt 6: Ausführen des Programms

Die Umsetzung des Programms geschieht auf die gleiche Weise wie bei allen anderen Beispielprogrammen auch. Nach der Ausführung wartet das Programm auf eine Eingabe und gibt den binären Wert der eingegebenen Zahl aus, wenn diese im festgelegten Bereich lag.

4.13 Zusammenfassung

Funktionen sind die Grundbausteine eines C-Programms. Die wesentlichen Vorteile von Funktionen sind:

- Mehrfach verwendete Programmteile müssen nur einmal eingegeben und können an beliebigen Stellen im Programm über einen Funktionsaufruf ausgeführt werden.
- Häufig benutzte Funktionen können in Funktionsbibliotheken zusammengestellt werden. Sie können somit von jedem Programm benutzt werden.
- Der Programmaufbau wird übersichtlicher.
- Funktionen können als »Black boxes« betrachtet werden, das heißt der Programmierer muss die Funktionsparameter und unter Umständen auch den Rückgabewert kennen, nicht aber den Aufbau der Funktion.
- Jedes C-Programm besitzt eine Funktion mit dem Namen *main*.
- Die Funktion *main* legt den Einsprungpunkt eines C-Programms fest.
- Eine Funktionsdefinition besteht aus einem **Funktionskopf** und einem **Funktionsrumpf**.
- Funktionen müssen vor ihrem ersten Aufruf deklariert werden.

4.14 Ausblick

In diesem Kapitel ging es um die Deklaration und die Definition von Funktionen. Sowohl für die Funktionsparameter als auch für die Rückgabetypen wurden bislang ausschließlich Standarddatentypen verwendet. Einer Funktion können jedoch auch komplexere Datentypen, z.B. Arrays oder Strukturen, übergeben werden. Auch beim Rückgabewert kann es sich um zusammengesetzte Datentypen handeln. Anders als die Standarddatentypen werden diese Datentypen aber in der Regel in Form eines Zeigers übergeben.

Dieser Ausblick geschah nicht ohne Hintergedanken. Er soll Sie nämlich schon einmal schonend darauf vorbereiten, was Sie in den nächsten beiden Kapiteln erwartet. Wir verlassen nämlich nun den »Ist doch wohl klar, wie das funktioniert«-Bereich der Programmiersprache C und betreten nun jene Gefilde, denen die Programmiersprache C ihre Attribute wie »kompliziert«, »schwierig zu erlernen«, aber auch »extrem leistungsfähig« oder gar »beste Programmiersprache der Welt« verdankt. In den folgenden beiden Kapiteln geht es mit den Zeigern und den Strukturen um die wohl wichtigsten Bereiche der Programmiersprache C. Da es sich um schwierige Themen handelt, werden Sie wohl den einen oder anderen Absatz mehrfach lesen müssen, um die Bedeutung zu verstehen. Dieser Ausblick soll Sie aber keineswegs abschrecken. Im Gegenteil, bleiben Sie am Ball, es lohnt sich.

Kapitel 5

jetzt lerne ich

Das Geheimnis der Zeiger und Arrays

In den ersten vier Kapiteln ging es um die Grundlagen der C-Programmierung. In diesem Kapitel steht mit den Zeigern ein Thema der etwas fortgeschritteneren C-Programmierung auf dem Programm. Zeiger gelten im Allgemeinen als schwierig zu verstehen und kompliziert in der Anwendung. Dass dem nicht so sein muss, soll dieses Kapitel beweisen. Dennoch werden Sie den Umgang mit Zeigern nicht an einem Nachmittag erlernen. Das Hauptverständnisproblem besteht darin, die Notwendigkeit eines Zeigers einzusehen. Arbeiten Sie dieses Kapitel daher besonders sorgfältig und vor allem in aller Ruhe durch, denn Zeiger gehören zu den wichtigsten Elementen der Programmiersprache C. Haben Sie das Prinzip der Zeiger in seinen Grundzügen verstanden, dürfte auch der Umgang mit Arrays für Sie kein Problem mehr bedeuten. Arrays haben Sie ja am Rande mit den Zeichenkettenvariablen bereits kennen gelernt, denn diese stellen ein Array vom Datentyp *char* dar.

Sie lernen in diesem Kapitel etwas über:

- Die Bedeutung von Zeigern
- Die Definition von Zeigervariablen
- Den Umgang mit Zeigern
- Das Arbeiten mit Arrays
- Das Sortieren eines Arrays
- Den Zusammenhang zwischen Zeigern und Arrays
- Die Übergabe von Zeigern als Funktionsparameter

Voraussetzungen für dieses Kapitel:

Um das Prinzip der Zeiger verstehen zu können, sollten Sie folgende Grundlagen beherrschen:

- Deklaration und Initialisierung von Variablen
- Die Rolle des Datentyps
- Wie Variablen gespeichert werden
- Das Prinzip der Parameterübergabe an eine Funktion

5.1 Zeiger

Zeigervariablen, oder kurz Zeiger, ermöglichen einen direkten Zugriff auf Variablen, da ein Zeiger die Adresse einer Variablen enthält. Mit Hilfe von Zeigern lassen sich daher viele Arbeiten durchführen, die ohne die Mitwirkung von Zeigern weit weniger elegant oder gar nicht zu lösen wären. Die Möglichkeit, mit Zeigern arbeiten zu können, ist einer der großen Vorteile, die C gegenüber den meisten anderen Programmiersprachen wie Basic bietet. Das folgende Beispiel soll deutlich machen, welche Vorteile die Verwendung von Zeigern in konkreten Programmsituationen bringen kann.

Erinnern Sie sich noch an die Übung in Lektion 3.5? Dort wurden in einer *for*-Schleife über die *toupper*-Funktion alle Kleinbuchstaben einer Zeichenkette in Großbuchstaben umgewandelt:

```
for (index=0, len=strlen(txt); index < len; index++)
  txt[index] = toupper(txt[index]);
```

In dieser Schleife wird bei jedem Durchlauf zweimal auf das Element *txt[index]* zugegriffen. Doch was geschieht bei einem solchen Zugriff genau?

Zugriff auf die Elemente einer Stringvariablen

Für den Compiler ist die Stringvariable *txt* nichts anderes als eine einzelne Speicherzelle im Arbeitsspeicher. Um diese Speicherzelle innerhalb des Programms ansprechen zu können, benötigt der Prozessor eine Nummer, die in diesem Zusammenhang als **Adresse** bezeichnet wird.

HINWEIS

Jede Speicherzelle besitzt eine Adresse, über die der Zugriff, das heißt das Schreiben oder Lesen von Werten geschieht.

Lassen Sie sich diese Aussage noch einmal durch den Kopf gehen. Sie besagt nichts anderes, als dass jede Variable für eine Adresse steht. Bei den numerischen Variablen kommen Sie als C-Programmierer mit der Adresse der Variablen nur in seltenen Ausnahmefällen in Berührung. Etwas anders sieht es bei den Stringvariablen aus. Wie Sie aus Kapitel 2 bereits wissen, kennt C keinen eigenen Datentyp für Stringvariablen. Eine Zeichenkette wird vielmehr in einer normalen Zeichenvariablen vom Typ *char* gespeichert. Doch das ist nur die halbe Wahrheit, denn da eine Zeichenkette aus mehr als einem Zeichen besteht, sorgen die eckigen Klammern bei der Definition der Zeichenvariablen dafür, dass ein ganzes Feld (Array), das heißt eine Aneinanderreihung von Zeichenvariablen definiert wird. Nun kommt der springende Punkt: Der Name der auf diese Weise definierten Stringvariablen steht nur für die Adresse des ersten Zeichens. Die übrigen Zeichen der Zeichenkette werden über einen Index angesprochen, der zu der Adresse des ersten Zeichens hinzuaddiert wird.

Beispiel

```
char Zeichenkette[] = "Ein kleiner Test!";
```

Diese Anweisung definiert eine Stringvariable mit dem Namen *Zeichenkette* und weist ihr einen Wert zu. Im Arbeitsspeicher befinden sich nun 18 benachbarte Speicherzellen, von denen jede ein einzelnes Zeichen enthält. Doch der Variablenname *Zeichenkette* steht nur für die Adresse des ersten Zeichens. Die übrigen Zeichen werden über einen Index adressiert:

```
Buchstabe = Zeichenkette[2];
```

Diese Anweisung weist der *char*-Variablen *Buchstabe* den Buchstaben »n« zu. Warum? Nun, weil der in eckige Klammern gesetzte Index das dritte Element (hier ein Zeichen) innerhalb der Arrays definiert. Man kann die obige Anweisung auch wie folgt formulieren:

```
Buchstabe = Inhalt von Speicherzelle mit der Adresse Zeichenkette + 2
```

INFO

Der Index eines Arrays ist nichts anderes als eine Zahl, die zur Adresse des ersten Elements, im Falle einer Stringvariablen zur Adresse des ersten Zeichens, addiert wird.

Zurück zu dem eingangs vorgestellten Programmbeispiel, bei dem innerhalb einer *for*-Schleife den einzelnen Elementen einer Stringvariablen ein neuer Wert zugewiesen wird. Bei jedem Zugriff auf ein Element der Stringvariablen *txt* über einen Index wird als Erstes die Adresse des Arrayelements berechnet. Diese bildet sich aus der Adresse des ersten Elements, für das stellvertretend der Variablenname *txt* steht, und dem Index, der in diesem Beispiel durch die Schleifenvariable *index* repräsentiert wird. Erst nachdem die Adresse gebildet wurde, kann ein Lese- oder Schreibzugriff auf das Element erfolgen. Mit anderen Worten, es sind zunächst eine Reihe von Berechnungen erforderlich, bis so ein simpler Ausdruck wie *txt[index]* ausgewertet ist.

Dabei müsste doch alles viel einfacher gehen, denn bei jedem Schleifendurchlauf wird die Adresse von *txt[index]* neu berechnet. Sie wird aber nirgendwo gespeichert, sondern sofort »vergessen« und muss daher beim nächsten Schleifendurchlauf erneut berechnet werden. Geht das nicht auch einfacher?

Wesentlich günstiger wäre es doch, wenn die Adresse des Arrays in einer Variablen zur Verfügung stehen würde. Der Grund ist einfach, durch ein simples Erhöhen dieser Variablen ließen sich alle Arrayelemente nacheinander ansprechen. C wäre nicht C, wenn es nicht die Möglichkeit gäbe, eine Adresse auf einfache Art und Weise zu ermitteln und diese in einer Variablen, die aus diesem Grund auch als Zeigervariable bezeichnet wird, zu speichern. Bevor allerdings die Zeigervariablen näher erläutert werden, muss zunächst der Begriff Adresse geklärt werden.

Adressen

Da es für die folgenden Lektionen sehr wichtig ist, dass Sie verstanden haben, was eine Adresse ist, hier noch einmal eine kurze Wiederholung. Angenommen, Sie haben eine Stringvariable definiert, z.B. durch die Anweisung

```
char txt[80];
```

Dann ist der von Ihnen gewählte Name *txt* die Bezeichnung einer Stelle im Arbeitsspeicher. An dieser Stelle wurde der für die Aufnahme von 80 Zeichen benötigte Platz reserviert. Der Variablenname *txt* steht dabei für die Speicheradresse der ersten Speicherzelle. Die Verwendung eines symbolischen Namens ist eine Erleichterung für den Programmierer, um diese Speicherzellen innerhalb eines Programms ansprechen zu können. Im übersetzten Programm, das heißt in der vom C-Compiler erstellten Programmdatei, gibt es den Namen *txt* nicht mehr. Überall, wo der Name *txt* innerhalb des Programms aufgeführt wurde, hat ihn der Compiler durch eine Adresse ersetzt.

Die Rolle des Adressoperators

Wie Sie die Adresse einer beliebigen Variablen erhalten, wurde bereits in Lektion 2.1 verraten. Erinnern Sie sich noch an den Adressoperator &?. Beim Einlesen einer ganzen Zahl mittels der *scanf*-Funktion musste dem Variablennamen das Zeichen & vorangestellt werden. Durch den Ausdruck *&x* erhalten Sie also die Adresse der Variablen *x* und nicht deren Wert. Entsprechend liefert der Ausdruck *&txt[index]* die Adresse eines Zeichens aus der Zeichenkette *txt*, wobei das betreffende Zeichen durch den Index festgelegt wird.

HINWEIS

Der Adressoperator & liefert die Adresse einer Variablen.

Machen Sie sich klar, dass der Adressoperator, wie jeder andere Operator auch, einen Wert berechnet, in diesem Fall eine Adresse. Wie jeden anderen Wert muss man auch eine Adresse in einer Variablen speichern können. Und damit wären wir bereits bei den Zeigern.

Und nun zu den Zeigern

Ein Zeiger enthält nicht den Wert, sondern die Adresse, das heißt einen Verweis auf diesen Wert. Da ein Zeiger damit, wie eine Variable, einen (Adress-)Wert aufweist, wird er auch als Zeigervariable bezeichnet. Die englische Übersetzung für Zeiger lautet übrigens »pointer«, sodass man ab und zu auch einmal von Pointern oder Pointervariablen spricht.

> Ein Zeiger ist eine Variable, die die Adresse eines Wertes enthält. Wie jede Variable besitzt auch eine Zeigervariable stets einen Typ.

HINWEIS

Die Definition von Zeigern

Um die wahren Vorteile von Zeigervariablen einschätzen zu können, ist bereits Erfahrung in der Programmierung mit C erforderlich. Machen Sie sich um den tieferen Sinn von Zeigervariablen zunächst nicht allzu viele Gedanken. Viel wichtiger ist, dass Sie den Umgang mit Zeigervariablen genauso sicher beherrschen wie den Umgang mit allen anderen Variablen. Dies beginnt bereits bei der Definition. Zeigervariablen werden auf die gleiche Weise definiert wie alle übrigen Variablen. Lediglich ein Stern (*) weist den C-Compiler darauf hin, dass es sich bei einer Variablen um eine Zeigervariable handelt.

> Bei der Definition einer Zeigervariablen geht dem Variablennamen ein Stern (*) voran.

HINWEIS

Beispiel

```
char *pt;
```

Diese Anweisung definiert *pt* als eine Zeigervariable. *pt* zeigt damit auf eine Zeichenvariable, das heißt eine Variable vom Typ *char*.

Durch den Ausdruck *&txt[index]* erhält man die Adresse eines Zeichens aus der Zeichenkette *txt*. Über die Zuweisung

```
index = 2;
pt = &txt[index];
```

wird der Zeigervariablen *pt* die Adresse des Elements *txt[index]* zugewiesen. Oder anders ausgedrückt: Die Zeigervariable *pt* zeigt auf das Element *txt[index]*. Doch was bringt es, wenn Sie auf eine Variable oder, wie bei einer Stringvariablen, auf einen Teil davon zeigen können? Zeigervariablen ermöglichen den Zugriff auf Variablen, ohne den Variablennamen verwenden zu müssen. Die Vorteile eines solchen Zugriffs werden, und das sei bereits vorweggenommen, erst bei komplexeren Datenstrukturen deutlich. Die folgenden Beispiele und Übungen sollen Ihnen aber bereits eine erste Vorstellung davon vermitteln.

Beispiel

```
*pt = 'A';
ch = *pt;
```

Während die erste Anweisung der Stringvariablen, deren Wert in der Zeigervariablen *pt* gespeichert ist, einen neuen Wert zuweist und daher den Wert dieser Variablen ändert, weist die zweite Anweisung diesen Wert der Variablen *ch* zu. Die beiden obigen Anweisungen entsprechen damit den Anweisungen

```
txt[2] = 'A';
ch = txt[2];
```

Aufgabe Der Umgang mit Zeigervariablen wird durch das folgende Beispielprogramm veranschaulicht. Es soll ein Programm entwickelt werden, das die Werte zweier *short*-Variablen vertauscht. Das Vertauschen der beiden Variablenwerte soll dabei durch eine Funktion mit dem Namen *tausch* übernommen werden.

Lösung Da innerhalb der Funktion *tausch* die Werte der zu vertauschenden Variablen geändert werden, müssen der Funktion nicht die Variablen, sondern Zeiger auf die Variablen übergeben werden. Auf einen Rückgabewert wird verzichtet, sodass der Funktionskopf folgendes Aussehen besitzt:

```
void tausch (short *x, short *y)
```

Durch die Anweisungen

```
*x = *y;
*y = *x;
```

soll der Inhalt der Variablen *x* und *y* vertauscht. werden. So kann das aber nicht funktionieren. Warum? Überlegen Sie sich das anhand eines Beispiels. Angenommen, die Ausdrücke **x* und **y* besitzen die Werte 3 und 4. Durch die obige Zuweisung erhält **x* den Wert von **y*, also 4. Mit anderen Worten, der Wert von **x* wird überschrieben und kann **y* nicht mehr zugewiesen werden. Abhilfe schafft eine lokale Hilfsvariable *h*, in der zuerst der Wert von **x* zwischengespeichert wird:

```
h = *x;
```

Jetzt kann getrost die Zuweisung

```
*x = *y;
```

ausgeführt werden, denn der Wert von **x* steht noch zur Verfügung. Schließlich muss **y* den Wert von **x* erhalten. Dieser steht natürlich nicht mehr in **x*, sondern in der Hilfsvariablen *h*. Das Gesamtprogramm, inklusive der Funktion *tausch*, besitzt somit folgenden Aufbau:

```
    #include <stdio.h>

A   void tausch(short*, short*);

B   void main()
    {
C    short *Zeiger1;
D    short *Zeiger2;
E    short Wert1 = 1111;
F    short Wert2 = 2222;
G    Zeiger1 = &Wert1;
H    Zeiger2 = &Wert2;
I    tausch(Zeiger1, Zeiger2);
     printf("Der Wert von Wert1: %d\n",Wert1);
     printf("Der Wert von Wert2: %d\n",Wert2);
    }

J    void tausch(short *WertZeiger1, short *WertZeiger2)
     {
K     short h;
L      h = *WertZeiger1;
M      *WertZeiger1 = *WertZeiger2;
N      *WertZeiger2 = h;
     }
```

Erläuterungen

A Dies ist der Funktionsprototyp der Funktion *tausch*. Achten Sie besonders darauf, auf welche Weise festgelegt wird, dass der Funktion zwei Zeigervariablen übergeben werden. Das Aufführen eines Namens ist wie immer nicht erforderlich, allerdings dürfen Sie den * nicht vergessen, da der Funktion Zeiger übergeben werden sollen.

B Die Funktion *main* markiert wie immer den Programmstart.

C Es wird eine Zeigervariable mit dem Namen *Zeiger1* auf einen *short*-Wert definiert.

D Es wird eine Zeigervariable mit dem Namen *Zeiger2* auf einen *short*-Wert definiert.

E Es wird eine *short*-Variable mit dem Namen *Wert1* definiert und mit dem Wert 1111 initialisiert.

F Es wird eine *short*-Variable mit dem Namen *Wert2* definiert und mit dem Wert 2222 initialisiert.

G Der Zeigervariablen *Zeiger1* wird die Adresse der Variablen *Wert1* zugewiesen. *Zeiger1* zeigt nun auf *Wert1*.

H Der Zeigervariablen *Zeiger2* wird die Adresse der Variablen *Wert2* zugewiesen. *Zeiger2* zeigt nun auf *Wert2*.

I Die Funktion *tausch* wird mit den Parametern *Zeiger1* und *Zeiger2*, das heißt den Adressen der Variablen *Wert1* und *Wert2*, aufgerufen.

J Der Funktionskopf der Funktion *tausch*. Anders als beim Funktionsprototyp müssen nun Zeigervariablen aufgeführt werden, denen ein * vorangeht, damit sie der Compiler als Zeigervariablen erkennt.

K Definiert eine (lokale) *short*-Variable mit dem Namen *h*.

L Die Variable *h* erhält den Wert, der durch die Zeigervariable *WertZeiger1* adressiert wird.

M Der Wert, der durch die Zeigervariable *WertZeiger2* adressiert wird, wird in jener Speicherzelle abgelegt, die durch die Zeigervariable *WertZeiger1* adressiert wird.

N Der Wert der Hilfsvariablen *h* wird in jene Speicherzelle eingetragen, die durch die Zeigervariable *WertZeiger2* adressiert wird. Damit ist die Vertauschung der beiden Variablen komplett.

Eines ist im Umgang mit Zeigern immer zu beachten. Genauso wie jede normale Variable enthält auch eine Zeigervariable direkt nach ihrer Definition einen zufälligen Wert. Sie zeigt sozusagen »ins Leere«. Normalerweise ist dies nicht weiter schlimm. Gefährlich wird es erst, wenn auf diese Zeigervariable zugegriffen wird. So wird durch die Anweisung

```
*pt = 50;
```

in eine zufällige Speicherzelle der Wert 50 eingetragen. Was ist daran so gefährlich? Nun, es könnte sein, dass die Zeigervariable *pt* zufällig auf andere Daten des Programms oder gar auf wichtige Bereiche des Betriebssystems zeigt. Auch wenn kein Programmfehler vorliegt, kann das Programm im ungünstigsten Fall das Betriebssystem zum Absturz bringen, zumindest wenn das Betriebssystem keinen Speicherschutz bietet. Bei modernen Betriebssystemen ist dies im Allgemeinen kein Problem mehr, im Unterschied zu DOS, das bekanntlich im Real-Modus des Prozessors arbeitet, in dem jedes Programm beliebig auf jede Speicherzelle des Arbeitsspeichers zugreifen kann.

ACHTUNG

Zeigervariablen müssen vor ihrer Benutzung initialisiert werden. Nicht initialisierte Zeiger führen zu schwer lokalisierbaren Programmfehlern und im ungünstigsten Fall sogar zu Programmabstürzen.

5.2 Zeichenketten und Zeiger

In der letzten Lektion haben Sie erfahren, dass Zeigervariablen auf »normale« Variablen zeigen, indem sie die Adresse dieser Variablen enthalten. Zeigervariablen werden auf die gleiche Weise definiert wie normale Variablen, allerdings muss dem Variablennamen immer ein * vorausgehen, damit der Compiler die Zeigervariable als solche auch erkennen kann. Unter der Benutzung von Zeigervariablen kann der Wert der Variablen, auf die der Zeiger zeigt, geholt oder auch geändert werden.

Inkrementieren von Zeigern

Natürlich ist das noch nicht sensationell, aber Zeiger bieten weitere Möglichkeiten. So kann ein Zeiger genauso wie beispielweise der Wert einer *short*-Variablen inkrementiert werden. Angenommen, *pt* ist ein Zeiger auf eine Zeichenkettenvariable, so inkrementiert die Anweisung

```
pt++;
```

den Zeiger. Was bedeutet aber das Inkrementieren für einen Zeiger? Nun, die Zeigervariable *pt* zeigt doch im Beispielprogramm der vorherigen Lektion auf ein Element der Stringvariablen *txt*. Da das »Zeigen« auf einen Wert der einzige Sinn eines Zeigers ist, kann doch das Inkrementieren für die Zeigervariable *pt* nur bedeuten, jetzt auf ein anderes Zeichen zu zeigen.

Und natürlich muss dieses »andere« Zeichen bei einer Stringvariablen das darauf folgende Zeichen der Zeichenkette sein. Das bedeutet, das Inkrementieren einer Zeigervariablen setzt einen Zeiger auf das nächste Element. Die Anweisungsfolge

```
pt = &txt[2];
pt++;
```

setzt den Zeiger *pt* zunächst auf das 3. Element der Stringvariablen *txt* und anschließend auf das 4. Element. Beide Anweisungen haben damit die gleiche Wirkung wie die folgende Anweisung:

```
pt=&txt[3];
```

Noch einmal zurück zum ursprünglichen Ziel in der letzten Lektion. Es ging bekanntlich darum, die Schleife

```
for (index=0, len=strlen(txt); index < len; index++)
  txt[index] = toupper(txt[index]);
```

etwas effektiver zu formulieren, da bei jedem Schleifendurchlauf in dem Ausdruck *txt[index]* zweimal die gleiche Adresse berechnet werden muss. Etwas eleganter wäre es doch, wenn die Adresse vor dem Start der Schleife berechnet wird und innerhalb der Schleife in Form einer Variablen zur Verfügung steht. Mit Hilfe der Zeigervariablen müsste dies möglich sein. So weist die Anweisung

```
*pt = toupper(*pt);
```

ein Zeichen einer Zeichenkette dem gleichen Zeichen wieder zu, wobei das zugewiesene Zeichen aber durch die Funktion *toupper* zuvor in einen Großbuchstaben umgewandelt wurde. Voraussetzung ist natürlich, dass die Zeigervariable *pt* auf die Stringvariable *txt* zeigt und bei jedem Durchlauf inkrementiert wird. Die Initialisierung der Zeigervariablen *pt* geschieht über die Anweisung

```
pt = &txt[0];
```

Durch diese Anweisung erhält die Zeigervariable *pt* die Adresse des ersten Zeichens. Und auch die Reinitialisierung ist einfach, denn die Zeigervariable *pt* muss lediglich inkrementiert werden:

```
pt++;
```

Die Schleife besitzt somit folgenden Aufbau:

```
for (index=0, pt = &txt[0], len=strlen(txt); index < len; index++,
pt++)
  *pt = toupper(*pt);
```

Das Ende einer Zeichenkette feststellen

Obwohl die obige Schleife bereits eine gewisse Verbesserung darstellt, optimal ist sie noch nicht. Ob sie schneller abläuft, ist auch fraglich. Immerhin werden hier drei Initialisierungen und zwei Reinitialisierungen durchgeführt. Bei jedem Schleifendurchlauf ist daher eine Menge zu tun. Obwohl die Variable *index* ihre ursprüngliche Funktion, nämlich für den Zugriff auf das richtige Element der Zeichenkette zu sorgen, verloren hat, muss sie trotzdem beibehalten werden, da sie für die Abbruchbedingung der Schleife benötigt wird. Es sei denn, es gibt für das Feststellen des Endes der Zeichenketten eine andere Möglichkeit. Und tatsächlich, eine solche Lösung gibt es. Allerdings müssen Sie dazu ganz weit zurückdenken. In Lektion 1.3 haben Sie erfahren, dass jede Zeichenkette am Ende ein spezielles Kennzeichen enthält, welches das Ende der Zeichenkette markiert.

Diese Endmarke ist nun aber kein mysteriöses Zeichen, das nur der C-Compiler kennt. Es handelt sich vielmehr um das Zeichen mit dem ASCII-Code 0. Verwechseln Sie dieses nicht mit dem druckbaren Zeichen »0«, welches den ASCII-Code 48 besitzt. Zur Unterscheidung dieser »0« mit ASCII-Code 48 vom NULL-Zeichen, das heißt dem Zeichen mit dem ASCII-Code 0, existiert eine verbindliche Schreibvereinbarung: Befindet sich das NULL-Zeichen innerhalb von Hochkommata, heißt es '\0', außerhalb von Hochkommata genügt einfach 0.

Dieser Umstand kann für die obige Schleife ausgenutzt werden, um das Schleifenende zu erkennen. Da die Zeigervariable bei jedem Durchlauf auf das nächste Element der Zeichenkette zeigt, muss sie auch irgendwann einmal am Ende der Zeichenkette ankommen. Wie der für den Schleifenabbruch erforderliche Vergleich aussehen muss, ist damit klar. Über den Ausdruck **pt* kann der Wert des Zeichens, auf das *pt* gerade zeigt, geholt werden. Ist dieser gleich *'\0'*, ist die Zeigervariable *pt* am Ende der Zeichenkette angelangt. Die Schleife muss also so lange wiederholt werden, wie die Bedingung **pt!='\0'* erfüllt ist. Die Rechnerei mit dem Index und der Länge der Zeichenkette kann man sich also tatsächlich sparen. So einfach kann die Schleife aussehen:

```
for (pt = &txt[0]; *pt != '\0'; pt++)
*pt = toupper(*pt);
```

Wenn Sie nun noch bedenken, dass man statt '\0' auch einfach eine 0 schreiben kann, wäre die Bedingung in der *for*-Schleife gleich **pt != 0*. Und dies entspricht bekanntlich dem Ausdruck **pt* ohne weiteren Zusatz. Also kann die Schleife auf folgende Form verkürzt werden:

```
for (pt = &txt[0]; *pt; pt++)
*pt = toupper(*pt);
```

Dies ist ein kleines Beispiel dafür, wie Zeigervariablen den Programmaufbau vereinfachen.

Kopieren einer Zeichenkette

Das Umwandeln einer Zeichenkette in Großbuchstaben oder mit Hilfe der Funktion *tolower* in Kleinbuchstaben, ist für Sie kein Problem mehr. Doch was macht man, wenn die Kleinbuchstaben einer Zeichenkette in Großbuchstaben umgewandelt werden sollen, die Originalzeichenkette aber später noch gebraucht wird? Ganz klar, man kopiert die Zeichenkette zuvor und erhält so den Originalzustand.

Aufgabe

Doch das Kopieren einer Zeichenkette ist keine einfache Operation, probieren Sie es einmal selbst aus. Definieren Sie dazu zwei Zeichenketten:

```
char txt1[80];
char txt2[80];
```

und initialisieren Sie die *char*-Variable *txt1* mit einer Zeichenkette. Wie soll das Kopieren nun vonstatten gehen? Etwa so?

```
txt2 = txt1;
```

Wie Sie sich leicht selbst davon überzeugen können, akzeptiert der Compiler, anders als in vielen anderen Programmiersprachen, diese Anweisung nicht. Der Grund: Zeichenketten sind keine echten Variablen, sondern vielmehr eine simple Aneinanderreihung von *char*-Variablen. Möglich ist daher lediglich die Zuweisung einzelner Zeichen:

```
txt2[0] = txt1[0];
txt2[1] = txt1[1];
txt2[2] = txt1[2];
```

Natürlich wäre es äußerst unpraktisch, eine Zeichenkette auf diese Weise zu kopieren. Doch wozu gibt es denn die *for*-Schleife? Selbstverständlich soll diese *for*-Schleife mit Zeigervariablen arbeiten. Es müssen also zwei Zeigervariablen eingeführt werden, eine für die Adresse der Stringvariablen *txt1*, die andere für die Stringvariable *txt2*. Beide müssen vor ihrem Einsatz initialisiert werden:

```
pt1 = &txt1[0];
pt2 = &txt2[0];
```

Über den Inkrementoperator ++ werden die Zeigervariablen innerhalb der Schleife erhöht, sodass sie nach jedem Durchlauf auf das nächste Zeichenelement zeigen. Wie sieht es mit der Abbruchbedingung der Schleife aus? Da die Stringvariable *txt1* Zeichen für Zeichen kopiert werden soll, muss die gesamte Zeichenkette durchlaufen werden. Solange der Ausdruck **pt1* ungleich 0 ist, wird die Schleife wiederholt. Und das Kopieren der einzelnen Zeichen? Ganz einfach, das übernimmt die folgende Anweisung:

```
*pt2 = *pt1;
```

Damit besitzt die Schleife zum Kopieren der Zeichenkette *txt1* in die Zeichenkette *txt2* den folgenden Aufbau:

```
for (pt1=&txt1[0], pt2=&txt2[0]; *pt1; pt1++, pt2++)
  *pt2 = *pt1;
```

Doch halt, ein wichtiger Aspekt wurde noch nicht berücksichtigt. Angenommen, die in der Stringvariablen *txt1* gespeicherte Zeichenkette ist sehr kurz und besitzt z.B. den Wert »abc«.

In diesem Fall werden drei Schleifendurchläufe durchgeführt, bis die Zeigervariable auf das Ende der Zeichenkette zeigt. Nun gilt die Abbruchbedingung **pt1 == 0*. Mit anderen Worten, es wurden die drei Zeichen »a«, »b« und »c« kopiert und die Schleife beendet. Fehlt da nicht etwas? Richtig, das Endezeichen muss natürlich noch an die Zeichenkette angehängt werden. Wenn Sie sich den Schleifenablauf noch einmal vor Augen führen, werden Sie feststellen, dass nach Ablauf der Schleife die Zeigervariable *pt2* genau an jene Stelle zeigt, an die das Endezeichen hingehört. Denn nachdem das letzte Zeichen kopiert wurde, wurde die Zeigervariable *pt2* ein weiteres Mal inkrementiert. Nach Beendigung der Schleife muss daher lediglich die Anweisung

```
*pt2 = 0;
```

ausgeführt werden. Diese Anweisung trägt ein NULL-Zeichen an das Ende der Zeichenkette ein, auf die die Zeigervariable *pt2* zeigt.

Das gesamte Beispielprogramm wird im Folgenden noch einmal zusammenhängend dargestellt. Die Aufgabe dieses Programms besteht darin, eine über die Tastatur eingegebene Zeichenkette in der Stringvariablen *txt1* zu speichern und ihren Wert in die Zeichenkette *txt2* zu kopieren. Schließlich werden die in der Stringvariablen *txt1* enthaltenen Zeichen in Großbuchstaben umgewandelt. Zum Schluss werden die Stringvariablen *txt1* und *txt2* auf dem Bildschirm ausgegeben.

```
    #include <stdio.h>
    #include <ctype.h>

    void main()
    {
A    char txt1[80], txt2[80];
B    char *pt1, *pt2;

     /* Eingabe der ersten Zeichenkette */
     printf("Bitte eine Zeichenkette:");
     scanf("%s",txt1);

     /* Kopieren von txt1 nach txt2 */
C    for (pt1=&txt1[0],pt2=&txt2[0]; *pt1; pt1++,pt2++)
       *pt2 = *pt1;
D    *pt2 = 0;

     /* Umsetzen der Klein- in Großbuchstaben */
E    for (pt1=&txt1[0]; *pt1; pt1++)
F      *pt1 = toupper(*pt1);

     /* Ausgabe der Zeichenketten */
     printf("%s\n",txt1);
     printf("%s\n",txt2);
    }
```

Beachten Sie, dass bei der Eingabe der Zeichenkette Leerzeichen oder Kommata als Trennzeichen interpretiert werden.

Erläuterungen

A Es werden zwei Stringvariablen *txt1* und *txt2* definiert, die beide 80 Zeichen aufnehmen können.

B Es werden zwei Zeigervariablen *pt1* und *pt2*, beide vom Typ *char*, definiert, die später die Adressen der Stringvariablen enthalten sollen.

C Diese Schleife kopiert die Stringvariable *txt1* in die Stringvariable *txt2*. Achten Sie darauf, wie kompakt eine *for*-Schleife in C formuliert werden kann.

D An das Ende der in der Stringvariablen *txt2* gespeicherten Zeichenkette muss ein NULL-Zeichen angehängt werden.

E Diese Schleife wandelt den Inhalt der Stringvariablen *txt1*, die über die Zeigervariable *pt1* adressiert wird, in Großbuchstaben um.

F Die Umwandlung des über die Zeigervariable *pt1* adressierten Zeichens wird über die *toupper*-Funktion vorgenommen.

Mit der strcpy-Funktion geht alles einfacher

Doch keine Angst, Sie müssen nicht immer wenn es darum geht, eine Zeichenkette zu kopieren, eine solche Schleife entwickeln. Denn für das Kopieren einer Zeichenkette gibt es bereits eine fertige Bibliotheksfunktion mit dem Namen *strcpy*. Um sie benutzen zu können, müssen Sie in das Programm allerdings die Anweisung

```
#include <string.h>
```

einfügen. Der Aufruf innerhalb des Programms besitzt folgende Form:

```
strcpy(txt2, txt1);
```

Durch diesen Aufruf wird der Inhalt der Zeichenkette *txt1* in die Zeichenkette *txt2* übertragen.

5.3 Zeigerarithmetik

Wie in einem C-Programm mit normalen Variablen gerechnet wird, wissen Sie bereits. Sie können Variablen z.B. inkrementieren, aufaddieren oder subtrahieren. Auch mit Zeigern ist eine Arithmetik möglich. Doch welchen Sinn ergeben derartige Operationen?

Addition eines Wertes zu einem Zeiger

Zu Beginn gleich ein Beispiel. Angenommen, bei *pt* handelt es sich um eine Zeigervariable, die auf ein Element einer Zeichenkette zeigt. Somit ist

```
pt = pt + 3;
```

eine zulässige Zuweisung. Bei *short*-Zahlen ist die Anweisung

```
sh = sh + 3;
```

identisch mit den drei Anweisungen

```
sh++;
sh++;
sh++;
```

Genauso verhält es sich mit Zeigern. Die Anweisung

```
pt = pt + 3;
```

ist identisch mit den drei Anweisungen

```
pt++;
pt++;
pt++;
```

Die Addition eines Wertes zu einem Zeiger, der auf eine Zeichenkette zeigt, bedeutet also, dass der Zeiger auf das folgende Element der Zeichenkette zeigt. Der Ausdruck *pt+3* ergibt einen um 3 Elemente verschobenen Zeiger. Auf die gleiche Weise funktioniert natürlich die Subtraktion und das Dekrementieren mit dem Operator —. Multiplikation und Division ergeben keinen Sinn, sind also auch nicht gestattet. Das gilt auch für die Addition zweier Zeiger, denn was sollte dabei auch herauskommen?

Beispiel

Die Stringvariable *txt* wurde mit dem Wert »abcdefgh« initialisiert. Die Zeigervariable *pt1* erhielt durch die Anweisung

```
pt1 = &txt[5];
```

einen Wert. Der Zeiger zeigt damit auf das 6. Element, das heißt auf das Zeichen »f«. Durch die Zuweisung

```
pt2 = pt1 - 3;
```

erhält auch die Zeigervariable *pt2* einen Wert. Auf welches Zeichen zeigt *pt2*?

Nun, die Zeigervariable *pt2* wird auf jenes Zeichen gesetzt, das sich um 3 Positionen vor dem »f« befindet, das heißt auf das Element mit dem Index 2.

Zeiger subtrahieren

Anders als die Addition von Zeigern ist die Subtraktion zweier Zeiger durchaus zulässig. Dazu gleich ein Beispiel.

Beispiel

Eine Zeigervariable mit dem Namen *pt1* soll auf ein Element einer Zeichenkette zeigen, das heißt auf eine Variable vom Typ *char*. Durch die Zuweisung

```
pt2 = pt1 + 5;
```

erhält eine zweite Zeigervariable, die ebenfalls auf eine Zeichenkette zeigen soll, einen Wert. Zu welchem Ergebnis könnte wohl die Subtraktion *pt2 – pt1* führen? Denken Sie, es ist die Zahl 5? Dann liegen Sie richtig. Die Zeigervariable *pt2* zeigt auf ein Element, das sich 5 Positionen, sprich 5 Byte, hinter jenem Element befindet, auf das die Zeigervariable *pt1* zeigt. Die Differenz beider Zeigervariablen ist also 5, da sich die Adressen der beiden Speicherzellen, auf die die Zeigervariablen zeigen, um 5 Byte unterscheiden.

Beachten Sie, dass die Differenz nicht vom Datentyp der Zeigervariablen abhängt. So ergibt die Differenz der beiden Zeigervariablen *pt1* und *pt2* aus dem letzten Beispiel denselben Wert, wenn diese den Datentyp *short* besitzen, auch wenn eine *short*-Variable 2 Byte belegt. Denn es wird nicht prinzipiell in der Einheit »Byte« gerechnet, sondern in der Einheit des zugrundegelegten Datentyps.

Die Subtraktion zweier Zeigervariablen bildet die Differenz zweier Adressen.

Beispiel Die Stringvariable *txt* wurde wieder einmal mit dem Wert »abcdefgh« initialisiert. Die Zeigervariable *pt1* zeigt durch die Anweisung

```
pt1 = &txt[1];
```

auf das 2. Element der Zeichenkette. Durch die Zuweisung

```
pt2 = pt1 + 5;
```

erhält auch die Zeigervariable *pt2* einen Wert. Sie zeigt nun auf das 7. Zeichen, also auf das »g«, welches den Index 6 besitzt. Nun zur Differenzbildung. Die Differenz der beiden Indizes ist 6 – 1, also 5. Das Gleiche gilt auch für die Differenz der Zeigervariablen *pt1* und *pt2*, denn die Zeigervariable *pt2* muss 5 Mal dekrementiert werden, um den Wert der Zeigervariablen *pt1* zu erhalten.

Inkrementieren und Dekrementieren von Zeigern

Zum Schluss dieser Lektion über Zeiger noch eine Kleinigkeit, die Sie sich wahrscheinlich schon längst selbst gedacht haben. Ist *pt* eine Zeigervariable, so ergibt die Operation *pt+2* natürlich wieder einen Zeiger. Der Ausdruck **pt* führt zu dem Element, auf das die Zeigervariable *pt* gerade zeigt. Man spricht hier übrigens von einer **Dereferenzierung**, da ein Zeiger auch als eine Referenz auf eine Variable bezeichnet wird. Und warum sollte C die Möglichkeit ausschließen, die Dereferenzierung mit einer Inkrementierung oder Dekrementierung zu kombinieren?

Was sich auf dem Papier einfach liest, kann in der Praxis zu etwas Verwirrung und natürlich auch zu Programmfehlern führen. Gerade C-Einsteiger kommen am Anfang mit dem Denken in Zeigerdimensionen erfahrungsgemäß des Öfteren in Schwierigkeiten. Es scheint geradezu selbstverständlich zu sein, dass der Ausdruck **(pt+2)* das, bezogen auf die Zeigervariable *pt*, übernächste Element liefert. Doch welches Ergebnis liefert der Ausdruck **pt + 2*? Gibt es denn da überhaupt einen Unterschied? Oh ja, den gibt es. Und genau in diesem Punkt beginnt die Programmiersprache C zum ersten Mal ihrem Ruf einer schwierig zu erlernenden Sprache gerecht zu werden.

Auch beim Arbeiten mit dem Dereferenzierungsoperator * gilt die Reihenfolge (siehe Abschnitt 2.3, Tabelle 2.2), in der unter C die einzelnen Operatoren ausgeführt werden. So besitzt der Dereferenzierungsoperator eine höhere Priorität als der Additionsoperator und wird somit auch als erster ausgewertet.

Der Ausdruck **pt + 2* führt daher dazu, dass zunächst die Zeigervariable *pt* dereferenziert wird. Anschließend wird der Inhalt der Speicherzelle, auf die *pt* zeigt, um 2 erhöht. Soll dagegen zuerst die Addition erfolgen, das heißt soll durch den Dereferenzierungsoperator eine um 2 höhere Adresse dereferenziert werden, muss der Ausdruck wie folgt lauten: **(pt+2)*. Finden Sie das kompliziert? Dann überlegen Sie sich einmal spaßeshalber, welche unterschiedlichen Auswirkungen die Ausdrücke *(*p+2)++* und *(*p++)+2* haben könnten. Die Auflösung erhalten Sie in einer der folgenden Lektionen.

Im folgenden Beispielprogramm werden die in einer eingegebenen Zeichenkette enthaltenen Vokale gezählt und die ermittelte Anzahl ausgegeben. Da die Zeichenkette selbstverständlich über einen Zeiger adressiert wird, bietet das Programmbeispiel eine gute Gelegenheit, den Umgang mit Zeigern noch einmal zu üben.

```
#include <stdio.h>

A   int AnzahlA, AnzahlE, AnzahlI, AnzahlO, AnzahlU;

B   void VokaleZaehlen(char *);

    void main()
    {
     char Text[80];
C    AnzahlA = AnzahlE = AnzahlI = AnzahlO = AnzahlU =0;
     printf("Wie lautet der Text:?");
     scanf("%s",Text);
     VokaleZaehlen(Text);
     printf("Anzahl der As:%d\n",AnzahlA);
     printf("Anzahl der Es:%d\n",AnzahlE);
     printf("Anzahl der Is:%d\n",AnzahlI);
     printf("Anzahl der Os:%d\n",AnzahlO);
     printf("Anzahl der Us:%d\n",AnzahlU);

    }

D   void VokaleZaehlen(char *Zeichenkette)
    {
E    char *ZeigerAufText;
F    char Zeichen;
G    for (ZeigerAufText=Zeichenkette;*ZeigerAufText;
          ZeigerAufText++)
     {
H     Zeichen = *ZeigerAufText;
I     switch (Zeichen)
      {
```

```
J       case 'A':
        case 'a':
          AnzahlA++;
          break;
        case 'E':
        case 'e':
          AnzahlE++;
          break;
        case 'I':
        case 'i':
          AnzahlI++;
          break;
        case 'O':
        case 'o':
          AnzahlO++;
          break;
        case 'U':
        case 'u':
          AnzahlU++;
      } /* Ende switch        */
     }  /* Ende For-Schleife  */
    }   /* Ende Vokale zählen */
```

Erläuterungen

A Es werden fünf globale Variablen definiert, in denen später die Anzahl der gefundenen Vokale gespeichert wird.

B Dies ist der Funktionsprototyp der Funktion *VokaleZaehlen*. Diese Funktion besitzt keinen Rückgabewert, als Funktionsparameter wird ihr ein Zeiger auf eine Zeichenkette übergeben.

C Die fünf Zählvariablen werden mit Null initialisiert.

D Die Funktion *VokaleZaehlen* wird definiert. Als Parameter wird ihr die Adresse einer Zeichenkette übergeben, die in der lokalen Zeigervariablen **Zeichenkette* gespeichert wird.

E Es wird eine lokale Zeigervariable mit dem Namen *ZeigerAufText* deklariert. Diese Variable wird für die Durchsuchung der Zeichenkette in der folgenden *for*-Schleife benötigt.

F Die *char*-Variable *Zeichen* soll das zu untersuchende Zeichen aufnehmen.

G In dieser *for*-Schleife wird die Zeichenkette, deren Adresse in der Variablen *Zeichenkette* enthalten ist, Zeichen für Zeichen durchsucht. Bei jedem Durchlauf wird die Zeigervariable *ZeigerAufText* um eins erhöht, sodass sie nacheinander auf alle vorhandenen Zeichen zeigt. Die Abbruchbedingung ist dann erfüllt, wenn *ZeigerAufText* auf ein Zeichen mit ASCII-Wert 0 zeigt.

H Der *char*-Variablen *Zeichen* wird ein Zeichen aus der Zeichenkette zugewiesen.

I Es wird geprüft, ob das Zeichen ein Vokal ist.

J Sollte dies der Fall sein, wird in dem *case*-Zweig die entsprechende Variable erhöht. Für den Groß- und den Kleinbuchstaben ist ein und dieselbe *case*-Variante zuständig. Für alle anderen Zeichen ist kein *case*-Zweig vorgesehen. In diesen Fällen erfolgt durch die *switch-case*-Konstruktion keine Verarbeitung.

Eine allgemeine Bemerkung zu diesem Beispiel: Das Resultat der Berechnung wird in fünf globalen Variablen gespeichert. Dies kennen Sie aus Lektion 4.9 »Der Gültigkeitsbereich von Variablen«. Von daher wissen Sie auch, dass das eine eher nicht so elegante Methode der Übergabe von Daten an eine Funktion darstellt und die Verwendbarkeit dieser Funktion in anderen Programmen einschränkt. Die Alternative wäre, die Liste der Parameter der Funktion *VokaleZaehlen* um diese fünf zu erweitern. Das wäre natürlich sehr unübersichtlich geworden, deshalb wurde davon kein Gebrauch davon gemacht.

Im Kapitel 6 »Strukturen« werden Sie eine Möglichkeit kennen lernen, thematisch zusammengehörende Variablen zu einer Struktur zusammenzufassen. Auf diese Weise könnten Sie mit nur einem weiteren (Ergebnis-)Parameter auskommen und hätten zwei Fliegen mit einer Klappe geschlagen: Der Funktionsaufruf bleibt übersichtlich, und die Funktion ist auch in anderen Programmen universell anwendbar.

Unsinnige Zeigerrechnungen

Zeiger bieten Ihnen einen uneingeschränkten Zugriff auf die Datenobjekte eines Programms und damit ein großes Maß an Freiheit bei der Programmierung. Gleichzeitig stellen sie aber auch ein Risiko dar, denn nur allzu schnell ist es passiert, dass eine vermeintlich trickreiche Zeigerprogrammierung im Programm Schaden anrichtet. Um Sie bereits von Anfang an auf die Limitierungen der Zeigerarithmetik einzustimmen, lesen Sie in diesem Abschnitt etwas über jene Dinge, die mit Zeigern nicht möglich sind. In einem der letzten Programmbeispiele wurde durch die Anweisung

```
pt1 = &txt[1];
```

der Zeiger *pt1* auf das 2. Element der Zeichenkette *txt* gesetzt. Gegen die folgende Zuweisung

```
pt2 = pt1 - 5;
```

hat der Compiler nichts einzuwenden. Was aber genau geschieht bei der Ausführung dieser Zuweisung? Nun, die Zeigervariable *pt2* zeigt natürlich auf das 5 Positionen vorher liegende Element der Zeichenkette. So weit, so schlecht, denn so viele Elemente besitzt die Zeichenkette gar nicht. Da die Zeigervari able *pt1* bereits auf das 2. Element zeigt, existiert nur ein einziges Element, das sich vor diesem Element befindet. Ein Zugriff auf ein 5 Positionen zurückliegendes Element sollte daher nicht möglich sein und ergibt vor allem keinen Sinn.

Dem C-Programm scheint dies aber völlig egal zu sein. Da es sich bei *pt1* um eine Zeigervariable handelt und ihr Inhalt somit eine Adresse darstellt, wird durch die obige Zuweisung eine ganz gewöhnliche Adressrechnung durchgeführt. Mit anderen Worten, die Zeigervariable *pt2* erhält eine Adresse, die in diesem Fall aber auf kein definiertes Datenobjekt zeigt. Doch nun kommt der springende Punkt. Solange die Zeigervariable einen für den aktuellen Programmkontext unsinnigen Wert nur enthält, kann nicht viel schief gehen. Problematisch wird es erst, wenn dem Datenobjekt, auf das die Zeigervariable zeigt, über den Zeiger ein Wert zugewiesen wird.

Beispiel Da die Zeigervariable *pt2* ordnungsgemäß definiert wurde, hat der Compiler gegen die Zuweisung

```
char *pt2;
*pt2 = 'x';
```

nichts einzuwenden. Doch was nun passiert, kann niemand voraussagen. Da die Zeigervariable *pt2* auf irgendeinen Bereich innerhalb des Arbeitsspeichers zeigt, kann durch die Zuweisung im harmlosesten Fall eine andere Variable überschrieben werden. Es kann aber auch sein, dass sich an dieser Stelle zufälligerweise Programmbefehle befinden und das gesamte Programm dadurch zum Absturz gebracht wird. Sehr wahrscheinlich ist dies zwar nicht, doch gänzlich ausschließen kann man es auch nicht.

HINWEIS

Der Programmierer ist dafür verantwortlich, dass eine Zeigervariable auf eine »vernünftige« Adresse zeigt. Der C-Compiler nimmt derartige Überprüfungen in der Regel nicht vor.

Bisher wurden hauptsächlich Zeiger betrachtet, die auf Zeichen, das heißt Variablen vom Typ *char*, zeigen. Den im letzten Abschnitt vorgeführten »Unfug« kann man natürlich auch mit *short*-Zeigern anrichten. Ist z.B. *sh* eine *short*-Variable und *pt* ein *short*-Zeiger, so wird die Zeigervariable *pt* durch die Anweisung

```
pt = &sh;
```

auf die Adresse der Variablen *sh* gesetzt. Doch was geschieht beim Inkrementieren der Zeigervariablen *pt*? Natürlich wird die Zeigervariable *pt* auch diesmal auf eine Speicherzelle zeigen, die sich neben jener Speicherzelle befindet, die den Wert der Variablen *sh* beinhaltet. Was dort genau steht, ist wieder nur sehr schwer vorherzusagen.

Eine Anweisung à la

```
*pt = 35;
```

ist zwar auch in diesem Fall erlaubt, als Nebeneffekt muss jedoch in Kauf genommen werden, dass durch diese Zuweisung irgendwelche anderen Daten geändert werden.

> Experimentieren Sie ruhig ein wenig mit dem Inkrementieren oder Dekrementieren von Zeigern. Kaputt gehen kann dabei nichts, Sie müssen unter Umständen aber den einen oder anderen Absturz in Kauf nehmen. Als Resümee sollten Sie sich merken, dass mit Zeigervariablen stets vorsichtig umzugehen ist. In den letzten Beispielen wurden unerlaubte Manipulationen absichtlich durchgeführt und waren daher leicht zu entdecken. In größeren Programmen können sie jedoch zu schwer lokalisierbaren Programmfehlern führen, die unter Umständen erst dann auftreten, wenn das Programm bereits eine Zeit lang fehlerfrei im Einsatz war. Es sei noch einmal daran erinnert, dass der Compiler zur Vermeidung solch subtiler Fehler nichts oder nur wenig beitragen kann. Hier ist stattdessen Ihre Erfahrung als C-Programmierer gefordert.

Der Vergleich von Zeigern

Ordnung ist bekanntlich das halbe Leben. Unter Ordnung in der Daten- und Informationsverarbeitung versteht man jedoch nicht, dass die CDs und Handbücher hübsch brav an ihrem Platz liegen oder die CDs ordnungsgemäß beschriftet sind. Nein, vielmehr geht es darum, wie die Datenobjekte eines Programms untereinander angeordnet sind. Zwischen vielen elementaren Objekten existiert von Anfang an eine einfache Ordnungsrelation. So ist die Zahl 25 größer als die Zahl 21 und der ASCII-Code des *-Zeichens ist größer als der ASCII-Code des #-Zeichens. Auch zwischen Zeigervariablen lässt sich eine solche Ordnungsrelation herstellen. Nur haben oft zwei Zeiger *pt1* und *pt2* auf den ersten Blick nicht viel gemeinsam. Wie soll in diesem Fall eine Relation hergestellt werden? Nun, eine Tabelle, die die Beziehung zweier Zeiger festlegt, gibt es natürlich nicht, denn auch der Inhalt einer Zeigervariablen kann variieren. Doch da eine Zeigervariable immer eine Adresse enthält, lassen sich die Vergleichsoperatoren auch auf Zeigervariablen anwenden. Der Ausdruck

```
pt1 > pt2
```

führt einen einfachen Vergleich zwischen zwei Zeigervariablen durch. Dieser Ausdruck ist immer dann wahr, wenn die Adresse in der Zeigervariablen *pt1* größer als die Adresse in der Zeigervariablen *pt2* ist.

ACHTUNG

Auf Zeigervariablen können alle Vergleichsoperatoren und auch logische Operatoren angewendet werden.

Die Frage nach dem Sinn eines solchen Vergleichs muss der Programmierer allerdings selbst beantworten. Zeigt die Zeigervariable *pt1* auf ein Element einer Zeichenkette *txt1*, die Zeigervariable *pt2* dagegen auf ein Element einer Zeichenkette *txt2*, so kann der Ausdruck *pt1 > pt2* nicht relevant für die weitere Ausführungsreihenfolge sein. Denn das Ergebnis muss zufällig davon abhängen, wie der Compiler seine Zeichenketten im Speicher anordnet. Und dies ist etwas, auf das der Programmierer in der Regel keinen Einfluss hat.

Ein Vergleich zweier Zeigervariablen kann dagegen durchaus sinnvoll sein, wenn beide auf jeweils ein Element derselben Zeichenkette zeigen. So könnte die Zeigervariable *pt1* auf den Beginn der Zeichenkette zeigen und die Zeigervariable *pt2* durch das Ergebnis einer Suchoperation einen Wert erhalten. Der Vergleich *pt2 > pt1* sagt dann aus, ob und an welcher Position sich das gesuchte Zeichen in der Zeichenkette befindet.

5.4 Arrays

Haben Sie das Prinzip der Zeiger in seinen Grundzügen verstanden, sind Sie für den Umgang mit Arrays bereits bestens gerüstet. Zumal Sie mit Arrays bereits vom ersten Kapitel an gearbeitet haben. Sie haben ja Zeichenkettenvariablen verwendet und dafür Arrays vom Typ *char* eingesetzt. In dieser Lektion soll der Umgang mit Arrays vertieft werden. Arrays kommen immer dann zur Anwendung, wenn eine größere Anzahl an Werten gespeichert werden soll und es nicht zweckmäßig ist, für jeden Wert eine eigene Variable mit einem eigenen Variablennamen zu definieren.

Angenommen, ein Programm soll die Resultate einer Verkehrszählung verarbeiten. An einer bestimmten Stelle wurde den ganzen Tag lang die Zahl der vorbeifahrenden Autos registriert. Am Ende steht für jede Stunde des Tages eine *short*-Zahl zur Verarbeitung bereit, insgesamt müssen also 24 Zahlen innerhalb des Programms gespeichert werden. Dazu werden 24 Variablen benötigt. 24 Variablen mögen noch akzeptabel erscheinen. Was ist aber, wenn sich die Verkehrszählung über eine Woche oder einen Monat erstreckt? Sollen 168 oder gar 672 Variablen im Programm deklariert werden? Sicher nicht, denn es geht auch viel einfacher. Mit Hilfe eines Arrays lässt sich nämlich eine Variable definieren, die nur einen Namen, aber eine (nahezu) beliebige Anzahl an Elementen besitzt. Diese Elemente können Sie sich als »Untervariablen« vorstellen. Alle Untervariablen besitzen den gleichen Namen und den gleichen Untertyp, unterschieden werden sie lediglich über einen Index, der beim Zugriff auf ein Array stets in eckigen Klammern mitangegeben werden muss.

Auf das obige Beispiel angewendet, könnte man ein Array mit dem Namen *Verkehrszaehlung* definieren und ihm bei der Deklaration insgesamt 24, 168 oder auch 672 Elemente zuordnen:

```
int Verkehrszaehlung[168];
```

Nun steht eine Variable zur Verfügung, in der 168 Werte vom Typ *int* gespeichert werden können.

Grundlagen des Umgangs mit Arrays

Wenn Sie bei der Erklärung der Zeichenkettenvariablen gut aufgepasst haben, sollten Sie Arrays sofort einsetzen können. Eine Zeichenkette ist, und das wurde bereits erwähnt, ein *char*-Array. So definiert die Anweisung

```
short sh[30];
```

ein Array vom Typ *short* mit 30 Elementen, die Anweisung

```
float fl[87];
```

definiert dagegen ein *float*-Array der Länge 87. Auch der Zugriff auf die einzelnen Elemente eines Arrays ist schon bekannt. Die Anweisung

```
x = sh[5];
```

kopiert den Inhalt des 6. Elements der Arrayvariablen *sh* in die Variable *x*. Auch hier beginnt die Zählung bei 0. Das erste Element besitzt somit den Index 0, das zweite den Index 1 usw.

Eine Einschränkung gibt es, und die wird aus den gezeigten Beispielen deutlich: Als Größe des Arrays muss immer eine konstante Zahl angegeben werden. Diese könnte allenfalls durch eine mit *#define* festgelegte Konstante angegeben werden. Aber dies ist, wie Sie wissen, ja kein Unterschied, da der Präprozessor diese ersetzt und der Compiler doch wieder die konstante Zahl zu Gesicht bekommt.

Was Sie tun müssen, um dennoch mit »variablen« Arrays arbeiten zu können, erfahren Sie später im Abschnitt »Speicherverwaltung«.

Die Initialisierung von Arrays

Analog zu normalen, das heißt skalaren Variablen, müssen auch Arrays zunächst initialisiert werden. Wie eine Zeichenkettenvariable initialisiert wird, wurde schon des Öfteren geübt:

```
sh[30] = "Ein kleiner Test!"
```

Diese Anweisung definiert nicht nur ein Array, sie trägt in die einzelnen Arrayelemente auch einen Initialisierungswert ein (die nicht benötigten Arrayelemente der Variablen erhalten den Wert Null). Bei Arrays, die andere Werte enthalten, muss auch die Initialisierung ein wenig anders durchgeführt werden.

Die Lösung ist zum Glück ganz einfach. Bei einer Initialisierung eines Arrays werden die Initialisierungswerte in geschweifte Klammern gesetzt:

```
float Feld[5] = {-1.0, -1.0, -1.0, -1.0, -1.0};
```

Diese Anweisung definiert ein Array mit dem Namen *Feld* und insgesamt fünf Elementen. Jedes dieser Elemente wird dabei mit dem Wert –1.0 initialisiert. Die Initialisierung mit den geschweiften Klammern ist auch bei *char*-Arrays möglich. Die Initialisierung mit Anführungsstrichen ist also nur eine Kurzschreibweise. Allerdings muss bei der Verwendung geschweifter Klammern bei der Definition einer Stringvariablen explizit eine binäre Null aufgeführt werden:

```
char txt[] = { 'a', 'b', 'c', 0 };
```

Ist die Anweisung

```
char txt[] = "abc";
```

da nicht ein wenig einfacher?

> Auch bei der Definition von »Nicht-*char*-Arrays« ist es nicht unbedingt erforderlich, die Anzahl der Elemente anzugeben, wenn dabei eine Initialisierung stattfindet. Der Compiler ermittelt die Anzahl der zugewiesenen Elemente nämlich selbstständig.

Beispiel

```
short Feld1[] = {1, 2, 3, 4, 5, 6, 7};
double Feld2b[] = {-1.5, 0.0, -1.5, 0.0, -1.5};
```

Durch die erste Definition wird ein Array vom Typ *short* mit dem Namen *Feld1* definiert. In dieses Array werden sieben Elemente vom Typ *short* eingetragen. Im zweiten Fall wird ein *double*-Array mit dem Namen *Feld2* definiert, in das fünf *double*-Werte eingetragen werden.

> Eine wesentliche Neuerung bei der Initialisierung bietet der C99-Standard. Da können nämlich bestimmte Elemente einzeln herausgegriffen und mit einem Wert versehen werden.

Beispiel In einem Array von *float*-Variablen soll das Element mit Index 0 den Wert 4.0 erhalten, das Element mit Index 1 den Wert –4.0.

Bisher

```
float Feld3[] = {4.0, -4.0};
```

In C99

```
float Feld3[] = {[0]=4.0, [1]=-4.0};
```

Nun macht diese Art der Initialisierung hier nicht gerade den Eindruck eines großen Vorteils. Bis auf die Tatsache, dass man auf den ersten Blick sehen kann, welches Element welchen Wert hat, verschafft man sich doch eigentlich nur einen Haufen Schreibarbeit, oder? Nun ja, es sollte zunächst auch nur das Prinzip gezeigt werden. Richtig interessant wird es aber, wenn bei sehr großen Arrays nur wenige Elemente initialisiert werden sollen.

Beispiel

Es soll ein Array von *short*-Variablen der Länge 16 definiert werden. Das letzte Element soll den Wert 1 erhalten.

Bisher

```
short Feld4[16] = {0, 0, 0, 0, 0, 0, 0, 0, 0, 0, 0, 0, 0, 0, 0, 1};
```

In C99

```
short Feld4[16] = {[15]=1};
```

Das sieht doch schon besser aus. Und erst recht, wenn das Array nicht die Länge 16, sondern 1600 hat:

```
short Feld4[1600] = {[1599]=1};
```

Wie der Vergleich mit der bisherigen Schreibweise zeigt, werden alle bei der Initialisierung nicht erwähnten Elemente mit dem Wert 0 bzw. bei Zeichenketten mit einer leeren Zeichenkette belegt. Bei Initialisierung von aufeinander folgenden Elementen muss der Index nicht jedes Mal erneut angegeben werden, sondern wird automatisch erhöht, wie das letzte Beispiel zeigt:

Beispiel

Es soll ein Array von *short*-Variablen definiert werden. Die Elemente mit den Indexpositionen 3, 4 und 5 sollen mit 1, die Elemente mit den Indexpositionen 9, 10 und 11 mit 2 initialisiert werden.

Bisher

```
short Feld5[] = {0, 0, 0, 1, 1, 1, 0, 0, 0, 2, 2, 2};
```

In C99

```
short Feld5[] = {[2]=1, 1, 1, [9]=2, 2, 2};
```

Und wen das alles nicht überzeugt, der ist keineswegs zur Nutzung dieser Möglichkeiten gezwungen. Diese Art der Initialisierung ersetzt nicht die alte Schreibweise, sondern ergänzt sie.

Arrays und die for-Schleife

Neben der Vereinfachung der Deklaration bieten Arrays einen weiteren entscheidenden Vorteil gegenüber skalaren Variablen. Ihr Inhalt kann wunderbar einfach innerhalb einer *for*-Schleife initialisiert, abgefragt oder mit einem neuen Wert belegt werden. Auf das Beispiel der eingangs beschriebenen Verkehrszählung bezogen ist es z.B. kein Problem, die ermittelten Werte aus dem Array *Verkehrszaehlung* auszulesen und in einer Datei zu speichern (mehr über Dateizugriffe in Kapitel 7).

C 99

Sie wissen bereits, dass der C99-Standard die Definition von Variablen an jeder beliebigen Stelle im Programm gestattet, an der auch eine Anweisung stehen kann. Darüber hinaus geht das dann auch im Kopf einer *for*-Schleife.

Beispiel

```
for ( short idx=0; idx<anz; idx++ )
  printf("Element %d: %f\n", idx, wert[idx]);
```

Das könnte eine Testausgabe sein, die Sie während der Entwicklung Ihres Programms benötigen, um die Werte eines Arrays zu kontrollieren. Falls Sie die Werte des Arrays an einer anderen Stelle ebenfalls prüfen möchten, brauchen Sie einfach nur die Schleife dorthin zu kopieren. Voraussetzung ist natürlich, dass das Array *wert* und die Variable *anz* dort existieren.

Aufgabe Das folgende Beispielprogramm soll insgesamt 24 Werte von der Tastatur entgegennehmen und in dem Array *Verkehrszaehlung* speichern. Anschließend sollen die ermittelten Werte aufaddiert werden.

Lösung

```
#include <stdio.h>
A   #define ANZAHL 24

    void main()
    {
B   short Verkehrszaehlung[ANZAHL];
    short index, summe;

    /* Einlesen der Werte */
C   printf("Bitte %d Werte eingeben\n",ANZAHL);
D   for (index = 0; index < ANZAHL; index++)
E   scanf("%d",&Verkehrszaehlung[index]);

    /* Berechnung der Summe */
F   for (summe = index = 0; index < ANZAHL; index++)
      summe = summe + Verkehrszaehlung[index];

    /* Ausgabe des Resultats */
    printf("Summe: %d\n",summe);
    }
```

Erläuterungen

A Es wird eine Konstante *ANZAHL* definiert, die die Anzahl der Werte festlegt.

B Diese Anweisung definiert ein Array vom Typ *short* mit einer Anzahl an Elementen, die durch die Konstante *ANZAHL* bestimmt wird.

C Es wird eine Eingabeaufforderung ausgegeben.

D In einer *for*-Schleife werden alle Werte über die Tastatur eingelesen.

E Die *scanf*-Funktion nimmt einen Wert entgegen und trägt ihn in ein Element des Arrays *Verkehrszaehlung* ein. Die Indexposition wird dabei durch die Variable *index* bestimmt.

F In einer *for*-Schleife wird die Summe aller Arrayelemente gebildet. Das Ergebnis wird in der Variablen *summe* gespeichert.

Dieses Programm ist sicherlich leicht verständlich. Dennoch erhebt sich sofort die Frage: Warum wird hier mit Indizes gearbeitet und nicht mit Zeigern? Diese Frage ist berechtigt, denn was bei Zeichenketten funktioniert, sollte sich bei *short*-Arrays doch auch realisieren lassen. Schließlich handelt es sich auch bei Zeichenketten um Arrays, die sich, außer bei ihrer Initialisierung, durch nichts von anderen Arrays unterscheiden. Welche Unterschiede sich bei einer Umstellung auf eine Adressierung über Zeiger ergeben, wird im nächsten Abschnitt deutlich.

Die Abbruchbedingung bei der Einführung von Zeigern

Der erste Schritt bei einer Umstellung der Adressierung eines Arrays mit einem Zeiger besteht in der Deklarierung eines solchen Zeigers:

```
short *pt;
```

Die Zeigervariable *pt* zeigt hiermit auf ein Datenobjekt vom Typ *short*. Über die Anweisung

```
pt = &Verkehrszaehlung[0];
```

zeigt die Zeigervariable nun auf das erste Element des Arrays. Über die Anweisung

```
pt++;
```

wird in jedem Schleifendurchlauf das folgende Arrayelement adressiert. Auf diese Weise ließe sich das gesamte Array durchlaufen. Doch wie wird die Abbruchbedingung formuliert?

Anders als bei einer Zeichenkette, deren Ende durch eine binäre Null angezeigt wird, existiert ein solches Zeichen bei den übrigen Arrays normalerweise nicht. Aber man kann natürlich jederzeit ein solches Element definieren, das keine andere Aufgabe besitzt, als das Ende des Arrays anzuzeigen. Im konkreten Beispiel könnte diese Rolle z.B. ein negativer Wert wie –1 spielen, denn dass in einer Stunde –1 Autos gezählt werden, wäre etwas mehr als seltsam.

Deklarieren Sie daher zunächst das Array *Verkehrszaehlung* mit einem zusätzlichen Element

```
short Verkehrszaehlung[ANZAHL+1];
```

und setzen den letzten Wert des Arrays gleich zu Beginn auf den Wert –1:

```
Verkehrszaehlung[ANZAHL] = -1;
```

Nun kann die Zeigervariable *pt* so lange inkrementiert werden, wie die Abbruchbedingung **pt!=-1* gilt. Damit besitzt das Programm den folgenden Aufbau:

```
#include <stdio.h>
#define ANZAHL 24

void main()
{
 short Verkehrszaehlung[ANZAHL+1];
 short *pt, index, summe;

  /* Letztes Element initialisieren */
  Verkehrszaehlung[ANZAHL] = -1;

  /* Einlesen der Werte */
  printf("Bitte %d Werte eingeben\n",ANZAHL);
  for (index=0; index < ANZAHL; index++)
    scanf("%d",&Verkehrszaehlung[index]);

  /* Berechnung der Summe */
  for (summe=0, pt=&Verkehrszaehlung[0]; *pt!=-1; pt++)
    summe = summe + *pt;

  /* Ausgabe des Resultats */
  printf("Summe: %d\n",summe);
}
```

Beim Einlesen der Werte muss nach wie vor mit einer Indexvariablen gearbeitet werden. Eine Adressierung über eine Zeigervariable ist hier nicht möglich, denn da das Array nicht initialisiert wurde, könnte zufälligerweise eines der Arrayelemente bereits den Wert –1 besitzen. Und Sie wissen bereits, dass nicht initialisierte Variablen einen nicht vorhersagbaren Wert besitzen.

Das Sortieren von Arrays (sortier.c)

In keinem guten C-Buch darf ein Beispiel zum Thema Sortieren fehlen, denn oft kommt es vor, dass ein Array sortiert werden muss. Allerdings soll auf die dahinter stehende Theorie fast und auf einen Vergleich der einzelnen Sortieralgorithmen vollständig verzichtet werden. Stattdessen präsentiert Ihnen das folgende Beispielprogramm eine Sortierroutine, die ein Array auf der Basis des so genannten Blasen-Algorithmus präsentiert. Dieser sehr einfache, dafür aber nicht besonders schnelle Sortieralgorithmus basiert auf einem einfachen Vergleichs- und Austauschverfahren, bei dem zwei Mitglieder eines zu sortierenden Arrays ihren Platz tauschen, wenn das erste Mitglied größer ist als das zweite Mitglied. Da die größeren (oder kleineren) Elemente innerhalb des Arrays wie Luftblasen nach oben wandern, dürfte Ihnen jetzt auch der etwas ungewöhnliche Name dieses Verfahrens klar werden.

Es sei an dieser Stelle erwähnt, dass Ihnen die Funktionsbibliotheken Ihres C-Compilers mit der Funktion *qsort* eine leistungsfähigere Funktion auf der Basis des bekannten **Quicksort-Algorithmus** anbieten, sodass Sie die hier vorgestellte Routine nicht in Ihre eigenen Programme einbinden müssen. Dennoch ist das folgende Beispielprogramm sehr gutes Anschauungsmaterial für den Umgang mit Arrays.

```
/* Programm wurde erstellt am 15.02.94 */

    #include <stdio.h>

    void main()
    {
A    float Feld1[100], Feld2[100], hilf;
     int i,j,n;

     printf("Wie viele Messwerte wollen Sie eingeben?");
B     scanf("%d",&n);
      /* Einlesen der Messwerte in ein Array */
C     for (i=1; i<=n; i++)
      {
       printf("\nGeben Sie den %d.ten Wert ein:",i);
       scanf("%f",&Feld1[i]);
       Feld2[i]=Feld1[i];
      }

      /* Sortierroutine, die jeweils zwei Messwerte
         vergleicht und sie vertauscht, wenn der
         zweite Messwert größer als der erste ist */

D     for (i=1; i<=n-1; i++)
      {
E      for (j=i+1; j<=n; j++)
       {
F       if (Feld2[i]>Feld2[j])
        {
G        hilf = Feld2[j];
         Feld2[j] = Feld2[i];
         Feld2[i]=hilf;
        }
       }
      }
```

```
    printf("Die urspruenglichen Werte sind: \n");
    for (i=1; i<=n; i++)
    {
     printf("%f\n",Feld1[i]);
    }

    printf("Die sortierten Werte sind: \n");
    for (i=1; i<=n; i++)
    {
     printf("%f\n",Feld2[i]);
    }
}
```

Erläuterungen

A Während das Array *Feld1* zur Aufnahme der eingegebenen Messwerte dient, werden in dem Array *Feld2* die sortierten Messwerte gespeichert. Beide Arrays besitzen den Datentyp *float*.

B Die *scanf*-Funktion nimmt die Anzahl der einzugebenden Werte entgegen.

C In dieser *for*-Schleife werden die Messwerte eingegeben.

D Die äußere *for*-Schleife läuft vom ersten bis zum letzten Element des Arrays.

E Die innere *for*-Schleife läuft vom aktuellem Element des Arrays, das über den Schleifenzähler der äußeren Schleife adressiert wird, bis zum Ende der Schleife. Auf diese Weise wird jedes Element mit den restlichen Elementen verglichen.

F Ist das zweite Element größer als das erste Element, tauschen beide Elemente ihre Plätze. Das Feld ist daher stets bis zu jenem Element, das über den Schleifenzähler der äußeren *for*-Schleife adressiert wird, sortiert.

G Beide Elemente vertauschen über die Hilfsvariable *hilf* ihre Werte.

5.5 Zeiger und Arrays

Wie die letzten Lektionen deutlich gemacht haben, gibt es zwischen Zeigern und Arrays eine direkte Verwandtschaft. Jede Arrayvariable steht für die Adresse des ersten Arrayelements, eine Arrayvariable ist somit eine Adresse und kann folglich direkt, das heißt ohne Adressoperator, in einer Zeigervariablen gespeichert werden. Welche Folge diese direkte Beziehung für die Programmierung hat, soll in dieser Lektion beleuchtet werden. Ein direkter Vorteil liegt auf der Hand: Enthält eine Zeigervariable die Adresse einer Arrayvariablen, können über den Zeiger innerhalb einer Schleife auf einfache Weise alle Elemente des Arrays adressiert werden.

Beispiel

An dieser Stelle gleich ein Beispiel, das die enge Verwandtschaft zwischen Zeigern und Arrays deutlich machen soll:

```
    #include <stdio.h>

    void main ()
    {
A   int Feld[] = {111, 222, 333, 444};
B   int *FeldZeiger;
C   FeldZeiger = Feld;
D   printf("Der 1. Wert ist: %d\n",*FeldZeiger);
E   FeldZeiger++;
F   printf("Der 2. Wert ist: %d\n",*FeldZeiger);
G   printf("Der 3. Wert ist: %d\n",*(++FeldZeiger));
H   printf("Der 4. Wert ist: %d\n",Feld[3]);
    }
```

Erläuterungen

A Es wird ein Array mit dem Namen *Feld* definiert. In dieses Array werden vier *int*-Werte eingetragen.

B Es wird ein *int*-Zeiger mit dem Namen *FeldZeiger* deklariert.

C *FeldZeiger* erhält die Adresse des Arrays *Feld*. Beachten Sie, dass hier kein Adressoperator zur Anwendung kommt. Der Name von *Feld* steht synonym zu seiner Adresse.

D Das erste Arrayelement wird über eine Dereferenzierung von *FeldZeiger* ausgegeben.

E *FeldZeiger* wird inkrementiert und zeigt nun auf das zweite Arrayelement.

F Das zweite Arrayelement wird über eine Dereferenzierung von *FeldZeiger* ausgegeben.

G Das dritte Arrayelement wird über eine Präinkrementierung und eine anschließende Dereferenzierung ausgegeben.

H Das vierte Arrayelement wird über den Arraynamen und den Index ausgegeben. Beachten Sie, dass der Index 4 für C keine andere Bedeutung hat als ein Offset (das heißt einen numerischen Aufschlag), um den die Adresse der Arrayvariablen erhöht wird. Das führt zu der etwas befremdlichen Erkenntnis, dass C eigentlich keine Arrayvariablen kennt, sondern den Namen einer Arrayvariablen lediglich als eine gewöhnliche Adresse behandelt.

Zeiger mit einem Index

Wenn das Anhängen eines eckigen Klammernpaares aus einer normalen, sprich skalaren Variablen ein Array macht, und der in Klammern befindliche Index lediglich einen Adressoffset darstellt, so müsste dies mit einer Zeigervariablen doch auch funktionieren. Das Ergebnis wäre dann ein Zeiger mit einem Index. Da das fortlaufende Erhöhen des Index zu fortlaufend steigenden Adressen führt, könnte man auch von einem Zeigerarray sprechen. Unabhängig vom Namen ergibt sich durch das Hinzufügen eines Index zu einer Zeigervariablen ein Array, über dessen Index ein Zugriff auf die einzelnen Elemente des Arrays, das die Zeigervariable adressiert, möglich ist. Falls Ihnen das – zu Recht – ein wenig zu kompliziert erscheinen mag, führen Sie sich erst einmal das folgende kleine Beispiel zu Gemüte.

Das folgende Beispiel demonstriert, was passiert, wenn eine Zeigervariable durch das Hinzufügen eines Indizes zu einem Zeigerarray wird.

```
#include <stdio.h>

void main()
{
char txt[] = "abcdefgh";
char *pt;

  pt = &txt[3];
  printf("%c\n",pt[2]);
}
```

Fällt Ihnen an diesem kleinen Programmbeispiel etwas auf? Tatsächlich, hier wurde die Zeigervariable *pt* mit einem Index versehen. Durch diesen Zusatz wurde aus einer einfachen Zeigervariablen ein Zeigerarray. Der Umstand, dass der Compiler gegen diesen Ausdruck nichts einzuwenden hat, bedeutet in C noch lange nicht, dass dieser Ausdruck bei der Programmausführung zu einem vernünftigen Resultat führt. Die Frage lautet daher: Was macht der Compiler aus dem Ausdruck *pt[2]?*

Eine direkte Antwort erhalten Sie bei der Ausführung des Programms. Was passiert? Nun, das Zeichen »f« wird auf dem Bildschirm ausgegeben. Doch warum gerade das »f«? Gehen Sie das Programm der Reihe nach einmal durch. Zunächst wird durch die Anweisung

```
pt = &txt[3];
```

der Zeigervariablen *pt* die Adresse des vierten Zeichens aus der Stringvariablen *txt* zugewiesen, das ist das »d«. Das Zeichen »f« liegt allerdings zwei Positionen hinter dem »d«. Und genau diese Differenz wird durch den Index der Zeigervariablen *pt* überbrückt, der in dem Ausdruck *pt[2]* dazu benutzt wird, das Zeichen »f« auf dem Bildschirm auszugeben. Normalweise würde man auf dieses Zeichen über den Ausdruck **(pt+2)* zugreifen. Mit anderen Worten, die Ausdrücke **(pt+2)* und *pt[2]* sind identisch, genauso wie der Ausdruck **pt* dem Ausdruck *pt[0]* entspricht. Das bedeutet wiederum, dass die Begriffe Zeiger und Array auch das Gleiche meinen. Oder ist das ein Trugschluss?

Gemeinsamkeiten zwischen Zeigern und Arrays

Um es bereits vorwegzunehmen, obwohl Zeiger und Arrays Gemeinsamkeiten besitzen, sind sie dennoch nicht vollkommen identisch. Erinnern Sie sich dazu noch einmal an Lektion 5.2, als deutlich wurde, dass die Zuweisung einer Zeichenkette an eine andere Zeichenkette über den Ausdruck *txt2=txt1* nicht funktioniert, der Compiler akzeptiert es nicht. Ganz anders bei Zeigern, denn ihre Werte lassen sich problemlos einander zuweisen.

Den auffälligsten Unterschied gibt es bei der Definition, bei der bekanntlich festgelegt wird, ob es sich bei einer Variablen um einen Zeiger oder ein Array handeln soll. Doch während man bei einem Array sofort eine Zuweisung durchführen kann:

```
char Textkette[30];
Textkette[0] ='a';
```

ist die äquivalente Anweisung bei einem Zeiger nicht so ohne weiteres möglich:

```
char *pt;
pt[0] = 'a';
```

Obwohl der Compiler die Zuweisung akzeptiert, kann es bei der Programmausführung zum großen Knall kommen, denn ein Zeiger muss auf ein Datenobjekt zeigen, das innerhalb des Programms auch existiert. Wohin der Zeiger *pt* im obigen Beispiel jedoch zeigt, ist nirgends festgelegt worden. Dass uninitialisierte Zeiger Probleme bereiten können, wurde bereits in Lektion 5.1 angesprochen. Durch die Zuweisung eines Wertes an einen uninitialisierten Zeiger wird der zugewiesene Wert irgendwo im Arbeitsspeicher abgelegt. Da somit eine mehr oder weniger zufällige Speicherzelle überschrieben wird, kann diese Zuweisung zu Problemen führen. Vielleicht geht es aber auch gut, sodass Sie diesen vermeidbaren Programmfehler gar nicht oder erst Jahre später entdecken.

Der Unterschied zwischen einem Zeiger und einem Array besteht darin, dass Letzteres bereits durch seine Definition eine gültige Adresse enthält und der Compiler für alle Elemente des Arrays Speicherzellen reserviert. Es ist daher gefahrlos möglich, auf die einzelnen Speicherzellen, die durch die Adresskomponente des Arrays adressiert werden, zuzugreifen. Bei der Definition eines Zeigers wird dagegen keinerlei Speicherplatz für irgendwelche Elemente reserviert. Der Zeiger enthält lediglich eine Adresse und zeigt damit auf ein einzelnes (skalares) Speicherobjekt. Ob das, auf das der Zeiger zeigt, ein Datenobjekt ist, das innerhalb des Programms definiert wurde, wird erst durch die Initialisierung des Zeigers festgelegt.

Sowohl Zeiger als auch Arrays stehen für eine Adresse. Anders als bei eines Arrays werden bei einem Zeiger aber keine Speicherzellen reserviert. Zeiger müssen daher explizit mit einer Adresse initialisiert werden, die auf ein Datenobjekt des Programms zeigt.

Und noch einen kleinen Unterschied gilt es zwischen Zeigern und Arrays zu berücksichtigen. Die Adresse, für die ein Array steht, ändert sich während der Programmausführung nicht mehr. Ein Zeiger kann jedoch jederzeit einen neuen Inhalt erhalten. Infolgedessen ist die Zuweisung der Adresse eines Arrays an einen Zeiger möglich:

```
pt = Textkette;
```

Diese Anweisung erledigt genau das, was Sie in vergangenen Lektionen bereits in der Form

```
pt = &Textkette[0];
```

kennen gelernten haben. Nicht möglich ist dagegen die Umkehrung:

```
Textkette = pt;
```

Auf Grund der vorletzten Anweisung lässt sich auch die *for*-Schleife aus Lektion 5.2 noch ein wenig einfacher formulieren:

```
for (pt = &txt[0]; *pt; pt++)
  *pt = toupper(*pt);
```

Dank Ihrer neu hinzugewonnenen Erkenntnisse lässt sich diese *for*-Schleife nun wie folgt formulieren:

```
for (pt = txt; *pt; pt++)
  *pt = toupper(*pt);
```

Durch die direkte Zuweisung der Adresse, die durch *txt* repräsentiert wird, an die Zeigervariable *pt* werden weder der Adressoperator noch der Index Null benötigt.

5.6 Parameterübergabe von Adressen und Arrays

In den vorangegangenen Lektionen wurden ausschließlich Funktionen betrachtet, deren Parameter einzelne *short*-, *int*- oder *float*-Werte, also skalare Variablen waren. Einer Funktion können jedoch auch Arrays und Zeiger als Parameter übergeben werden. Wird ein Parameter in Form eines Zeigers übergeben, besteht innerhalb der Funktion die Möglichkeit, auf das übergebene Datenobjekt zuzugreifen.

Zeiger als Funktionsparameter

In dem folgenden Programmbeispiel soll eine Funktion definiert werden, die die Länge einer Zeichenkette bestimmt. Zwar gibt es eine solche Funktion in Form der Bibliotheksfunktion *strlen* bereits, doch soll Sie das nicht an einer Umsetzung hindern. Da die Zeichenkette in Form eines Zeigers übergeben wird, lernen Sie an diesem Beispiel, auf welche Weise der Funktionsprototyp als auch der Funktionskopf bei der Übergabe eines Zeigers festgelegt werden.

Zunächst einmal muss geklärt werden, auf welche Weise sich die Länge einer Zeichenkette feststellen lässt. Dies ist relativ einfach, wenn man einen Zeiger verwendet, der innerhalb einer Schleife die einzelnen Zeichen der Zeichenkette der Reihe nach adressiert. Das Ende ist erreicht, wenn der Zeiger auf eine Null zeigt. Aus der Differenz dieses Zeigers und der Adresse der Zeichenkette ergibt sich deren Länge. Alles klar?

Zeiger im Funktionskopf

Zum Schluss müssen noch ein paar Formalismen geregelt werden. Dazu gehört z.B. der Funktionskopf. Da der Funktion, sie soll den Namen *x_strlen* tragen, ein Zeiger auf eine Zeichenkette, das heißt ein Array vom Typ *char*, übergeben wird, ist dessen Aussehen klar:

```
int x_strlen (char *txt)
```

Innerhalb der Funktion *x_strlen* wird ein zweiter Zeiger benötigt, der als lokale Variable aber nur innerhalb der Funktion gültig ist. Er wird dazu benutzt, die Zeichenkette nach der Null-Kennung zu durchsuchen. Da dies in einer *for*-Schleife geschieht, wird die Abbruchbedingung durch den Ausdruck **pt* festgelegt. Warum? Nun, weil *pt* stets auf ein Zeichen innerhalb der Zeichenkette zeigt, der Ausdruck **pt* daher den Wert dieses Zeichens darstellt. Da die Schleife bekanntlich so lange wiederholt werden muss, bis **pt* den Wert Null besitzt, wird schnell deutlich, dass ein expliziter Vergleich überflüssig ist.

> Dies ist typisch für C: Denken Sie einfach, und schreiben Sie es auch so in das Programm.

Die Funktion *x_strlen* besitzt damit den folgenden Aufbau:

```
A   int x_strlen (char *txt)
    {
B   char *pt;

    /* Zeiger ans Ende der Zeichenkette bringen */
C   for (pt=txt; *pt; pt++);
```

```
     /* Differenz zurückgeben */
D    return (pt-txt);
     }
```

Erläuterungen

A Der Funktionskopf legt fest, dass die Funktion *x_strlen* als Parameter einen Zeiger auf eine *char*-Variable erhält und einen Wert vom Typ *int* zurückgibt.

B Diese Anweisung definiert eine lokale Zeigervariable, die auf einen *char*-Wert – das heißt eine Zeichenkette – zeigt.

C Innerhalb der *for*-Schleife wird die Zeichenkette, die durch die Zeigervariable *pt* adressiert wird, nach einem Null-Zeichen durchsucht. Diese Variable wird zu Beginn der Schleife mit der Adresse der Zeichenkette *txt* initialisiert. Bei *txt* handelt es sich ebenfalls um eine Zeigervariable, der beim Aufruf der Funktion die Adresse einer Zeichenkette übergeben wird. Achten Sie darauf, auf welche Weise die Abbruchbedingung festgelegt wird.

Beachten Sie auch, dass die Schleife offenbar überhaupt keinen Schleifenrumpf, also eine Anweisung, die wiederholt werden soll, besitzt. Eine solche wird hier auch nicht benötigt, da ja nur das Ende der Zeichenkette gesucht werden soll.

D Als Rückgabewert fungiert die Differenz zwischen der Adresse des Null-Zeichens innerhalb der Zeichenkette und der Startadresse der Zeichenkette.

ACHTUNG

Beachten Sie, dass aus Sicht der Funktion die Variablen *txt* und *pt* gleichwertig sind, denn in beiden Fällen handelt es sich um Zeigervariablen. Die Deklaration des Funktionsparameters *txt* innerhalb des Funktionskopfes entspricht der Definition der Zeigervariablen *pt* innerhalb der Funktion.

Wertübergabe bei Funktionsparametern

Wahrscheinlich haben Sie sich über das Prinzip der Parameterübergabe beim Aufruf einer Funktion noch nicht allzu viele Gedanken gemacht. Warum auch, denn es scheint doch alles ganz klar zu sein? Wird die Funktion *MyFun* in der Form

```
MyFun(5)
```

aufgerufen, wird der Funktion der Wert 5 übergeben. Ähnlich verhält es sich, wenn anstelle des konstanten Wertes eine (skalare) Variable übergeben wird:

```
x = 5;
MyFun(x);
```

Doch hatten Sie nicht in diesem Kapitel gelernt, dass Variablen auch über ihre Adresse, das heißt über einen Zeiger, angesprochen werden? Denkbar wäre es daher doch auch, dass der Compiler bei einem Funktionsaufruf anstelle des Wertes eine Adresse einträgt. Ganz so klar scheint die Angelegenheit also doch nicht zu sein. Grund genug, sich ein wenig näher mit dem Prinzip der Parameterübergabe zu beschäftigen.

Beispiel

Im folgenden Programmbeispiel soll anhand der Funktion mit dem Namen *set7* das Prinzip der Parameterübergabe demonstriert werden.

```
void set7 (short x)
{
  x = 7;
}
```

Die Bedeutung der Funktion *set7* ist sofort ersichtlich. Ein Aufruf der Funktion in der Form

```
set7(index);
```

soll bewirken, dass die Variable *index* den Wert 7 erhält. Doch geschieht dies wirklich? Probieren Sie es einfach aus, indem Sie folgende Programmzeilen zur Ausführung bringen:

```
index = 3;
set7(index);
printf("%d",index);
```

Wie sieht das Ergebnis aus? Wie Sie sich es wahrscheinlich bereits gedacht haben, erscheint der Wert 3 auf dem Bildschirm. Mit anderen Worten, der Wert der Variablen *index* wurde durch den Funktionsaufruf nicht geändert. Kein Wunder, denn der Funktion *set7* wird lediglich der Wert der Variablen *index* übergeben. Die Zuweisung innerhalb der Funktion hat auf den Wert der Variablen *index* keinen Einfluss. Davon können Sie sich auch überzeugen, indem Sie innerhalb der Funktion *set7* eine weitere *printf*-Funktion einfügen, die den Wert der Variablen *x* ausgibt.

Skalare Variablen werden einer Funktion in Form ihres Wertes übergeben. Innerhalb der Funktion kann die Variable selber nicht geändert werden.

ACHTUNG

Parameterübergabe in Form einer Referenz

Was ist zu tun, wenn der Wert einer übergebenen Variablen dauerhaft geändert werden soll, das heißt, wenn innerhalb der Funktion ein Zugriff auf die übergebene Variable möglich sein soll? Nun, die Antwort auf diese Frage dürfte Ihnen nicht schwer fallen. Für diesen Fall muss nicht der aktuelle Wert der Variablen, sondern ein Zeiger auf die Variable übergeben werden. Man spricht hier auch von einer Parameterübergabe als Referenz.

Im folgenden Programmbeispiel wird erneut die Funktion *set7* definiert. Diesmal wird aber im Funktionskopf festgelegt, dass anstelle eines Wertes ein Zeiger übergeben wird.

```
void set7 (short *Zeiger)
{
  *Zeiger = 7;
}
```

Achten Sie auf den kleinen, aber bedeutungsvollen Unterschied. Anstelle eines Wertes wird der Funktion *set7* die Adresse einer *short*-Variablen übergeben. Und wie wird dem Compiler mitgeteilt, dass der Funktionsparameter eine Adresse ist? Richtig, durch das kleine Sternchen, das dem Variablennamen vorausgeht. Die Zuweisung

```
*Zeiger = 7;
```

hat nun zur Folge, dass der Wert 7 in jene Speicherzelle eingetragen wird, auf die der übergebene Zeiger zeigt. Wird die Funktion *set7* in der Form

```
index = 3;
char *pt = &index;
set7(pt);
printf("Der Wert von index: %d\n",index);
```

aufgerufen, besitzt die Variable *index* nach Beendigung der Funktion tatsächlich den Wert 7.

Durch die Übergabe eines Zeigers, das heißt der Adresse einer Variablen, »weiß« die Funktion gewissermaßen, wo sich die Variable im Speicher befindet. Ein Zugriff auf die Variable und damit auch eine Wertänderung ist nun möglich.

Beachten Sie, dass die aktuelle Version der Funktion *set7* anstelle eines *short*-Wertes nun eine Adresse erwartet. Dies muss natürlich auch beim Aufruf der Funktion berücksichtigt werden. Mit anderen Worten, Sie müssen der zu übergebenden Variablen beim Funktionsaufruf den Adressoperator & voranstellen. Ein Aufruf in der Form

```
set7(index);
```

funktioniert nicht mehr, dies wird der Compiler nicht akzeptieren. Der Aufruf muss stattdessen in der Form

```
set7(&index);
```

erfolgen, da in diesem Fall anstelle des Wertes der Variablen *index* ihre Adresse an die Funktion übergeben wird.

Nachdem Sie nun eine Menge über die Bedeutung von Adressen und Zeigern in einem C-Programm wissen, sollten Sie sich noch einmal an die *scanf*-Funktion erinnern. Immer, wenn Sie mit Hilfe dieser Funktion z.B. einer *short*-Variablen einen Wert zuweisen möchten, muss der Aufruf wie folgt aussehen:

```
scanf("%d",&sh);
```

Der Grund, warum beim Aufruf der *scanf*-Funktion der Adressoperator & benötigt wird, dürfte nun endgültig klar sein. Die *scanf*-Funktion muss den über die Tastatur eingelesenen Wert in der Variablen speichern. Das geht nur, wenn der Funktion die Adresse der Variablen bekannt ist. Damit wissen Sie auch, warum beim Einlesen einer Zeichenkette der Adressoperator & nicht benötigt wird. Bei einer Stringvariablen handelt es sich nämlich bereits um einen Zeiger, das heißt um die Adresse jener Speicherzelle, die das erste Zeichen der Zeichenkette enthält. Die *scanf*-Funktion wird daher in der Form

```
scanf("%s",txt);
```

eingesetzt. Der Variablenname *txt* steht in diesem Fall ganz einfach für die Adresse einer Zeichenkette.

5.7 Test

1. Bei *txt* soll es sich um eine Stringvariable handeln, die mit dem Text »abcdefg« initialisiert wurde. Es soll ein Zeiger *pt* definiert und auf das Zeichen »c« in der Zeichenkette txt gesetzt werden. Wie wird die Zeigervariable *pt* definiert, und wie lautet die Zuweisung an die Zeigervariable?

2. Eine Stringvariable der Länge 80 ist mit der Zeichenkette »abcdefg« initialisiert worden. Nun soll sie um das Zeichen »h« am Ende verlängert werden. Definieren Sie dazu einen Zeiger *pt*, der unter Benutzung der Funktion *strlen* auf das Ende der Zeichenkette gesetzt wird. Wie lautet die Zuweisung an die Zeigervariable *pt*, und welche Schritte sind notwendig, um das »h« an die Zeichenkette anzuhängen?

3. Es seien *pt1* und *pt2* zwei *char*-Zeiger, *sh* eine *short*-Variable. Welche der folgenden Zuweisungen wird der Compiler akzeptieren, welche nicht?

```
a. pt1 = pt2 + sh;
b. pt1 = sh + pt2;
c. sh = pt1 * pt2;
d. sh = pt1 - pt2;
e. sh = pt1 + pt2;
```

4. *pt1*, *pt2* und *pt3* seien drei *short*-Zeiger. Wie muss die Variable *res* definiert werden, damit der Compiler die Zuweisung

   ```
   res = pt1 + (pt2 - pt3);
   ```

   akzeptiert? Was wird in diesem Fall berechnet? Sehen Sie die Zuweisung als sinnvoll an? Wie kommen Sie zu dieser Ansicht?

5. Entwerfen Sie einen Programmabschnitt, in dem jedes »E« oder »e« in einer Stringvariablen mit dem Namen *txt* durch einen Bindestrich ersetzt wird.

6. Eine Kunstausstellung hatte an 28 Tagen geöffnet. In einem C-Programm werden einige statistische Daten über die Besucherzahlen ausgewertet. Es sei definiert:

   ```
   #define TAGE 28
   short anz_bes[TAGE], summe, *pt;
   ```

   Im Array *anz_bes* sind die Besucherzahlen an den einzelnen Tagen gespeichert. Welchem Trugschluss ist der Programmierer unterlegen, der mit folgender Schleife die Gesamtzahl der Besucher ermitteln wollte:

   ```
   for (summe=0, pt=anz_bes; *pt; pt++)
     summe = summe + *pt;
   ```

   Und wie könnte man dem durch eine kleine Änderung abhelfen?

7. In einem physikalischen Programm werden Abweichungen von Messwerten verarbeitet. Positive Werte bedeuten eine Abweichung nach oben, negative Werte eine Abweichung nach unten. In einem *float*-Array mit dem Namen *Abw* mit 500 Elementen sind diese Abweichungen gespeichert. In einer Schleife sollen alle Abweichungen auf dem Bildschirm ausgegeben werden, die größer als 10.0 oder kleiner als –10.0 sind. Warum ist es schwierig, dieses Array mit Zeigern zu bearbeiten? Welche Lösung schlagen Sie daher vor?

8. Im *char*-Array *txt* sei eine Zeichenkette gespeichert. Es soll nun das erste Auftreten des Zeichens »a« in *txt* ermittelt werden. Resultat soll ein Zeiger auf das entsprechende Element in *txt* sein.

9. *Wert* sei ein *short*-Array und *pt* ein *short*-Zeiger. Welche der folgenden Zuweisungen sind zulässig, welche nicht?

   a. `pt = Wert;`

   b. `Wert = pt;`

   c. `pt = &Wert[3];`

   d. `Wert[2] = pt[5];`

10. Ein Programmierer probiert die Initialisierung einer Stringvariablen mittels geschweifter Klammern aus. Er schreibt:

    ```
    char txt[] = { 'a', 'b', 'c', 'd', '0' };
    ```

    Beim Aufruf der *strlen*-Funktion zur Ermittlung der Länge der Zeichenkette in der Form

    ```
    len = strlen(txt);
    ```

    erhält er nun einen völlig unsinnigen Wert. Er wechselt daher sofort wieder auf die gewohnte Initialisierung:

    ```
    char txt[] = "abcd";
    ```

    Was hat der Programmierer falsch gemacht?

11. In der folgenden Funktion wird die Länge einer Zeichenkette berechnet:

    ```
    void txtlen (char *txt, short len)
    {
      char *pt;

      for (pt=txt; *pt; pt++);
      len=pt-txt;
    }
    ```

    Welchem Denkfehler ist der Programmierer unterlegen, und welche Verbesserung schlagen Sie vor?

Die Lösungen zum Test finden Sie in Anhang A.

5.8 Übung

Es soll eine Funktion definiert werden, die eine Zeichenkette umdreht. Aus der Zeichenkette »Hallo« soll also die neue Zeichenkette »ollaH« werden. Die Umsetzung der Aufgabe soll in den folgenden Schritten erfolgen:

1. Festlegen eines allgemeinen Programmrahmens
2. Definition des Funktionskopfes
3. Definition der Funktion
4. Einbau der Funktion in ein komplettes und funktionsfähiges C-Programm.

Schritt 1: Festlegen eines allgemeinen Programmrahmens

Dies ist sicherlich die einfachste Übung, denn einen solchen Programmrahmen haben Sie wahrscheinlich schon ein Dutzend Mal und mehr aufgestellt.

Im Grunde ist dieser Programmrahmen immer gleich, lediglich die Prototypen und Definitionen zusätzlicher Funktionen variieren. Da im Moment noch nicht feststeht, welchen Rückgabewert und welche Parameter die Funktion *DrehDenText* besitzen wird, wird einfach der Typ *void* eingesetzt. Die korrekten Datentypen werden im nächsten Schritt nachgetragen. Auf diese Weise können Sie den Programmrumpf bereits kompilieren. Das bringt zwar nicht viel, ist unter Umständen aber psychologisch wichtig, da Sie so wissen, dass der Rahmen des Programms fehlerfrei ist.

```
#include <stdio.h>
void main()
{
/* Rumpf der Hauptfunktion */
}

void DrehDenText (void)
{
/* Rumpf der Funktion DrehDenText */
}
```

Schritt 2: Definition des Funktionskopfes

Nun zum Funktionskopf. Es muss lediglich eine Zeichenkette übergeben werden, weitere Parameter sind nicht nötig. Diese Zeichenkette besitzt den Typ *char **. Auf einen Rückgabewert der Funktion wird verzichtet, der im letzten Schritt eingesetzte Typ *void* kann daher bestehen bleiben. Der Funktionsprototyp der Funktion *DrehDenText* besitzt somit folgendes Aussehen:

```
void DrehDenText (char *);
```

Schritt 3: Definition der Funktion DrehDenText

Als Nächstes steht der Funktionsrumpf auf dem Programm. Die Aufgabe der Funktion ist anhand eines Beispiels schnell beschrieben. Nehmen Sie dazu einfach die Zeichenkette »Hallo«. Eine gute Strategie müsste es doch sein, zunächst das erste und das letzte Zeichen zu vertauschen. Dann käme man auf »oallH«. Jetzt käme das zweite und das zweitletzte Zeichen dran: »ollaH«. Und siehe da, nach zwei Vertauschungen wären Sie schon fertig. Doch wie können diese Überlegungen in Programmcode umgesetzt werden? Natürlich sollen Zeiger zum Einsatz kommen, denn dies ist am Ende von Kapitel 5 Ehrensache. Sie setzen also einen Zeiger *ZeigerVar1* auf das erste Zeichen der Zeichenkette und einen Zeiger *ZeigerVar2* auf das letzte Zeichen. Dann werden die beiden Zeichen, auf die diese Zeiger zeigen, einfach vertauscht.

Zur Reinitialisierung bei Schleifenbeginn wird die Zeigervariable *ZeigerVar1* inkrementiert, die Zeigervariable *ZeigerVar2* dagegen dekrementiert. Solange die Zeigervariable *ZeigerVar2* größer ist als die Zeigervariable

ZeigerVar1, muss die Schleife noch fortgesetzt werden. Ist dagegen die Zeigervariable *ZeigerVar1* größer oder gleich der Zeigervariablen *ZeigerVar2*, ist die Verarbeitung zu Ende.

Wie die Zeigervariable *ZeigerVar2* auf das Ende der Zeichenkette gesetzt wird, ist bereits bekannt. Diese Aufgabe übernimmt eine eigene *for*-Schleife:

```
for (ZeigerVar2=txt; *ZeigerVar2; ZeigerVar2++);
```

Doch Vorsicht, nach Beendigung der Schleife zeigt die Zeigervariable *ZeigerVar2* auf die binäre Null, welche eine Zeichenkette bekanntlich stets abschließt. Ein zusätzliches Dekrementieren rückt die Sache wieder zurecht:

```
ZeigerVar2--;
```

Wie wird nun jene Schleife formuliert, welche die Vertauschung übernimmt? Die Zeigervariable *ZeigerVar2* muss nicht mehr initialisiert werden, die Zeigervariable *ZeigerVar1* dagegen schon. Der Ausdruck *ZeigerVar1 = txt* setzt die Zeigervariable *ZeigerVar1* auf das erste Zeichen der Zeichenkette. Wie bereits besprochen, lautet die Schleifenabbruchbedingung

```
ZeigerVar2 > ZeigerVar1
```

das heißt, die *for*-Schleife wird so lange wiederholt, wie der Inhalt der Zeigervariablen *ZeigerVar2* größer ist als der Inhalt der Zeigervariablen *ZeigerVar1*. Während der Reinitialisierung müssen beide Zeigervariablen verändert werden, was über die Anweisungen *ZeigerVar1++* und *ZeigerVar2--* geschieht. Der Schleifenkopf sieht nun wie folgt aus:

```
for (ZeigerVar1=txt; ZeigerVar2>ZeigerVar1; ZeigerVar1++, ZeigerVar2--)
```

Was soll bei jedem Schleifendurchlauf passieren? Ganz einfach: Die Zeichen, auf die die Zeigervariablen *ZeigerVar1* und *ZeigerVar2* zeigen, müssen vertauscht werden. Wie bei der Vertauschung zweier Variablenwerte wird auch in diesem Fall eine Hilfsvariable notwendig; sie soll den Namen *h* und den Datentyp *char* besitzen. Das Vertauschen der Zeiger übernehmen die drei Anweisungen:

```
h = *ZeigerVar1;
*ZeigerVar1 = *ZeigerVar2;
```

und

```
*ZeigerVar2 = h;
```

Schritt 4: Einbau der Funktion in ein komplettes und funktionsfähiges C-Programm

Und damit sind Sie auch schon bei der endgültigen Lösung angelangt. Das komplette Programm besitzt den folgenden Aufbau:

```
    #include <stdio.h>

A   void DrehDenText(char *);

void main()
   {
B   char Text1[] =
    "Brat fettlos mit Salamo Bratfett ohne";
C   DrehDenText(Text1);
D   printf("Der neue Text: %s\n",Text1);
   }
E    void DrehDenText(char *Text2)
   {
F    char *ZeigerVar1,*ZeigerVar2;char h;
G    for (ZeigerVar2=Text2; *ZeigerVar2; ZeigerVar2++);
     ZeigerVar2--;
H    for (ZeigerVar1=Text2; ZeigerVar2>ZeigerVar1;
     ZeigerVar1++,ZeigerVar2--)
     {
I      h = *ZeigerVar1;
J      *ZeigerVar1 = *ZeigerVar2;
K      *ZeigerVar2 = h;
     }
   }
```

Erläuterungen

A Das ist der Funktionsprototyp der Funktion *DrehDenText*. Der Funktion wird ein Zeiger auf eine Zeichenkette übergeben, der Rückgabewert ist vom Typ *void*.

B Die Stringvariable *Text1* wird definiert und mit einem Text initialisiert.

C Die Funktion *DrehDenText* wird mit der Zeichenkette *Text1* als Argument aufgerufen.

D Über die *printf*-Funktion wird die umgedrehte Zeichenkette ausgegeben.

E Die Definition der Funktion *DrehDenText* beginnt mit dem Funktionskopf. Als Funktionsparameter wird die lokale Zeigervariable *Text2* deklariert.

F Innerhalb der Funktion werden die lokalen Zeigervariablen **ZeigerVar1* und **ZeigerVar2* sowie die Hilfsvariable *h* vom Typ *char* deklariert.

G Diese *for*-Schleife dient lediglich dazu, die Zeigervariable *ZeigerVar2* auf das Ende der Zeichenkette *Text2* zu setzen, denn in diese Zeichenkette sollen später die einzelnen Zeichen in umgekehrter Reihenfolge eingetragen werden. Beachten Sie, dass die Anweisung *ZeigerVar2—* erst nach Beendigung der *for*-Schleife zur Ausführung gelangt und verhindern soll, dass *ZeigerVar2* auf das abschließende Null-Zeichen zeigt.

H In dieser *for*-Schleife werden die einzelnen Zeichen der Zeichenkette *Text2* Zeichen für Zeichen vertauscht. Die Zeigervariable *ZeigerVar1* zeigt dabei auf die Position, auf der sich das zu vertauschende Zeichen befindet, die Zeigervariable *ZeigerVar2* dagegen auf die Position, an die das zu vertauschende Zeichen abgelegt werden soll. Die Schleife wird beendet, wenn sich die beiden Zeiger treffen.

I Die Hilfsvariable *h* nimmt das Zeichen auf, das durch *ZeigerVar1* adressiert wird.

J Die durch die Zeiger *ZeigerVar1* und *ZeigerVar2* adressierten Zeichen werden vertauscht.

K An der durch die Zeigervariable *ZeigerVar2* adressierten Position wird das in der Hilfsvariablen *h* zwischengespeicherte Zeichen abgelegt.

5.9 Zusammenfassung

Zeiger gehören zu den wichtigsten Elementen eines C-Programms. Kaum ein C-Programm kommt ohne Zeiger aus, sodass Zeiger, neben den Funktionen, das Fundament der Sprache C bilden.

Ein Zeiger (engl. *pointer*) ist eine Variable, man verwendet daher auch die Bezeichnung Zeigervariable, die die Adresse eines Datenobjekts enthält und somit auf dieses Datenobjekt zeigt.

Eine solche Adresse wird auch als Referenz bezeichnet. Eine Referenz auf eine Variable ist damit eine andere Formulierung für die Adresse einer Variablen.

Bei der Dereferenzierung eines Zeigers erhält man den Inhalt des Datenobjekts, auf den der Zeiger zeigt. Auf den Inhalt von Variablen und anderen Datenobjekten kann also immer direkt oder indirekt über einen Zeiger zugegriffen werden.

Zeiger werden auf die gleiche Weise wie normale Variablen definiert, allerdings muss dem Variablennamen ein ∗-Zeichen vorangehen, damit der Compiler erkennen kann, dass es sich um einen Zeiger handelt. Jeder Zeiger besitzt einen Datentyp, wobei es sich allerdings nicht um den Datentyp der Zeigervariablen, sondern um den des Datenobjekts handelt, auf das der Zeiger zeigen soll. Vor ihrer ersten Benutzung müssen Zeiger unbedingt initialisiert werden, das heißt, sie müssen die Adresse eines Datenobjekts enthalten.

Arrays (Feldvariablen) sind eine Sammlung von Variablen, die alle über den gleichen Namen angesprochen werden. Die Unterscheidung der einzelnen »Untervariablen« geschieht über einen Index, das heißt eine Ganzzahl, die stets beim Zugriff auf ein Array in eckigen Klammern angegeben werden muss. Die Größe eines Arrays, das heißt die Anzahl der Arrayelemente, und deren Datentyp müssen bereits bei der Definition festgelegt werden.

Eine gewisse Ausnahme stellen Zeichenkettenvariablen dar, bei denen es sich um Arrays vom Typ *char* handelt. Hier wird die Größe des Arrays durch die Anzahl der Zeichen innerhalb der Zeichenkette festgelegt, zu der noch eins hinzuaddiert werden muss, da jede Zeichenkette in C mit einer Null beendet wird.

Folgende Merksätze gelten für dieses Kapitel:

- Ein Zeiger zeigt auf ein Datenobjekt, wie z.B. eine Variable, denn er erhält die Adresse dieses Datenobjekts.
- Der Zugriff auf eine Variable ist stets alternativ auch über einen Zeiger möglich.
- Eine Zeigervariable ist eine andere Bezeichnung für einen Zeiger.
- Ein Pointer ist nichts anderes als die englische Bezeichnung und damit die Originalbezeichnung für »Zeiger«.
- Bei der Definition einer Zeigervariablen muss dem Variablennamen ein ∗-Zeichen vorausgehen.
- Jede Zeigervariable besitzt einen Datentyp. Dies ist der Datentyp jenes Datenobjekts, auf das der Zeiger zeigt.

Kapitel 6

jetzt lerne ich

Strukturen

Arrays sind sehr praktisch, wenn es um die Speicherung größerer Datenmengen geht. Doch sie besitzen einen kleinen Nachteil, alle gespeicherten Daten müssen den gleichen Datentyp besitzen. Sehr viel häufiger kommt es allerdings vor, dass Daten verschiedenen Typs zusammengefasst werden müssen. Ein Beispiel wäre ein Telefonbucheintrag, bei dem neben einem Namen und einer Telefonnummer in der Regel auch ein Straßenname und eine Hausnummer aufgeführt wird. Alle diese Datenelemente besitzen unter Umständen verschiedene Datentypen, sollen aber innerhalb des Programms unter einem Sammelnamen angesprochen werden. Derartige Dinge werden in C mit Hilfe von so genannten Strukturen realisiert. Strukturen gehören zu den wichtigsten Themen der fortgeschritteneren C-Programmierung. Auch andere Programmiersprachen, wie z.B. Pascal oder Basic, verfügen über Strukturen, bieten aber nicht immer die gleichen Möglichkeiten wie C. Die Tatsache, dass Sie auch den Umgang mit Strukturen nicht an einem Nachmittag erlernen, soll Sie jedoch auf keinen Fall abschrecken. Dieses Buch wurde dafür konzipiert, auch etwas kniffligere Themen leicht und locker darzustellen.

In diesem Kapitel lernen Sie etwas über:

- Die Vorteile von Strukturen
- Den Umgang mit Strukturvariablen
- Zeiger auf Strukturen
- Arrays mit Strukturvariablen
- Den Speicherbedarf von Variablen

- Die Speicherverwaltung in einem C-Programm
- Die C-Funktionen *malloc* und *free*

Voraussetzungen

Für dieses Kapitel sollten Sie über die Definition von Variablen und die allgemeine Bedeutung des Datentyps Bescheid wissen. Für den weiteren Verlauf dieses Kapitels werden auch die in Kapitel 5 vermittelten Grundkenntnisse über Zeiger und Arrays benötigt.

6.1 Der tiefere Sinn von Strukturen

In dieser Lektion geht es noch nicht mit der Programmierung los, denn Sie sollen zunächst auf den Umgang mit Strukturen eingestimmt werden. Wenngleich bereits das letzte Kapitel gezeigt hat, warum C den Ruf einer schwierig zu erlernenden Programmiersprache besitzt, so dürfte Sie dieses Kapitel restlos davon überzeugen. Es geht um das Thema Strukturvariablen, oder kurz *Strukturen*. Unter einer Struktur versteht man in C einen Datentyp, dessen Aufbau, das heißt dessen innere Struktur, vom Programmierer frei festgelegt werden kann. Stellen Sie sich vor, Sie benötigen eine Variable, in der Sie sowohl einen Namen als auch eine Zahl speichern können. Mit den Grunddatentypen, die Ihnen C zur Verfügung stellt, können Sie immer nur einen Namen oder eine Zahl speichern, aber nie beides gleichzeitig. Eine Struktur löst dieses Problem. Sie definieren einfach den Aufbau eines neuen Variablentyps, indem Sie festlegen, dass dieser aus einer Stringvariablen und einer Ganzzahlvariablen bestehen soll:

```
struct NeueVariable
{
  char Nachname[40];
  int Alter;
};
```

Möglich wird dies über die *struct*-Anweisung, die Sie in diesem Kapitel noch ausführlich kennen lernen werden. Mit Hilfe dieser selbst definierten Struktur, sie trägt in diesem Fall den Namen *NeueVariable*, können Sie nun beliebig viele Variablen definieren, die genau diesen Aufbau besitzen. Jede dieser Variablen besteht aus zwei »Untervariablen« mit den Namen *Nachname* und *Alter*. Der Zugriff auf diese Variablen erfolgt wie gewohnt, nur dass dem Variablennamen, getrennt durch einen Punkt, der Strukturname vorausgehen muss.

> Eine Strukturvariable ist eine Variable, die sich aus anderen Variablentypen zusammensetzt. Der allgemeine Aufbau einer Strukturvariablen wird über die *struct*-Anweisung festgelegt.

Strukturen könnte man daher auch mit selbst definierten Variablentypen vergleichen. Das ist doch nicht weiter schwierig, werden Sie nun (hoffentlich) sagen. Doch wie bei den Zeigern aus dem letzten Kapitel liegen die Schwierigkeiten, die in der Praxis auftreten können, weniger an dem grundsätzlichen Umgang mit Strukturen. Die Schwierigkeiten treten vielmehr im Zusammenspiel mit anderen C-Elementen auf. So können beispielsweise Strukturen natürlich auch Zeiger enthalten, und es können Zeiger auf Strukturen definiert werden. Wenn nun in einem komplexeren Ausdruck auf einmal eine Zeigervariable auftaucht, mit deren Hilfe ein in einer Struktur befindlicher Zeiger dereferenziert wird, bekommen auch erfahrenere C-Programmierer Probleme, die Bedeutung dieses Konstrukts auf Anhieb zu durchschauen. Strukturen sind daher bei Einsteigern in die Programmiersprache C nicht sonderlich beliebt.

Doch gleich ein Ratschlag vorweg, schieben Sie das Erlernen des Umgangs mit Strukturen nicht allzu lange vor sich her. Strukturen sind ein wichtiger Bestandteil von C. Mit ihrer Hilfe lassen sich viele Programmierprobleme sehr viel einfacher lösen als mit den einfachen Datentypen. Auch in der Windows-Programmierung spielen Strukturen eine sehr wichtige Rolle, denn nahezu jedes interne Windows-Objekt wird durch eine Struktur dargestellt. Und noch ein Argument soll Ihnen die Bedeutung der Strukturen klarmachen: Auch in der objektorientierten Sprache C++, die Sie sicherlich nach C erlernen möchten, spielen Strukturen eine grundlegende Rolle, denn bei den in diesem Zusammenhang viel zitierten Klassen handelt es sich um Strukturen mit einigen zusätzlichen Eigenschaften.

In der Windows-Programmierung spielen Strukturen eine wichtige Rolle, da alle internen Windows-Objekte, wie z.B. Fenster, Geräteinformationen oder grafische Objekte, durch Strukturen beschrieben werden.

HINWEIS

6.2 Von Arrays zu Strukturen

Ein Array ist, und das sollte Ihnen aus Kapitel 5 noch bekannt sein, nichts anderes als eine Zusammenfassung von mehreren Variablen unter einem gemeinsamen Namen. So handelt es sich bei einer Zeichenkette um ein *char*-Array, da alle Datenelemente den Datentyp *char* besitzen. Entsprechend gibt es natürlich auch *int*-Arrays, *float*-Arrays usw.

6.2.1 Vor- und Nachteile von Arrays

Die Vor- und Nachteile von Arrays liegen auf der Hand. Stellen Sie sich ein Programm vor, das 30.000 Werte vom Typ *short* verarbeiten muss. Dies ist nur mit Hilfe von Arrays zu lösen, denn bei einem Array können Sie bekanntlich alle Werte mit ein und demselben Namen ansprechen. Auf welchen der 30000 Werte der Zugriff erfolgen soll, wird dabei über den Index festgelegt, der z.B. innerhalb einer Schleife hochgezählt werden kann. Und noch einen entscheidenden Vorteil haben Arrays zu bieten. Sollen die in einem Array gespeicherten Werte einer Funktion zur Weiterverarbeitung übergeben werden, genügt es, den Namen des Arrays zu übergeben. Die Größe des Arrays spielt dabei keine Rolle. Mit anderen Worten, Sie können auf diese Weise einer Funktion 10, 30000 oder auch 100000 Werte übergeben. Da jedes Mal nur die Adresse des Arrays übergeben wird, ergibt sich keine Änderung für den Compiler. Ohne Zuhilfenahme eines Arrays müsste die Funktion 30.000 oder gar 100.000 Parameter besitzen, und das ist auch in C nicht möglich. Diese Eigenschaft von Arrays ist damit für den Programmierer eine mehr als angenehme Begleiterscheinung. Man kann also festhalten: Die Zusammenfassung mehrerer Variablen zu einem Array führt zur Vereinfachung der Parameterliste einer Funktion, an die das Array übergeben wird.

Doch es gibt mindestens einen Nachteil. Ein Array kann zwar Datenelemente des Typs *char*, *int* oder *float* enthalten, es müssen aber stets alle Datenelemente den gleichen Typ besitzen. Mit anderen Worten, ein Array, bei dem ein Teil der Datenelemente den Typ *char*, die übrigen den Typ *float* besitzen, gibt es nicht. Und genau an diesem Punkt kommen die Strukturen ins Spiel.

Strukturdefinitionen

C wäre nicht C, wenn es für die im letzten Abschnitt geschilderte Beschränkung von Arrays keine Lösung gäbe. Die Lösung wird Struktur genannt. Der Zugriff auf die Elemente einer Struktur funktioniert allerdings ein wenig anders als der Zugriff auf die Elemente eines Arrays. Den Grund kennen Sie bereits, da jedes Element einer Struktur einen eigenen Datentyp besitzen kann, müssen diese Elemente über Namen angesprochen werden.

Zur Einstimmung soll eine Struktur entworfen werden, in der verschiedene Automobildaten zusammengefasst werden. Neben der Höchstgeschwindigkeit und der PS-Zahl soll auch die Anzahl der Zylinder gespeichert werden. Ein weiterer *char*-Eintrag kann die Zeichen 'D', 'N' oder 'S' beinhalten, je nachdem, ob der Wagen Diesel, Normalbenzin oder Super fährt (alles natürlich bleifrei). Da es zunächst darum gehen soll, die Daten von Autos der – sicherlich einigen Autofahrern unter den Lesern bekannten – Automarke Mercedes zu speichern, soll die Struktur diesen Namen erhalten. Wie Sie bereits aus dem letzten Abschnitt wissen, wird eine solche Struktur über die *struct*-Anweisung definiert. Ihre Definition könnte damit folgendermaßen aussehen:

```
struct
{
  float geschwindigkeit;
  short leistung;
  short zylinder;
  char  kraftstoff;
} mercedes;
```

Die *struct*-Anweisung leitet die Definition der Struktur ein. Als Nächstes müssen die Elemente der Struktur einen Namen und natürlich einen Datentyp erhalten. Doch sie besitzen noch keine Werte, dies geschieht im nächsten Schritt. Dazu genügt jedoch nicht die Angabe des Elementnamens. Den Befehl

```
geschwindigkeit=195.0;
```

akzeptiert der Compiler nicht. Er wird Ihnen lediglich mitteilen, dass ihm *geschwindigkeit* unbekannt ist. Versuchen Sie es daher einmal mit *mercedes*. Doch diese Angabe alleine genügt noch nicht, denn Sie müssen dem Compiler noch mitteilen, welches Element der Struktur *mercedes* gemeint ist:

```
mercedes.geschwindigkeit=195.0;
```

Es ist extrem wichtig, dass Sie das Prinzip verstanden haben, nach dem auf die Elemente einer Struktur zugegriffen wird. Als Erstes wird der Name der Struktur aufgeführt. Darauf folgt, getrennt durch einen Punkt, der Name des Strukturelements. Beachten Sie, dass der Name der Struktur alleine nicht für einen Wert stehen kann (allerdings für eine Adresse, doch dazu nachher mehr), es sind stets die einzelnen Elemente einer Struktur, auf die innerhalb eines Ausdrucks Bezug genommen werden kann.

Für den Zugriff auf eine Strukturvariable werden immer zwei Angaben benötigt: der Name der Struktur und der Name des Strukturelements. Beide werden durch einen Punkt getrennt.

Wertzuweisungen an eine Struktur

Die *struct*-Anweisung legt lediglich den Aufbau der Struktur fest, das heißt die Datentypen und Namen der einzelnen Strukturelemente. Eine vollständige Belegung der Struktur *mercedes* wird durch folgende vier Anweisungen durchgeführt, wobei die Daten natürlich fiktiv sind:

```
mercedes.geschwindigkeit=195.0;
mercedes.leistung=125;
mercedes.zylinder=8;
mercedes.kraftstoff='S';
```

Das Schöne an Strukturen ist, dass sie auf die gleiche Weise innerhalb von Ausdrücken eingesetzt werden wie normale Variablen, lediglich den Punkt dürfen Sie nicht vergessen:

```
printf("Geschwindigkeit: %g",mercedes.geschwindigkeit);
```

Initialisierung von Strukturvariablen

Nun könnte es sein, dass Sie keine Lust haben, diese vier langen Anweisungen zur Belegung der Struktur hinzuschreiben. Für diesen Fall können Strukturen bereits unmittelbar nach ihrer Definition initialisiert werden. Da dies auf die gleiche Weise erfolgt wie bei den Arrays, werden wieder einmal die geschweiften Klammern benötigt:

```
struct
{
  float geschwindigkeit; /* Geschwindigkeit in km/h */
  short leistung;        /* Leistung in PS */
  short zylinder;        /* Anzahl Zylinder */
  char  kraftstoff;      /* Kraftstoffart ('D', 'N'
                            oder 'S') */
} mercedes = { 195.0, 125, 8, 'S' };
```

Beachten Sie, dass Sie die Reihenfolge einhalten müssen, denn der Compiler kann natürlich nicht erahnen, dass der Wert 195.0 dem Strukturelement Geschwindigkeit zugewiesen werden soll. Er erwartet auf jeden Fall, dass Sie als Erstes einen *float*-, als Nächstes zwei *short*- und am Ende einen *char*-Wert übergeben.

ACHTUNG

Strukturen können unmittelbar nach ihrer Definition initialisiert werden. Wie bei Arrays werden die Initialisierungswerte in geschweiften Klammern aufgeführt.

C 99

Wie für Arrays bietet C99 auch für Strukturen flexiblere und bequemere Möglichkeiten der Initialisierung. Ist bei Arrays der Index der entscheidende Faktor zur Identifikation eines Elements, so ist es bei Strukturen der Name der betreffenden Komponenten. Wie bei Arrays kommt es auf die Reihenfolge der Initialisierung nicht mehr an, und wie dort müssen nicht alle Komponenten initialisiert werden. Die nicht erwähnten Komponenten erhalten den Wert 0 bzw. eine leere Zeichenkette.

Beispiel

```
struct
{
  float geschwindigkeit; /* Geschwindigkeit in km/h */
  short leistung;        /* Leistung in PS */
  short zylinder;        /* Anzahl Zylinder */
  char  kraftstoff;      /* Kraftstoffart ('D', 'N'
                            oder 'S') */
} mercedes = {.zylinder=8, .kraftstoff='S' };
```

Strukturen können auch einen Namen besitzen

Bislang war der Umgang mit Strukturen nicht weiter schwierig, höchstens ein wenig gewöhnungsbedürftig. Doch ganz zufrieden darf man als angehender C-Programmierer im Moment noch nicht sein. Was ist denn, wenn eine zweite Struktur benötigt wird, um z.B. Automobile der Marke BMW beschreiben zu können? Zwar könnte man deren Daten auch in der Struktur *mercedes* ablegen, doch wäre das der Lesbarkeit des Programmlistings natürlich nicht besonders zuträglich. Auf der anderen Seite, muss in diesem Fall wirklich die Struktur mit allen Strukturelementen noch einmal aufgeführt werden?

Es muss nicht, wenn man zunächst einen allgemeinen Strukturtyp definiert und diesem einen Namen gibt. Doch Moment, die Struktur heißt doch bereits *mercedes*, oder etwa nicht? Welcher Name wurde denn nun vergessen? Langsam! An dieser Stelle muss eine feine, aber wichtige Unterscheidung getroffen werden. Stellen Sie sich eine Struktur als eine Schablone vor, mit der Variablen eines bestimmten Typs »geprägt« werden. Die im letzten Beispiel geprägte Struktur hieß *mercedes*. Doch was ist mit der Schablone selber? Diese hatte keinen Namen erhalten, und genau das soll im Folgenden nachgeholt werden:

```
struct pkw
{
  float geschwindigkeit;
  short leistung;
  short zylinder;
  char  kraftstoff;
};
```

Auf den ersten Blick hat sich nicht allzu viel geändert, doch gibt es einen kleinen Unterschied. Auf den *struct*-Befehl folgt nun ein Name, der Name der Struktur. Er lautet *pkw* und ist damit so etwas wie der »Gattungsname« aller Mitglieder (Strukturvariablen) der Familie *pkw*. Damit wurde aber noch keine Strukturvariable definiert. Dies wird erst im nächsten Schritt erledigt:

```
struct pkw mercedes = { 195.0, 125, 8, 'S' };
struct pkw bmw;
```

Der erste Befehl weist den Compiler an, eine neue Variable mit dem Namen *mercedes* zu definieren und dabei den durch die Struktur *pkw* festgelegten Strukturtyp zu verwenden. Das Ergebnis ist eine Strukturvariable mit dem Namen *mercedes*. Das gleiche Spiel wiederholt sich bei der Definition der Strukturvariablen *bmw*, nur dass hier noch keine Initialisierung erfolgt.

Natürlich sind die für Strukturen gültigen Namen denselben Beschränkungen unterworfen wie die Namen von Variablen. Erlaubt sind eine Kombination von Buchstaben, Ziffern und dem Unterstrich (»_«), und am Anfang darf keine Ziffer stehen. Und natürlich entspricht der Name *pkw* diesen Anforderungen.

Eine kleine Begriffsklärung zwischendurch

Strukturen, Strukturtyp oder Strukturvariable? Sie haben Recht, es ist Zeit für eine kleine Begriffsklärung. Unter Strukturen versteht man in C allgemein die zusammengesetzten Datentypen. Ein Strukturtyp wird für den *struct*-Befehl festgelegt und definiert den Aufbau einer Struktur. Mit Hilfe des Strukturtyps wird dann eine Strukturvariable definiert, was entweder in einem Schritt oder nachträglich über einen *struct*-Befehl geschehen kann.

Geschachtelte Strukturen

Strukturen können natürlich auch geschachtelt werden. Genauso wie es Schleifen gibt, die Schleifen enthalten, so ist auch folgende Strukturdefinition möglich:

```
struct abc
{
  long lg;
  struct xy
  {
      short x;
      short y;
  }
} abc1;
```

Wenn *abc1* ein Vertreter dieser verschachtelten Struktur ist, erhebt sich natürlich die Frage: Wie lautet der Zugriff auf das Element *x*? Ganz einfach: Der Zugriff auf ein Element einer Struktur wird stets durch den Punkt vollzogen. Der Ausdruck *abc1.xy* bezeichnet also das Element *xy* der Struktur *abc1*. Das Element *xy* ist aber selbst wieder eine Struktur. Ein weiterer Punkt führt daher zum Element *x*. Die Lösung lautet somit: *abc1.xy.x*. Bei der Initialisierung solcher geschachtelter Strukturen müssen gemäß der Anordnung der Strukturfestlegung auch die geschweiften Klammern geschachtelt werden:

```
struct abc abc1 = { 12L, { 5, 6 } };
```

Wenngleich beliebig viele Verschachtelungsebenen möglich sind, so sollte man diese aus Gründen der Übersichtlichkeit so klein wie möglich halten. Denn auch die Ausdrücke zum Zugriff auf die Elemente werden dann dadurch immer länger. Oder gefällt Ihnen diese Zuweisung:

```
inhalt.var2.flag.umsatz.geschaeft.daten =
  2 * inhalt.var2.flag.umsatz.geschaeft.daten;
```

In der Praxis wird eine Struktur selten mehr als eine weitere Struktur enthalten, sodass Sie dieses Beispiel sicherlich nicht allzu ernst nehmen sollten.

Wo werden Strukturen aufgeführt?

Strukturdefinitionen können eigentlich überall dort im Programm stehen, wo die übrigen Variablendefinitionen aufgeführt werden. Es hatte sich allerdings bereits als sinnvoll herausgestellt, die Festlegung eines Strukturtyps von der Definition der einzelnen Strukturvariablen zu trennen. Wird die Festlegung eines Strukturtyps außerhalb einer Funktionsdefinition, das heißt auch außerhalb der Funktion *main*, durchgeführt, ist sie im gesamten Programm gültig.

Die Definition einer Strukturvariablen dieses Strukturtyps kann dann wahlweise innerhalb oder außerhalb von Funktionen erscheinen, je nachdem, ob sie global oder lokal gültig sein sollen. Das folgende kleine Programmlisting ist ein Beispiel für die typische Verwendung von Strukturen:

```
#include <stdio.h>

struct pkw
{
  float geschwindigkeit;    /* Geschwindigkeit in km/h */
  short leistung;           /* Leistung in PS */
  short zylinder;           /* Anzahl Zylinder */
  char  kraftstoff;         /* Kraftstoffart ('D', 'N'
                               oder 'S') */
};

void main()
{

 struct pkw mercedes = { 195.0, 125, 8, 'S' };

    printf("Geschwindigkeit: %g\n",
    mercedes.geschwindigkeit);
    printf("Leistung:        %d\n",mercedes.leistung);
    printf("Zylinder:        %d\n",mercedes.zylinder);
    printf("Kraftstoff:      %c\n",mercedes.kraftstoff);
}
```

In diesem Beispiel wird lediglich eine Struktur vom Typ *pkw* und anschließend mit Hilfe dieser eine Strukturvariable mit dem Namen *mercedes* definiert. Anschließend wird *mercedes* mit Werten initialisiert, die über *printf*-Funktionen auf dem Bildschirm ausgegeben werden. Fertig ist das Programm.

6.3 Zeiger auf Strukturen

Wenn Sie bis zu diesem Punkt alles verstanden haben, dann haben Sie bereits die erste wichtige Hürde genommen. Doch es wurden noch nicht alle Aspekte von Strukturen beleuchtet. Eine überaus leistungsfähige Anwendung ergibt sich immer dann, wenn Sie innerhalb eines C-Programms einen Zeiger auf eine Struktur besitzen. Wie war das noch mit den Funktionsparametern? Eine *short*-Variable kann man entweder als Wert oder in Form eines Zeigers an eine Funktion übergeben. Im ersten Fall ist innerhalb der Funktion nur der Wert verfügbar; eine Änderung des Variablenwertes außerhalb der Funktion ist nicht möglich. Der zweite Fall erlaubt einem kompletten Zugriff auf die Variable, also auch eine Änderung des Wertes außerhalb der Funktion.

Wertübergabe von Strukturvariablen

Für Strukturen, genauer gesagt Strukturvariablen, gilt alles eben Gesagte natürlich auch. Strukturen können an eine Funktion als Wert oder als Zeiger übergeben werden. Zunächst soll es um die Wertübergabe gehen. Ein sinnvolles Beispiel ist eine Funktion, die die Werte der Struktur auf dem Bildschirm ausgibt. Im Prinzip geht es damit wieder um das letzte Programmbeispiel. Sie werden aber feststellen, dass die folgende Lösung etwas flexibler ist:

```
void ausgabe (struct pkw wagen)
{
  printf("Geschwindigkeit: %g\n",wagen.geschwindigkeit);
  printf("Leistung:        %d\n",wagen.leistung);
  printf("Zylinder:        %d\n",wagen.zylinder);
  printf("Kraftstoff:      %c\n",wagen.kraftstoff);
}
```

Der Aufruf einer solchen Funktion ist einfach. Eine Strukturvariable mit dem Namen *bmw*, die sich vom Strukturtyp *pkw* ableiten muss, wird durch folgenden Aufruf ausgegeben:

```
ausgabe(bmw);
```

Beachten Sie, wie wunderbar einfach die Ausgabe einer beliebigen Strukturvariablen nun erfolgen kann. Voraussetzung ist allerdings, dass sie den Strukturtyp *pkw* besitzt, denn auf diesem Datentyp beruht auch die lokale Variable *wagen* innerhalb der Funktion *ausgabe*. Dass bei einer derartigen Wertübergabe die Variable *bmw* nicht verändert werden kann, dürfte klar sein. Die Werte der Elemente bleiben auf jeden Fall unverändert. Das mag in vielen Fällen von Vorteil sein, denn so kann man sicher davon ausgehen, dass nach dem Aufruf die Struktur dieselben Werte enthält.

Doch es gibt auch einen klaren Nachteil. Die Wertübergabe in C bedeutet immer, dass das gesamte Objekt an die Funktion übergeben wird. Das ist bei *char*-, *short*- oder auch *double*-Werten wirklich nicht von Bedeutung. Denken Sie aber einmal an eine Struktur mit 1000 Einträgen, die zwangsläufig eine enorme Größe besitzt. Bei einer Wertübergabe würde die gesamte Struktur an die Funktion übergeben, und das bedeutet einen erheblichen Verwaltungsaufwand für den Compiler, von möglichen Performanceverlusten gar nicht erst zu reden. Prinzipiell würde sich dieses Problem auch bei großen Arrays stellen, doch wird hier bekanntlich immer ein Zeiger an die Funktion übergeben. Da es für den Verwaltungsaufwand auf Seiten des Compilers keine Rolle spielt, ob ein Zeiger auf eine *short*-Variable oder ein Array mit 10000 Elementen zeigt, sollte man auch größere Strukturen in Form eines Zeigers übergeben.

Die Definition von Zeigern auf Strukturen

Aus den im letzten Abschnitt erwähnten Gründen arbeitet man in der Praxis fast nie mit den Strukturvariablen selbst, sondern stattdessen mit deren Zeigern. Natürlich stellt sich sofort eine Frage: Wie definiert man Zeiger auf Strukturvariablen, und wie werden sie an Funktionen übergeben? Kein Problem, das Schöne an C ist, dass alle elementaren Programmiertechniken konsistent auf alle Programmelemente angewendet werden. Mit anderen Worten, ein Zeiger auf eine Strukturvariable wird auf exakt die gleiche Weise definiert wie ein Zeiger auf eine *short*-Variable. Hier eine kurze Wiederholung:

```
short *Zeiger1;
```

Dieser Befehl definiert eine Zeigervariable mit dem Namen *Zeiger1*. Es handelt sich um einen Zeiger auf einen *short*-Wert. Wie müsste demnach eine Zeigervariable auf einen Strukturtyp mit dem Namen *pkw* definiert werden? Beispielsweise so:

```
struct pkw *pt;
```

Dieser Befehl definiert *pt* als Zeiger auf eine Struktur vom Typ *pkw*. Wie bei *short*-Zeigern muss auch *pt* irgendwann einen Wert erhalten. Unmittelbar nach der Definition zeigt ein Zeiger noch ins sprichwörtlich Leere. Etwas sachlicher ausgedrückt, der Zeiger ist noch uninitialisiert und enthält eine zufällige Adresse (er besitzt nicht unbedingt den Wert Null). Durch einen Befehl wie

```
pt = &mercedes;
```

wird der Zeiger initialisiert. Er zeigt nun auf die Strukturvariable *mercedes*. Bei einem Zugriff auf die Variable dürfen Sie natürlich den Stern (nicht den der Automarke) nicht vergessen, denn auch Zeiger auf Strukturvariablen müssen dereferenziert werden. So steht der Ausdruck **pt* für den Wert der Strukturvariablen, auf die der Zeiger *pt* zeigt.

Nun, so weit gibt es gar nicht viel Neues. Allerdings zeigt *pt* auf eine Struktur, die verschiedene Elemente besitzt. Wie greift man denn auf diese Elemente zu? Dafür gibt es doch den Punkt! Genau wie der Ausdruck *mercedes.geschwindigkeit* auf das Strukturelement *geschwindigkeit* zugreift, führt der Ausdruck

```
(*pt).geschwindigkeit
```

ebenfalls zu einem Zugriff auf dieses Element, nur diesmal über den Umweg eines Zeigers. Voraussetzung dafür ist natürlich, dass der Zeiger *pt* zuvor über den Befehl *pt = &mercedes;* initialisiert wurde. Die Klammer um den Zeiger dient übrigens dazu, dem Compiler die gewünschte Auswertungsreihenfolge anzugeben. Da ein Zugriff auf Elemente einer Struktur, die nur durch einen Zeiger adressiert werden, in C sehr häufig vorkommen, gibt es dafür außerdem eine abkürzende Schreibweise.

Sie dürfen statt

```
(*pt).geschwindigkeit
```

auch den Ausdruck

```
pt->geschwindigkeit
```

verwenden. Für die im letzten Beispiel vorgestellte Funktion *ausgabe* hat diese neue Erkenntnis gewisse Folgen. Übergeben Sie ihr nämlich anstelle der Strukturvariablen einen Zeiger auf eine Strukturvariable, muss auch die Ausgabe der einzelnen Strukturelemente angepasst werden:

```
void ausgabe (struct pkw *wagen)
{
  printf("Geschwindigkeit: %g\n",
  wagen->geschwindigkeit);
  printf("Leistung:        %d\n",wagen->leistung);
  printf("Zylinder:        %d\n",wagen->zylinder);
  printf("Kraftstoff:      %c\n",wagen->kraftstoff);
}
```

Auch der Aufruf der Funktion ändert sich:

```
ausgabe(&bmw);
```

Vergessen Sie den &-Operator nicht, denn ohne seine Mitwirkung wird der Funktion nicht die Adresse der Strukturvariablen, sondern ihr Wert übergeben.

HINWEIS

Für den Zugriff auf ein einzelnes Element einer Strukturvariablen über einen Zeiger wird der ->-Operator (Pfeiloperator) eingesetzt. Er fasst den Punkt und den * zusammen.

Gönnen Sie sich jetzt einmal eine kleine Pause, denn das Thema Strukturen wäre damit beinahe vollständig abgehandelt. Allerdings, der neue ->-Operator erfordert ein gewisses Vorstellungsvermögen, über das man als angehender C-Programmierer zu diesem Zeitpunkt noch nicht verfügen kann. Denken Sie daran, dass wann immer der ->-Operator auftaucht, ein Zeiger auf eine Strukturvariable, genauer gesagt auf ein Element einer Strukturvariablen, im Spiel ist. Auch, wenn es zunächst nach einer unnötigen Komplizierung aussieht, werden Sie mit zunehmender Erfahrung mit dem ->-Operator bald genauso selbstverständlich umgehen wie mit einem Rechenoperator.

Die Kombination von Punkt und ->-Operator

Punkte, Sterne, Striche und nun auch noch eine Kombination dieser Symbole! Als C-Programmierer wird es einem wirklich nicht leicht gemacht. So werden Sie beim Zugriff auf geschachtelte Strukturen den Punkt mit dem ->-Operator des Öfteren kombinieren müssen. Wenn *pt* beispielsweise ein Zeiger auf die in der letzten Lektion erwähnte Struktur *abc* ist, wird ein Zugriff auf das Strukturelement *x* der inneren Struktur wie folgt durchgeführt:

```
pt->xy.x = 4;
```

Eigentlich logisch, oder etwa nicht? Üben Sie die Anwendung solcher Ausdrücke möglichst oft. Schon nach wenigen Wochen werden Sie ihre Anwendung nicht nur im Schlaf beherrschen, sondern darüber hinaus in der Lage sein, sich noch viel kompliziertere Ausdrücke auszudenken.

Zuweisung von Strukturen

Gibt es noch weitere Ähnlichkeiten zwischen den einfachen Datentypen, wie *short* oder *float*, und den Strukturen? Wie sieht es z.B. mit einer Wertzuweisung aus? Lässt sich eine Zuweisung wie

```
sh2 = sh1;
```

auch mit zwei Strukturvariablen durchführen? Oder konkret gefragt, ist eine Zuweisung wie

```
mercedes = bmw;
```

so einfach möglich? Ja, in der Tat, das geht. Durch diese Zuweisung werden alle Elemente der Strukturvariablen *bmw* den zugehörigen Elementen der Strukturvariablen *mercedes* zugewiesen.

Strukturvariablen können initialisiert werden, indem ihnen der Wert einer Strukturvariablen des gleichen Typs zugewiesen wird.

Betrachten Sie einmal folgende Definitionen:

```
struct pkw mercedes = { 195.0, 125, 8, 'S' };
struct pkw bmw = { 205.0, 115, 8, 'S' };
struct pkw *ptm = &mercedes, *ptb = &bmw;
```

Die Zeiger *ptm* und *ptb* werden gleich mit den Adressen der Strukturvariablen *mercedes* und *bmw* initialisiert. Doch was genau bewirkt die Zuweisung

```
ptm = ptb;
```

Nun, an den Inhalten der Strukturvariablen ändert sich dadurch gar nichts. Nach wie vor besitzt der Ausdruck *mercedes.geschwindigkeit* den Wert 195.0 und der Ausdruck *bmw.geschwindigkeit* den Wert 205.0. Es ändert sich jedoch der Wert von *ptm*. Die Zeigervariable *ptm* zeigt nun nicht mehr auf die Strukturvariable *mercedes*, sondern auf die Strukturvariable *bmw*. Vor der Zuweisung besaß der Ausdruck *ptm->geschwindigkeit* den Wert 195.0, nach der Zuweisung jedoch 205.0.

6.4 Arrays von Strukturen

Herzlichen Glückwunsch, damit wissen Sie das Wichtigste über Strukturvariablen und sollten diese in Ihren eigenen C-Programmen einsetzen können. Doch ganz abgehandelt ist das Thema damit noch nicht. Bislang haben Sie erlebt, dass der Compiler Strukturvariablen auf die gleiche Weise behandelt wie alle übrigen Variablentypen auch. Dies gilt für die Wertzuweisung, die Parameterübergabe an eine Funktion und dies gilt auch für die Definition von Zeigern auf Strukturvariablen. Der einzige Unterschied besteht darin, dass Sie sich stets auf ein einzelnes Element einer Strukturvariablen beziehen müssen, und dies dem Compiler, der auf eine korrekte Syntax angewiesen ist, über einen Punkt oder – wenn Sie einen Zeiger verwenden, über den ->-Operator – mitteilen müssen. Eine mögliche Gemeinsamkeit wurde aber noch nicht behandelt. Wenn sich Strukturvariablen und normale Variablen in allen wichtigen Punkten ähnlich sind, sollte es auch kein Problem sein, Strukturvariablen in einem Array zusammenzufassen. Und genau um diesen Punkt soll es im Folgenden gehen.

HINWEIS

Strukturvariablen können in einem Array zusammengefasst werden. Das Ergebnis ist ein Array von Strukturen.

Die Definition von Arrays von Strukturen

Zunächst zur Definition eines Arrays von Strukturen. Ganz klar, dass hier wie immer die eckigen Klammern zum Einsatz kommen:

```
struct pkw pkw_feld[1000];
```

Dieser Befehl definiert ein Array von Strukturen mit dem Namen *pkw_feld*, das Platz für 1000 Strukturvariablen vom Typ *pkw* hat. Wie bei jedem anderen Array auch, beginnt die Zählung beim Index 0.

Natürlich kann die Definition eines Strukturtyps gleich mit der Definition eines entsprechenden Arrays von Strukturen verbunden werden:

```
struct pkw

{
  float geschwindigkeit;
  short leistung;
  short zylinder;
  char  kraftstoff;
} pkw_feld[1000], mercedes, bmw, *ptm=&mercedes, *ptb=&bmw;
```

Beachten Sie, wie Platz sparend in C programmiert werden kann. In diesem Beispiel wird zunächst ein Strukturtyp mit dem Namen *pkw* definiert. Anschließend werden ein Array von Strukturen mit dem Namen *pkw_feld*, zwei normale

Strukturvariablen *mercedes* und *bmw* sowie zwei Zeiger auf diese Strukturvariablen definiert. Allen Variablen ist gemeinsam, dass sie den Typ *pkw* besitzen, denn ansonsten wäre diese Art der Schreibweise natürlich nicht möglich.

Obwohl diese Schreibweise auf Grund der etwas schwierigen Lesbarkeit, insbesondere für unerfahrene Programmierer, nicht unbedingt zu empfehlen ist, werden Sie derartige Konstruktionen häufiger in C-Programmen finden. Es ist daher besser, Sie bereiten sich schon jetzt auf die manchmal etwas raue Realität vor.

Ein Beispielprogramm

Zeit für ein etwas größeres Beispiel. Im Mittelpunkt steht dabei die Struktur von Arrays *pkw_feld*. Der Zugriff auf das Strukturelement *geschwindigkeit* des ersten Arrayelements erfolgt durch den Ausdruck

```
pkw_feld[0].geschwindigkeit
```

Haben Sie dieses Prinzip verstanden, ist der Rest nicht mehr weiter schwer. In dem Beispielprogramm soll nämlich eine Funktion mit dem Namen *ausgabe* definiert werden, die alle Daten einer Strukturvariablen vom Typ *pkw* auf dem Bildschirm ausgibt. Diesmal sollen aber alle Ausgaben in einer einzigen Zeile erscheinen. Zusätzlich besitzt die Struktur *pkw* ein neues Element mit dem Namen *name*, das den Namen des jeweiligen Pkw-Typs enthält. Damit die Daten der einzelnen Pkws nicht innerhalb des Programms definiert werden müssen (so etwas ist in der Praxis absolut unüblich), enthält das Beispielprogramm auch eine Funktion mit dem Namen *eingabe*, die eine Eingabe der Pkw-Daten ermöglicht.

Hier zunächst einmal das komplette Programmlisting:

```
#include <stdio.h>

#define NAMLEN 20    /* Maximale Länge des PKW-Namens */
#define ANZAHL 4     /* Anzahl der PKWs im PKW-Feld */

/****************************************
Strukturdefinitionen
****************************************/

typedef struct pkw
{
    char  name[NAMLEN];     /* PKW-Name */
    float geschwindigkeit; /* Geschwindigkeit in km/h */
    short leistung;         /* Leistung in PS */
    short zylinder;         /* Anzahl Zylinder */
    char  kraftstoff;       /* Kraftstoffart
                               ('D', 'N' oder 'S') */
};
```

```
/***************************************
Funktionsprototypen
muss für lcc-win32 auf struct-Definition folgen
***************************************/

short eingabe (struct pkw *, short);
void ausgabe (struct pkw *);

/***************************************
Das Hauptprogramm
***************************************/

void main()
{
    struct pkw pkw_feld[ANZAHL+1];  /* Feld der
                                       PKW-Strukturen */
    struct pkw *pt;                 /* PKW-Zeiger */
    short anz;                      /* Anzahl der PKWs */
    printf("Bitte %d PKW-Daten eingeben - Abbruch mit *\n",ANZAHL);
    printf("z.B. 250 340 6 S\n",ANZAHL);
/* Dateneingabe */
    anz = eingabe (pkw_feld, ANZAHL);


/* Markieren des Feldendes */
    pkw_feld[anz].zylinder = -1;

/* Ausgabe der Daten auf dem Bildschirm */
    for (pt=pkw_feld; pt->zylinder!=-1; pt++)
      ausgabe (pt);
}
/***************************************
Eingabe der Daten in dem Strukturfeld "wagen".
Es wird die Anzahl der bereits benutzten Feldelemente zurückgegeben
***************************************/

short eingabe (struct pkw *wagen, short len)
{
    short index;

/* Dateneingabe */
    for (index=0; index<len; index++)

{
    printf("PKW-Name:\n");
    scanf("%s",wagen[index].name);
    if (wagen[index].name[0]=='*' )
      break;
```

```
    printf("Geschwindigkeit,Leistung,Zylinder,Kraftstoff:\n");
    scanf("%g %d %d %c",&wagen[index].geschwindigkeit,
&wagen[index].leistung,&wagen[index].zylinder,
&wagen[index].kraftstoff);
    }

/* Rückgabe der Anzahl */
    return(index);
}

/****************************************
Ausgabe der Daten der PKW-Struktur "wagen"
****************************************/

void ausgabe (struct pkw *wagen)
{
    printf("%s %g %d %d %c\n",wagen->name,wagen->geschwindigkeit,
wagen->leistung ,wagen->zylinder,wagen->kraftstoff);
}
```

Dieses Programm ist allein deswegen interessant, weil es fast alle Eigenschaften von C benutzt, die Sie bisher kennen gelernt haben. Sie sollten es sorgfältig studieren und alles, was noch unklar sein sollte, in den entsprechenden Lektionen nachschlagen.

Erläuterungen zu dem Beispielprogramm

Das Programm beginnt wie üblich mit *#include-* und *#define-*Anweisungen sowie den Prototypen der beiden Funktionen *eingabe* und *ausgabe* (beachten Sie, dass diese, zumindestens für den Compiler LCC-Win32, auf die Strukturdefinition folgen müssen – außerdem wird über den unscheinbaren * ein Zeigerargument definiert). Das sind alles Dinge, die Ihnen bereits geläufig sein müssten. Als Nächstes folgt die Festlegung der Strukturvariablen *pkw*. Bis auf den ersten Eintrag *name* entspricht sie der bereits bekannten Struktur.

Im Hauptprogramm wird als Erstes ein Array mit Strukturvariablen vom Typ *pkw* definiert. Seine Länge wird hier um ein Element länger festgesetzt als die Anzahl der Pkws, die verarbeitet werden sollen. Vielleicht ahnen Sie auch schon, warum. Denken Sie noch einmal an Lektion 5.4. Der Zeiger *pt* soll den Zugriff auf das Array von Strukturen erleichtern. Die Variable *anz* soll die Anzahl der tatsächlich benutzten Elemente des Arrays von Strukturen enthalten. Die Eingabe der Pkw-Daten erfolgt komplett innerhalb der Funktion *eingabe*. Diese gibt die Anzahl der bereits belegten Arrayelemente zurück. Diese Anzahl, die in der Variablen *len* gespeichert wird, dient nun zum Markieren des letzten Arrayelements. Wozu wird diese Angabe überhaupt benötigt? Ganz einfach, für die folgende Schleife, denn da diese mit einem Zeiger arbeitet, muss auch eine vernünftige Abbruchbedingung geschaffen werden.

Das Markieren des letzten Arrayelements geschieht ganz einfach, indem das Strukturelement *zylinder* des letzten Arrayeintrags den Wert –1 erhält. Dieser spezielle Wert wird innerhalb der *for*-Schleife dazu benutzt, die Abbruchbedingung zu definieren:

```
/* Ausgabe der Daten auf dem Bildschirm */
for (pt=pkw_feld; pt->zylinder!=-1; pt++)
   ausgabe (pt);
}
```

In dieser Schleife taucht kein Index mehr auf, es wird tatsächlich nur noch mit einem Zeiger gearbeitet. Durch die Bedingung *pt->zylinder!=-1* ist eine Kontrolle des Abbruchs möglich.

Und nun wissen Sie auch, warum das Array von Strukturen um ein Element größer definiert wird. Denn wenn alle Arrayelemente mit Daten belegt werden, muss immer ein Eintrag übrig bleiben, um die zusätzliche »Abbruchinformation« aufnehmen zu können. Wenn Ihnen dieses Verfahren nicht mehr ganz geläufig ist, können Sie es, wie bereits erwähnt, noch einmal in Lektion 5.4 nachschlagen.

Die Funktion *eingabe* besteht hauptsächlich aus einer *for*-Schleife, die einen Index bei 0 beginnend hochzählt. Dieser Index dient dem Zugriff auf die Elemente des Pkw-Arrays *wagen*, das der Funktion als erster Parameter übergeben wird. Der zweiter Parameter ist die Länge des Arrays, wobei beim Aufruf im Hauptprogramm, aus den bereits bekannten Gründen, ein Element unterschlagen wurde. Innerhalb der *for*-Schleife wird zunächst der Name des jetzt folgenden Pkws abgefragt. Hier kann der Benutzer auch einen Stern eintippen. In diesem Fall wird die Schleife über einen *break*-Befehl abgebrochen. Auf diese Weise ist eine unbegrenzte Anzahl an Eingaben möglich, gleichzeitig steht aber auch eine einfache Abbruchbedingung zur Verfügung.

Hat der Benutzer keinen Stern eingetippt, folgt nun die Eingabe der übrigen Daten. Dies geschieht in einer einzigen *scanf*-Anweisung. Die Daten müssen daher auch alle in einer einzigen Zeile eingetippt werden.

Nach Abbruch der Schleife muss aber die Zahl der nun belegten Elemente des Arrays von Strukturen zurückgegeben werden. Beachten Sie bei der Ermittlung des korrekten Rückgabewertes, dass die Schleife auf zweierlei Art und Weise beendet werden kann. Bei dieser Schleife ergibt sich jedoch kein Unterschied. Auf jeden Fall steht *index* für den richtigen Wert. Wenn Ihnen das nicht klar ist, spielen Sie es doch einmal mit Beispielwerten durch. Dabei können Sie ruhig für *ANZAHL* den Wert 3 oder 2 annehmen, dann geht es ein wenig schneller.

Die Funktion *ausgabe* funktioniert etwas anders als die Funktion *eingabe*. Der Grund liegt auf der Hand. Während die Funktion *eingabe* das komplette Array von Strukturen bearbeitet, ist es bei der Funktion *ausgabe* immer nur ein einzelnes Element. Trotzdem ist das Prinzip der Parameterübergabe, in beiden Fällen wird eine Strukturvariable vom Strukturtyp *wagen* übergeben, identisch. Warum? Ganz einfach, denn ein Array wird grundsätzlich in Form seiner Adresse übergeben. Dabei spielt es keine Rolle, ob ein einzelnes Element oder das komplette Array übergeben wird.

Einen Unterschied gibt es aber trotzdem. In der Funktion *eingabe* erfolgt der Zugriff auf die einzelnen Strukturvariablen über einen Index. Die Strukturelemente jeder Strukturvariablen werden dabei über den Punkt angesprochen. In der Funktion *ausgabe* wird, da hier mit einem Zeiger auf die Strukturvariablen gearbeitet wird, natürlich der bereits bekannte Operator -> benutzt.

Schließlich bleibt noch auf eine Besonderheit im Formatkennzeichner von *printf* in der *ausgabe*-Funktion hinzuweisen:

```
printf("%*s %g ....", NAMLEN, wagen->name,...);
```

Der * zwischen % und s bedeutet, dass vor dem dazugehörenden Variablennamen eine Integerkonstante in der Parameterliste auftaucht, die die Länge des auszudruckenden *char*-Arrays angibt.

6.5 Der Speicherbedarf von Variablen

Jede Variable belegt eine bestimmte Menge Speicherplatz im Arbeitsspeicher eines Computers. Diese »Menge« lässt sich auch genauer angeben, denn die dafür zuständige Einheit lautet Byte. Also noch einmal, jede Variable belegt eine bestimmte Anzahl Byte im Arbeitsspeicher. Sie wissen bereits, dass eine *short*-Variable nicht so große Werte speichern kann wie eine *long*-Variable. Folglich belegt eine *short*-Variable auch weniger Byte als eine *long*-Variable. Doch kann man das nicht genauer angeben? Man kann, doch zuvor müssen die Begriffe Bit und Byte definiert werden.

Von Bits und Bytes

In C, wie in den meisten anderen Programmiersprachen auch, wird der Datentyp *char* als kleinster Datentyp angesehen. Auf Grund der Rechnerarchitektur ist die Größe aller anderen Datentypen immer ein Vielfaches der Größe eines *char*-Wertes. Die Maßeinheit der Datengröße ist also immer der Speicherbedarf einer *char*-Variablen. Und diese Maßeinheit wird Byte genannt.

Zwar lässt sich ein solches Byte noch in 8 Bit unterteilen, doch soll das im Moment hier nicht von Interesse sein. Wesentlich ist, dass ein *char*-Wert stets eine Größe von 1 Byte hat. Normalerweise kann man auch davon ausgehen, dass ein *short*-Wert eine Größe von 2 Byte und ein *long*-Wert eine Größe von 4 Byte besitzt. Die Größe aller Standarddatentypen in C können Sie der Tabelle 6.1 entnehmen.

Tabelle 6.1: Die Größe der C-Standard-datentypen

Datentyp	**Anzahl in Byte**
char	1
short	2
int	2 oder 4
long	4
long long (nur in C99)	8
float	4
double	8
long double (nur in C99)	16

HINWEIS

Jede Variable belegt eine bestimmte Anzahl an Byte im Arbeitsspeicher. Die genaue Menge wird durch ihren Datentyp bestimmt.

Für Arrays und Strukturvariablen lassen sich natürlich keine festen Größen angeben. Der Speicherplatz eines Arrays ergibt sich aus dem Produkt der Größe eines einzelnen Arrayelements und der Anzahl der Arrayelemente. Die Größe einer Strukturvariablen setzt sich dementsprechend aus der Größe der einzelnen Strukturelemente zusammen. Die Strukturvariable *PersonenKartei*

```
struct
{
   char  Nachname[40];
   char  Vorname[20];
   short Alter;
   short ID;
} PersonenKartei;
```

belegt insgesamt 64 Byte im Arbeitsspeicher. Ist diese Variable Mitglied eines Arrays von Strukturen, muss dieser Wert mit der Anzahl der Arrayelemente multipliziert werden.

In diesem Zusammenhang kann auch (endlich) der Unterschied zwischen einer *short*- und einer *int*-Variablen geklärt werden. Und zwar hat *short* definitionsgemäß die Länge 2 Byte, *long* hingegen 4 Byte. Bei *int* hängt es davon ab, auf welchem System man sich befindet. Allgemein gesprochen steht *int* für die Datenbreite des Prozessors. Wird der C-Compiler auf einem 16-Bit-Prozessor ausgeführt, umfasst *int* 2 Byte, auf einem (heute üblichen) 32-Bit-Prozessor dagegen 4 Byte. Wenn Sie es genau wissen wollen, verwenden Sie doch einfach den *sizeof*-Operator.

Der sizeof-Operator

Nun aber zur Besprechung des *sizeof*-Operators. Der Ausdruck

```
sizeof(int)
```

ermittelt die Größe des Datentyps *int*. Damit ist eine Zuweisung wie

```
len_int = sizeof(int);
```

möglich. Nach Ausführung dieses Befehls wird *len_int* den Wert 2 oder 4 enthalten, je nachdem, was für ein System eingesetzt wird. Ebenso kann man *sizeof* auf alle anderen Datentypen anwenden. Auch *float* und *double* sind davon natürlich nicht ausgenommen.

> Der *sizeof*-Operator ermittelt die Anzahl an Byte, die eine Variable im Arbeitsspeicher belegt.

HINWEIS

Doch der *sizeof*-Operator kann noch mehr. So lässt er sich natürlich nicht nur auf Datentypen, sondern auch auf konkrete Variablen anwenden. Für eine *short*-Variable *sh* erzeugt der Ausdruck *sizeof(sh)* natürlich denselben Wert wie der Ausdruck *sizeof(short)*.

Weiter geht es mit Arrays und Strukturen. Auch hier liefert der *sizeof*-Operator manches Mal wichtige Erkenntnisse. Ein *short*-Array mit 35 Elementen wird natürlich die Größe 70 Byte haben, da ein einzelner *short*-Wert 2 Byte umfasst. Der Ausdruck

```
sizeof(MeinFeld);
```

liefert daher den Wert 70, wenn es sich bei *MeinFeld* um ein *short*-Array mit 35 Elementen handelt. Ähnlich verhält es sich mit den Strukturvariablen. Angenommen, eine Struktur besitzt folgenden Aufbau:

```
struct test
{
   long  lWert1;
   long  lWert2;
   short s_Wert3;
   short s_Wert4;
};
```

Diese Struktur umfasst 12 Byte, denn ein *long*-Wert ist 4 Byte lang, ein *short*-Wert 2 Byte. Der Ausdruck

```
sizeof(struct test)
```

liefert folglich den Wert 12. Prüfen Sie dies unbedingt einmal nach, denn so lernen Sie noch ein wenig mehr über den Aufbau von Strukturvariablen. Betrachten Sie dazu auch Bild 6.1, das den Aufbau der Strukturvariablen *test* noch einmal illustriert.

Bild 6.1: Aufbau der Strukturvariablen »test«

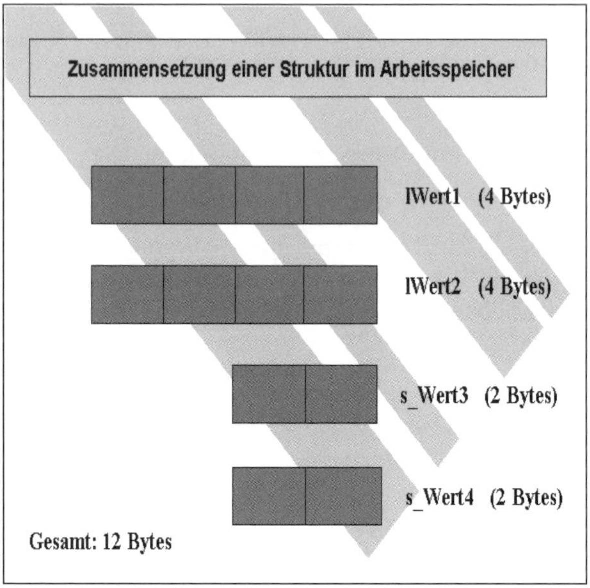

Interessant ist der Einsatz des *sizeof*-Operators im Zusammenhang mit Zeigern. Denn mit Hilfe eines Zeigers *pt*, der auf die Struktur *test* zeigt, lässt sich sowohl die Größe des Zeigers selbst als auch die Größe der Struktur ermitteln, auf die *pt* zeigt. Der Ausdruck

```
sizeof(pt)
```

ergibt für jeden beliebigen Zeiger denselben Wert. Es ist also egal, ob *pt* ein Zeiger auf die Struktur *test*, auf eine *short*-Variable oder auf ein Element eines *char*-Arrays ist. Es wird immer ermittelt, wie viel Platz der Zeiger selbst im Speicher beansprucht.

Der Wert der Variablen, auf die der Zeiger *pt* zeigt, wird durch den Ausdruck **pt* geliefert. Damit ist klar, dass der Ausdruck *sizeof(*pt)* die Größe des Datenobjekts ergibt, auf das der Zeiger *pt* zeigt. Hier spielt es also sehr wohl eine Rolle, auf welches Datenelement *pt* zeigt, das heißt, welchen Datentyp der Zeiger besitzt.

Ein Beispielprogramm

Das folgende Beispiel fasst die in den letzten Abschnitten vorgestellten Verhältnisse noch einmal zusammen. Sie können sich nun von der Funktionsweise des *sizeof*-Operators überzeugen, aber natürlich auch eigene Experimente durchführen, indem Sie die verwendeten Strukturvariablen erweitern oder auf Arrays zurückgreifen. Wundern Sie sich aber nicht, wenn die Größe einer Struktur ab und zu nicht ganz mit dem erwarteten Ergebnis übereinstimmt.

Denn manche Compiler haben die Eigenart, ungerade Größen zu runden. Das sollten Sie ihm ruhig zugestehen. Auf jeden Fall gilt das, was der Compiler als Größe ermittelt, und nicht das, was Sie berechnet haben.

```
#include <stdio.h>

struct test
{
  long  lg1, lg2;
  short sh1, sh2;
};

void main()
{
struct test t1, *pt;

  printf("Groesse short  %d\n",sizeof(short));
  printf("Groesse long   %d\n",sizeof(long));
  printf("Groesse int    %d\n",sizeof(int));
  printf("Groesse char   %d\n",sizeof(char));
  printf("Groesse float  %d\n",sizeof(float));
  printf("Groesse double %d\n",sizeof(double));
  printf("sizeof(struct test) %d\n",
  sizeof(struct test));
  printf("sizeof(t1)  %d\n",sizeof(sizeof(t1)));
  printf("sizeof(pt)  %d\n",sizeof(pt));
  printf("sizeof(*pt) %d\n",sizeof(*pt));
}
```

Erläuterungen zu dem Beispielprogramm

Das Beispielprogramm bedarf sicherlich keiner langatmigen Erklärungen, zumal Sie sich zu diesem Zeitpunkt bereits als angehender C-Experte (der gelbe Gürtel ist Ihnen bereits sicher) bezeichnen dürfen. In dem Programm wird lediglich eine Struktur mit dem Namen *test* definiert. Die Größe der einzelnen Strukturelemente wird dabei mit Hilfe des *sizeof*-Operators einmal direkt und einmal indirekt über den Zeiger *pt* angegeben.

Speicherbedarf von Arrays

Der Speicherbedarf von Arrays wurde ja schon erwähnt. Hier ist jedoch bei Benutzung des *sizeof*-Operators Vorsicht geboten. Sehen Sie sich einmal das folgende Beispielprogramm an:

```
#include <stdio.h>

void groesse_ausgeben(char*, char*);
```

```
void main()
{
  char vorname[50], *pt=vorname;

  printf("Groesse vorname: %d\n",sizeof(vorname));
  printf("Groesse pt:      %d\n",sizeof(pt));

  groesse_ausgeben(vorname, pt);

}

void groesse_ausgeben(char *vorname, char *pt)
{
  printf("Groesse vorname: %d\n",sizeof(vorname));
  printf("Groesse pt:      %d\n",sizeof(pt));
}
```

Sie wissen ja, dass man nach der Zuweisung *pt=vorname* die beiden Variablen *pt* und *vorname* eigentlich identisch benutzen kann. Insbesondere sind Zugriffe auf einzelne Zeichen wie *vorname[3]* und *pt[3]* gleichermaßen gestattet und liefern dasselbe Ergebnis. Trotzdem gibt es hier offenbar einen Unterschied. Denn die Ausgabe des Programms lautet:

```
Größe vorname: 50
Größe pt:      2
Größe vorname: 2
Größe pt:      2
```

Erstaunt? Nun, im Hauptprogramm scheint der Compiler die Größe des Arrays noch zu kennen, daher erscheint hier der korrekte Wert 50. Dass für *pt* der Wert 2 ausgegeben wird, sollte eigentlich klar sein. Denn es wurde bereits erwähnt, dass Zeiger immer dieselbe Größe haben, egal worauf sie zeigen. Hier sind Array und Zeiger also doch nicht identisch.

Aber warum erscheint innerhalb der Funktion *groesse_ausgeben* nun auch für *vorname* der Wert 2? Hat der Compiler die eigentliche Größe nach dem Aufruf vergessen? Auch auf diese Frage können Sie sich die Antwort selber geben, wenn Sie im Kapitel 5 aufmerksam waren. Denn Sie wissen dann, dass auch Arrays an Funktionen als Adressen bzw. Zeiger übergeben werden. Innerhalb der Funktion sind daher beide Parameter gleichbedeutende Zeiger und haben somit dieselbe Größe.

Sie können das auch nicht »retten«, indem Sie etwa versuchen, stattdessen *sizeof(*vorname)* zu berechnen, weil Sie denken, **vorname* ist ja das, worauf der Zeiger zeigt. Denn Sie wissen, dass es ein Objekt »Zeichenkette« in C gar nicht gibt. Der Zeiger zeigt also nicht auf eine Zeichenkette, sondern auf ein einzelnes Zeichen, und dessen Größe ist 1.

Übrigens kann es sein, dass Sie auf Ihrem System als Größe eines Zeigers nicht 2, sondern 4 angezeigt bekommen. Das macht aber gar nichts. Alles, was Sie soeben gelesen haben, gilt trotzdem.

6.6 Speicherverwaltung

Wir kommen nun (wieder einmal) zu einem wichtigen Thema, bei dem der *sizeof*-Operator und die im letzten Abschnitt besprochene Größe von Datenelementen im Mittelpunkt stehen. Es geht um dynamische Arrays, das heißt um das nachträgliche Anfordern von Speicherplatz während der Programmausführung. Es sei aber gleich vorangestellt, dass Sie diese wichtigen Programmiertechniken am Anfang nur selten wirklich benötigen werden.

Stellen Sie sich vor, Sie benötigen in Ihrem Programm zwei recht große *short*-Arrays mit den Namen *vektor1* und *vektor2*. Die genaue Größe dieser Arrays ist beim Programmstart noch unbekannt, sie wird erst während der Programmausführung ermittelt. Ihre Größe kann zwischen 10 und 50.000 liegen. Zwar wäre es denkbar, beide Arrays mit der Maximallänge von 50.000 Byte zu initialisieren, doch wäre dies aus verschiedenen Gründen nicht besonders geschickt. Zum einen wird dadurch unnötiger Speicherplatz verschwendet, zum anderen kann es in manchen Fällen zu Speicherengpässen kommen. Sehr viel eleganter ist es daher, wenn man die Größe zunächst offen lässt und während der Programmausführung den zusätzlich benötigten Speicherplatz nachträglich anfordert. Wird der Speicher irgendwann nicht mehr benötigt, wird er einfach wieder freigegeben. Da dies alles während der Programmausführung geschieht, spricht man hier auch von **dynamischer Speicherverwaltung**. Möglich wird dies durch eine Funktion mit einem scheinbar etwas ungewöhnlichen Namen.

Die Funktion malloc

Diese Funktion ist extrem nützlich, denn sie reserviert innerhalb des Arbeitsspeichers einen Speicherbereich von einer Größe, die der Funktion beim Aufruf übergeben wird. Um die Bedeutung der *malloc*-Funktion verstehen zu können, müssen Sie wissen, dass jedes C-Programm, das durch Eingabe seines Namens gestartet wird, normalerweise einen Speicherbereich einer bestimmten Größe erhält. Dieser Speicherbereich ist genau so groß, dass alle im Programm verwendeten Variablen Platz finden. Doch was ist, wenn innerhalb der Programmausführung Werte anfallen, für die noch keine Variablen existieren? Diese Situation tritt z.B. immer dann auf, wenn Sie in einem Array zusätzliche Werte unterbringen möchten, das Array aber nicht ausreichend dimensioniert wurde. In diesem Fall müssen Sie mit der *malloc*-Funktion zusätzlichen Speicherplatz beantragen.

> ACHTUNG
>
> Die Funktion *malloc* reserviert im Arbeitsspeicher einen Block einer bestimmten Größe. Dieser Block kann z.B. für ein dynamisches Array benutzt werden.

Sie übergeben der *malloc*-Funktion die Größe des gewünschten Speicherbereichs und erhalten von der Funktion einen Zeiger auf diesen Bereich zurück. Der Aufruf

```
malloc(20);
```

reserviert exakt 20 Byte im Arbeitsspeicher. Natürlich muss man sich auch merken, wo dieses Speicherstück liegt. Daher gibt *malloc* die Adresse des Speicherstückes in Form eines Zeigers zurück. Typischerweise wird ein *malloc*-Aufruf also folgendermaßen aussehen:

```
pt=malloc(20);
```

wobei es sich bei *pt* wie immer um eine Zeigervariable handelt. Jetzt ist es auch an der Zeit, die Bedeutung des Funktionsnamens zu klären. *malloc* steht für »memory allocation« was auf Deutsch soviel wie Speicherzuweisung bedeutet.

Natürlich kann es auch passieren, dass der angeforderte Speicher nicht zur Verfügung steht. Ein Grund dafür könnte sein, dass bereits zuvor zuviel Speicher reserviert wurde und nun kein freier Speicher mehr übrig ist. In diesem Fall gibt die *malloc*-Funktion einen Null-Zeiger zurück. Dieser kann durch die Bedingung *!pt* abgefragt werden.

Zurück zum eingangs geschilderten Problem mit den Arrays *vektor1* und *vektor2*. Da der für diese Arrays benötigte Speicherplatz über die *malloc*-Funktion angefordert werden soll und diese Funktion einen Zeiger auf einen Speicherbereich zurückgibt, ist es sinnvoll, die Arrays als Zeiger zu definieren:

```
short *vektor1, *vektor2;
```

Im Programm müssen die Längen der beiden Arrays abgefragt und in den Variablen *len1* und *len2* gespeichert werden. Die tatsächlichen Größen der Arrays sind natürlich nicht *len1* und *len2*, sondern diese Werte müssen noch mit der Größe eines *short*-Wertes multipliziert werden. Die Größe des ersten Arrays beträgt somit *len1*sizeof(short)*, die des zweiten Arrays *len2*sizeof(short)*. Die beiden Zuweisungen zum Reservieren des Speichers lauten somit:

```
vektor1 = malloc (len1*sizeof(short));
vektor2 = malloc (len2*sizeof(short));
```

In den beiden Zeigern *vektor1* und *vektor2* befinden sich nun die Anfangsadressen der Speicherbereiche, die die *malloc*-Funktion gerade reserviert hat.

Man kann also auf die Elemente von *vektor1* und *vektor2* genauso zugreifen, als ob sie als Array in der Form:

```
short vektor1[len1];
short vektor2[len2];
```

definiert worden wären. Allerdings ist immer zu beachten, dass *vektor1* und *vektor2* diesmal Zeiger sind. An die kleinen Unterschiede zwischen Zeigern und Arrays sollten Sie sich also stets erinnern.

Wenn der Speicherplatz nicht ausreichen sollte

Wie bereits angedeutet wurde, kann es bei der Benutzung von *malloc* passieren, dass nicht genügend Speicher zur Verfügung steht. Sie können das vorher natürlich nicht wissen und sollten einen solchen Fall daher unbedingt bei der Programmierung berücksichtigen. Die *malloc*-Funktion gibt in einer solchen Situation nämlich einen so genannten Nullzeiger zurück, der entsprechend abgefragt werden kann:

```
if (!vektor2) printf("Nicht genuegend Speicher vorhanden!");
```

Die Funktion free

In einem C-Programm sind Sie dafür verantwortlich, dass der mit *malloc* angeforderte Speicher sachgemäß verwaltet wird. Was sagen Sie z.B. zu der folgenden Anweisungsfolge:

```
pt = malloc (sizeof(struct test));
pt = &Wert1;
```

Durch den ersten Befehl wird ein Stück Speicher von der Größe der Struktur *test* reserviert. Die Anfangsadresse des Speicherstücks wird in der Zeigervariablen *pt* abgelegt. Gleich darauf wird die Adresse aber wieder überschrieben, denn es wird die Adresse einer anderen Variablen in *pt* gespeichert. Ist denn nun überhaupt noch ein Zugriff auf den reservierten Speicherbereich möglich?

Natürlich nicht, denn der einzige Zugang zu einem über die *malloc*-Funktion reservierten Speicherbereich ist durch seine Anfangsadresse möglich. Geht diese aber verloren, ist auch der Speicherbereich verloren. Mit den Anfangsadressen der durch *malloc* reservierten Speicherbereiche müssen Sie daher entsprechend sorgfältig umgehen.

In vielen Fällen wird es jedoch passieren, dass ein Speicherbereich, der durch *malloc* reserviert wurde, zu einem späteren Zeitpunkt nicht mehr benötigt wird. Dann kann es durchaus sinnvoll sein, durch einen Befehl wie

```
pt = &Wert1;
```

dem Zeiger *pt* einen neuen Wert zu geben. Der ursprüngliche Wert von *pt* geht dadurch zwar verloren, doch ist dies nicht weiter schlimm. Allerdings, ganz elegant ist diese Lösung natürlich nicht, denn der ursprünglich reservierte Speicherblock ist nach wie vor vorhanden. Er wird zwar nicht mehr genutzt, blockiert aber unnötigerweise den oft sehr kostbaren Arbeitsspeicher.

Es ist in C eine übliche Praxis, einen über *malloc* zugewiesenen Speicherplatz auch wieder freizugeben, wenn dieser nicht mehr benötigt wird. Und genau dafür ist die *free*-Funktion zuständig. Der Aufruf

```
free(pt);
```

hebt die Zuweisung oder Reservierung für das Speicherstück auf, das zuvor über die *malloc*-Funktion zugewiesen wurde. Natürlich schließt dies nicht aus, dass Sie den Speicher später einmal über die *malloc*-Funktion erneut anfordern können.

HINWEIS

Speicherblöcke, die über *malloc* reserviert wurden, sollten über die *free*-Funktion wieder freigegeben werden, wenn sie im Programm nicht mehr benötigt werden.

Wenn Sie durch den Aufruf der *free*-Funktion mit der Zeigervariablen *pt* als Argument einen Speicherbereich freigegeben haben, bedeutet dies natürlich nicht, dass der Speicherblock sich in Luft auflöst. Es bedeutet lediglich, dass der Speicherblock beim nächsten Aufruf der *malloc*-Funktion wieder vergeben werden kann. Für die Programmausführung bedeutet dies, dass die in *pt* gespeicherte Adresse nicht mehr benutzt werden darf, da sie nun auf einen Speicherblock zeigen kann, der nicht mehr zum Programm gehört. Dass es dann zu Kollisionen und unter Umständen auch Programmabstürzen kommen kann, dürfte jedem klar sein.

Das Hinzufügen einer *free*-Funktion gibt der obigen Befehlsfolge zwar nicht unbedingt einen neuen Sinn, sie sorgt aber für das »Aufräumen« des vormals belegten Speicherplatzes:

```
pt = malloc (sizeof(struct test));
free(pt);
pt=&test1;
```

Natürlich ist das Anfordern und Freigeben von Arbeitsspeicher niemals reiner Selbstzweck. Man wird daher den über *malloc* erhaltenen Arbeitsspeicher in der Regel auch nutzen, bevor man ihn über *free* wieder der freien Verwendbarkeit zuführt.

Ein Programmbeispiel

Die im letzten Abschnitt vorgeführten Techniken zur dynamischen Speicherverwaltung werden im folgenden Beispielprogramm noch einmal zusammengefasst:

```
#include <stdio.h>
#include <stdlib.h>

void main()
{
  short index, anz;
  float *vek, sum = 0;

    /* Eingabe der Arraylänge */
    printf("Anzahl:\n"); scanf("%d",&anz);

    /* Speicher reservieren */
    vek = malloc (anz*sizeof(float));
    if (!vek)
    {
      printf("Kein Speicher!\n");
      return;
    }

    /* Daten eingeben */
    for (index=0; index<anz; index++)
    {
      printf("float-Zahl:\n");
      scanf("%g",&vek[index]);
    }

    /* Summe berechnen */
    for (index=0; index<anz; index++)
     sum=sum+vek[index];

    /* Speicher freigeben */
     free(vek);

    /* Resultat ausgeben */
     printf("Summe: %g\n",sum);
}
```

Sie sehen hier wieder einen *return*-Befehl im Hauptprogramm. Da die Funktion *main* formal eine gewöhnliche Funktion ist, stellt das kein Problem dar. Zu beachten ist allerdings, dass hierdurch nicht nur eine Funktion beendet wird, sondern gleich das gesamte Programm. Und selbstverständlich gibt hier *return* keinen Wert zurück, denn die Funktion *main* besitzt im obigen Fall den Rückgabetyp *void*.

Insgesamt sollte das Beispielprogramm keine Verständnisprobleme bereiten. Nach Abfrage der Arraylänge wird der für dieses Array benötigte Speicher reserviert. Dann wird damit gearbeitet. Nachdem der Benutzer für jedes Arrayelement einen Wert eingegeben hat, wird die Summe aller Werte gebildet. Innerhalb dieser Schleife kann nicht mit Zeigern gearbeitet werden, da es keine passende Abbruchbedingung gibt. Zum Schluss wird der reservierte Speicherplatz der guten Ordnung halber über die *free*-Funktion wieder freigegeben.

Die Speicherverwaltung mit den Funktionen *malloc* und *free* gewährt zwar eine große Flexibilität, birgt aber auch Risiken. Im folgenden Beispiel soll eine Anzahl *float*-Werte von der Tastatur abgefragt und in einem Array gespeichert werden. Anschließend soll die Summe der Quadratwurzeln aller Werte berechnet werden. Vielleicht weiß es der eine oder andere noch aus dem Mathematikunterricht: Dies geht natürlich nur, wenn die Zahl nicht negativ ist. Das muss daher stets geprüft werden. In einem solchen Fall soll die Funktion abgebrochen werden. Was sagen Sie zu folgender Lösung dieser Aufgabe:

```
#include <stdio.h>
#include <stdlib.h>
#include <math.h>

void summe(long);

void main() {
    summe(3);
}

void summe(long anz)
{
    long idx;
    float *werte, gesamt = 0;
    /* Speicher reservieren */
    werte = malloc (anz*sizeof(float));
    if ( !werte )
    {
      printf("Kein Speicher!\n");
      return;
    }
    /* Daten eingeben */
    for ( idx=0; idx<anz; idx++ )
    {
      printf("float-Zahl:\n");
      scanf("%g",&werte[idx]);
    }
    /* Summe der Wurzeln berechnen */
    for ( idx=0; idx<anz; idx++ )
    {
      if ( werte[idx]<0 )
      {
        printf("Wert %d kleiner als 0!\n",idx);
        return;
      }
```

```
        gesamt = gesamt + sqrt(werte[idx]);
    }
    /* Speicher freigeben */
    free(werte);
    /* Resultat ausgeben */
    printf("Summe: %g\n",gesamt);
    system("pause");
}
```

Nach der Definition der Variablen wird der nötige Speicher für das Array reserviert, danach werden die Werte von der Tastatur abgefragt. Bis hierhin ist das aus dem letzten Beispiel altbekannt. Nun kommt der Unterschied. In der Schleife wird vor der Aufsummierung der Wurzelwerte abgefragt, ob der betreffende Wert kleiner als 0 ist. Falls ja, wird eine Fehlermeldung ausgegeben und die Funktion beendet.

Zur Berechnung der Quadratwurzel in der Schleife wird die Bibliotheksfunktion *sqrt* verwendet. Um diese bekannt zu machen, muss natürlich die Include-Datei *math.h* angegeben werden. Nach der Schleife wird der Speicher freigegeben und das Resultat auf den Bildschirm geschrieben.

So weit, so gut. Wo liegt das Problem? Ganz einfach: Hier wird ein Stück Speicher reserviert, und der Speicher wird auch wieder freigegeben. Das ist natürlich korrekt. Es gibt aber Fälle, in denen der Aufruf von *free* nicht durchlaufen wird. Und zwar genau dann, wenn ein negativer Wert eingetippt wurde. In diesen Fällen bleibt der reservierte Speicher nach wie vor erhalten, kann aber nicht mehr angesprochen werden. Denn es existiert kein Zeiger auf den Speicher mehr.

Was hier zu tun ist, ist klar. Nachdem ein negativer Wert erkannt wurde, muss natürlich ebenfalls der Speicher freigegeben werden. Erst dann darf die Funktion durch *return* verlassen werden.

Das dürfte ja noch alles nachvollziehbar sein, denn es handelt sich hier um ein wirklich einfaches Beispiel mit einem ziemlich typischen Fehler. In der Realität und gerade in umfangreicheren Programmen ist ein solcher Fehler aber oft gar nicht so einfach zu erkennen. Wenn ein solches Programm vielleicht den ganzen Tag läuft, die Funktion aber eher selten aufgerufen wird, äußert er sich oft erst nach Stunden. Plötzlich kommt die Meldung »Kein Speicher mehr vorhanden«, weil der verfügbare Speicher nach jedem Aufruf der Funktion ein bisschen kleiner geworden ist und schließlich nicht mehr ausreicht.

Es ist daher extrem wichtig, den reservierten Speicher gut im Auge zu behalten.

C99 bietet eine Alternative zu der durch den Programmierer verantworteten Speicherverwaltung. Und dies sind Arrays mit variabler Größe.

C 99

Beispiel

```
float werte[anz];
```

Dies ist natürlich wesentlich angenehmer. Zum einen kann die von den Arrays fester Größe gewohnte Schreibweise beibehalten werden. Zum anderen muss natürlich auch kein *malloc* aufgerufen werden. Der größte Vorteil liegt aber darin, dass der Aufruf von *free* ebenfalls nicht nötig ist. Und das heißt, dass sich ein solcher Fehler, wie er in dem vorigen Beispiel passiert ist, in Verbindung mit C99 überhaupt nicht einschleichen kann. Und so sähe dieselbe Funktion in C99 aus:

Beispiel

```
#include <stdio.h>
#include <math.h>

void summe(long);

void main() {
    summe(3);
}

void summe(long anz)
{
  long idx;
  float werte[anz], gesamt = 0;

  /* Daten eingeben */
  for ( idx=0; idx<anz; idx++ )
  {
    printf("float-Zahl:\n");
    scanf("%g",&werte[idx]);
  }

  /* Summe der Wurzeln berechnen */
  for ( idx=0; idx<anz; idx++ )
  {
    if ( werte[idx]<0 )
    {
      printf("Wert %d kleiner als 0!\n",idx);
      return;
    }
    gesamt = gesamt + sqrt(werte[idx]);
  }

  /* Resultat ausgeben */
  printf("Summe: %g\n",gesamt);

}
```

Alles, was sich im alten Beispiel hinter den Aufrufen von *malloc* und *free* verbarg, wird nun durch eine einzige Definition erledigt. Das macht diese Funktion schon einmal wesentlich besser lesbar. Aber, wie erwähnt, der eigentliche Vorteil liegt in der Tatsache, dass ein Fehler in der Speicherverwaltung hier nicht mehr auftreten kann.

Eine kleine Einschränkung gibt es allerdings: Variable Arrays dürfen nur als lokale Variablen in Funktionen benutzt werden, nicht als globale Variablen. Und wie alle lokalen Variablen hören auch variable Arrays mit dem Beenden der Funktion auf zu existieren. Genau zu diesem Zeitpunkt wird der reservierte Speicherbereich wieder freigegeben.

6.7 Test

Aufgaben

1. Im Folgenden werden eine Struktur *shfl*, zwei Strukturvariablen *vert1* und *vert2* sowie jeweils ein Zeiger auf diese Strukturvariablen definiert:

```
struct shfl
{
  short sh;
  float fl;
}

struct shfl vert1 = { 5, 5.0 };
struct shfl vert2 = { 7, 7.0 };
struct shfl *pt1 = &vert1, *pt2 = &vert2;
```

   Als Nächstes wird die Zuweisung

```
vert1 = vert2;
```

   ausgeführt. Was erscheint nach der Ausführung von

```
printf("%d %d",vert1.sh,pt1->sh);
```

   auf dem Bildschirm? Wie wirkt sich der Austausch von

```
vert1 = vert2;
```

   gegen die Zuweisung

```
pt1 = pt2;
```

   auf die Bildschirmausgabe aus (siehe Lektion 6.3)?

2. Entwerfen Sie eine Struktur für die Speicherung einer Adresse. Sie soll neben dem Vor- und Nachnamen einer Person auch die Straße, die Postleitzahl und den Wohnort enthalten.

3. In einem Programm finden Sie die folgende geschachtelte Strukturfestlegung:

```
struct fern
{
  char firma[LEN_FIRMA];
  char modell[LEN_MODELL];
  float preis;
  struct gr
  {
      short breite;
      short hoehe;
      short tiefe;
  } groesse;
};
```

Weiterhin sind in dem Programm die folgenden Variablen definiert:

```
struct fern fernseher, *pt=&fernseher;
```

Nun soll dem Eintrag *breite* der Wert 95 zugewiesen werden. Wie geht das unter Benutzung der Variablen *fern1*, und wie funktioniert das unter Benutzung der Zeigervariablen *pt*?

4 In einem Programm finden Sie die folgende Strukturdefinition:

```
struct
{
  char xy[4];
  double db;
} xyxy;
```

Was müssen Sie tun, um zwei Strukturvariablen *xy1* und *xy2* mit diesem Strukturtyp zu definieren?

5. In einem Programm wurden folgende Definitionen durchgeführt:

```
struct dop_short
{
  short x, y;
}
struct dop_short d1;
short d2[2];
```

Weiter seien folgende Funktionen definiert:

```
void set_struct (struct dop_short d)
{
  d.x = d.y = 1;
}
```

```
void set_vek (short *d)
{
  d[0] = d[1] = 1;
}
```

Schließlich finden Sie im Programm folgende Befehle:

```
d1.x = d1.y = 2;
set_struct(d1);
printf("%d %d\n",d1.x,d1.y);
d2[0] = d2[1] = 2;
set_vek(d2);
printf("%d %d\n",d2[0],d2[1]);
```

Welche Bildschirmausgabe erwarten Sie bei der ersten *printf*-Anweisung, welche bei der zweiten? Wodurch kommt der Unterschied zustande? Welche Änderungen sind notwendig, damit *set_struct* genauso funktioniert wie *set_vek*?

6. Das Wetteramt in Offenbach verarbeitet auf seinem Superrechner der Marke Cray in einem Programm sämtliche Temperaturdaten des Jahres 2003. Dieses arbeitet mit den drei *float*-Arrays *tief*, *hoch* und *mitt* der Länge 365, in denen für jeden Tag die Tiefst- und Höchsttemperatur sowie die durchschnittliche Temperatur gespeichert sind. An die meisten Funktionen dieses Programms müssen alle drei Arrays übergeben werden, da meist alle Daten gleichzeitig gebraucht werden. Was schlagen Sie zur Vereinfachung vor?

7. In einem Programm finden Sie folgende Definitionen:

```
struct hh
{
  double d1, d2;
}
struct hh *pt;
short len;
```

Weiter unten wird durch folgende Anweisungen Speicher reserviert und dieser mit Daten gefüllt:

```
len = sizeof(pt);
pt = malloc(len);
pt->d1 = pt->d2 = 3.0;
```

Welcher Denkfehler ist dem Programmierer hier unterlaufen?

Die Lösungen zum Test finden Sie in Anhang A.

6.8 Zusammenfassung

Strukturen erlauben dem C-Programmierer, Standarddatentypen zu einem neuen Datentyp zusammenzufassen. Soll eine Variable z.B. den Namen und das Alter einer Person enthalten, muss ein Strukturtyp über den *struct*-Befehl definiert werden:

```
struct PersonenDaten
{
  char Name[40];
  int  Alter;
};
```

Die Struktur *PersonenDaten* beschreibt aber lediglich den Aufbau einer Struktur und wird daher auch als Strukturtyp bezeichnet. Eine Strukturvariable wird auf die gleiche Weise definiert wie jede andere Variable auch, als Datentyp wird aber der Name eines Strukturtyps aufgeführt:

```
struct PersonenDaten Mitarbeiter1;
```

Diese Anweisung definiert eine Variable mit dem Namen *Mitarbeiter1*, die als Datentyp den Strukturtyp *PersonenDaten* besitzt. Strukturvariablen werden entweder bereits bei ihrer Definition initialisiert:

```
struct PersonenDaten Mitarbeiter1 = {"Erwin Lottermann", 66};
```

oder die Wertzuweisung kann natürlich auch an einer beliebigen Stelle im Programm erfolgen, wobei der Zugriff auf die einzelnen Strukturelemente stets über einen Punkt erfolgt:

```
strcpy(Mitarbeiter1.Name, "Erwin Lottermann");
```

oder

```
printf("Das Alter beträgt: %d Jahre\n",Mitarbeiter1.Alter);
```

Wie bei den Standarddatentypen kann der Zugriff wahlweise auch über Zeiger erfolgen. Bei der Definition der Zeigervariablen wird als Datentyp der Name eines Strukturtyps aufgeführt:

```
struct PersonenDaten *pt;
```

Dieser Befehl definiert *pt* als Zeiger auf eine Struktur vom Typ *PersonenDaten*. Der Zeiger wird durch folgende Zuweisung initialisiert:

```
pt = &Mitarbeiter1;
```

Er zeigt nun auf die Strukturvariable *Mitarbeiter1*. Der Zugriff über einen Zeiger wird durch den ->-Operator vereinfacht. Anstelle von

```
(*pt).Name
```

kann auch

```
pt->Name
```

geschrieben werden. Der ->-Operator führt einen Zugriff auf ein Element einer Strukturvariablen unter gleichzeitiger Dereferenzierung des Zeigers *pt* durch.

Schließlich lassen sich Strukturvariablen auch in einem Array zusammenfassen. Das Ergebnis ist eine Array von Strukturen:

```
struct PersonenDaten MitarbeiterKartei[1000];
```

Dieser Befehl definiert ein Array von Strukturen mit dem Namen *MitarbeiterKartei*, das Platz für 1000 Strukturvariablen vom Typ *PersonenDaten* hat. Wie bei jedem anderen Array auch, beginnt die Zählung beim Index 0.

In einigen Fällen kommt es vor, dass während der Programmausführung zusätzlicher Speicherplatz benötigt wird. Dieser kann über die *malloc*-Funktion jederzeit angefordert werden. Dieser Funktion wird die Größe des benötigten Speicherplatzes in Byte übergeben. Der Rückgabewert dieser Funktion ist ein Zeiger auf den reservierten Speicherplatz. Wird dieser Speicherplatz nicht mehr benötigt, sollte er durch die *free*-Funktion wieder freigegeben werden.

Kapitel 7

jetzt lerne ich

Der Umgang mit Dateien

Alle Daten, die auf einem Datenträger, wie einer Festplatte, einer Diskette oder einer CD-ROM, gespeichert werden, werden in einer logischen Struktur zusammengefasst, die als Datei bezeichnet wird. Eine Datei besteht aus einem Namen und einem Inhalt. Damit ein C-Programm Daten verarbeiten kann, die sich in einer Datei befinden, existieren eine Reihe von Funktionen, die als Dateifunktionen bezeichnet werden. Mit Hilfe dieser Funktionen lassen sich Dateien erstellen, öffnen, schließen, lesen oder schreiben. In diesem Kapitel werden nicht nur die elementaren Dateifunktionen, sondern auch die wichtigsten Techniken zur Dateiverwaltung vorgestellt.

In diesem Kapitel lernen Sie etwas über:

- Das Prinzip des Dateizugriffs
- Die verschiedenen Zugriffsmodi
- Die elementaren Dateifunktionen
- Die Funktionen *fopen* und *fclose*
- Den Zugriff auf sequentielle Dateien
- Die Funktionen *fprintf* und *fscanf*
- Den Zugriff auf Random-Dateien
- Die Funktionen *fread* und *fwrite*

Voraussetzungen:

Für dieses Kapitel sollten Sie den grundsätzlichen Umgang mit Funktionen und Zeigern beherrschen. Ansonsten werden keine speziellen Vorkenntnisse vorausgesetzt.

7.1 Allgemeines über Dateien

Bevor es an die Programmierung von Dateizugriffen in einem C-Programm geht, soll zunächst die Notwendigkeit für den Umgang mit Dateien verdeutlicht werden. Erinnern Sie sich noch an das Beispielprogramm in Lektion 6.4? Obwohl es darum ging, die Bedeutung von Arrays von Strukturen zu veranschaulichen, und auf die Benutzerschnittstelle (wie immer) kein Wert gelegt wurde, war ein Nachteil nicht zu übersehen. Alle Daten mussten relativ umständlich über die Tastatur eingegeben werden und waren nach Beendigung des Programms verloren. Der Grund dafür ist bekannt. Windows, Unix, DOS und fast alle anderen Betriebssysteme arbeiten mit Funktionen wie *malloc* und *free*, die einen Speicherblock einem Programm speziell zuweisen und bei Beendigung des Programms wieder freigeben, womit alle vom Programm in dem Block abgelegten Daten verloren gehen. Für die Praxis ist diese Methode jedoch nicht tauglich, denn es ist keinem Anwender zuzumuten, nach jedem Programmstart alle Daten erneut eingeben zu müssen. Zum Glück gibt es eine einfache Lösung. Werden die Daten in einer Datei abgelegt, stehen sie unmittelbar nach jedem Programmstart wieder zur Verfügung.

HINWEIS

Damit Daten dauerhaft gespeichert werden können, müssen sie in einer Datei abgelegt werden.

Was ist eigentlich eine Datei?

Obwohl der Begriff **Datei** sicherlich jedem Leser geläufig sein dürfte, soll er der Vollständigkeit halber noch einmal kurz erläutert werden. Dateien stellen eine logische Struktur eines Datenträgers dar. Was soeben ein wenig hochgestochen formuliert wurde, bedeutet nichts anderes, als dass sich alle Daten auf einer Festplatte oder Diskette innerhalb von Dateien befinden müssen. Immer, wenn Sie in der Eingabeaufforderung von Windows das *DIR*-Kommando eingeben oder mit dem Windows-Explorer arbeiten, zeigt Ihnen das Betriebssystem die Namen aller Dateien im aktuellen Verzeichnis an. Neben einem Dateinamen wird für den Zugriff auf eine Datei daher unter Umständen auch ein vollständiger Suchpfad benötigt.

Auch der C-Compiler arbeitet mit Dateien. Nicht nur, dass alle eingegebenen Programme in einer Quelltextdatei – sie trägt in der Regel die Erweiterung .c – gespeichert werden, auch der Compiler selbst sowie alle Hilfsprogramme und Bibliotheken liegen natürlich in Form von Dateien vor.

Das Anlegen einer Datei ist in einem C-Programm ein ganz alltäglicher Vorgang. Es spricht nichts dagegen, dass wann immer Sie Daten dauerhaft speichern möchten, diese in einer Datei abzulegen. Nicht nur, dass Sie beim nächsten Programmstart keine Daten mehr neu eingeben müssen, Sie können innerhalb des C-Programms natürlich auf beliebige Dateien zugreifen und ihren Inhalt innerhalb des Programms verarbeiten. Mit welchen Bibliotheksfunktionen Dateizugriffe in einem C-Programm durchgeführt werden, wird in diesem Kapitel an einigen Beispielen demonstriert. Zuvor muss aber noch erklärt werden, was bei einem Dateizugriff passiert.

Dateizugriffsmodi – die Wahrheit über den Dateizugriff

Was heißt es denn konkret, eine Datei »anzulegen«? In der C-Sprechweise existiert lediglich das »Öffnen« einer Datei. Das Öffnen einer Datei bedeutet, sie für einen nachfolgenden Lese- oder Schreibzugriff vorzubereiten. Existiert die Datei noch nicht, wird sie eventuell beim Öffnen gleichzeitig auch angelegt. Für den Dateizugriff gibt es eine Reihe verschiedener Funktionen, z.B. *fopen*. Dieser Funktion muss aber neben dem Namen der zu öffnenden Datei auch ein so genannter *Zugriffsmodus* übergeben werden.

Beim Zugriff auf eine Datei sind eine Reihe von Anfangsbedingungen denkbar, die die weitere Vorgehensweise beeinflussen. So kann es natürlich sein, dass eine Datei mit dem angegebenen Namen bereits existiert. Genauso gut ist es möglich, dass die Datei noch nicht vorhanden ist. Trifft dies zu, wird die Datei mit einem Anfangsbestand an Daten versehen. Existiert sie dagegen bereits, können zusätzliche Daten an den Anfang, an das Ende oder an eine beliebige Position innerhalb der Datei hinzugefügt werden.

7.2 Öffnen und Schließen von Dateien

Diese Fallbeschreibungen machen deutlich, dass man bei einem Dateizugriff genau angeben muss, in welcher Weise man auf die Datei zugreifen möchte. So müssen in Dateien natürlich nicht immer Daten abgelegt werden. Genauso gut ist es möglich, eine Datei ausschließlich zum Lesen zu öffnen. Kurz, beim Öffnen einer Datei muss der so genannte *Zugriffsmodus* festgelegt werden. Das bedeutet konkret:

- Öffnen der Datei zum Neuschreiben
- Öffnen zum Anhängen von Daten

oder

- Öffnen zum Lesen der Daten

Entsprechend muss dieser Modus neben dem Dateinamen als zweiter Parameter an die Funktion zum Öffnen der Datei übergeben werden.

Lesen oder Schreiben?

Bevor es weitergeht, eine kurze Begriffsklärung. Die elementaren Dateizugriffsarten werden in der Umgangssprache als **schreiben** und **lesen** bezeichnet. Schreiben bedeutet, Daten vom Arbeitsspeicher in eine Datei zu übertragen. Der umgekehrte Vorgang wird entsprechend als Lesen bezeichnet. Hier gelangen die Daten aus der Datei in den Arbeitsspeicher. Wenn also vom Lesen einer Datei die Rede ist, so bedeutet dies lediglich, dass die Daten von der Datei in den Arbeitsspeicher transferiert werden. Mit einer möglichen Auswertung der Daten hat dieser Begriff jedoch nichts zu tun.

Die Funktion *fopen*

Die Funktion zum Öffnen einer Datei heißt *fopen*. Dieser Name leitet sich übrigens vom englischen »file open« ab, also »Datei öffnen«. Merken Sie sich bereits jetzt, dass alle C-Funktionen für den Dateizugriff mit einem »f« beginnen. Der erste Parameter der *fopen*-Funktion ist eine Zeichenkette, in der der Dateiname stehen muss. Auch der zweite, der Modus-Parameter, ist eine Zeichenkette. Hier wird aber nur ein einzelnes Zeichen eingetragen, das den Zugriffsmodus festlegt. Zur Auswahl stehen unter anderem die Modi »w«, »a« und »r«. Wichtig ist, dass beide Zeichenketten, die der *fopen*-Funktion übergeben werden, mit einer binären Null abgeschlossen werden.

w für Schreiben

Der Zugriffsmodus *"w"* öffnet eine Datei zum Neuschreiben. Die Abkürzung *"w"* leitet sich natürlich vom englischen Wort *write* ab. Existiert eine Datei mit dem angegebenen Namen bereits, wird der bisherige Inhalt gelöscht. Existiert die Datei dagegen noch nicht, wird sie erzeugt. Dies kann unter Umständen aber nicht möglich sein, z.B. wenn der Dateiname nicht den Konventionen entspricht oder wenn der auf dem Datenträger verfügbare Platz nicht ausreicht. In diesem Fall gibt die *fopen*-Funktion einen entsprechenden Fehlercode zurück.

a für Anhängen

Der Zugriffsmodus *"a"* öffnet die Datei zum Anhängen von Daten. Die Abkürzung *"a"* leitet sich von dem englischen Wort *append* ab. Das bedeutet, der bisherige Inhalt der Datei bleibt erhalten. Jeder Schreibbefehl bewirkt, dass die Daten an das Ende der Datei angehängt werden. Existiert die Datei noch nicht, wird sie genauso wie beim Zugriffsmodus *"w"* erzeugt. Natürlich kann es auch hier zu einem Fehler kommen, wenn z.B. der Platz auf dem Datenträger nicht ausreichen sollte.

r für Lesen

Der Zugriffsmodus *"r"* öffnet eine Datei zum Lesen. Die Abkürzung *"r"* leitet sich von dem englischen Wort *read* ab. Existiert die Datei nicht, liefert die

Funktion einen Fehlercode zurück. Denn wo nichts ist, kann auch nichts gelesen werden.

Das Öffnen einer Datei

Damit ist klar, worauf es beim Öffnen einer Datei ankommt: auf einen Dateinamen und den Zugriffsmodus. Der Aufruf

```
fopen("test.txt","w");
```

öffnet die Datei mit dem Namen *test.txt*, um »etwas«, das heißt eine bestimmte Anzahl an Bytes, hineinzuschreiben.

Der Rückgabewert liefert den Dateizeiger ...

Ein Aufruf in dieser Form bringt allerdings noch nicht sehr viel. Denn durch den Aufruf von *fopen* ist die Datei zwar geöffnet, ein Zugriff darauf ist allerdings nicht möglich. Denken Sie einen Augenblick über den möglichen Grund dafür nach. Sollte die Funktion denn nicht einen Rückgabewert liefern? Richtig, und genau auf diesen Wert kommt es an. Die *fopen*-Funktionen gibt einen so genannten Dateizeiger zurück, der bei jedem weiteren Zugriff auf die geöffnete Datei als Parameter benötigt wird.

In der Praxis wird die *fopen*-Funktion daher wie folgt aufgerufen:

```
pfile = fopen("test.txt","w");
```

Diesmal wird der Dateizeiger in der Variablen *pfile* gespeichert und kann bei einem nun folgenden Schreibzugriff benutzt werden. Das vorangestellte »p« soll übrigens andeuten, dass es sich um einen Zeiger (engl. *pointer*) handelt.

Der Rückgabewert besitzt natürlich noch eine weitere Bedeutung. Es wurde bereits erwähnt, dass beim Öffnen einer Datei durchaus etwas schief gehen kann. Der Dateizeiger bietet eine einfache Möglichkeit, einen solchen Fehler festzustellen. Analog zu vielen anderen C-Funktionen gibt die *fopen*-Funktion einen Nullzeiger zurück. Denken Sie noch einmal an die *malloc*-Funktion aus Lektion 6.6 zurück. Auch bei dieser Funktion wurde ein Fehler über einen Nullzeiger als Rückgabewert angezeigt. Wie ein solcher Nullzeiger abgefragt wird, wissen Sie daher bereits. Die folgende Befehlsfolge öffnet eine Datei und prüft anschließend sofort den Rückgabewert:

```
pfile = fopen("test.txt","w");
if (!pfile)
  printf("Der fopen-Aufruf ging leider schief!\n");
```

Auch wenn es zunächst wie ein überflüssiger zusätzlicher Befehl erscheinen mag, sollten Sie sich die Abfrage des Rückgabewertes bei Dateioperationen zur Gewohnheit machen. Nichts ist ärgerlicher, als wenn in einem Programm angefallene Daten auf Grund eines harmlosen Dateifehlers verloren gehen.

Ein Datentyp namens FILE

Doch welchen Datentyp besitzt denn der Dateizeiger *pfile*? Dass es ein Zeiger ist, scheint klar. Diese Information reicht aber noch nicht aus. Die Lösung wird Sie wahrscheinlich überraschen, es handelt sich um einen Zeiger auf eine Struktur mit dem Namen *FILE*. Noch mehr überraschen wird Sie unter Umständen der Umstand, dass man den genauen Aufbau von *FILE* gar nicht kennen muss. In dieser Struktur werden spezifische Informationen abgelegt, die das Betriebssystem für einen Zugriff auf eine Datei benötigt. Und da jedes Betriebssystem seine Eigenheiten besitzt, kann auch der Aufbau und Inhalt der Struktur variieren. Wichtig ist nur, dass der Dateizeiger zuvor in der Form

```
FILE *pfile;
```

definiert wurde. Sie erhalten damit einen Zeiger für alle Dateizugriffe. Mehr ist für die Programmierung nicht erforderlich.

ACHTUNG

Ein Dateizeiger besitzt den Datentyp *FILE*. Dieser stellt eine Struktur dar, in der alle für den Zugriff auf die Datei benötigten Informationen gespeichert werden. Für den Dateizugriff selbst ist der Aufbau von *FILE* allerdings unerheblich.

Das Schließen einer Datei

Auf die Ähnlichkeit zwischen den Funktionen *fopen* und *malloc* wurde bereits hingewiesen. Doch es gibt noch eine zweite Übereinstimmung. Genau wie ein über die *malloc*-Funktion reservierter Speicherbereich über die *free*-Funktion freigegeben werden muss, muss auch eine über die *fopen*-Funktion geöffnete Datei über die *fclose*-Funktion wieder geschlossen werden. Genauso wie unter einem Betriebssystem nur eine endliche Anzahl an Speicherblöcken zur Verfügung steht, ist auch die maximale Anzahl an geöffneten Dateien unter Umständen begrenzt.

Festzuhalten ist, eine durch *fopen* geöffnete Datei sollte immer geschlossen werden, sobald alle Aktionen, welche die Datei betreffen, durchgeführt wurden, da sonst Daten verloren gehen können. Für das Schließen einer Datei ist die *fclose*-Funktion zuständig. Der Name leitet sich vom englischen *file close* ab, also »Datei schließen«. Als einziger Parameter muss der durch *fopen* erzeugte Dateizeiger angegeben werden. Der Aufruf der Funktion lautet daher:

```
fclose(pfile);
```

Eine Datei sollte grundsätzlich immer geschlossen werden, wenn sie nicht weiter bearbeitet werden soll, denn wie bereits erwähnt, ist die Anzahl der gleichzeitig offenen Dateien begrenzt. Irgendwann wird Ihnen die *fopen*-Funktion mitteilen, dass keine weiteren Dateien mehr geöffnet werden können und einen Nullzeiger zurückgeben.

Eine über die *fopen*-Funktion geöffnete Datei muss irgendwann über die *fclose*-Funktion wieder geschlossen werden.

Was passiert mit dem Dateizeiger, nachdem eine Datei geschlossen wurde? Auch in diesem Punkt gibt es eine interessante Parallele zur *free*-Funktion. Der Aufruf

```
fclose(pfile);
```

schließt zwar tatsächlich die durch *pfile* bezeichnete Datei, ändert den in *pfile* enthaltenen Wert jedoch nicht. Dieser sollte von nun an allerdings nicht mehr benutzt werden, da er keinen gültigen Dateizeiger mehr enthält.

Genauso wenig sollte der Dateizeiger *pfile* einfach durch etwas anderes überschrieben werden. Denn dann besteht keine Möglichkeit mehr, die Datei ordnungsgemäß zu schließen. Die Anweisungsfolge

```
pfile = fopen("test.txt","r");
pfile = pfile2;
```

ist also unsinnig. Die Datei *test.txt* kann in diesem Fall nicht mehr geschlossen werden, da der Dateizeiger *pfile* nicht mehr zur Verfügung steht.

Das Programmende schließt alle Dateien

Natürlich bietet das Betriebssystem für vergessliche Programmierer gewisse Schutzmechanismen. So werden normalerweise bei einem Programmende alle noch offenen Dateien automatisch geschlossen. Dennoch ist dies keine absolute Garantie. Datenverluste sind daher nach wie vor möglich. Dies gilt natürlich auch für den Fall, dass das Programm abstürzt. In diesem Fall hat das Betriebssystem keine Möglichkeit, die noch offenen Daten zu sichern.

Hinzu kommt, dass das Dateisystem die zu schreibenden Daten zunächst in einem Zwischenspeicher sichert und aus Performancegründen erst später auf den Datenträger schreibt. Ein *fclose*-Aufruf kann dafür sorgen, dass das Zurückschreiben sofort geschieht. Fazit, alle geöffneten Dateien sollten immer dann über einen *flose*-Aufruf geschlossen werden, wenn auf sie kein Zugriff mehr erfolgt.

Regeln für Dateinamen

Zu jeder Datei gehört ein Dateiname, das wurde jetzt zur Genüge behandelt. Doch welche Namen sind überhaupt erlaubt? Unter MS-DOS gab es früher die Regel, dass ein Dateiname aus maximal 8 Zeichen plus Punkt plus einer aus bis zu 3 Zeichen langen Erweiterung bestehen konnte. Diese Einschränkung wurde mit Windows NT 3.1 und Windows 95 vor vielen Jahren abgeschafft und hat bei anderen Betriebssystemen nie existiert. Eine Reihe von Sonderzeichen, z.B. <, >, * oder ?, dürfen in dem Dateinamen trotzdem nicht vorkommen, da sie eine spezielle Bedeutung haben. Auch Leerzeichen sollten Sie vermeiden, da sie zu unnötiger Verwirrung führen. Für andere Betriebssysteme gelten ähnliche Regeln.

ACHTUNG

Für den Dateinamen gelten in einem C-Programm die gleichen Regeln, die das Betriebssystem den Dateinamen auferlegt.

Wichtig ist, dass die Erweiterung stets etwas über den Typ der Datei aussagen sollte. Nicht ohne Grund erhalten C-Quelltextdateien im Allgemeinen die Erweiterung *.c*, wenngleich dies nicht zwingend vorgeschrieben ist. Verwenden Sie für Ihre eigenen Dateien die Erweiterung *.dat*, um sie als Datendateien zu kennzeichnen. Vermeiden Sie dagegen Erweiterungen, die unter dem jeweiligen Betriebssystem bereits eine feste Bedeutung besitzen.

Zum Schluss noch eine wichtige Regel. Auf Groß- und Kleinschreibung wird bei der Auswertung von Dateinamen und Verzeichnisnamen unter Windows und DOS nicht unterschieden. Das heißt, die Anweisungen

```
pfile = fopen("TEST.TXT","r");
```

und

```
pfile = fopen("test.txt","r");
```

bewirken im Prinzip dasselbe. Das gilt jedoch nicht für Unix-Systeme, hier wird Groß- und Kleinschreibung sehr wohl unterschieden. Deshalb empfiehlt sich auf jeden Fall eine einheitliche Schreibweise, will man nicht bei einer eventuellen Portierung auf ein anderes System unliebsame Überraschungen erleben. Sicher gehen Sie, wenn Sie die verwendeten Dateinamen mittels eines *#define*-Befehls als Konstante definieren und dann nur noch mit dem Konstantennamen arbeiten.

HINWEIS

Obwohl die Groß- und Kleinschreibung bei Dateinamen und Verzeichnisnamen unter Windows und DOS keine Rolle spielt, sollte man sich an eine einheitliche Schreibweise halten.

7.3 Schreiben und Lesen von Dateien

Natürlich ist das Öffnen und Schließen von Dateien kein reiner Selbstzweck. Stellen Sie sich den Aufruf von *fopen* lediglich als eine vorbereitende Maßnahme vor. Der eigentliche Dateizugriff wird z.B. über die Funktionen *fprintf* und *fscanf* durchgeführt, die eine bestimmte Anzahl an Bytes in eine Datei schreiben bzw. aus einer Datei lesen.

Die Funktionen fprintf und fscanf

Die Namensähnlichkeit zu den Funktionen *printf* und *scanf* ist keinesfalls zufällig. Die beiden Funktionspaare werden nicht nur genauso aufgerufen, sie arbeiten auch gleich. Der einzige Unterschied besteht darin, dass die Funktionen *fprintf* und *fscanf* ihre Ein- und Ausgaben in Dateien durchführen und daher als Parameter einen Dateizeiger benötigen. Hier gleich ein Beispiel für einen Schreibzugriff. Die Anweisung

```
fprintf (pfile1, "Wert von x: %g\n", x);
```

schreibt eine Zeile in die Datei, die durch den Dateizeiger *pfile1* verwaltet wird. Entsprechend liest die Anweisung

```
fscanf (pfile2,"%d",&x);
```

den Wert für die Variable *x* aus der durch den Dateizeiger *pfile2* bezeichneten Datei aus.

Deutlicher kann man die Gemeinsamkeiten zwischen Bildschirmausgabe und dem Schreiben in eine Datei sowie zwischen Tastatureingabe und dem Lesen aus einer Datei nicht machen. Lesen Sie bitte nicht eher weiter, bis Ihnen dieser Zusammenhang klar ist. Konsultieren Sie unter Umständen die Onlinehilfe Ihres C-Compilers, und vergleichen Sie die Syntax der beiden Funktionspaare.

Gleichzeitiges Schreiben und Lesen ist nicht möglich

Dass für die beiden Zugriffe im letzten Abschnitt verschiedene Dateizeiger verwendet wurden, ist kein Zufall, denn aus einer Datei, die zum Schreiben geöffnet wurde (Zugriffsmodus *"w"* oder *"a"*), kann nicht gleichzeitig gelesen werden. Dazu muss die Datei ausdrücklich zum Lesen geöffnet werden (Zugriffsmodus *"r"*).

Obwohl die Versuchung groß sein mag, sollte von dem gleichzeitigen Öffnen einer Datei zum Lesen und Schreiben abgeraten werden. Falls es das verwendete Betriebssystem überhaupt zulässt, ist das Resultat oft unvorhersehbar. Die folgende Anweisungsfolge sollte also vermieden werden:

```
pfile1 = fopen(FILNAM,"w");
pfile2 = fopen(FILNAM,"r");
fprintf (pfile1, txt1);
fscanf (pfile2, "%s", txt2);
```

Natürlich kann ein und dieselbe Variable nacheinander zwei verschiedene Dateizeiger aufnehmen, einen zum Schreiben in die Datei und später einen zum Lesen der Datei. Das heißt, auf den Aufruf

```
fclose (pfile);
```

darf immer die Anweisung

```
pfile = fopen (FILNAM,"r");
```

folgen, da die *fclose*-Funktion den Dateizeiger *pfile* freigibt, sodass dieser der freien Verwendung zur Verfügung steht.

Nun sollte Ihnen auch klar sein, wie das Schreiben und Lesen einer Datei abläuft. Eine Zuweisung wie etwa

```
y = 2*x;
```

kann mehrfach hintereinander durchgeführt werden, ohne dass dies die Logik des Programms beeinflusst. Es wird lediglich etwas mehr Rechenzeit verbraucht, als nötig wäre. Wird dagegen die Anweisung

```
fprintf (pfile,"Hallo\n");
```

zweimal hintereinander durchgeführt, wird der Text »Hallo« auch zweimal hintereinander in die betreffende Datei geschrieben.

Auch das Rückgängigmachen eines solchen Schreibvorganges ist nicht ganz leicht. Wenn Sie die Datei nicht löschen wollen, müssen Sie entweder die Größe der Datei so reduzieren, dass die zuletzt geschriebenen Zeichen herausfallen oder diese mit Leerzeichen überschreiben. In Luft auflösen können sich Zeichen, die einmal in eine Datei geschrieben wurden, jedoch nicht.

Auch beim mehrfachen Lesen einer Datei erhalten Sie nicht automatisch die gleichen Resultate. Die Anweisung

```
fscanf (pfile,"%s",&buf);
```

liefert beim zweiten Aufruf normalerweise nicht dasselbe Ergebnis wie beim ersten Mal. Wie ein Text auf einem Blatt Papier, wird auch die Datei von vorne nach hinten durchgelesen. Eine bereits gelesene Zeile wird von der *fscanf*-Funktion daher nicht noch einmal geliefert. Der Lesevorgang beginnt vielmehr am Anfang der Datei. Die *fscanf*-Funktion arbeitet sich dann durch die gesamte Datei bis zum Ende durch. Wurde das letzte Zeichen gelesen, geht erst einmal nichts mehr. Weitere Leseversuche geben stattdessen einen Fehlercode zurück.

Ein Beispielprogramm

Das folgende Programm ist ein einfaches Beispiel für das grundlegende Arbeiten mit Dateien unter Verwendung der Funktionen *fopen*, *fprintf*, *fscanf* und *fclose*.

```
#include <stdio.h>

#define FILNAM "TEST.TXT"
#define BUFLEN 80
```

```
void main()
{
  FILE *pfile;
  char buf[BUFLEN];

    /* Datei TEST.TXT zum Schreiben öffnen */
    pfile = fopen (FILNAM, "w");
    if (!pfile)
    {
      printf("fopen 1 ging schief!");
      return;
    }

    /* Daten in die Datei schreiben */
    fprintf (pfile, "Erste Zeile\n");
    fprintf (pfile, "Zweite Zeile\n");
    fprintf (pfile, "Dritte Zeile\n");

    /* Datei schließen */
    fclose(pfile);

    /* Datei zum Lesen öffnen */
    pfile = fopen (FILNAM, "r");
    if (!pfile)
    {
      printf("fopen 2 ging schief!");
      return;
    }

    /* Daten lesen und auf dem Bildschirm ausgeben */
    fscanf (pfile, "%s", buf ); printf(buf);
    fscanf (pfile, "%s", buf ); printf(buf);
    fscanf (pfile, "%s", buf ); printf(buf);

    /* Datei schließen */
    fclose(pfile);
}
```

Erläuterungen zum Beispielprogramm

Als Erstes wird in dem Beispielprogramm die Datei *TEST.TXT* über einen Aufruf der *fopen*-Funktion für einen Schreibzugriff geöffnet. Der Dateiname wurde über einen *#define*-Befehl als Konstante definiert, um ihn auf einfache Weise durch einen anderen Namen ersetzen zu können. Nach dem Öffnen der Datei werden drei Zeilen mit verschiedenem Inhalt über die *fprintf*-Funktion in die Datei geschrieben. Danach wird die Datei über die *fclose*-Funktion wieder geschlossen.

Im zweiten Teil des Programms wird die gleiche Datei erneut geöffnet, diesmal aber für einen Lesezugriff. Über die *fscanf*-Funktion werden insgesamt drei Zeilen aus der Datei gelesen und auf dem Bildschirm ausgegeben. Vor Beendigung des Programms wird die Datei geschlossen.

Lassen Sie sich durch den Begriff »Zeile« im Zusammenhang mit dem Dateizugriff aus dem letzten Beispiel nicht irritieren. Da es sich um so genannte sequentielle Dateien handelt, besitzen diese keinerlei Struktur. Stellen Sie sich die gesamte Datei daher lediglich als eine Aneinanderreihung von Zeichen vor. Lediglich das Zeichen *\n* sorgt hier für eine Unterteilung. Aus Sicht der Datei ist dieses Zeichen jedoch nicht von den übrigen Zeichen zu unterscheiden. Für die *fscanf*-Funktion stellt sich dies allerdings ein wenig anders dar. Sie liest alle Zeichen bis zum nächsten *\n* ein und betrachtet dieses als einen Zeilenbegrenzer. Dadurch entsteht der Eindruck, die Datei wäre tatsächlich in Zeilen aufgeteilt.

Es ist jedoch genauso möglich, die Datei in Portionen aus einer bestimmten Anzahl von Zeichen – z.B. 20 oder 30 Zeichen – zu lesen. Dann kann das Zeichen *\n* auch jeweils irgendwo in der Mitte einer solchen Portion vorkommen. Die Funktion *fscanf* ist dann jedoch nicht das geeignete Mittel, das Lesen durchzuführen. C verfügt aber noch über eine Reihe weiterer Funktionen zum Lesen aus Dateien. Wenn Sie sich dafür interessieren, finden Sie weitere Informationen in der Online-Hilfe Ihres Compilers.

Feststellen des Dateiendes

Das letzte Beispielprogramm diente in erster Linie dazu, die Wirkungsweise der Funktionen *fprintf* und *fscanf* zu demonstrieren. Es weist mindestens einen kleinen Schönheitsfehler auf. Da es immer genau drei Zeilen aus der Datei *TEST.TXT* liest, ist es natürlich sehr unflexibel. Besitzt die Datei aus irgendeinem Grund nur zwei Zeilen, bleibt es offen, was beim dritten Lesevorgang passiert. Verfügt die Datei über mehr als drei Zeilen, werden natürlich die restlichen Zeilen unterschlagen.

Sehr viel praktischer wäre es, wenn es eine Möglichkeit gäbe, so lange zu lesen bis das Ende der Datei erreicht ist. Eine solche Möglichkeit gibt es. Das Besondere daran ist, sie steckt bereits in der *fscanf*-Funktion, sie wurde bislang nur noch nicht genutzt. Des Rätsels Lösung ist der Rückgabewert der Funktion, der stets die Anzahl der gelesenen Datenelemente ausweist. Unter einem Datenelement werden in diesem Zusammenhang alle Zeichen bis zum nächsten *\n* verstanden. Wird dieser Rückgabewert einer Variablen zugewiesen, lässt sich einfach feststellen, ob das Ende der Datei erreicht wurde oder nicht:

```
ret = fscanf (pfile,"%d %d %d",&x,&y,&z);
```

Die Variable *ret* erhält den Wert 3, wenn die *fscanf*-Funktion drei Werte lesen konnte. Ein anderer Wert als 3 würde auf einen Fehler hindeuten. Die Anweisung

```
ret = fscanf (pfile,"%s",buf);
```

würde entsprechend den Wert 1 ergeben, wenn eine Zeile ordnungsgemäß gelesen werden konnte, denn in der Variablen *buf* soll sich nur eine einzige Zeichenkette befinden.

EOF = End of File

Wurde beim Lesen das Dateiende erreicht, liefert die *fscanf*-Funktion den Wert *EOF* (End Of File) zurück. Bei *EOF* handelt es sich um eine mit *#define* definierte Konstante, deren genauer Wert aber keine Rolle spielt. Innerhalb des Programms muss lediglich geprüft werden, ob die Bedingung

```
ret==EOF
```

gilt. Ist dies der Fall, ist das Dateiende erreicht, und die Schleife kann beendet werden.

ACHTUNG

Wird durch die *fscanf*-Funktion das Ende einer Datei erreicht, gibt die Funktion einen *EOF*-Wert zurück.

Damit ergibt sich eine praktikable Lösung für das eingangs vorgestellte Beispielprogramm. Anstatt eine mehr oder weniger willkürliche Folge von *fscanf*- und *printf*-Funktionsaufrufen aufzuführen, können Sie auch die folgende Schleife verwenden:

```
for (;;)
{
  ret = fscanf (pfile, "%s", buf );
  if (ret==EOF) break;
  printf(buf);
}
```

Die *for*-Schleife wurde absichtlich als Endlosschleife formuliert. Es gibt nur einen Ausgang, und der heißt *break*. Der Rückgabewert von *fscanf* wird in der Variablen *ret* gespeichert. Durch die Bedingung *ret==EOF* wird innerhalb der *if*-Anweisung getestet, ob das Dateiende erreicht ist. Wenn ja, wird die Schleife durch *break* verlassen. Es gibt dann nämlich nichts mehr, was auf dem Bildschirm auszugeben wäre. Wenn das nicht der Fall ist, wird die eben gelesene Zeile mittels einer *printf*-Funktion auf dem Bildschirm ausgegeben.

7.4 Random-Dateien

Sequentielle Dateien besitzen eine Eigenart, die sie für viele Anwendungen nicht besonders gut geeignet erscheinen lassen: Ihr Inhalt lässt sich stets nur Textelement für Textelement lesen. Möchten Sie z.B. das 21ste Textelement einer Datei lesen, müssen zunächst alle 20 vorhergehenden Datensätze eingelesen werden. Außerdem wird der Inhalt einer sequentiellen, das heißt über die Funktion *fprintf* erstellten Datei, als eine Aneinanderreihung von Textzeichen gespeichert, was ebenfalls nicht in jedem Fall erwünscht ist.

Die **Random-Dateien**, um die es in diesem Abschnitt gehen soll, besitzen ein anderes Zugriffsprinzip. Hier wird zunächst über die Funktion *fseek* die Position innerhalb der Datei anvisiert, von der an ein Lese- oder Schreibzugriff erfolgen soll. Anschließend werden über die Funktionen *fread* und *fwrite* eine bestimmte Anzahl an Bytes gelesen oder geschrieben. Der Name dieser Dateien leitet sich übrigens von dem englischen Wort *random* ab, was in diesem Zusammenhang soviel wie wahlweiser Zugriff bedeutet. Bezüglich der Anordnung der Daten und dem Prinzip des Zugriffs entspricht eine Random-Datei einem Array, das heißt einer Variablen, die über einen Index (den Dateizeiger) adressiert wird. Der einzige Unterschied besteht darin, dass sich dieses Array stets innerhalb einer Datei befindet.

HINWEIS

Eine Random-Datei entspricht einem Array, das sich innerhalb einer Datei befindet.

Trotz der erwähnten Unterschiede werden auch Random-Dateien über die bereits bekannten Funktionen *fopen* und *flcose* geöffnet und wieder geschlossen. Das bedeutet auch, dass auf Random-Dateien ein Zugriff über die Funktionen *fprintf* und *fscanf* erfolgen kann. Die Daten werden allerdings im binären Format gelesen und geschrieben. Das wiederum heißt, dass Zahlen nicht als eine Folge von Zeichen, sondern direkt als binärer Wert gespeichert werden. Außerdem kommt Trennzeichen, z.B. *\n*, keine besondere Bedeutung zu.

ACHTUNG

Zahlenwerte werden in Random-Dateien binär und nicht als eine Folge von Zahlensymbolen gespeichert.

Random-Dateien gehen ein wenig ökonomischer mit dem Datenträgerspeicher um als sequentielle Dateien. Angenommen, es sollen in einer Datei 10 Werte vom Typ *int* gespeichert werden. In einer sequentiellen Datei belegt z.B. die Zahl 1234 genau so viele Bytes wie Ziffern, also 4 Byte, wobei ein eventuelles Trennzeichen noch nicht mitgezählt wurde. Die Gesamtgröße der

Datei beläuft sich damit auf bis zu 70 Byte (ausgehend davon, dass die Zahlen beim Typ *int* maximal 5-stellig sind, ein Vorzeichen dazu kommen kann und ein Trennzeichen benötigt wird). Bei einer Random-Datei belegt eine *int*-Zahl grundsätzlich nur 2 Byte, wobei keine Trennzeichen existieren. Die Dateigröße beträgt in diesem Fall exakt 20 Byte.

Den Dateizeiger positionieren mit fseek

Die *fseek*-Funktion ermöglicht es, den Dateizeiger auf eine beliebige Position innerhalb einer geöffneten Datei zu setzen.

```
int fseek (FILE *stream, long offset, int whence);
```

Der erste Parameter ist Ihnen bereits bestens vertraut, es handelt sich um den Dateizeiger, über den alle Dateizugriffe erfolgen. Sie erhalten ihn stets über die *fopen*-Funktion. Der zweite Parameter *offset* gibt die Position des Dateizeigers innerhalb der Datei an. Da es sich um einen *long*-Wert handelt, lassen sich auf diese Weise maximal 4 Gbyte große Dateien bearbeiten. Bliebe noch der Parameter *whence*. Über ihn wird festgelegt, von welcher Position aus der Dateizeiger um den durch *offset* angegebenen Wert verschoben werden soll. Folgende Werte kommen für *whence* in Frage:

Tabelle 7.1: Bedeutung des Parameters »whence«

Wert	Bedeutung
0	Vom Dateianfang
1	Von der aktuellen Position
2	Vom Ende der Datei

Besonders interessant ist der Wert 1, denn in diesem Modus können Sie den Dateizeiger bei jedem Aufruf um ein Stück weiterbewegen. Besitzen alle Datensätze die gleiche Größe, so positioniert jeder Aufruf den Dateizeiger auf den nächsten Datensatz innerhalb der Datei.

Die *fseek*-Funktion gibt den Wert 0 zurück, wenn der Dateizeiger erfolgreich verschoben wurde. Ansonsten erhalten Sie einen Fehlercode. Beachten Sie allerdings, dass die Verwendung der *fseek*-Funktion nicht zwingend vorgeschrieben ist. Wie das nächste Beispiel zeigen wird, kann auch auf eine Random-Datei über die *fwrite*-Funktion so zugegriffen werden, dass jeder Schreibzugriff automatisch den zu schreibenden Datensatz an das Ende der Datei hängt. Umgekehrt liest ein Lesezugriff über die *fread*-Funktion stets den nächstfolgenden Datensatz, sodass ein Verschieben des Dateizeigers über die *fseek*-Funktion in diesem Fall nicht erforderlich ist.

Was bringen Random-Dateien?

Bislang wurde der eigentliche Vorteil von Random-Dateien noch nicht sehr deutlich. Sicherlich ist die Platz sparende Speicherweise nicht schlecht, sicherlich erfolgt der Zugriff ein wenig schneller als bei sequentiellen Dateien, doch bei kleinen Datenmengen werden sich diese Vorteile wohl kaum bemerkbar machen. Der eigentliche Vorteil von Random-Dateien liegt in der Einfachheit, mit der sich Strukturvariablen speichern lassen. Von Strukturvariablen war im Zusammenhang mit Dateizugriffen bislang noch nicht die Rede. Kein Wunder, denn Sie haben auch die Funktionen *fread* und *fwrite* noch nicht kennen gelernt.

Betrachten Sie zunächst einmal die folgende Struktur:

```
struct TelefonEintrag
{
  char Nachname[40];
  char Vorname[20];
  char TelefonNr[12];
  int  AnzahlAnrufe;
} TelefonListe[100];
```

Ganz klar, hier soll eine Telefonliste aufgebaut werden. Um die Datensätze einer solchen Telefonliste in eine Datei zu übertragen, sind die Funktionen *fprintf* und *fscanf* weniger gut geeignet. Stattdessen wird auf die Funktionen *fread* und *fwrite* zurückgegriffen, die eine angegebene Anzahl an Bytes aus einer Datei in einen Speicherbereich lesen bzw. von einem Speicherbereich in eine Datei übertragen. Beachten Sie, dass diese beiden Funktionen natürlich nicht nur mit Strukturvariablen arbeiten. Doch da die Daten von diesen Funktionen als Binärwerte und nicht als eine Aneinanderreihung von Zeichensymbolen behandelt werden, sind sie ideal für die Speicherung von Strukturvariablen geeignet.

Die Funktionen fwrite und fread

Die beiden Funktionen *fwrite* und *fread* sind für den Zugriff auf Random-Dateien, das heißt für das Arbeiten mit einer festen Anzahl an Bytes pro Schreib- oder Lesezugriff gedacht.

```
size_t fwrite(const void *ptr, size_t size, size_t n, FILE *stream)
```

Lassen Sie sich von den Bezeichnungen der einzelnen Parameter nicht abschrecken. Letztlich geht es bei dieser Funktion lediglich darum, eine bestimmte Anzahl an Bytes in eine Datei zu übertragen. Das erste Argument legt daher einen Puffer fest, in dem sich diese Daten befinden. Wie jedes Array, wird auch dieser Puffer über einen Zeiger adressiert. Beim Argument *size* handelt es sich ganz einfach um die Anzahl der zu schreibenden Bytes. Das dritte Argument *n* legt die Anzahl der zu schreibenden Datensätze fest. Das vierte und letzte Argument bedarf keiner Erläuterung mehr, es handelt sich nämlich wieder einmal um den Dateizeiger, der bei keinem Dateizugriff fehlen darf.

Der Rückgabewert gibt die Anzahl an geschriebenen Datensätzen (nicht Bytes) an. Er besitzt den Typ *size_t*, der dem Datentyp *unsigned int* entspricht, und der unter anderem in der Datei *stdlib.h* definiert ist.

Ein kleines Beispiel macht die Anwendung der *fwrite*-Funktion sicherlich am besten deutlich. Durch die folgenden Anweisungen wird der Inhalt des Arrays *Name* in eine Datei geschrieben:

```
FILE *pfile;

... /* Öffnen der Datei über fopen */

char Name[20] = "Es wird geschrieben";
fwrite (Name, sizeof(Name), 1, pfile)
```

Haben Sie die *fwrite*-Funktion verstanden, ist das Verständnis der *fread*-Funktion kein Problem mehr.

```
size_t fread(const void *ptr, size_t size, size_t n, FILE *stream)
```

Ist Ihnen etwas aufgefallen? Richtig, die Funktion arbeitet mit den gleichen Argumenten. Der einzige Unterschied besteht darin, dass die angegebenen Bytes in einen Puffer gelesen werden:

```
FILE *pfile;

... /* Öffnen der Datei über fopen */

char Name[20];
fread(Name, sizeof(Name), 1, pfile)
```

Dieser Aufruf der Funktion *fread* liest genau 20 Byte in das Array *Name* aus einer Datei, die zuvor über einen Aufruf von *fopen* geöffnet wurde.

ACHTUNG

Arrays oder Strukturvariablen werden mit Hilfe der Funktionen *fread* und *fwrite* in Random-Dateien übertragen.

Ein Beispielprogramm

Das abschließende Beispiel soll den Umgang mit Random-Dateien und den Funktionen *fread* und *fwrite* veranschaulichen. Es handelt sich um eine kleine Namenslistenverwaltung. Da es bei diesem Beispielprogramm in erster Linie um das Prinzip des Dateizugriffs geht, wurde die zu speichernde Strukturvariable sehr einfach gehalten. Die Funktion *fseek* wird für dieses Beispiel nicht benötigt, da alle Datensätze nacheinander gelesen oder geschrieben werden. Soll aber gezielt auf den 3., 6. oder 11. Datensatz (sofern vorhanden) zugegriffen werden, kommen Sie um diese Funktion nicht herum.

Speichern von Datensätzen

Um das Beispielprogramm übersichtlicher zu gestalten, beschränkt sich das folgende Programm auf das Speichern von Datensätzen, die über die Tastatur eingegeben wurden. Für das Einlesen dieser Datensätze ist das nächste Beispielprogramm zuständig. Auch beschränkt sich die verwendete Strukturvariable lediglich auf zwei Elemente. Es ist jedoch kein Problem, den Datensatz beliebig zu erweitern, ohne dass sich am Prinzip des Dateizugriffs etwas ändert. Das Gleiche gilt natürlich auch für das nächste Beispiel, bei dem es um den Lesezugriff auf eine Random-Datei geht.

```
#include <stdio.h>

/* Struktur für einen Eintrag festlegen */
struct TelefonEintrag
{
  char name[40];
  int alter;
} Telefonliste;

void main()
{
  char ch[20];
  char Dateiname[62];

  FILE *pfile;

  /* Name der Datei entgegennehmen */
  printf("\n Geben Sie den Dateinamen ein: ");
  scanf("%s",Dateiname);

  /* Datei zum Schreiben öffnen */
  if ((pfile = fopen(Dateiname, "w")) == NULL)
  {
    printf(
    "Fehler: Die angegebene Datei kann nicht
    geoeffnet werden!\n");
    return;
  }

  /* Daten eingeben und speichern */
  do
  {
    printf("\n Name eingeben : ");
    scanf("%s", Telefonliste.name);

    printf("\n Alter eingeben : ");
    scanf("%d", &Telefonliste.alter);
```

```
    /* Strukturvariable Telefonliste speichern */
    fwrite(&Telefonliste, sizeof(Telefonliste), 1,
    pfile);

    /* Schleife wiederholen, solange j oder J */
    printf(
    "\nEinen weiteren Datensatz eingeben (J/N)?");
    scanf("%s",ch);
  }
  while ((ch[0] == 'j') || (ch[0] == 'J'));

  fclose(pfile);
  printf(
  "\n\n Datensaetze wurden erfolgreich gespeichert.");
}
```

Erläuterungen zum Beispielprogramm

Im Mittelpunkt des Programms steht die Strukturvariable *TelefonEintrag*, die über eine *fwrite*-Funktion in einer Datei gespeichert wird. Beachten Sie bei diesem Beispiel, dass neue Datensätze automatisch an das Ende der Datei gehängt werden. Es ist also nicht erforderlich, über die Anzahl der bereits gespeicherten Datensätze Buch zu führen, um das Ende der Datei zu bestimmen. Auch die *fseek*-Funktion wird in diesem Fall nicht benötigt.

Eine Neuerung ist für Sie die Funktion *getchar*, mittels der ein einzelnes Zeichen von der Tastatur abgefragt wird. So kann dem Programm mitgeteilt werden, ob ein weiterer Datensatz eingegeben werden soll oder nicht.

Einlesen von Datensätzen

Das nächste Beispielprogramm liest die in einer Datei gespeicherten Datensätze wieder ein und gibt sie auf dem Bildschirm aus.

```
#include <stdio.h>
#include <stdlib.h>

/* Struktur eines Eintrags festlegen */
struct TelefonEintrag
{
  char name[40];
  int alter;
} Telefonliste;

void main()
{
  FILE *pfile;
  char ch, Dateiname[62];
  int DatensatzNr =1;
```

```
  /* Name der Datei entgegennehmen */
  printf("\n Geben Sie den Dateinamen ein: ");
  scanf("%s",Dateiname);

  /* Datei zum Lesen öffnen */
  if ((pfile=fopen(Dateiname, "r")) == NULL)
  {
    printf("Fehler : Die angegebene Datei kann nicht
    geoeffnet werden\n");
    return;
  }

  /* Einträge so lange lesen, bis Ende oder Abbruch */
  while(fread(&Telefonliste, sizeof(Telefonliste), 1,
  pfile)==1)
  {
    printf("Eintrag Nr. %d\n",DatensatzNr++);
    printf("Der Name lautet: %s\n",Telefonliste.name);
    printf(
    "Das Alter betraegt: %d\n",Telefonliste.alter);
    printf("Druecken Sie <ENTER>, um einen weiteren
    Eintrag einzusehen\n\n");

    ch=getchar();
   }
   /* Datei wieder schön schließen */
   fclose(pfile);
   printf("\n%d Datensaetze wurden gelesen.\n",
    --DatensatzNr);
}
```

Erläuterungen zum Beispielprogramm

Zu diesem Beispiel sind sicherlich keine langatmigen Erläuterungen erforderlich, da es im Wesentlichen dem letzten Beispiel entspricht. Diesmal wird ein Datensatz über die *fread*-Funktion eingelesen und in der Strukturvariablen *Telefonliste* abgelegt. Die Anzahl der gelesenen Datensätze wird dabei in der Variablen *DatensatzNr* gespeichert.

7.5 Test

1. In den folgenden Programmzeilen wird eine sequentielle Datei geöffnet. In sie wird ein Text geschrieben. Mittels der *fscanf*-Funktion wird unmittelbar darauf geprüft, ob das Schreiben ordnungsgemäß erfolgt ist. Schließlich wird die Datei wieder geschlossen:

```
pfile = fopen (FILNAM, "w");
fprintf (pfile,"C-Programmierschule\n");
fscanf (pfile, "%s",buf);
printf (buf);
fclose (pfile);
```

Was geht in diesem Beispiel schief, und was schlagen Sie zur Korrektur vor?

2. In einer Datei ist eine unbekannte Zahl von Zeilen gespeichert, jeweils getrennt durch das Zeichen *\n*. In jeder Zeile stehen 4 *short*-Zahlen, jeweils getrennt durch Leerzeichen. In einer Schleife soll die gesamte Datei nach und nach gelesen werden. Für jede gelesene Zeile soll die Summe der 4 dort stehenden *short*-Zahlen auf dem Bildschirm ausgegeben werden. Schreiben Sie eine Funktion mit dem Namen *zlesen*, die den Dateinamen als Parameter übernimmt und diese Aufgabe löst. Die Funktion soll die Anzahl der gelesenen Zeilen zurückgeben.

3. Warum muss man bei folgender Anweisung Bedenken haben:

```
pfile = fopen ("testdatei\n","r");
```

Gibt der Compiler Ihnen beim Kompilieren einen Hinweis auf ein mögliches Problem?

Die Lösungen zum Test finden Sie in Anhang A.

7.6 Übung

Die folgende Übung soll dazu dienen, den Umgang mit den elementaren Dateifunktionen zu vertiefen. Dazu wird das Beispielprogramm aus dem letzten Kapitel, bei dem es um die Erfassung von Pkw-Daten in einer Strukturvariablen ging, um die Möglichkeit der Datenspeicherung erweitert. Am Ende verfügen Sie über ein vollständiges Programm, das nicht nur alle eingegebenen Daten zwischenspeichern kann, sondern auch über eine einfache Benutzerschnittstelle verfügt. Das Hauptprogramm soll dem Benutzer nämlich ein Menü anbieten, aus dem dieser eine auszuführende Aktion auswählen kann. Neben der Dateneingabe wird das Menü auch die Möglichkeit bieten, vorhandene Daten auszugeben oder eine Datendatei zu löschen. Natürlich muss das Menü auch einen Befehl zur Beendigung des Programms enthalten.

Die Grundlage für das gesamte Programm bildet die Struktur *pkw*, die Sie bereits im letzten Kapitel kennen lernten, und die nicht modifiziert werden muss. Auch die Konstanten *NAMLEN* und *ANZAHL*, die die maximale Länge des Pkw-Namens in der Struktur und die Anzahl der Arrayelemente festlegen, sind bereits bekannt.

Die Umsetzung des Hauptprogramms

Nun aber zum Hauptprogramm. Dort soll dem Benutzer unmittelbar nach dem Start ein Menü angeboten werden. Doch was bedeutet das überhaupt? Nun, dem Benutzer werden verschiedene Optionen präsentiert, die dieser mit dem Programm ausführen kann. Zur Auswahl stehen unter anderem die Optionen:

- Eingabe neuer Pkw-Daten
- Ausgabe vorhandener Pkw-Daten
- Neues Anlegen einer Datei

oder

- Programm beenden

Die Präsentation dieses Menüs besteht im einfachsten Fall aus einer Reihe von *printf*-Aufrufen. Auch die Auswertung der Eingabe ist nicht allzu schwer. Jedem Menüpunkt ist eine Nummer zugeordnet, deren Eingabe die Ausführung der entsprechenden Aktion bewirkt. Nach der Ausgabe des Menütextes muss diese Nummer über eine Eingabefunktion entgegengenommen und in einer *short*-Variablen abgelegt werden. Damit das Programm besser lesbar wird, werden für die als Eingabe in Frage kommenden Zahlenwerte Konstanten definiert. Ein Vorschlag lautet also folgendermaßen:

```
#define NEU     1
#define AUSGABE 2
#define EINGABE 3
#define ENDE    4
```

Natürlich müssen diese Konstanten dann auch in der Funktion *menue* verwendet werden. Diese kann so aussehen:

```
short menue()
{
    short wahl;

    printf("\nPKW-Programm\n\n");
    printf("%d - Neue Datei anlegen\n",NEU);
    printf("%d - Ausgabe der Daten\n",AUSGABE);
    printf("%d - Eingabe weiterer Daten\n",EINGABE);
    printf("%d - Programmende\n",ENDE);
    printf("\nWaehlen Sie eine Zahl: ");
    scanf("%d",&wahl); return(wahl);
} /* menue */
```

Im Hauptprogramm wird diese Funktion einfach durch

```
wahl = menue();
```

aufgerufen. In der *short*-Variablen *wahl* sollte nach der Rückkehr der Menüfunktion eine der Zahlen *NEU*, *AUSGABE*, *EINGABE* oder *ENDE* stehen. Falscheingaben sind natürlich auch möglich. Diese sollen aber jetzt noch nicht behandelt werden, das hat noch ein wenig Zeit.

Die vorgesehene Menüsteuerung wird in ihrem Kern aus einer Endlosschleife bestehen. Innerhalb dieser *for*-Schleife wird die *menue*-Funktion aufgerufen und ein Aktionswunsch vom Benutzer abgefragt. In einer dann folgenden *switch*-Anweisung werden die möglichen Aktionen unterschieden. Eine dieser Aktionsmöglichkeiten sollte dabei die Beendigung des Menüs sein. Wählt der Benutzer diese Option, muss die Schleife über einen *break*-Befehl verlassen werden. Damit ergibt sich folgender allgemeiner Aufbau:

```
for (;;)
{
  wahl = menue ();
  switch (wahl)
  {
    case ENDE:
      break;
    ...
  }
  ...
}
```

Gibt der Benutzer in der Funktion *menue* eine ungültige Zahl ein, so gelangt diese natürlich auch in die *switch*-Anweisung. Sie können sie entweder einfach ignorieren, Sie können aber auch einen *default*-Zweig vorsehen, in dem eine Meldung den Benutzer auf seine falsche Eingabe hinweist. Eine derartige Erweiterung können Sie gerne hinzufügen. Folgender Ablauf tut aber auch das Gewünschte:

```
for (;;)
{
  /* Menue darstellen */
  wahl = menue();
  switch (wahl)
  {
   case NEU:
     /* Datei neu anlegen */
     printf("\n** Neue Datei anlegen\n");
     neu();
     anzahl = 0;
     pkw_vek[0].zylinder = -1;
     break;
   case EINGABE:
     printf("\n*** Daten eingeben\n");
     /* Dateneingabe /*
```

```
      anzahl = eingabe (pkw_vek, anzahl, ANZAHL);
      /* Markieren des Array-Endes */
      pkw_vek[anzahl].zylinder = -1;
      break;
    case AUSGABE:
      printf("\n** Daten ausgeben\n\n");
      /* Ausgabe der Daten auf dem Bildschirm */
      for (pt=pkw_vek; pt->zylinder!=-1; pt++)
      ausgabe(pt);
      break;
    case ENDE:
      printf("\n** Programmende\n");
      return;
  } /* switch */
} /* for */
```

Das ist natürlich ein recht großer Brocken. Doch das meiste sollte Ihnen bekannt vorkommen. Wie bereits besprochen, enthält die *switch*-Anweisung für jede der vier möglichen Aktionen *NEU*, *EINGABE*, *AUSGABE* und *ENDE* eine *case*-Verzweigung. Zu jeder wird zunächst ein erläuternder Text auf dem Bildschirm ausgegeben. Der Benutzer soll dadurch noch einmal erkennen, welche Aktion er ausgewählt hat.

Die Umsetzung des Menüpunktes ENDE

Am einfachsten lässt sich die Aktion *ENDE* abhandeln, denn sie soll die Schleife beenden. Diese Schleife muss im Hauptprogramm stehen, denn dann kann das Programm über einen *return*-Befehl beendet werden. Normalerweise ist dies jedoch eine etwas heikle Angelegenheit, denn vor dem Programmende sollten offene Dateien geschlossen und alle durch *malloc* reservierten Speicherbereiche freigegeben werden. Falls dies auf das Programm zutreffen sollte, müssten entsprechende Maßnahmen noch innerhalb des *ENDE*-Zweigs getroffen werden.

Die Umsetzung des Menüpunktes Neue Datei anlegen

Im Zweig *NEU* wird eine Funktion mit dem Namen *neu* aufgerufen, die die erforderlichen Verarbeitungsschritte vornimmt. Die Datei mit den Pkw-Daten wird neu angelegt, enthält dann natürlich keine Daten mehr. Die Anzahl der vorhandenen Pkws ist also gleich null. Entsprechend zeigt die Endemarkierung noch auf das erste Element des Arrays. Sie erinnern sich: Das Array *pkw_vek* enthält genau ein Element mehr als Pkw-Daten verarbeitet werden sollen. Bei der auf das letzte benutzte Element folgenden Struktur erhält der Eintrag *zylinder* den Wert –1. Damit kann bei der Ausgabe der Daten auf dem Bildschirm mit Zeigern gearbeitet werden. Diese Eintragung muss hier also noch erledigt werden.

Die Umsetzung des Menüpunktes Daten eingeben

Der *EINGABE*-Zweig benutzt die Funktion *eingabe*, die gegenüber dem Programm aus dem letzten Kapitel um den mittleren Parameter erweitert wurde. Dort muss nämlich die gerade aktuelle Anzahl der Pkws übergeben werden. Denn es soll jederzeit möglich sein, Daten zu den vorhandenen hinzuzufügen. Und aus diesem Grund muss bekannt sein, wie weit das Array schon belegt ist. Und auch hier wird natürlich der Eintrag *zylinder* am Ende des belegten Bereichs auf –1 gesetzt.

Die Umsetzung des Menüpunktes Daten anzeigen

Fehlt nur noch der *AUSGABE*-Zweig. Es gibt jedoch keinen Grund, die Ausgabe der Daten auf dem Bildschirm gegenüber dem Programm im letzten Kapitel zu ändern. Dementsprechend kann auch die dabei benutzte Funktion *ausgabe* unverändert übernommen werden.

Einlesen bereits vorhandener Daten aus der Datei

Damit wäre das Programm so gut wie komplett. Doch leider nur so gut wie, denn im Hauptprogramm fehlt noch eine Funktion, die die bereits vorhandenen Datenbestände in das Array von Strukturen einliest. Diese Funktion erfüllt gewissermaßen dieselbe Aufgabe wie die Funktion *eingabe*. Der kleine Unterschied besteht nur darin, dass die Daten diesmal nicht von der Tastatur kommen, sondern aus der Pkw-Datei.

Da die Daten zweckmäßigerweise komplett gelesen werden, benötigt die Funktion *lesen* nur zwei Parameter:

- das Pkw-Array *pkw_vek*

und

- die Anzahl der Elemente, die dieses Array aufnehmen kann.

Zurückgeben sollte diese Funktion die Anzahl an Elementen, die belegt wurden. Die Markierung des darauf folgenden Elements kann auch innerhalb der Funktion erfolgen.

Damit kann der Aufruf der Funktion folgendermaßen aussehen:

```
anzahl = lesen(pkw_vek, ANZAHL);
```

Die Funktion *lesen* liest alle Datensätze aus der Datei und überträgt sie in das Array von Strukturen *pkw_vek*. Die gelesene Anzahl an Datensätzen wird der Variablen *anzahl* zugewiesen. Der Aufruf der Funktion muss nur einmal am Programmstart erfolgen, also am besten noch vor Beginn der *for*-Schleife.

Bliebe noch zu erwähnen, dass die Variablen in der Funktion *main* weitestgehend dieselben bleiben wie beim Programm im letzten Kapitel. Neu ist lediglich die *short*-Variable *wahl*, die die Menükennzahl des Benutzers aufnehmen soll.

Das Gerüst des Programms steht somit. Es fehlt nur noch die Formulierung der Funktionen *lesen*, *neu* und *eingabe*. Allen drei Funktionen ist gemeinsam, dass sie auf dieselbe Datei mit den Pkw-Daten zugreifen.

In den Parameterlisten der Funktionen taucht jedoch nie ein Dateiname auf. Man hätte sicherlich hier mit der Übergabe eines Dateinamens arbeiten können. Eine etwas clevere Möglichkeit ist es aber, eine Konstante mit dem entsprechenden Dateinamen zu belegen, die überall anstelle des Dateinamens benutzt wird. Deshalb ist zunächst eine *#define*-Anweisung notwendig:

```
#define FILNAM "pkw.dat"
```

Die Pkw-Daten befinden sich damit in der Datei *pkw.dat*. Wenn Sie einen anderen Namen wünschen, haben Sie durch Änderung dieser Anweisung jedes Mal die Möglichkeit, dies zu erreichen, ohne dass der Programmtext an anderen Stellen geändert werden muss.

Die Funktion *lesen* soll die Datei komplett lesen und in das übergebene Array eintragen. Als Parameter wird ein Zeiger auf den Beginn des Arrays übergeben. Dieser soll den Namen *wagen* erhalten. Außerdem muss die Länge der Arrays übergeben werden. Dieser Parameter soll *len* heißen. Zurückgegeben wird, und das ist bereits klar, ein *short*-Wert. Der Funktionsprototyp besitzt somit folgendes Aussehen:

```
short lesen (struct pkw *wagen, short len);
```

Zunächst muss die Datei *FILNAM* zum Lesen geöffnet werden, also mit Modus *"r"*. Zurück kommt ein Dateizeiger *pfile*. Dieser muss natürlich überprüft werden. Ist es ein Nullzeiger, ging das Öffnen schief. Das ist jedoch kein Grund zur Panik.

Im Normalfall bedeutet es nämlich nur, dass die Datei noch nicht existiert. Beim ersten Aufruf des Programms ist dies ja keine Besonderheit, oder? In diesem Fall muss gleich das erste Element (Index 0) mit –1 gekennzeichnet und die Anzahl 0 zurückgegeben werden. Die Erklärung liegt auf der Hand, es sind eben am Anfang »nur« 0 Elemente vorhanden.

Nun muss das eigentliche Lesen aus der Datei erfolgen. Dabei kann man sich durchaus an der Funktion *eingabe* im Programm aus dem letzten Kapitel orientieren. Also ist eine identische *for*-Schleife sinnvoll, wobei die *printf*-Aufrufe natürlich entfallen müssen. Aus *scanf* wird jetzt *fscanf*, denn es wird nicht mehr von der Tastatur, sondern aus der Datei über einen Dateizeiger *pfile* gelesen.

Ändern muss sich auch die Abbruchbedingung, denn diesmal soll bis zum Dateiende gelesen werden. Und das ist durch Inspizierung des Rückgabewerts von *fscanf* leicht zu erkennen. Daher muss dieser Wert in der Variablen *anzahl* festgehalten werden. Gilt die Bedingung *anz==EOF*, ist das Dateiende erreicht, und die Schleife muss durch den Befehl *break* verlassen werden.

Nach Beendigung der Schleife wird die Datei durch die *fclose*-Funktion geschlossen und der Index zurückgegeben. Dieser enthält nun die Anzahl der gelesenen Pkw-Werte. Aber so war es schon in der bereits erwähnten Funktion *eingabe*. Die Funktion *lesen* besitzt damit folgendes Aussehen:

```
short lesen (struct pkw *wagen, short len)
{
  FILE *pfile;
  short index;
  short anz;

    /* Datei zum Lesen öffnen */
    pfile = fopen (FILENAM, "r");
    if (!pfile )
     {
       wagen[0].zylinder=-1;
       return(0);
     }

    /* Daten aus Datei lesen */
    for (index=0; index<len; index++)
    {
      anzahl = fscanf(pfile,"%s", wagen[index].name);
      if (anz==EOF)
        break;
      fscanf(pfile,"%g %d %d %c",
            &wagen[index].geschwindigkeit,
            &wagen[index].leistung,
            &wagen[index].zylinder,
            &wagen[index].kraftstoff);
    }

    /* Datei schließen */
    fclose(pfile);

    /* Rückgabe der Anzahl */
    wagen[index].zylinder=-1;
    return(index);
} /* lesen */
```

Die Funktion *eingabe* kennen Sie schon aus den Beispielprogrammen des letzten Kapitels. Es muss sich jedoch einiges ändern, das wurde bereits festgestellt. Trotzdem kann die dortige Funktion als Basis für die neue Funktion dienen. Diese soll nun die Daten nicht nur komplett abfragen, sondern auch ein Hinzufügen von Daten ermöglichen. Deshalb muss durch die Übergabe eines *short*-Parameters *anzahl* angegeben werden, wie viele Elemente denn aktuell schon belegt sind. Erweitert sieht der Prototyp damit wie folgt aus:

```
short eingabe (struct pkw *wagen, short anz, short len);
```

Jetzt darf die *for*-Schleife, die natürlich übernommen wird, nicht mit *index=0* beginnen, sondern mit *index=anzahl*. Ansonsten ändert sich an der Schleifenstruktur nichts.

Jetzt ist es an der Zeit für eine kleine Denkpause. Im weiteren Verlauf des Programms geht es nämlich darum, zuerst die Daten abzufragen und sie hinterher in der Datei *FILNAM* zu speichern. Zunächst einmal ist zu bedenken, dass im Normalfall nur Daten hinzugefügt werden. Dann ist ein komplettes Neuschreiben der Datei gar nicht notwendig. Der Dateimodus *"a"* zum Anhängen kann daher ohne weiteres genutzt werden.

Zwei Möglichkeiten bieten sich für diesen Fall an. Zum einen können erst sämtliche Daten von der Tastatur abgefragt werden. Hat der Benutzer den Stern eingetippt, womit er das Ende seiner Eingabe kennzeichnet, könnte die Datei dementsprechend erweitert werden. Oder das Schreiben in die Datei könnte gleich nach jeder Eingabe erfolgen. Dann würde man sich eine *for*-Schleife sparen.

Auf Grund des niedrigeren Verwaltungsaufwands bietet sich eigentlich die zweite Möglichkeit an. Dann muss die Datei *FILNAM* schon vor dieser *for*-Schleife geöffnet werden. Diese *for*-Schleife beginnt zwar wie bisher, am Ende werden die Daten jedoch in derselben Weise in die Datei geschrieben, wie sie von der Tastatur gelesen wurden. Deshalb kann das Lesen aus der Datei auch auf dieselbe Art erfolgen. Anstelle von *printf* muss hier natürlich die *fprintf*-Funktion benutzt werden.

Am Ende wird die Datei wieder geschlossen. Wie bisher wird der Wert der Variablen *index* zurückgegeben. Somit hat die Funktion *eingabe* folgendes Aussehen:

```
short eingabe (struct pkw *wagen, short anz, short len)
{
  FILE *pfile;
  short index;

    /* Datei öffnen */
    pfile = fopen (FILNAM, "a" );
    if (!pfile)
    {
     printf("OPEN-FEHLER!\n");
     return(anz);
     }
```

```
    /* Dateneingabe mit gleichzeitigem Speichern */
    for (index=anz; index<len; index++)
    {
      printf("PKW-Name:\n");
      scanf("%s",wagen[index].name);
      if (wagen[index].name[0]=='*' )
       break;
      printf("geschwindigkeit leistung zylinder
             kraftstoff:\n");
      scanf("%g %d %d %c",&wagen[index].geschwindigkeit,
            &wagen[index].leistung,
            &wagen[index].zylinder,
            &wagen[index].kraftstoff);
      fprintf(pfile,"%s\n",wagen[index].name);
      fprintf(pfile,"%g %d %d %c\n",
            wagen[index].geschwindigkeit,
            wagen[index].leistung,wagen[index].zylinder,
            wagen[index].kraftstoff);
    }

    /* Datei schließen */
    fclose(pfile);

    /* Rückgabe der Anzahl */
    wagen[index].zylinder=-1;
    return(index);
}   /* eingabe */
```

Jetzt fehlt nur noch die Funktion *neu*. Sie soll die Datei *FILNAM* neu anlegen. Das bedeutet, dass eventuell in der Datei befindliche Daten gelöscht werden, denn dies ist die Konsequenz, wenn beim Öffnen einer Datei der Zugriffsmodus *"w"* angegeben wird. Mit anderen Worten, die neuen Daten überschreiben die bisher in der Datei vorhandenen Daten. Das bedeutet, die Datei muss nur mit dem Dateimodus *"w"* geöffnet werden. Da im Moment noch nichts geschrieben werden soll, kann sie gleich hinterher geschlossen werden.

Und das war es auch schon. Auf eine Fehlerabfrage wurde hier verzichtet, jedoch sollten Sie eine solche Erweiterung alleine schon aus didaktischen Gründen möglichst bald nachholen. Die Funktion *neu* sieht damit wie folgt aus:

```
void neu()
{
   FILE *pfile;

   pfile = fopen(FILNAM,"w");
   fclose(pfile);
}   /* neu */
```

Das komplette Programmlisting

Geschafft, das Übungsbeispiel ist vollständig. Hier zur besseren Übersicht noch einmal das komplette Programmlisting:

```
#include <stdio.h>
/****************************************
Konstanten
****************************************/
#define NAMLEN 20   /* Maximale Länge des PKW-Namens */
#define ANZAHL 10   /* Anzahl der PKWs im PKW-Array */
#define NEU     1
#define AUSGABE 2
#define EINGABE 3
#define ENDE    4
#define FILNAM "pkw.dat"

/****************************************
Prototypen
****************************************/

short lesen   (struct pkw *wagen, short len);
short menue   (void);
void  neu     (void);
short eingabe (struct pkw *wagen, short anzahl,
               short len);
void  ausgabe (struct pkw *wagen);


/****************************************
Strukturen
****************************************/
struct pkw
{
    char  name[NAMLEN];     /* PKW-Name */
    float geschwindigkeit; /* Geschwindigkeit in km/h */
    short leistung;         /* Leistung in PS */
    short zylinder;         /* Anzahl Zylinder */
    char  kraftstoff;       /* Kraftstoffart ('D', 'N'
                               oder 'S') */
};
/****************************************
Hauptprogramm
****************************************/
void main()
{
struct pkw pkw_vek[ANZAHL+1]; /* Array der
                                 PKW-Strukturen */
```

```
struct pkw *pt;                  /* PKW-Zeiger */
short anzahl;                    /* Anzahl der PKWs */
short wahl;                      /* Menue-Auswahl */
    /* Datei lesen */
    anzahl = lesen (pkw_vek, ANZAHL);
    for(;;)
    {
        /* Menue darstellen */
        wahl = menue();
        switch (wahl)
        {
            case NEU:
                /* Datei neu anlegen */
                printf("\n** Neue Datei anlegen\n");
                neu();
                anzahl=0;
                pkw_vek[0].zylinder=-1;
                break;
            case EINGABE:
                printf("\n*** Daten eingeben\n");
                /* Dateneingabe */
                anzahl=eingabe (pkw_vek,anzahl,ANZAHL);
                /* Markieren des Array-Endes */
                pkw_vek[anzahl].zylinder=-1; break;
            case AUSGABE:
                printf("\n*** Daten ausgeben\n\n");
              /* Ausgabe der Daten auf dem Bildschirm */
                for (pt=pkw_vek; pt->zylinder!=-1; pt++)
                 ausgabe(pt);
                break;
            case ENDE:
                printf("\n*** Programmende\n");
                return 0;
        } /* switch */
    } /* for */
} /* main */
/*****************************************
 Daten aus Datei lesen
*****************************************/
short lesen (struct pkw *wagen, short len)
{
  FILE *pfile;
  short index;
  short anzahl;
    /* Datei zum Lesen öffnen */
    pfile = fopen (FILNAM, "r");
```

```
    if (!pfile)
    {
      wagen[0].zylinder=-1;
      return(0);
     }
    /* Daten aus Datei lesen */
    for (index=0; index<len; index++)
    {
        anzahl = fscanf(pfile,"%s", wagen[index].name);
        if (anzahl==EOF) break;
        fscanf(pfile,"%g %d %d %c",
          &wagen[index].geschwindigkeit,
          &wagen[index].leistung,&wagen[index].zylinder,
          &wagen[index].kraftstoff);
    }
    /* Datei schließen */
    fclose(pfile);
    /* Rückgabe der Anzahl */
    wagen[index].zylinder=-1; return(index);
} /* lesen */
/*****************************************
 Menue darstellen und Auswahl abfragen
*****************************************/
short menue()
{
  short wahl;
    printf("\nPKW-Programm\n\n");
    printf("%d - Neue Datei anlegen\n",NEU);
    printf("%d - Ausgabe der Daten\n",AUSGABE);
    printf("%d - Eingabe weiterer Daten\n",EINGABE);
    printf("%d - Programmende\n",ENDE);
    printf("\nWaehlen Sie eine Zahl: ");
    scanf("%d",&wahl); return(wahl);
} /* menue */
/*****************************************
 Neue Datei anlegen
*****************************************/
void neu()
{
  FILE *pfile;
    pfile=fopen(FILNAM,"w"); fclose(pfile);
} /* neu */
/*****************************************
 Eingabe der Daten in das Array wagen
*****************************************/
```

```
short eingabe (struct pkw *wagen, short anzahl, short len)
{
  FILE *pfile;
  short index;
    /* Datei oeffnen */
    pfile = fopen (FILNAM, "a");
    if (!pfile)
    {
      printf("OPEN-FEHLER!\n"); return(anzahl); }
      /* Dateneingabe mit gleichzeitigem Speichern */
      for (index=anzahl; index<len; index++)
      {
        printf("PKW-Name:\n");
        scanf("%s",wagen[index].name);
        if (wagen[index].name[0]=='*') break;
        printf("geschwindigkeit leistung zylinder
                kraftstoff:\n");
     scanf("%g %d %d %c", &wagen[index].geschwindigkeit,
          &wagen[index].leistung,&wagen[index].zylinder,
            &wagen[index].kraftstoff);
        fprintf(pfile,"%s\n",wagen[index].name);
        fprintf(pfile,"%g %d %d %c\n",wagen[index].
                geschwindigkeit,
            wagen[index].leistung,wagen[index].zylinder,
            wagen[index].kraftstoff);
      }
    /* Datei schließen */
    fclose(pfile);
    /* Rückgabe der Anzahl */
    wagen[index].zylinder=-1;
    return(index);
}   /* eingabe */
/****************************************
 Ausgabe der Daten der PKW-Struktur wagen
****************************************/
void ausgabe (struct pkw* wagen)
{
    printf("%s %g %d %d %c\n",
           NAMLEN,wagen->name,wagen->geschwindigkeit,
                  wagen->leistung,wagen->zylinder,
                  wagen->kraftstoff);
} /* ausgabe */
```

7.7 Zusammenfassung

Dateien sind dazu da, Daten aufzunehmen, die auch nach dem Ausschalten des PCs erhalten bleiben sollen. Eine Datei ist die Beschreibung einer Ansammlung von Daten, die auf einem Datenträger abgelegt und über einen Namen angesprochen werden. Um in einem C-Programm auf eine Datei zugreifen zu können, muss diese zunächst geöffnet werden. Dies geschieht über die Funktion *fopen*. Neben einem Dateinamen wird dieser Funktion auch ein so genannter Zugriffsmodus übergeben. Dieser legt unter anderem fest, ob die Datei gelesen oder geschrieben werden soll oder ob Daten an das Ende einer Datei gehängt werden sollen. Wie jede Funktion gibt auch *fopen* einen Wert zurück. Es handelt sich um den so genannten Dateizeiger, über den alle weiteren Zugriffe auf die Datei durchgeführt werden. Jede Datei, die geöffnet wurde, sollte nach Beendigung auch wieder geschlossen werden. Dies erledigt die Funktion *fclose*, der als Parameter der von der *fopen*-Funktion gelieferte Dateizeiger übergeben wird.

Natürlich ist das Öffnen und Schließen von Dateien kein reiner Selbstzweck. Wesentlich wichtiger ist es, Daten aus einer Datei zu lesen oder Daten in eine Datei zu schreiben. Dafür stellt C unter anderem die Funktionen *fprintf* und *fscanf* zur Verfügung. Diese Funktionen werden genauso eingesetzt wie ihre Namensvettern *printf* und *scanf*, nur dass die Aus- und Eingaben nicht auf dem Bildschirm oder der Tastatur, sondern in Verbindung mit einer Datei erfolgen.

Über die *fscanf*-Funktion lässt sich auch einfach das Ende einer Datei feststellen. Normalerweise gibt diese Datei die Anzahl der gelesenen Datenelemente, das heißt die Anzahl an Zeichenketten bis zum nächsten *\n*-Zeichen zurück. Besitzt der Rückgabewert der *fscanf*-Funktion jedoch den Wert *EOF*, wurde mit dem letzten Lesezugriff das Ende der Datei erreicht.

Kapitel 8

Windows-Programmierung mit C und LCC-Win32

In diesem Kapitel geht es um die C-Programmierung unter dem Betriebssystem Windows. Während die Beispiele der bisherigen Kapitel grundsätzlich betriebssystemunabhängig waren, wird für dieses Kapitel Windows ab Version *Windows 95* vorausgesetzt. Als Compiler kommt der sehr leistungsfähige C-Compiler *LCC-Win32* zum Einsatz, der neben Windows-Anwendungen auch Konsolenanwendungen und *Dynamic Link Libraries* (DLLs) erzeugen kann. Interessierte Leser können sich diesen Compiler, der kostenlos erhältlich ist (allerdings wird empfohlen bei häufigerem Einsatz eine Version käuflich zu erwerben, sodass die Programmierer ihr Projekt auch in Zukunft fortsetzen können – Sie erhalten dafür auch einen Satz sehr informativer Beispielprogramme aus allen Bereichen der Windows-Programmierung) in Gestalt einer rund 3,5 Mbyte großen Datei aus dem Internet herunterladen (*http://www.cs.virginia.edu/~lcc-win32/*).

Die Installation besteht in dem Start der Exe-Datei und der Auswahl eines Verzeichnisses sowie einer Programmgruppe. Mehr ist nicht zu tun (denken Sie aber daran, denn Pfad des *bin*-Unterverzeichnisses in die Umgebungsvariable *Path* aufzunehmen, damit Sie den Compiler von jedem Verzeichnis in der Eingabeaufforderung starten können).

Natürlich ist der Compiler nur ein Werkzeug, das aus einem C-Programmierer noch keinen Windows-Programmierer macht. Da die Windows-Programmierung ein sehr umfangreicher Bereich ist (der Klassiker unter den Lehrbüchern, das Buch »Windows-Programmierung in C« von *Charles Petzold*, umfasst mehr als 1.000 Seiten und beschränkt sich wirklich nur auf die elementaren Grundlagen, die dafür aber ausführlich und leicht verständlich erklärt werden), geht es in diesem Kapitel nur um einen ersten Überblick. Wenn selbst ein »Hallo, Welt!«-Programm aus mehr als 80 Befehlszeilen besteht, wird schnell deutlich, dass hier vor allem die Details eine Rolle spielen.

Ist Windows-Programmierung damit etwa so kompliziert, dass sie kein Normalsterblicher verstehen kann? Das auf keinen Fall. Hat man das Prinzip der Nachrichten, der Fensterklassen und der allgegenwärtigen API-Funktionen erst einmal verstanden, ist Windows-Programmierung nicht sehr viel komplizierter als die Konsolenprogrammierung der vorangegangenen Kapitel. Sie ist allerdings deutlich aufwändiger und fehleranfälliger, was der Grund dafür ist, dass Programmiersprachen wie Visual Basic, Delphi und natürlich auch Java so populär sind, wo die Formalitäten deutlich weniger wichtig sind oder, wie bei Visual Basic, gar keine Rolle spielen. Dennoch ist auch die Windows-Programmierung mit C hochinteressant. Insbesondere natürlich dann, wenn ein so leistungsfähiges Werkzeug wie LCC-Win32 zur Verfügung steht.

Die Themen dieses Kapitels:

- Ein erster Überblick über die Windows-Programmierung
- Der LCC-Win32-Compiler stellt sich vor
- Eine Konsolenanwendung
- »Hallo, Welt! « in Windows
- Menüs, Dialogfelder und andere Ressourcen
- DLL-Bibliotheken kompilieren und aufrufen

8.1 Ein erster Überblick über die Windows-Programmierung

Die Windows-Programmierung ist ein Bereich, der von einer bestimmten Programmiersprache unabhängig ist. Allerdings ist C (und heutzutage natürlich C++, wenngleich die objektorientierten Eigenschaften von C++ für die reine Windows-Programmierung ohne eine zusätzliche Klassenbibliothek keine Rolle spielen) in den meisten Fällen die bevorzugte Sprache. Der Grund ist einfach, Windows wurde ursprünglich zum größten Teil in C programmiert, sodass auch die Aufrufschnittstellen (kurz API, mehr dazu in Kapitel 8.5.1) in C definiert sind.

Ein Windows-Programm besteht im einfachsten Fall aus einer Quelltextdatei. Es besitzt einen typischen Aufbau, der stets folgende Programmteile umfasst:

- Einen Programmstart, der das Anwendungsfenster registriert und anzeigt.
- Einer Nachrichtenschleife, die eintreffende Nachrichten an die zuständigen Fenster weiterleitet.

- Eine Fensterfunktion des Anwendungsfensters, die auf eintreffende Nachrichten reagiert und z.B. Befehle ausführt, wenn der Anwender einen Button angeklickt oder etwas aus einem Menü ausgewählt hat.

Das ist natürlich nur eine stark vereinfachte Beschreibung des Programmgerüsts, in der Praxis enthält ein Windows-Programm noch viele weitere Programmteile. Windows-Programme sind im Allgemeinen sehr umfangreich.

Kann jeder beliebige C-Compiler Windows-Programme erstellen? Im Prinzip ja, denn auch ein Windows-Programm ist nur eine Exe-Datei. Allerdings muss diese Exe-Datei einen bestimmten, allgemeinen Aufbau besitzen, der durch das »Portable Executable«-Format (kurz PE-Format) von Microsoft festgelegt wird. Für die Windows-Programmierung kommt nur ein C-Compiler in Frage, der Exe-Dateien in diesem Format erstellen kann. Das ist natürlich bei allen kommerziellen Compilern von Borland, Microsoft usw. der Fall, nicht aber bei jedem freien Compiler. LCC-Win32, das in diesem Kapitel im Mittelpunkt steht, ist ein Compiler, der Windows-Exe-Dateien erstellen kann (darüber hinaus auch DLL-Dateien).

Ein Compiler genügt aber noch nicht. Da jedes Windows-Programm API-Funktionen des Betriebssystems aufruft, muss es eine Header-Datei geben, in der die Funktionsprototypen sowie die unzähligen Konstanten definiert sind. Diese Header-Datei *Windows.h* muss (oder besser sollte) ebenfalls vom Compiler zur Verfügung gestellt werden. Darüber hinaus werden Tools benötigt, mit denen sich Ressourcen (Dialogfelder usw.) erstellen, Programmdateien analysieren, Nachrichten verfolgen lassen und einiges mehr. Ein C-Compiler für Windows muss daher ein ganzes Set von Tools bieten (die früher im Windows Software Development Kit, kurz Windows SDK zusammengefasst wurden). Zum Glück ist LCC-Win32 auch in dieser Beziehung komplett, sodass Sie sich um diesen Punkt keine Gedanken machen müssen. Sie erhalten mit LCC-Win32 einen Compiler, der alles kann, was für die Windows-Programmierung erforderlich ist. Es ist daher an der Zeit, dass sich dieses kleine »Wunderwerkzeug« vorstellt.

8.2 Der LCC-Win32-Compiler stellt sich vor

LCC-Win32 ist ein schlanker und sehr schneller Compiler, der wahlweise direkt über die Kommandozeile oder im Rahmen einer kleinen Entwicklungsumgebung (IDE) aufgerufen werden kann. Die IDE bietet den Vorteil, dass sich alle Compileroptionen bequem in Dialogfeldern einstellen lassen und vor allem nicht vor jedem Compilerlauf neu eingestellt werden müssen. Die Kommandozeilenvariante ist dagegen immer dann praktisch, wenn eine einzelne Quelltextdatei kompiliert und gelinkt werden soll. Für die Beispielprogramme des Buches ist die Kommandozeile vollkommen ausreichend.

C 99

Soll die Quelltextdatei *Seite20.c* kompiliert werden, lautet der Aufruf des Compilers *Lcc.exe* wie folgt:

```
lcc seite20.c
```

Das Ergebnis ist eine Objektdatei *Seite20.obj*, aus welcher der Linker *Lcclnk.exe* eine Exe-Datei macht, die direkt ausgeführt werden kann:

```
lcclnk seite20.obj
```

Sie erhalten die Datei *Seite20.exe*, die Sie nun ausführen können. Das macht den Umgang mit LCC-Win32 sehr einfach. Auch Windows-Programme können auf diese Weise erstellt werden, wenngleich sich hierfür die IDE empfiehlt, da es etwas umständlich wäre, die erforderlichen Einstellungen jedes Mal über die Kommandozeile zu übergeben.

8.2.1 Die Entwicklungsumgebung Wedit

Insbesondere für Windows-Programme (generell natürlich für alle Programme) bietet das kleine LCC-Win32-Programmpaket mit *Wedit* eine recht komfortable Entwicklungsumgebung, kurz IDE (für *Integrated Development Environment*). Wedit wird wie jede Windows-Anwendung über das Startmenü aufgerufen. Das Programm besteht aus einem Rahmen und einem Textfenster, in dem der Quelltext wie bei jedem Editor eingegeben wird. Auch wenn Wedit über Menüs verfügt, lassen sich die meisten Befehle am einfachsten über Funktionstasten ausführen. Eine der wichtigsten Tasten ist [F9], denn sie übersetzt das Projekt. Möchten Sie nur die Syntax überprüfen, drücken Sie [Strg]+[F9]. Dieser Komfort steht aber nur dann zur Verfügung, wenn Sie zuvor ein Projekt angelegt haben.

Die Rolle der Projekte

Bei Wedit spielen *Projekte* eine wichtige Rolle. Um ein Programm direkt aus der IDE heraus kompilieren und starten zu können, muss ein Projekt angelegt werden. Keine Sorge, Sie müssen dazu keinen Projektleiter einstellen. Ein Projekt besteht lediglich aus einer kleinen »Verwaltungsdatei«, die alle beteiligten Quelltextdateien sowie die obligatorischen Compilereinstellungen umfasst. Alle diese Einstellungen werden in einer Datei gespeichert, die den Namen des Projekts und die Erweiterung *.prj* trägt. Indem Sie ein Projekt laden, laden Sie damit auch alle zum Projekt gehörenden Dateien. Das Programm kann so über [Strg]+[F5] zur Ausführung gebracht werden.

Ein neues Projekt wird über den Menübefehl FILE/NEW/PROJECT angelegt. Mehr dazu gleich.

Ein kleiner Nachteil von Wedit ist, dass es nur in Projekten »denkt«. Laden Sie einfach eine Quelldatei in Wedit, ist es relativ umständlich, diese zu kompilieren und auszuführen. Wundern Sie sich daher nicht, wenn nach dem Laden einer C-Datei scheinbar stets das »falsche« Programm kompiliert wird. Es liegt daran, dass die neu hinzugeladene C-Datei nicht Teil des Projekts ist. Das Beste ist daher stets ein Projekt anzulegen.

Der Umgang mit Projekten ist eine der wenigen Schwachstellen von Wedit. Es ist leider recht umständlich. So werden über den Menübefehl File/Open zunächst keine Projektdateien angeboten, man muss zuerst in der Dateiauswahlliste Project files einstellen oder in das Eingabefeld »*.prj« eingeben, um eine Auswahl der zur Verfügung stehenden Projektdateien zu erhalten. Noch umständlicher ist es, eine Projektdatei zu öffnen, die ursprünglich auf einem anderen Computer mit anderen Verzeichnispfaden erstellt wurde. Hier stellt sich Wedit in der Regel quer und erlaubt es nicht, die Projektpfade (über Project/Configuration) nachträglich zu ändern. Hier empfiehlt es sich, die Projektdatei direkt mit einem Editor zu bearbeiten, um die Pfade anzupassen (der Dateityp *prj* wird durch Wedit nicht registriert, was gegebenenfalls nachgeholt werden muss, um Projektdateien im Windows-Explorer über die rechte Maustaste mit Notepad oder einem anderen Editor öffnen zu können).

Die Rolle der Assistenten

Wie fast jedes moderne Programm bietet auch Wedit kleine Assistenten (im Original »Wizards«, wobei dies nichts mit einem populären Kinderbuch zu tun hat), die dem Programmierer Arbeit abnehmen. Diese Assistenten haben allerdings Vor- und Nachteile. Der unbestrittene Vorteil ist, dass sie einen kompletten Programmrahmen anlegen, der dem Programmierer die Eingabe dieser Formalitäten erspart. Ein kleiner Nachteil ist, dass dieser Programmrahmen oft zu viele Details enthält und einen Aufbau besitzt, der für Programmieranfänger nicht ganz einfach zu durchschauen ist. Am Anfang macht es daher mehr Arbeit, den Programmrahmen zu verstehen und die zusätzlichen Programmbefehle an den dafür vorgesehenen Stellen einzugeben, als das Programm komplett neu einzugeben. Auch wenn die Assistenten daher eine nützliche Einrichtung sind und Sie sich mit ihnen beschäftigen sollten, wird in diesem Kapitel auf ihre Mitwirkung verzichtet.

Die Rolle der Assistenten

Wie fast jedes moderne Programm bietet auch Wedit kleine Assistenten (im Original »Wizards«, wobei dies nichts mit einem populären Kinderbuch zu tun hat), die dem Programmierer Arbeit abnehmen. Diese Assistenten haben allerdings Vor- und Nachteile. Der unbestrittene Vorteil ist, dass sie einen kompletten Programmrahmen anlegen, der dem Programmierer die Eingabe dieser Formalitäten erspart. Ein kleiner Nachteil ist, dass dieser Programmrahmen oft zu viele Details enthält und einen Aufbau besitzt, der für Programmieranfänger nicht ganz einfach zu durchschauen ist. Am Anfang macht es daher mehr Arbeit, den Programmrahmen zu verstehen und die zusätzlichen Programmbefehle an den dafür vorgesehenen Stellen einzugeben, als das Programm komplett neu einzugeben. Auch wenn die Assistenten daher eine nützliche Einrichtung sind und Sie sich mit ihnen beschäftigen sollten, wird in diesem Kapitel auf ihre Mitwirkung verzichtet.

Das Anlegen eines Projekts

Das Anlegen eines Projekts ist eine mehrstufige Angelegenheit, die im Folgenden in einem »Probelauf« vorgestellt wird.

Schritt 1:

Führen Sie den Menübefehl FILE/NEW/PROJECT aus.

Schritt 2:

Geben Sie dem Projekt einen Namen.

Schritt 3:

Es erscheint ein Dialogfeld, in dem Sie wichtige Einstellungen treffen müssen:

- Das Arbeitsverzeichnis – hier werden die Projektdateien abgelegt. Es muss ein bereits vorhandenes Verzeichnis sein.
- Den Typ des Programms. Zur Auswahl stehen *Windows executable*, *Console Application*, *Static library* und *Dynamic Link Library*.
- Wählen Sie für alle Beispielprogramme des Buches *Console Application* mit Ausnahme der Windows-Programme in diesem Kapitel, wo der Projekttyp entsprechend *Windows executable* lautet.

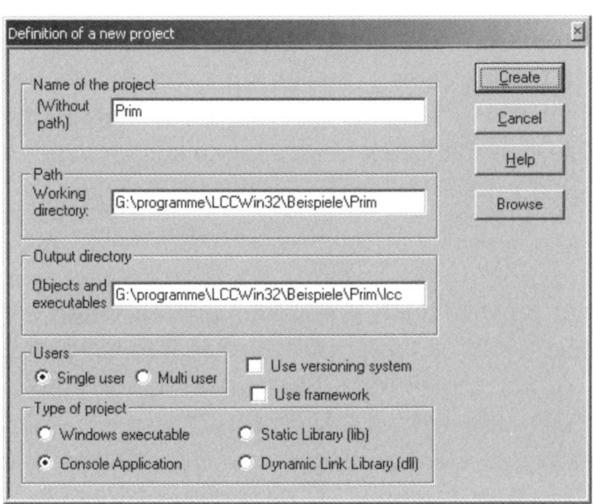

Bild 8.1: Der erste Schritt beim Anlegen eines neuen Projekts besteht in der Auswahl von Arbeitsverzeichnis und Projekttyp

Schritt 4:

Klicken Sie auf *Create*. Sie werden nun gefragt, ob der »Wizard« ein Programmgerüst (»skeleton«) anlegen soll. Beantworten Sie diese Frage für die Beispiele des Buches mit *Nein*, da das Programmgerüst die Programmierung am Anfang unnötig kompliziert machen würde. Später sollten Sie sich das Gerüst aber einmal in Ruhe betrachten.

Schritt 5:

Es öffnet sich ein Dialogfeld zur Dateiauswahl. Wenn es bereits Quelltextdateien gibt, die Sie zum Projekt hinzufügen möchten, wählen Sie sie hier aus. Wenn nicht, klicken Sie einfach auf *Abbrechen*. Sie müssen dann aber mindestens eine Datei über den Menübefehl PROJECT/ADD/DELETE FILES nachträglich hinzufügen.

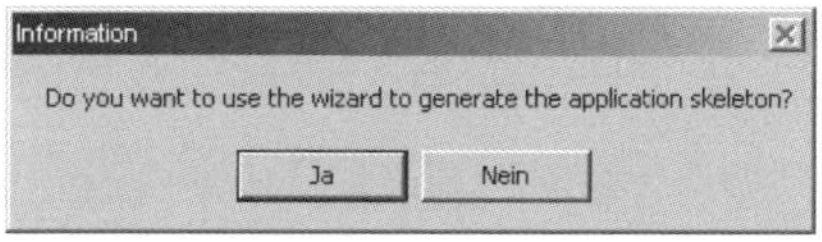

Bild 8.2: Die Frage, ob ein Programmgerüst angelegt werden soll, sollte am Anfang mit »Nein« beantwortet werden

Schritt 6:

Sie erhalten noch einmal eine Projektübersicht, die Sie allerdings mit *Cancel* bestätigen müssen, wenn keine Quelltextdateien ausgewählt wurden. Bestätigen Sie noch einmal den Hinweis, dass nun ein leeres Projekt angelegt wird.

Schritt 7:

Das Einstellen der Projekteigenschaften geht noch weiter, die folgenden Abfragen können Sie aber alle mit WEITER bestätigen. Im folgenden Schritt wird ein Dialogfeld angezeigt, in dem Sie verschiedene Compilereinstellungen (unter anderem Optimierung und Einfügen von Debuginformationen) vornehmen können.

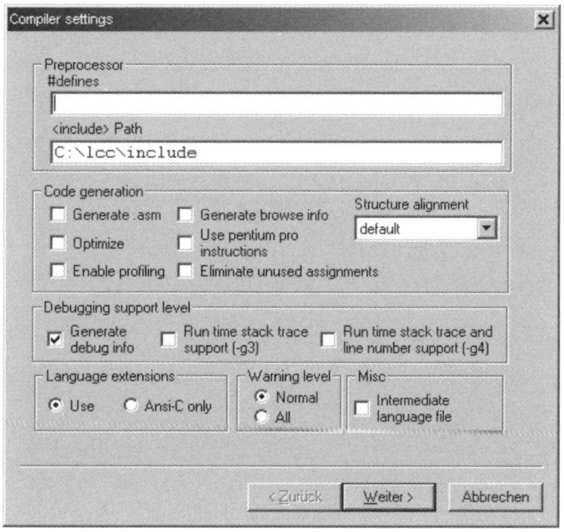

Bild 8.3: In diesem Dialogfeld werden Compilereinstellungen getroffen – im Allgemeinen werden die Voreinstellungen übernommen

Schritt 8:

Im nächsten Schritt geht es um Einstellungen für den Linker. Auch hier können Sie die voreingestellten Einstellungen übernehmen.

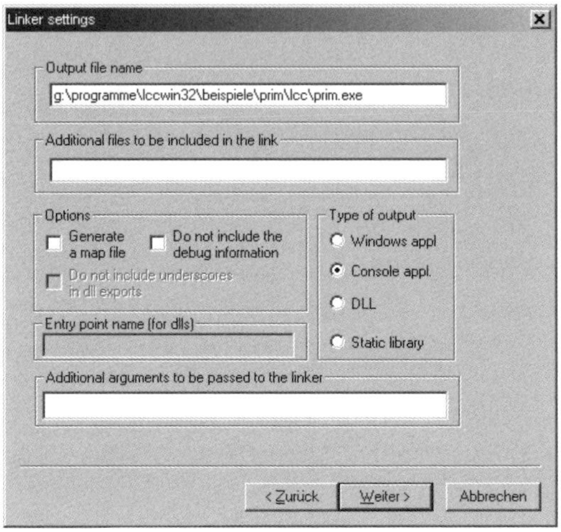

Bild 8.4: Auch die Einstellungen für den Linker werden im Allgemeinen 1:1 übernommen

Schritt 9:

Jetzt ist es fast geschafft. Auch der Dritte im Bunde, der Debugger, erwartet, dass Sie ihm Ihre Aufmerksamkeit widmen und die vorgeschlagenen Einstellungen übernehmen. Im dem Dialogfeld können Sie unter anderem Werte angeben, die mit dem Start über die Kommandozeile übergeben und im Programm ausgewertet werden.

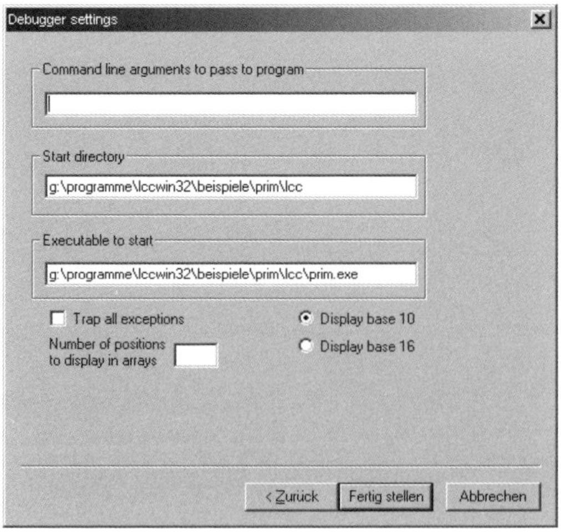

Bild 8.5: Auch beim Debugger muss keine Einstellung geändert werden

Schritt 10:

Geschafft, klicken Sie auf FERTIG STELLEN. Sie sehen einen leeren Fensterrahmen, der so tut, als wäre nichts geschehen. Dass ein Projekt angelegt wurde, erkennen Sie unter anderem an der Titelleiste, in der der Projektname angezeigt wird. Außerdem stehen alle Einträge im PROJECT-Menü zur Verfügung. Etwas fehlt allerdings, und das ist eine Quelltextdatei.

HINWEIS

Alle beim Anlegen eines Projekts getroffenen Einstellungen können jederzeit nachträglich über den Menübefehl PROJECT/CONFIGURATION und COMPILER/SETTINGS wieder geändert werden. Diese Einstellungen werden in dem Hilfedokument, das LCC-Win32 begleitet, auch erklärt.

Da jedes Projekt mindestens eine Quelltextdatei umfassen muss, fügen Sie diese jetzt über FILE/NEW/FILE hinzu, wobei Sie den Namen frei wählen können, aber die Erweiterung *.c* angeben müssen

Nun kommt eine Eigenheit von Wedit zum Tragen, die am Anfang für reichlich Verwirrung sorgen kann. Dass eine Datei in Wedit angezeigt wird, heißt noch lange nicht, dass sie Teil des Projekts ist. Sie können stundenlang auf ein Listing blicken und sooft [F9] drücken, wie Sie lustig sind, kompiliert wird die Datei dadurch so lange nicht, wie sie nicht Teil des Projekts ist. Fügen Sie die Datei daher nachträglich zum Projekt hinzu, indem Sie zunächst den Menübefehl PROJECT/ADD/DELETE FILES ausführen, die Datei über ADD NEW FILE auswählen und das Ganze mit OK bestätigen. Erst jetzt ist die Datei Teil des Projekts und wird beim Kompilieren berücksichtigt.

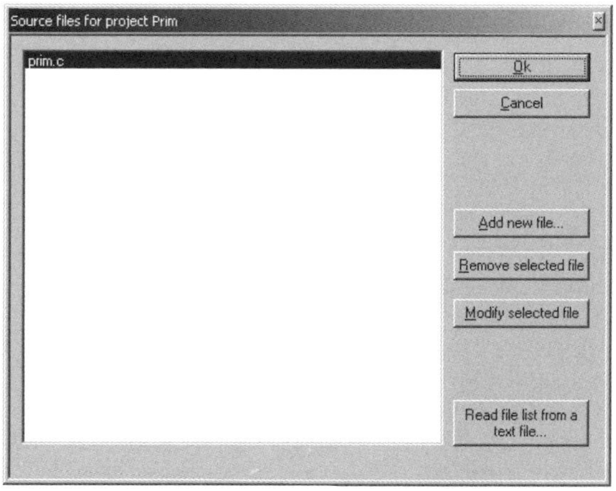

Bild 8.6: In diesem Dialogfeld werden Quelltextdateien zum aktuellen Projekt hinzugefügt

Jetzt kann es mit dem Programmieren endlich losgehen. War das nicht etwas umständlich, mit Notepad geht das doch viel einfacher? Ja und Nein. Was Sie vielleicht noch nicht ahnen können ist, dass ohne das Anlegen eines Projekts der direkte Aufruf des Compilers umständlicher ist, da mehr Angaben gemacht werden müssen. Sie haben aber Recht, für ein kleines Programm ist der Aufwand vielleicht etwas hoch. Richtig praktisch sind Projekte daher erst dann, wenn mehrere Quelltextdateien im Spiel sind, oder wenn Sie den Debugger (mehr dazu in Kapitel 8.4) einsetzen. Einen Vorteil eines Projekts werden Sie aber schnell zu schätzen lernen. Die automatische Syntaxüberprüfung, durch die erkannte Schlüsselwörter rot angezeigt werden, das automatische Einrücken und die Möglichkeit, über F1 eine Hilfestellung anfordern zu können. Das alles sind Vorzüge, die ein normaler Editor nicht bietet, und die daher auch bei kleinen Programmen für Wedit sprechen.

8.3 Eine Konsolenanwendung

In diesem Abschnitt wird eine kleine Konsolenanwendung umgesetzt, die Primzahlen berechnet (tada). Sie lernen daher die einzelnen Schritte beim Anlegen und Kompilieren eines Projekts noch einmal kennen, dieses Mal aber viel kürzer.

Schritt 1:

Starten Sie *Wedit* und legen Sie über FILE/NEW/PROJECT ein neues Projekt an. Geben Sie dem Projekt den Namen »HalloWelt« (oder einen anderen Namen).

Schritt 2:

Wählen Sie ein Arbeitsverzeichnis aus und klicken Sie auf *Create*. Klicken Sie auf *Nein*, damit kein Programmrahmen angelegt wird.

Schritt 3:

Geben Sie als Namen für die Quelltextdatei »Hallo.c« ein, klicken Sie auf ÖFFNEN, fügen Sie sie durch Auswahl der Datei und Bestätigung mit OK zum Projekt hinzu. Das vermeintliche »Hallo, Welt!«-Programm ist dieses Mal ein kleines Programm, das zur Begrüßung die Primzahlen zwischen 3 und 100 ausgibt.

Schritt 4:

Klicken Sie zwei Mal auf WEITER und dann auf FERTIG STELLEN. Damit ist das Projekt angelegt.

Schritt 5:

Geben Sie die in die Quelltextdatei *Hallo.c* die folgenden Befehle ein:

```
#include <stdio.h>
#include <math.h>

void main() {
  int NoPrim=0;
  int AnzahlPrims=0;
  for (int n=1;n<100;n=n+2)  {
    for (int m=3;m<=sqrt(n);m=m+2) {
     if ((n % m) == 0)
       NoPrim=-1;
       continue;
     }
     if (NoPrim==0) {
      AnzahlPrims++;
      printf("%d\n", n);
     }
     else
      NoPrim=0;
     }
     printf("Anzahl Primzahlen: %d", AnzahlPrims);
}
```

Schritt 6:

Drücken Sie [F9], um das Projekt zu kompilieren. Dabei erhalten Sie Gelegenheit, die Quelltextdatei zu speichern.

Schritt 7:

Drücken Sie [Strg]+[F5], um das Projekt und damit auch das Programm zu starten.

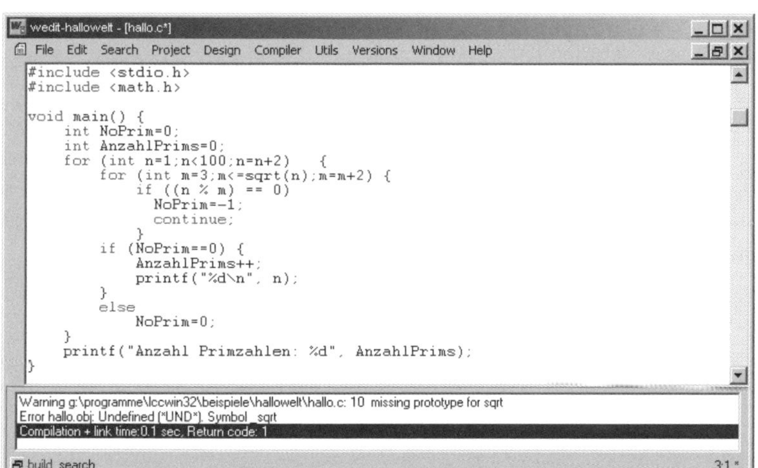

Bild 8.7: Wedit zeigt auch die Ergebnisse eines Compilerlaufs an

8.4 Debuggen eines Programms

Vom »Debuggen« war in diesem Buch bislang noch nicht die Rede, kein Wunder, denn dazu benötigt man einen Debugger, der nicht bei jedem C-Compiler im Lieferumfang enthalten ist. LCC-Win32, genauer die IDE *Wedit*, verfügt über ein solches »Tierchen«, sodass Sie ihn im Folgenden auch kennen lernen werden. Doch was ist ein Debugger und ist das nicht eventuell gefährlich? Keine Sorge, ein Debugger ist weder kompliziert noch gefährlich. Ein Debugger ist eine Einrichtung, mit der Sie ein kompiliertes Programm Schritt für Schritt ausführen können, und das Ihnen dabei die Werte von Variablen und anderen Programmelementen anzeigt. Seinen Namen verdankt es dem Umstand, dass mit seiner Hilfe die berüchtigten »Bugs«, also die Programmfehler, aufgespürt und entfernt werden. Dabei sagen Sie dem Debugger aber nicht »Spüre alle Fehler auf und beseitige sie«. Vielmehr müssen Sie Ihren Grips anstrengen und durch Beobachten des Programmverlaufs herausfinden, wo sich der Fehler verstecken könnte. Die Computer sorgen schon dafür, dass wir Menschen nicht arbeitslos werden. Dennoch ist ein Debugger eine sehr praktische Angelegenheit und für die professionelle Softwareentwicklung unverzichtbar.

Der Debugger von *Wedit* ist sehr einfach zu bedienen. Alle Befehle finden Sie im COMPILER-Menü. Über [F5] starten Sie den Debugger, anschließend können Sie über [F8] das Programm Schritt für Schritt ausführen, wobei die aktuelle Befehlszeile stets (gelb) unterlegt angezeigt wird. Und es kommt noch besser. Die aktuellen Werte der beteiligten Variablen werden im unteren Bereich angezeigt (dazu müssen Sie wahlweise die Kategorie AUTO oder LOCALS wählen).

Da es bei großen Programmen etwas umständlich wäre, jedes Mal so lange [F8] zu drücken, bis ein bestimmter Befehl erreicht ist, gibt es die Möglichkeit, in diese Zeile einen Haltepunkt zu setzen. Markieren Sie dazu die Zeile und drücken Sie [F2]. Die Zeile wird dadurch rot unterlegt. Durch erneutes Drücken von [F2] wird der Haltepunkt wieder aufgehoben und die Zeile erscheint wieder schwarz. Drücken Sie jetzt [F5], um den Debugger zu starten. Bei allen Zeilen mit einem Haltepunkt erscheint am linken Rand ein Stop-Zeichen. Drücken Sie erneut [F5], werden alle Befehle bis zum Erreichen der Zeile mit dem Haltepunkt ausgeführt. In welchem »Betriebsmodus« sich ein Programm befindet, erkennen Sie an einem Hinweis in der Statuszeile von *Wedit*. Hier steht entweder »stopped« oder »running«. Der Debugger kann noch sehr viel mehr, unter anderem ist es möglich, die Inhalte der Prozessorregister und den Stack des Programms anzuzeigen. Beschäftigen Sie sich in Ruhe mit dem COMPILER-Menü, in dem Sie alle zuständigen Befehle finden.

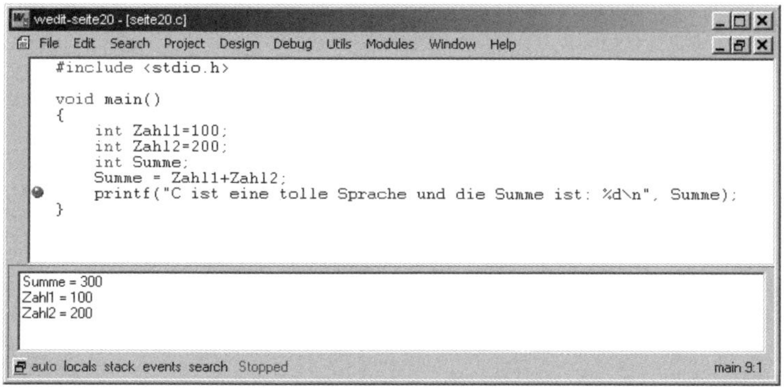

Bild 8.8: Der Debugger in Aktion – die Befehlszeile, die als Nächstes ausgeführt wird, wird unterlegt angezeigt

8.5 Das »Hallo, Welt!«-Programm unter Windows

Bereits in Kapitel 1 war das berühmte »Hallo,Welt!«-Programm der »C-Erfinder« *Kernighan* und *Ritchie* an der Reihe. Mit 3 Zeilen Code war es so klein, dass auf Anhieb der allgemeine Aufbau eines C-Programms deutlich wurde. Listing 8.1 (es findet sich auf Seite 316) zeigt ein »Hallo, Welt!«-Programm für Windows. Keine Sorge, Sie sind nicht im falschen Buch gelandet, es geht immer noch um die Programmiersprache C. Es handelt sich um ein Programm, das sich auf das absolute Minimum beschränkt und lediglich ein Fenster anzeigt, in dessen Innenfläche der besagte Satz ausgegeben wird. Auch wenn man alle Kommentarzeilen herausnehmen, überflüssige Zuweisungen streichen und den Code etwas »zusammenpferchen« würde, das Programm würde immer noch aus mehreren Dutzend Befehlszeilen bestehen. Es fällt damit in die Kategorie »kinderleichtes Windows-Programm«. Dass dieses Programm dennoch so umfangreich ist, hat mehrere Gründe:

- Ein Windows-Programm erfordert eine Reihe von Formalismen. Einer davon ist, dass jedes Fenster registriert werden muss. Ein anderer, dass der Programmierer jede Nachricht separat behandeln muss.
- Standard-C verwendet keine speziellen Libraries, durch die sich häufig benutzte Routinen zusammenfassen ließen. Würde das »Hallo, Welt!«-Programm stattdessen mit der *Microsoft Foundation Class*-Bibliothek (MFC) und C++ programmiert, wäre es deutlich kürzer.

Man kann festhalten, so »umständlich« wie in Listing 8.1 zu sehen wird in der Praxis selten programmiert (abgesehen davon, dass viele Windows-Programmierer mit moderneren Sprachen wie Delphi und Visual Basic arbeiten). Dennoch ist das »Hallo, Welt!«-Programm ideal zum Kennenlernen geeignet. Indem Sie es Zeile für Zeile durchgehen, erfahren Sie nicht nur alles über den

Aufbau eines Windows-Programms, Sie können das Programm auch als Grundgerüst für eigene Experimente benutzen.

8.5.1 Die Rolle der API

Jedes Windows-Programm ruft mehrere Dutzend Funktionen auf, bei denen es sich nicht um klassische Bibliotheksfunktionen handelt. Es handelt sich vielmehr um Funktionen, die vom Betriebssystem zur Verfügung gestellt werden und ein fester Teil des Betriebssystems sind. Diese Funktionen werden unter dem Sammelnamen *Application Programming Interface*, kurz API, zusammengefasst. Die API von Windows, sie trägt den Namen *Win32*, umfasst mehrere Tausend Funktionen, die Programmierer aber nur zu einem kleinen Teil kennen müssen, da viele Funktionen sehr speziell sind.

Voraussetzung dafür, dass eine API-Funktion in einem C-Programm aufgerufen werden kann, ist eine entsprechende Funktionsdeklaration. Diese muss allerdings nicht im Quelltext eingegeben werden, denn dafür gibt es eine fertige Header-Datei mit dem Namen *Win.h*, die vom Compiler zur Verfügung gestellt wird. Windows-Programme beginnen daher immer mit dem Befehl

```
#include <windows.h>
```

durch den diese Header-Datei (indirekt) in das Programm eingebunden wird. In *Win.h* ist z.B. die Funktion *ShowWindow* wie folgt deklariert:

```
BOOL STDCALL ShowWindow(HWND,int);
```

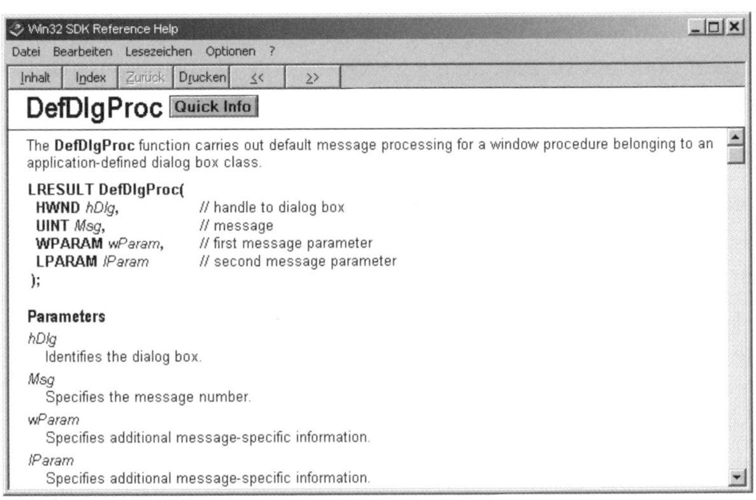

Bild 8.9: Zum LCC-Win32-Compiler gehört auch eine Beschreibung der API-Funktionen

TIPP

Eine Beschreibung der Windows-API-Funktionen ist beim LCC-Win32-Compiler zum Glück enthalten. Sie wird im Editor *Wedit* über [F1] aufgerufen, wenn eine API-Funktion zuvor mit dem Cursor selektiert wurde.

8.5.2 Das Nachrichtenprinzip

Bei Windows spielen die Nachrichten eine zentrale Rolle. Es handelt sich dabei aber nicht um Neuigkeiten, Botschaften oder gar Textmeldungen, sondern lediglich um Zahlenkonstanten. Eine Nachricht ist eine Zahl, die allerdings immer durch eine Konstante, wie z.B. *WM_PAINT*, repräsentiert wird. Es gibt Hunderte dieser Nachrichten, die in der Header-Datei *Windows.h* definiert sind. Doch wozu sind diese Nachrichten gut? Über Nachrichten fordert Windows ein Fenster auf, etwas zu tun. Ein Beispiel für eine solche Aufforderung wäre *WM_CLOSE*. Klickt der Anwender auf die Schließen-Schaltfläche (»x«-Symbol) eines Anwendungsfensters, schickt Windows allen zur Anwendung gehörigen Fenstern diese *WM_CLOSE*-Nachricht. Die Fenster erhalten damit Gelegenheit, auf das bevorstehende »Ende« zu reagieren, indem sie z.B. nicht gesicherte Inhalte speichern usw. Durch das Versenden einer Nachricht können Programmierer aber auch Informationen über ein Fenster erhalten. Möchte eine Programmiererin wissen, ob ein Listbox-Fenster einen bestimmten Eintrag erhält, schickt sie dem Fenster eine *LB_FIND*-Nachricht zusammen mit dem gesuchten Wort. Sie erhält dann den Index des Eintrags in der Liste zurück oder –1, wenn der Eintrag nicht existiert. Nachrichten sind damit die universellen Botenstoffe im Organismus einer Windows-Anwendung.

Es gibt zwei grundsätzlich verschiedene Arten, einem Fenster eine Nachricht zukommen zu lassen:

- Senden (z.B. über die *SendMessage*-API-Funktion).
- Posten (z.B. über die *PostMessage*-API-Funktion).

In beiden Fällen werden Nachrichten gesendet, allerdings auf unterschiedliche Weise und mit einem unterschiedlichen Ergebnis. Beim *Senden* einer Nachricht wird dadurch direkt die Fensterfunktion des Fensters aufgerufen mit dem Resultat, dass sich dieses sofort um die Nachricht kümmert. Der Sender der Nachricht, ein anderes Programm, erhält mit dem Aufruf der Funktion eine Antwort – das kann aber auch bedeuten, dass der Sender nicht eher fortfahren kann, bis die Fensterfunktion geantwortet hat. Dies ist die üblichere Variante. Beim *Posten* einer Nachricht wird diese lediglich im Nachrichtenpuffer des Fensters abgelegt. Der Absender wartet nicht auf eine Antwort, sondern fährt mit der Programmausführung fort. Es liegt an dem Fenster, wann es auf die Nachricht reagiert, indem es über die *GetMessage*-API-Funktion die Nachricht aus dem Nachrichtenpuffer liest.

Ob eine Nachricht gesendet oder gepostet wird, hängt von der Art der Nachricht ab. Bei Nachrichten wie *LB_FIND* möchte man sofort eine Antwort, sie wird gesendet. Bei Nachrichten wie *WM_CLOSE* benötigt der Empfänger unter Umständen viel Zeit, sie wird daher gepostet, da es sehr ineffektiv wäre, wenn der Sender auf eine Antwort warten müsste.

Das Nachrichtenprinzip ist bereits sehr alt. Es geht auf die Anfangszeit von Windows, die frühen Achtzigerjahre, zurück, als die Entwickler bei Microsoft vor der Notwendigkeit standen, einen Mechanismus zu erfinden, durch den mehrere gleichzeitig laufende Programme (Windows war von Anfang an für dieses »Multitasking« ausgelegt) in der Lage waren, über alle eintretenden Ereignisse, etwa ein Anklicken eines Fensters mit der Maus, informiert zu werden.

Der Aufbau einer Nachricht

Eine Windows-Nachricht ist immer gleich aufgebaut. Sie wird durch die Struktur *MSG* beschrieben, die wie folgt strukturiert ist:

```
typedef struct tagMSG {
  HWND   hwnd;
  UINT   message;
  WPARAM wParam;
  LPARAM lParam;
  DWORD  time;
  POINT  pt;
} MSG;
```

Wichtig ist das Element *message*, das die Nummer der Nachricht und damit die Nachricht selbst bestimmt. Der Inhalt der Nachricht wird über die Elemente *wParam* und *lParam* repräsentiert, trotz ihrer Namen sind beide vom Typ 32 Bit. Während *wParam* die Hauptnachricht enthält, weist *lParam* Zusatzinformationen auf, die aber nicht immer benötigt werden. Die zusätzlichen Angaben wie *time* oder *pt* spielen nur in bestimmten Situationen eine Rolle.

TIPP

Über das Hilfsprogramm *Spy++* aus dem *Windows Software Development Kit* (SDK), das inzwischen zum Microsoft Plattform SDK gehört, kann man alle Nachrichten sichtbar machen, die an ein zuvor ausgewähltes Fenster geschickt werden. Pro Sekunde treffen bei einem Fenster mehrere Dutzend Nachrichten ein.

8.5.3 Das »Hallo, Welt!«-Programm im Detail

Im Folgenden wird das »Hallo, Welt!«-Programm aus Listing 8.1 Zeile für Zeile vorgestellt (die Kommentarzeilen werden allerdings ausgelassen).

```
#include <windows.h>
```

In dieser Header-Datei sind die allermeisten API-Funktionen von Windows sowie die erforderlichen Konstanten und Typendeklarationen enthalten.

```
#include <mmsystem.h>
```

Diese Header-Datei enthält eine Reihe von »Multimediafunktionen«, unter anderem die *SoundPlay*-Funktion, die eine Wav-Datei beim Anlegen des Fensters abspielt. Achten Sie darauf, hier den richtigen Pfad anzugeben, sonst spielt sich nicht viel ab.

```
HINSTANCE hInst;
HWND hwndMain;
```

Hier werden zwei globale Variablen für das Programm definiert.

```
LRESULT CALLBACK MainWndProc(HWND hwnd,UINT msg,WPARAM wParam,LPARAM
lParam);
```

Hier wird der Prototyp für eine Callback-Funktion deklariert. Eine Callback-Funktion ist eine Funktion, die von Windows immer dann aufgerufen wird, wenn eine für das Fenster bestimmte Nachricht eintrifft. Sie wird daher auch Fensterfunktion genannt, da ohne sie das Fenster nicht in der Lage wäre, auf Benutzereingaben zu reagieren.

```
LRESULT CALLBACK MainWndProc(HWND hwnd,UINT msg, WPARAM wParam, LPARAM
lParam)
```

Damit wird die Fensterfunktion eingeleitet. Beim Aufruf übergibt Windows für jeden der Parameter einen Wert: *hwnd* – Bezugsnummer des Fensters (engl. »handle«). Damit lassen sich weitere Funktionen aufrufen, die diese Bezugsnummer erwarten. *msg* – die übergebene Nachricht. *wParam* – der 1. Wert der Nachricht. *lParam* – der 2. Wert der Nachricht.

```
HDC hdc;
PAINTSTRUCT ps;
RECT rect;
```

Dies sind wichtige Variablen, die innerhalb der Funktion benötigt werden. *hdc* steht für den Gerätekontext, der die Ausgabefläche definiert, *ps* für eine Struktur, die beim Zeichnen eine Rolle spielt, und *rect* für die Abmessungen der Ausgabefläche.

```
switch (msg)
```

Dies ist der zentrale »Nachrichten-Dispatcher«, der in Abhängigkeit der eingetroffenen Nachricht bestimmte Befehle ausführt. Wohlgemerkt muss nicht jede denkbare Nachricht abgefangen werden. Der Rest wird über den Aufruf von *DefWindowProc* am Ende »zentralbehandelt«.

```
case WM_CREATE
```

Hier wird festgelegt, was beim Anlegen des Fensters geschehen soll. In diesem Fall wird über *PlaySound* eine Wav-Datei abgespielt.

```
case WM_PAINT
```

An dieser Stelle entscheidet sich, was bei jedem Neuzeichnen des Fensters geschehen soll. In diesem Fall soll ein Text ausgegeben werden.

```
hdc = BeginPaint(hwnd, &ps);
```

Dieser Befehl leitet eine Zeichenoperationsfolge ein. Über die Variable *ps* vom Typ *PAINTSTRUCT* wird eine Ablage mit allgemeinen Angaben über die Zeichenfläche übergeben, unter anderem der Gerätekontext *hdc*.

```
GetClientRect(hwnd, &rect);
```

Dieser Befehl fordert einen Zeichenbereich an, dessen Abmessungen in der *rect*-Variablen gespeichert werden.

```
DrawText(hdc, "Hallo, Windows überall!", -1, &rect, DT_SINGLELINE |
DT_CENTER | DT_VCENTER);
```

Dieser Befehl führt die eigentliche Ausgabe durch, wobei über Konstanten wie *DT_CENTER* die Ausrichtung festgelegt wird.

```
EndPaint(hwnd, &ps);
```

Dieser Befehl beendet die Zeichenoperation.

```
case WM_DESTROY
```

Dieser Befehl wird aufgerufen, wenn das Fenster geschlossen wird. Über den Aufruf von

```
PostQuitMessage(0);
```

erhalten auch die übrigen Fenster der Anwendung die Aufforderung zum Schließen.

```
return DefWindowProc(hwnd, msg, wParam, lParam);
```

Dieser Aufruf reicht die nicht verarbeiteten Nachrichten an die Standardfensterfunktion weiter und kehrt gleichzeitig mit deren Rückgabewert zurück.

```
int WINAPI WinMain(HINSTANCE hInstance, HINSTANCE hPrevInstance, LPSTR
lpCmdLine, INT nCmdShow)
```

Damit wird das Programm eingeleitet – durch *WinMain* wird in einer Windows-Anwendung der Programmstart definiert.

```
MSG msg;
WNDCLASS wc;
hInst = hInstance;
```

Hier werden Variablen für die Funktion definiert. Besonders wichtig ist *WNDCLASS*, denn sie steht für die Fensterklasse und damit für das anzuzeigende Fenster.

```
memset(&wc,0,sizeof(WNDCLASS));
wc.style = CS_HREDRAW|CS_VREDRAW |CS_DBLCLKS ;
wc.lpfnWndProc = (WNDPROC)MainWndProc;
wc.hInstance = hInst;
wc.hbrBackground = (HBRUSH)(COLOR_WINDOW+1);
wc.lpszClassName = "HalloWinClass";
```

Durch diese Zuweisungen werden die wichtigsten Eigenschaften des neu anzulegenden Fensters definiert. Besonders wichtig ist der Klassenname (*lpszClassName*), denn er muss exakt beim Aufruf von *CreateWindow* übergeben werden (meistens wird einfach der Applikationsname *szAppName* eingesetzt).

```
RegisterClass (&wc);
```

Dieser Aufruf registriert die neue Fensterklasse. Erst jetzt kann ein Fenster dieser Klasse angezeigt werden.

```
hwndMain = CreateWindow("HalloWinClass",
  "Mein allererstes Fenster",
  WS_VISIBLE|WS_CLIPSIBLINGS|WS_MAXIMIZEBOX|
  WS_CAPTION|WS_BORDER|WS_SYSMENU|WS_THICKFRAME,
  CW_USEDEFAULT,  // Anfangsposition X
  0,              // Anfangsposition Y
  240,            // Anfangsbreite X
  120,            // Anfangshöhe Y
  NULL,
  NULL,
  hInst,
  NULL);
```

Diese Befehlsfolge definiert das Fenster mit zahlreichen Einstellungen, einer Anfangsposition und einer Anfangsgröße.

```
ShowWindow(hwndMain, SW_SHOW);
```

Dieser Aufruf zeigt das Fenster an – *SW_SHOW* legt den Standardfenstermodus fest.

```
UpdateWindow(hwndMain);
```

Dieser Aufruf »aktualisiert« das Fenster, damit es eine *WM_CREATE*-Nachricht erhält, die wiederum zum Neuzeichnen seines Inhalts führt.

```
while (GetMessage(&msg, NULL, 0, 0))
{
  TranslateMessage(&msg);
  DispatchMessage(&msg);
}
```

Dies ist der Kern des Programms. Über *GetMessage* wird die nächste wartende Nachricht (sofern vorhanden) aus dem Nachrichtenpuffer des Anwendungsfensters geholt. Über *TranslateMessage* wird eine (nicht so wichtige) Umsetzung von eventuell beteiligten Tastaturcodes durchgeführt. Sehr viel wichtiger ist *DispatchMessage*, denn sie verteilt die Nachricht an das zuständige Fenster, wo sie zum Aufruf der Fensterfunktion führt. Dies ist die Callback-Funktion, von der bereits anfangs die Rede war.

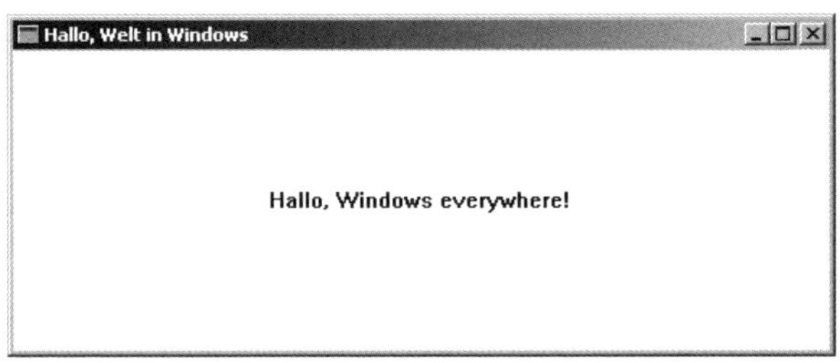

Bild 8.10: Das kleine »Hallo, Welt!«-Programm in Aktion

Listing 8.1: Das »Hallo, Welt!«-Programm in Windows

```
/* ---------------------------------------------------
   Ein Hallo, Welt in Windows
   Kompiliert mit LCC-Win32
   Jetzt lerne ich C - Markt&Technik 2003
   ---------------------------------------------------*/
#include <windows.h>
#include <mmsystem.h>

HINSTANCE hInst;
HWND hwndMain;

// Funktionsprototyp für die Callback-Funktion
LRESULT CALLBACK MainWndProc(HWND hwnd,UINT msg,WPARAM wParam,LPARAM
lParam);

// Implementierung der Callback-Funktion
LRESULT CALLBACK MainWndProc(HWND hwnd,UINT msg,WPARAM wParam,LPARAM
lParam)
{
    HDC hdc;
    PAINTSTRUCT ps;
   RECT rect;
```

```
    // Abfragen einzelner Nachrichten
    switch (msg)
    {

      case WM_CREATE :    // wird aufgerufen, wenn
                           // Fenster angelegt wird
        PlaySound ("C:\\tada.wav", NULL, SND_FILENAME |
        SND_ASYNC);
        return 0;

      case WM_PAINT :     // wird aufgerufen, wenn
                           // Fenster neu gezeichnet wird
        hdc = BeginPaint(hwnd, &ps);

        GetClientRect(hwnd, &rect);
        DrawText(hdc, "Hallo, Windows überall!", -1,
        &rect, DT_SINGLELINE | DT_CENTER | DT_VCENTER);
        EndPaint(hwnd, &ps);
        return 0;

      case WM_DESTROY:    // wird aufgerufen, wenn
                           // Fenster geschlossen wird
        PostQuitMessage(0);
        break;
        default:
        return DefWindowProc(hwnd,msg,wParam,lParam);
      }
      return 0;
}

// Programmstart und Hauptfunktion des Programms
int WINAPI WinMain(HINSTANCE hInstance, HINSTANCE hPrevInstance,
LPSTR lpCmdLine, INT nCmdShow)
{
      MSG msg;
      WNDCLASS wc;
      hInst = hInstance;

      memset(&wc,0,sizeof(WNDCLASS));
      //wc.cbSize = sizeof(WNDCLASSEX); - geht nur bei
      // WNDCLASSEX
      wc.style = CS_HREDRAW|CS_VREDRAW |CS_DBLCLKS ;
      wc.lpfnWndProc = (WNDPROC)MainWndProc;
      wc.hInstance = hInst;
      wc.hbrBackground = (HBRUSH)(COLOR_WINDOW+1);
      wc.lpszClassName = "HalloWinClass";
      wc.lpszMenuName = NULL;
      wc.hCursor = LoadCursor(NULL,IDC_ARROW);
      wc.hIcon = LoadIcon(NULL,IDI_APPLICATION);
```

```
        // Fenster registrieren - RegisterClassEx geht
        // offenbar nicht
        RegisterClass (&wc);

        // Fenster anlegen

        hwndMain = CreateWindow("HalloWinClass",
         "Mein allererstes Fenster",
        WS_VISIBLE|WS_CLIPSIBLINGS|WS_MAXIMIZEBOX|
        WS_CAPTION|WS_BORDER|WS_SYSMENU|WS_THICKFRAME,
        CW_USEDEFAULT, // Anfangsposition X
        0,             // Anfangsposition Y
        240,           // Anfangsbreite X
        120,           // Anfangshöhe Y
        NULL,
        NULL,
        hInst,
        NULL);

       // Fenster anzeigen
       ShowWindow(hwndMain,SW_SHOW);
       // Und gleich aktualisieren, um ein WM_PAINT
       // auszulösen
       UpdateWindow(hwndMain);

       // Die Nachrichtenschleife des Programms - sie
       // verteilt Nachrichten an die Fensterfunktion
       while (GetMessage(&msg,NULL,0,0))
        {
         TranslateMessage(&msg);
         DispatchMessage(&msg);
        }
        return msg.wParam;
}
```

8.6 Menüs, Dialogfelder und andere Ressourcen

Das erste Windows-Programm zum Laufen zu bringen, ist ein tolles Erfolgserlebnis, auch wenn nicht mehr als ein Satz in einem Fenster erscheint. Auf die Dauer ist das aber natürlich zu wenig, denn richtige Windows-Programme bestehen aus mehreren Fenstern, Dialogfeldern, Menüs usw. Alles das lässt sich natürlich mit LCC-Win32 und Wedit realisieren, doch der Aufwand darf nicht unterschätzt werden. Da dieses Kapitel nicht mit einem 1.000-Seiten-Windows-Buch konkurrieren kann, bleibt es wieder bei einem einfachen Beispiel. Es handelt sich um einen kleinen Zinsrechner, der aus einem Fenster mit drei Eingabefeldern und einer Schaltfläche (Button) besteht. Sie geben in die drei Felder Startkapital, Zinssatz und Laufzeit ein und nach Anklicken der Schaltfläche wird das Kapital angezeigt, das sich nach einer einfachen Zinsformel ergibt. Das Fenster wird mit einem Ressourcen-Editor erstellt, der ein Teil von Wedit ist, und den Sie daher in diesem Abschnitt kennen lernen.

8.6.1 Die Rolle der Ressourcen

Dialogfelder, also Fenster, auf denen Eingabefelder, Listenauswahlelemente, Schaltflächen und andere Elemente angeordnet sind, und Fenster, die über Menüs verfügen, werden durch Ressourcen definiert. Eine Ressource basiert auf einer Textdatei, die die Beschreibung der Bedienelemente enthält. Dabei wird jedem Element eine Konstante zugeordnet, sodass später im Programm abgefragt werden kann, welches Bedienelement die *WM_COMMAND*-Nachricht, die die Grundlage für die Auswertung von Anwendereingaben darstellt, ausgelöst hat.

Da Ressourcendateien Textdateien sind, könnten sie mit einem einfachen Editor erstellt werden. Anschließend werden sie vom Ressourcencompiler in eine Binärdatei kompiliert, die im letzten Schritt durch den Linker mit der Exe-Datei kombiniert wird. Am Ende sind die Ressourcen Teil der Exe-Datei (oder liegen in einer separaten DLL vor). Doch da es beim Erstellen von Dialogfeldern in erster Linie darum geht, bereits bei der Entwicklung das zu sehen, was später dem Anwender bei der Programmausführung präsentiert wird, wäre ein schlichter Editor viel zu umständlich. Professionelle Entwicklungssysteme bieten daher einen Ressourcendesigner, bei dem der Programmierer die Bedienelemente mit der Maus anordnet und Einstellungen, wie Farbe, Schriftart und die stets erforderliche ID bequem vornehmen kann. Sie werden es sich vielleicht schon gedacht haben, einen solchen Ressourceneditor bietet auch Wedit.

8.6.2 Der Ressourceneditor von Wedit

Der Ressourceneditor wird immer dann benötigt, wenn eine Windows-Anwendung Dialogfelder anzeigen und ein Fenster ein Menü erhalten soll. Allerdings ist der Umgang mit den Ressourcen bei Wedit offenbar etwas umständlich. Anders als es in der Hilfe angegeben wird, gibt es kein Resources-Menü. Der offizielle Weg zu einer Ressource besteht darin, den Rahmen für eine Windows-Anwendung durch den Wizard anlegen zu lassen, zu dem stets auch eine Ressourcen-Datei mit der Erweiterung *.rc* gehört. Wird diese Datei über den Menübefehl FILE/OPEN geöffnet, bietet Wedit an, diese Datei als Ressource zu öffnen. Dadurch wird der Ressourceneditor gestartet.

Der Umgang mit dem Ressourceneditor ist relativ einfach und beinahe selbsterklärend. Man muss allerdings kleine Geheimnisse kennen. Ein Geheimnis besteht darin, dass die *Toolbox* (hier werden die so genannten Controls (Steuerelemente) angeboten, die z.B. als Eingabefeld auf einem Dialog angeordnet werden können), über die Schaltfläche mit dem großen »T« und dem Pfeil nach unten geöffnet wird. Ein andere Sache, die Sie wissen müssen, ist folgende: Ein neues Dialogfeld wird damit begonnen, dass Sie im Fenster mit den zur Verfügung stehenden Ressourcen, dem *Ressourcen-Directory* (es wird über die kleine Schaltfläche mit der Inschrift DIR geöffnet), den Eintrag DIALOGS mit der rechten Maustaste anklicken und NEW wählen. Dadurch wird ein neues Dialogfenster geöffnet, auf dem die einzelnen *Controls* angeordnet werden. Zu jedem Control gibt es eine Reihe von Einstellungen, die im *Eigenschaftenfenster* getroffen werden. Dieses wird wiederum durch Anklicken eines Controls mit der rechten Maustaste und Auswahl von PROPERTIES geöffnet. Mag sein, dass diese Dinge irgendwo in der Hilfe beschrieben werden. Man findet sie jedoch im Allgemeinen schneller durch Ausprobieren heraus.

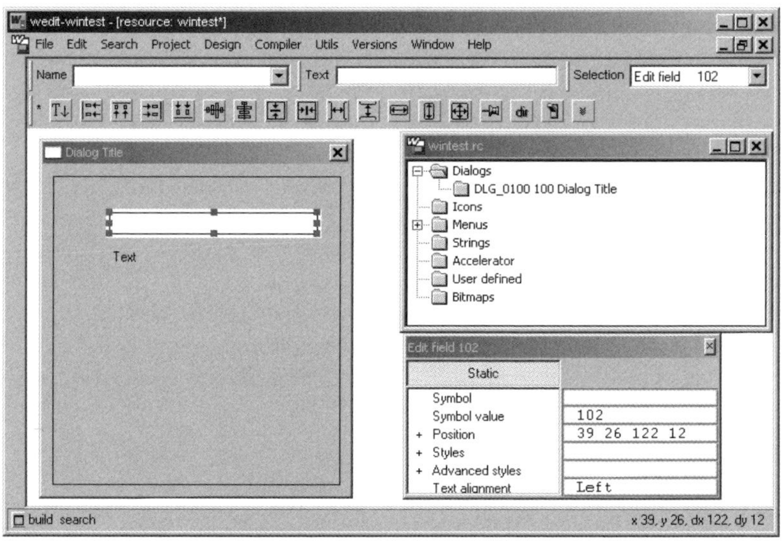

Bild 8.11: Im Ressourceneditor wird der Dialogeditor, das Ressourcen-Directory und das Eigenschaftenfenster eines Controls angezeigt

Bei den einzelnen Controls kommt es vor allem darauf an, dass sie zu ihrem Symbol auch einen Symbolwert erhalten. Am Anfang besitzen sie lediglich einen Symbolwert, wie z.B. 101. Für die Programmierung ist es jedoch günstiger, ein zusätzliches Symbol zu definieren, z.B. *IDH_101*. Dies geschieht durch Eingabe des Namens in das dafür vorgesehene Feld mit dem Namen *Symbol*.

Aus Platzgründen kann das Erstellen von Ressourcen leider nicht ausführlich beschrieben werden. An dieser Stelle sei auf das Beispielprojekt Zinsrechner verwiesen (Sie finden es auf der Webseite zum Buch – siehe Einleitung), das aus einem Dialogfeld mit drei Eingabefeldern und einer Schaltfläche besteht. Anhand dieses Beispiels sollte der generelle Umgang mit Ressourcen sehr schön deutlich werden.

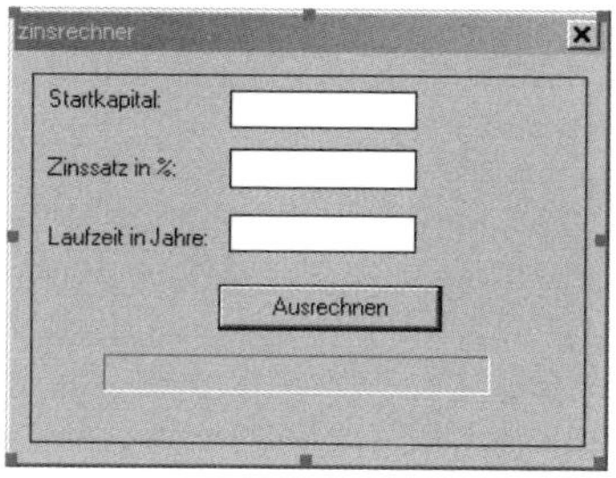

Bild 8.12: Das Dialogfeld des Zinsrechners

Abbildung 8.13 zeigt die vom Ressourceneditor erstellte .rc-Datei, in der die Daten des Dialogfelds enthalten sind. Die Zuordnung zwischen den Symbolkonstanten, wie z.B. *ID_KAPITAL*, wird über eine Header-Datei hergestellt (siehe Abbildung 8.14).

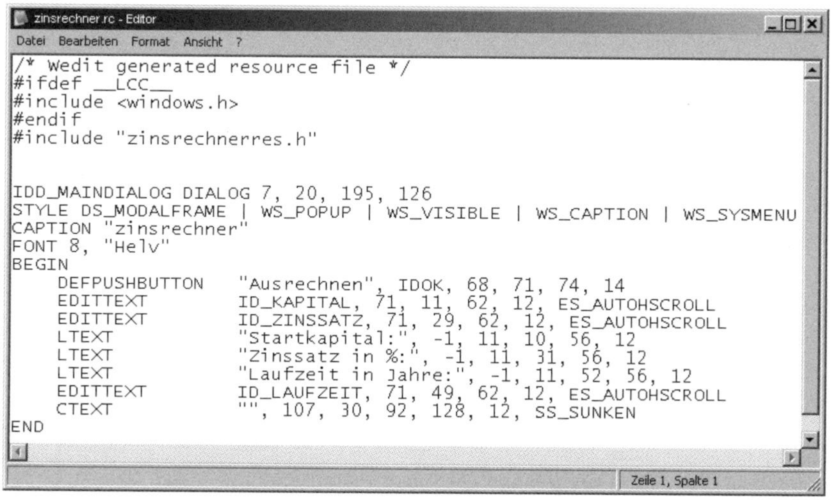


```
/* Wedit generated resource file */
#ifdef __LCC__
#include <windows.h>
#endif
#include "zinsrechnerres.h"


IDD_MAINDIALOG DIALOG 7, 20, 195, 126
STYLE DS_MODALFRAME | WS_POPUP | WS_VISIBLE | WS_CAPTION | WS_SYSMENU
CAPTION "zinsrechner"
FONT 8, "Helv"
BEGIN
    DEFPUSHBUTTON   "Ausrechnen", IDOK, 68, 71, 74, 14
    EDITTEXT        ID_KAPITAL, 71, 11, 62, 12, ES_AUTOHSCROLL
    EDITTEXT        ID_ZINSSATZ, 71, 29, 62, 12, ES_AUTOHSCROLL
    LTEXT           "Startkapital:", -1, 11, 10, 56, 12
    LTEXT           "Zinssatz in %:", -1, 11, 31, 56, 12
    LTEXT           "Laufzeit in Jahre:", -1, 11, 52, 56, 12
    EDITTEXT        ID_LAUFZEIT, 71, 49, 62, 12, ES_AUTOHSCROLL
    CTEXT           "", 107, 30, 92, 128, 12, SS_SUNKEN
END
```

Bild 8.13: Der Inhalt der .rc-Datei, die die Grundlage für das Dialogfeld darstellt

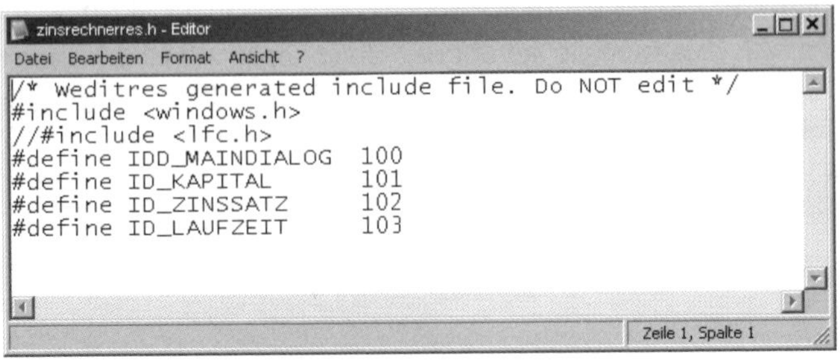

Bild 8.14: Die Header-Datei enthält die Zuordnung zwischen den Symbolkonstanten für die einzelnen Controls und ihren Werten

Bliebe zum Schluss noch die Frage, wie etwa das Anklicken der Schaltfläche in dem Zinsrechner-Dialogfeld ausgewertet wird. Die Lösung besteht in einer Erweiterung der Fensterfunktion, in der nun die *WM_COMMAND*-Nachricht abgefangen werden muss, die immer dann eintrifft, wenn eines der Bedienelemente einer Dialogbox selektiert wurde. Über den *wParam*-Parameter dieser Nachricht erfährt der Programmierer, welches Control von dem Ereignis betroffen ist und kann entsprechend darauf reagieren. Die Inhalte der Textfelder, in die der Anwender die Zahlen eingegeben hat, die das Programm verrechnen soll, werden über die *MessageBox*-Funktion abgefragt, der jene Konstante übergeben wird, die im Ressourceneditor definiert wurde.

Der folgende Programmausschnitt zeigt das Auswerten der *WM_COMMAND*-Nachricht in dem Zinsrechnerbeispiel:

```
case WM_COMMAND:
  switch (LOWORD(wParam)) {
    case IDOK:
     if (ReadText(hwndDlg, ID_KAPITAL))
     {
      Kapital = atof(buffer);
      MessageBox(hwndDlg, buffer, "Eingabetext", MB_OK);
     }
     if (ReadText(hwndDlg, ID_ZINSSATZ))
     {
      Zinssatz = atof(buffer);
      MessageBox(hwndDlg, buffer, "Eingabetext", MB_OK);
     }
     if (ReadText(hwndDlg, ID_LAUFZEIT))
     {
      Laufzeit = atof(buffer);
      MessageBox(hwndDlg, buffer, "Eingabetext", MB_OK);
     }
     Kapital = Kapital * powdi(1+Zinssatz/100,Laufzeit);
      // buffer löschen
     memset(buffer, 0, sizeof(buffer));
     _gcvt(Kapital,10, buffer);
```

```
    MessageBox(hwndDlg, buffer,
    "Kapitalberechnung", MB_OK);
    EndDialog(hwndDlg,1);
    return 1;
   case IDCANCEL:
    EndDialog(hwndDlg,0);
    return 1;
 }
```

HINWEIS

Es soll an dieser Stelle nicht verschwiegen werden, dass sich ein solcher Zinsrechner mit einem Programmiersystem wie Delphi oder Visual Basic in einer halben Stunde erstellen ließe, und dass der Programmcode aus einem halben Dutzend Zeilen bestehen würde. Effektivität ist daher nicht die Stärke von C im Rahmen der Windows-Programmierung. Doch seien wir einmal ehrlich, würde es mit einer anderen Sprache auch so interessant sein?

8.7 DLL-Bibliotheken kompilieren und aufrufen

DLLs (die Abkürzung steht für *Dynamic Link Libraries*) ist eine anderes Wort für Programmbibliothek. Eine DLL enthält eine oder mehrere Funktionen, die von der DLL exportiert werden, und die von anderen C-Programmen, aber auch von anderen Programmiersprachen, etwa Visual Basic, aus aufgerufen werden können. Ihren Namen verdanken DLLs dem Umstand, dass sie erst während der Programmausführung des »Hauptprogramms« dazu geladen werden und nicht, wie statische Bibliotheken, bereits beim Linken mit der Objektdatei des Hauptprogramms »vereinigt« werden. DLLs gibt es nur für Betriebssysteme, die dieses Konzept unterstützen. Im Folgenden ist ausschließlich von Windows-DLLs die Rede, die ebenfalls mit dem LCC-Win32-Compiler erstellt werden können.

TIPP

Soll die DLL von Visual Basic aus aufrufbar sein, sollte die DLL beim Aufruf von *Lcclnk.exe* mit der Option *–nounderscores* gelinkt werden. Dies verhindert, dass den Funktionsnamen ein Unterstrich (_) vorausgeht und erleichtert den Aufruf in einem Visual Basic-Programm. Nur bei Verwendung dieser Option entspricht der Name, der im *Declare*-Befehl angegeben wird, dem Namen, der im C-Programm definiert wurde.

TIPP

Eines der mit Abstand nützlichsten Programme ist das im Lieferumfang von LCC-Win32 enthaltene *Pedump.exe*, da es ein komplettes »Inhaltsverzeichnis« einer .exe- oder .dll-Datei ausgibt. Auf diese Weise finden Sie z.B. heraus, wie genau die in einer DLL exportierten Funktionen heißen (dies sind jene Namen, die in einem Visual Basic-*Declare*-Befehl angegeben werden müssen). Der Aufruf ist ganz einfach:

```
pedump fak.dll
```

8.7.1 Die Umsetzung im Überblick

Das Programmieren einer DLL unterscheidet sich nicht grundsätzlich von der Entwicklung einer Konsolenanwendung, in beiden Fällen handelt es sich um reine C-Programmierung. Dennoch gibt es ein paar wichtige Unterschiede zu beachten:

- Der Programmstart einer (Windows-)DLL wird über eine Prozedur mit dem Namen *WinMain* festgelegt.
- Beim Linken mit *LccLnk* muss über die Option *-Dll* festgelegt werden, dass eine DLL erstellt werden soll.
- Jede Funktion, die exportiert, also von außen zugänglich sein soll, muss entweder mit *__declspec(dllexport)* deklariert oder in einer Def-Datei angegeben werden, die vom Linker verarbeitet wird. Eine Def-Datei ist eine Textdatei, die in Kürze erklärt wird.

Das Ergebnis ist eine DLL-Datei, die sowohl von einem C-Programm als auch von anderen Windows-Programmiersprachen aus benutzt werden kann (Sie werden in Kapitel 8.7.4 ein kleines Beispiel für Visual Basic kennen lernen).

8.7.2 Die Rolle der Def-Datei

Damit der Linker in der Lage ist, die in der Objektdatei angegebenen Verweise auf Funktionen in einer DLL aufzulösen, gibt es die Möglichkeit, diese in einer Def-Datei anzugeben. Die Def-Datei ist eine simple Textdatei, die vom Programmierer angelegt werden kann, und die folgendes Format besitzt:

```
EXPORTS
Faku
```

Auf das Wort *EXPORTS* folgen einfach nur die Namen der zu exportierenden Funktionen. Eine solche Def-Datei wird beim Aufruf des Linkers angegeben:

```
lcclnk –dll faku.obj faku.def
```

Das Ergebnis ist wieder eine DLL. Allerdings kann man auf eine Def-Datei im Allgemeinen verzichten, da es einfacher ist, die Funktion wie gezeigt im Quelltext entsprechend zu deklarieren.

8.7.3 Die Umsetzung an einem Beispiel

In diesem Abschnitt wird eine kleine DLL umgesetzt, die eine einzige Funktion mit dem Namen *Faku* enthält. Wie es der Name nahe legt, dient sie zur Berechnung der Fakultät einer Ganzzahl. Die Funktion selbst ist sehr einfach gehalten, da es nur um das Prinzip der Umsetzung geht.

Schritt 1:

Die Quelltextdatei für die Datei wird angelegt. Das folgende Listing ist in der Datei *Faku.c* gespeichert.

```
#include <windows.h>

void WINAPI __declspec(dllexport) LibMain()
{

}

int _stdcall __declspec(dllexport) Faku (int Zahl)
{
  for (int n=Zahl-1; n>1; n--)
    Zahl = Zahl * n;
  return Zahl;
}
```

An diesem Listing fallen zwei Besonderheiten auf: 1. Es gibt eine *LibMain*-Funktion, die gar nichts enthält. Diese Funktion ist der obligatorische Einsprungspunkt, in der allgemeine Initialisierungen vorgenommen werden können. 2. Die eigentliche Bibliotheksfunktion *Faku* wird mit den Schlüsselwörtern *_stdcall* und *_declspec(dllexport)* deklariert. Das erste legt die Aufrufkonvention (genauer, die Reihenfolge, in der die Funktionsparameter auf dem Stack abgelegt werden) für Programmiersprachen wie Visual Basic fest. Das zweite gibt an, dass diese Funktion exportiert werden soll.

Schritt 2:

Die Datei *Faku.c* wird mit dem LCC-Compiler wie jede andere Quelltextdatei auch kompiliert:

```
lcc faku.c
```

Das Ergebnis ist eine Datei *Faku.obj*, die einerseits als statische Bibliothek vom Linker mit einer anderen Objektdatei zu einer Exe-Datei gelinkt werden kann. Anderseits lässt sie sich vom Linker in eine eigenständige DLL-Datei umwandeln.

Schritt 3:

Der folgende Aufruf des Linkers macht aus der Objektdatei eine DLL:

```
lcclnk –dll –nounderscores –faku.obj
```

Dabei entsteht auch eine Lib-Datei, die später beim Linken eines Programms benötigt wird, das auf die DLL-Funktion zugreifen möchte.

Schritt 4:

Jetzt liegt eine DLL-Datei vor, deren Funktionen von einem anderen C-Programm, das einen Verweis auf diese Datei enthält, aufgerufen werden können.

Schritt 5:

Das folgende C-Programm *Fakutest.c* dient nur einem einzigen Zweck: dem Aufruf der Funktion *Faku* in der Datei *Faku.dll*:

```
// Beispiel für den Aufruf einer Bibliotheksfunktion
#include <stdio.h>

// Deklaration der externen Funktionen Fak
int _stdcall Faku(int zahl);

// Programmstart
void main ()
{
  int Zahl = 10;
  printf("Die Fakultaet von %d ist: %d\n", Zahl, Faku(Zahl));
}
```

Schritt 6:

Die Quelltextdatei *Fakutest.c* wird mit dem LCC-Compiler wie gewohnt kompiliert:

```
Lcc fakutest.c
```

Das Ergebnis ist eine Objektdatei mit dem Namen *Fakutest.obj*.

Schritt 7:

Jetzt tritt der Linker in Aktion, der aus der Objektdatei eine Exe-Datei macht.

```
Lcclnk fakutest.obj faku.lib
```

Ging alles gut, kann *Fakutest.exe* nun aufgerufen werden und die Fakultät der Zahl 10 ausgeben.

> Damit der Aufruf einer DLL-Datei möglich ist, muss sich die Datei entweder im gleichen Verzeichnis wie die Exe-Datei oder im durch die *Path*-Umgebungsvariable festgelegten Suchpfad befinden. Ansonsten gibt es beim Start der Exe-Datei eine unerfreuliche Fehlermeldung.

8.7.4 Der Aufruf einer DLL-Funktion von Visual Basic

Visual Basic ist eine populäre Programmiersprache, mit der sich vieles machen lässt, aber nicht alles. Aus diesem Grund kann eine C-DLL eine ideale Ergänzung sein. Auch wenn es um die Geschwindigkeit geht, etwa bei komplexen Berechnungen wie einer Fourier-Transformation, ist der C-Compiler dem Visual Basic-Compiler in der Regel überlegen (wenngleich dieser Geschwindigkeitsvorteil nicht uneingeschränkt gilt).

Der Declare-Befehl in Visual Basic

Damit ein Visual Basic-Programm eine DLL-Funktion aufrufen kann, muss die Funktion mit dem *Declare*-Befehl im Programm als externe Funktion deklariert werden. Dabei kommt es auf folgende Angaben an:

- Den Namen der Funktion
- Die Frage, ob der Rückgabewert eine Rolle spielt oder nicht. Ist Ersteres der Fall, wird eine *Function* deklariert, ansonsten eine *Sub*.
- Ob ein Alias für den Funktionsnamen verwendet wird. Dieser Alias ist der »wahre« Name der Funktion, wenn beim eigentlichen Funktionsnamen ein anderer, z.B. kürzerer Name angegeben wurde. Beim Aliasnamen kommt es auf die Groß-/Kleinschreibung an.
- Die Datentypen der Funktionsparameter.
- Der Datentyp des Rückgabewertes.

```
Private Declare Function Faku Lib
"C:\Programme\LCC32Win\Beispiele\Faku\Lcc\Faku.dll" _
(ByVal Wert As Long) As Long
```

Der Pfad der Datei *Faku.dll* muss komplett ausgeschrieben werden, sofern sie sich nicht im *System32*-Unterverzeichnis von Windows befindet. Ändern Sie den Pfad daher entsprechend ab. Es gibt bei Visual Basic keine Möglichkeit, eine Aufrufkonvention festzulegen. Diese muss vielmehr, wie bereits gezeigt, in der C-Bibliothek festgelegt werden.

Der Zusatz *Alias* ist nur dann erforderlich, wenn der Name in der DLL von jenem Namen abweicht, der im C-Programm definiert wurde:

```
Private Declare Function Faku Lib
"D:\Programme\LLC32Win\Beispiele\Faku\Lcc\Faku.dll" _
Alias "_Fak@4" (ByVal Wert As Long) As Long
```

Ein solch »eigenartiger« Name entsteht immer dann, wenn die DLL ohne die Option *-nounderscores* kompiliert wurde.

Der eigentliche Aufruf der DLL ist nur noch eine Formalität:

```
lbFaku.Caption = Faku(10)
```

In diesem Beispiel wird der Rückgabewert über die *Caption*-Eigenschaft eines Labels ausgegeben. Der komplette Inhalt des kleinen Visual Basic-Programms, das aus einem Formular mit einem CommandButton (*cmdStart*) und einem Label (*lblFaku*) besteht, sieht wie folgt aus:

```
Option Explicit
Private Declare Function Faku Lib
"C:\Programme\LLC32WIN\Beispiele\Faku\Faku.dll" (ByVal Wert As Long)
As Long

Private Sub cmdStart_Click()
  lbFaku.Caption = Faku(10)
End Sub
```

Wie schon erwähnt, müssen Sie den Pfad der Datei *Faku.dll* entsprechend anpassen. Sonst kann die DLL nicht geladen werden.

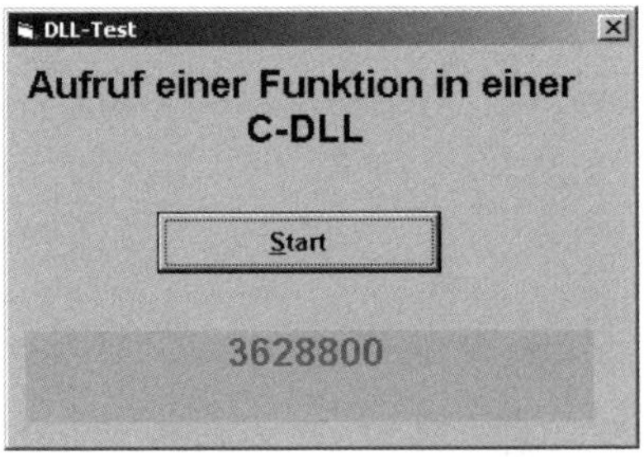

Bild 8.15: Ein kleines Visual Basic-Programm ruft die Funktion »Faku« in der DLL »Faku.dll« auf

Die Umsetzung der Datentypen

Die Datentypen in Visual Basic sind mit denen von C nicht hundertprozentig übereinstimmend, wenngleich es natürlich grundsätzliche Ähnlichkeiten und auch Übereinstimmungen gibt. So kennt Visual Basic keine vorzeichenlosen Datentypen und ein String ist ein Zeiger auf einen Stringdeskriptor und nicht einfach eine nullterminierte Zeichenfolge. Dennoch klappt der Aufruf in der Praxis meistens gut. Tabelle 8.1 stellt die wichtigsten Datentypen gegenüber.

Im Zweifelsfall gilt die Regel Übergabe mit *ByVal* und *Long* als Datentyp. Dennoch sollte man ein Visual Basic-Projekt immer zuerst speichern, um keine unliebsamen Überraschungen zu erleben.

Datentyp in C	**Pendant in Visual Basic**
BOOL	Long
BYTE	Byte
char	String * 1 oder Byte
int	Long
short	Integer
long	Long
float	Single
double	Double
LPSTR	String (mit *ByVal*)
HWND	Long

Tabelle 8.1: Gegenüberstellung der Datentypen in C und Visual Basic

8.8 Zusammenfassung

Bei der Windows-Programmierung mit reinem C muss sich der Programmierer um viele Details kümmern. Das beginnt mit dem Registrieren eines Fensters, geht weiter über das Einrichten einer Nachrichtenschleife und der Notwendigkeit, jede einzelne Nachricht, die für das Programm von Interesse ist, abfangen zu müssen und endet mit dem Umstand, dass alle Dialogfelder und deren Zusammensetzung in Ressourcendateien definiert werden müssen. Da dies für große Projekte viel zu aufwändig wäre, gibt es eine Reihe von Alternativen. Da wäre zum einen die umfangreiche Klassenbibliothek *Microsoft Foundation Class* (MFC) für C++, die die Programmierung deutlich vereinfacht. Und da wären andere Programmiersprachen wie Delphi, Java oder Visual Basic, bei denen die aufgezählten Formalismen keine Rolle spielen, da sie innerhalb der IDE und/oder durch die Programmiersprache erledigt werden.

Geht es jedoch darum, die Programmiersprache C zu lernen, ist die Windows-Programmierung beinahe ideal, denn auf kaum einem anderen Gebiet kann man seine Fertigkeiten so gut unter Beweis stellen. Es ist daher auch ein überaus befriedigendes Gefühl, das kein »Programmgenerator« à la Visual Basic ersetzen kann, wenn nach Auswahl eines Menüeintrags ein Dialogfenster aufgeht oder eine Grafikausgabe erscheint. Große Programme für die Firma oder für andere Aufgaben sollten dann aber mit einem modernen Entwicklungswerkzeug (hier kommt wieder Visual Basic in Frage) umgesetzt werden, da der Zeitaufwand für die Entwicklung mit reinem C (und Zeit bedeutet in der

Softwarebranche immer viel Geld) in keinem Verhältnis zum Ergebnis stehen kann. Oder konkret, wenn ein C-Programmierer für ein Projekt 3 Monate benötigt, das ein geübter Delphi- oder Visual Basic-Programmierer in einer Woche erledigt, erntet der C-Programmierer dafür bei seinem Auftraggeber nur in Ausnahmefällen anerkennende Worte.

8.9 Test

1. Welche beiden Programmtypen gibt es unter Windows?
2. Was ist eine Nachricht und wie viele Nachrichten gibt es?
3. Was ist eine Fensterfunktion, wie sieht ihr Funktionsprototyp aus und welche Bedeutung besitzen die einzelnen Parameter?
4. Was ist eine API-Funktion?
5. Wie unterscheidet sich eine statische Bibliothek von einer dynamischen Bibliothek (DLL)?
6. Ein Programmierer will eine komplette Büroanwendung mit vielen Fenstern und einer Datenbankanbindung in C programmieren, hat dafür aber nur 12 Wochen Zeit. Wie hoch ist die Wahrscheinlichkeit, dass er das Projekt erfolgreich zu Ende bringt?

Die Lösungen zum Test finden Sie in Anhang A.

Kapitel 9

jetzt lerne ich

C und Unix

Keine Programmiersprache ist mit einem Betriebssystem derart verbunden wie C mit Unix. Denn C wurde ja eigens erfunden, um Unix zu entwickeln. So geschehen Anfang der Siebzigerjahre (des letzten Jahrhunderts), und Unix war mithin das erste Betriebssystem der Welt, bei dem der weitaus größte Teil in einer Hochsprache geschrieben war. So etwas war bis dahin nicht denkbar, denn alle früheren Betriebssysteme wurden in Assembler bzw. Maschinensprache entwickelt.

Dieses Kapitel ist für Sie übrigens nicht nur dann interessant, wenn Sie auf einem Unix-System arbeiten, sondern Sie können auch ein paar Techniken lernen, die generell empfehlenswert sind und einfach zu einem guten Programmierstil gehören.

9.1 Unix-Varianten

Im Gegensatz zu MS-DOS und Windows, die ausschließlich aus dem Hause Microsoft kommen, sieht das bei Unix anders aus. Es gibt nicht »das« Unix, sondern eine ganze Reihe von Derivaten (Varianten) verschiedener Hersteller. Bekannt sind z.B. *HP/UX* und *AIX*. Webserver laufen heute oft auf Computern der Firma *Sun* und deren Unix-Betriebssystem *Solaris*. Auch der Computerriese IBM bietet Unix für seine Workstations an.

Sah es Anfang der Neunzigerjahre so aus, dass jeder Hersteller sein eigenes Unix-Süppchen kocht und Unix in erster Linie ein Thema für große Unternehmen, Behörden und andere Organisationen war, bei denen es in erster Linie um Datenverarbeitung und weniger um bunte Oberflächen und stetige Innovationen geht, ist Unix heutzutage wieder erstaunlich populär. Schuld daran ist natürlich das Unix-Betriebssystem *Linux*, das von dem Finnen *Linus Torvalds* »erfunden« und von begabten und engagierten Programmierern auf der ganzen Welt zu einem robusten und sehr leistungsfähigen Betriebssystem ausgebaut wurde. Auch wenn im PC-Bereich Unix nicht gleich Linux ist, ist Linux, das in verschiedenen Distributionen angeboten wird (grundsätzlich ist Linux kostenlos), für private Anwender, kleine Firmen, in zunehmendem Maße aber auch für Kommunen, Behörden und große Unternehmen die erste Wahl. Linux bietet alles das, was man von einem modernen Betriebssystem erwarten würde, inklusive einer grafischen Oberfläche (z.B. KDE) und einer sehr guten Unterstützung für praktisch alle wichtigen Hardwaregeräte.

TIPP

Viele PC-Besitzer, insbesondere, wenn sie nur Windows kennen, schrecken vor einer Linux-Installation zurück, da sie als technisch aufwändig gilt und sehr viel mehr Know-how voraussetzt. Dies ist aber zum größten Teil ein Vorurteil, da die Hersteller der verschiedenen Linux-Distributionen in den letzten Jahren sehr viel Mühe darauf verwendet haben, die Installation so einfach zu halten wie die von Windows. Wer Linux nur unverbindlich kennen lernen möchte, ohne dafür eine Festplattenpartition einrichten zu müssen oder hinterher etwas wieder deinstallieren zu müssen, dem sei Knoppix Linux empfohlen. Es wird auf einer bootfähigen CD-ROM ausgeliefert, die vor dem Einschalten des Computers im Laufwerk liegen muss. Anschließend bootet der Computer (das funktioniert auch mit Notebooks) unter Linux, ohne dass an der Systemkonfiguration etwas geändert werden muss. Hat man von Linux genug, bootet man das nächste Mal wieder ohne CD-ROM und alles sollte wieder so sein wie vorher. Natürlich lässt sich Knoppix Linux mit wenig Aufwand auch dauerhaft einrichten. Mehr zu Knoppix Linux erfährt man unter *http://www.knopper.net/knoppix/*.

9.2 Die Bedienung

Unix ist bekannt für seine spartanischen Kommandozeilen und kryptischen Befehlen. Bei diesen Kommandozeilen, die mit der Eingabeaufforderung unter Windows vergleichbar sind, spricht man von einer *Shell*. Die Kommandos, die man in einer solchen Shell verwendet, sind vor allem eines: sehr kurz. Dateien kopiert man mit *cp*, mit *mv* verschiebt und mit *rm* löscht man sie. Der Verzeichniswechsel funktioniert mit *cd*, das ist immerhin identisch mit der Windows-Eingabeaufforderung.

Einen Überblick über die Dateien im aktuellen Verzeichnis erhält man mit *ls*. Dieses Kommando verfügt über eine Vielzahl an möglichen Zusatzparametern, von denen *-l* der wohl am häufigsten eingesetzte ist. Denn der Befehl *ls -l* gibt viele wichtige Informationen auf dem Bildschirm aus, darunter auch

Größe und Änderungsdatum der Dateien. Oft ist der Alias *ll* definiert, der demselben Zweck dient.

Ein Graus ist den meisten Unix-Anfängern der Editor *vi*. Obwohl es auch Alternativen, wie z.B. *emacs*, gibt, wird man immer in Situationen kommen, wo eben nur der *vi* verfügbar ist. Bedient wird er durch eine Vielzahl an Befehlen, die man einfach kennen muss. Er ist ein sehr mächtiger Editor, seine ganze Bandbreite öffnet er allerdings erst Experten, die ihn seit Jahren benutzen. Ganz ordentlich arbeiten kann man aber auch schon mit einer relativ geringen Zahl an Befehlen. Im Zusammenhang mit dem *vi* kann man sich übrigens sehr schnell als Anfänger »outen«, wenn man ihn nicht richtig ausspricht. Denn in Fachkreisen spricht man immer nur von dem »vi-ai«.

9.3 Das Dateisystem

Zum Thema »Dateisystem« ist glücklicherweise gar nicht so viel zu sagen, entspricht es doch im Wesentlichen dem von Windows. Zumindest jedenfalls, was das Erscheinungsbild nach außen betrifft. Es gibt Dateien, und es gibt Verzeichnisse, in denen sich Dateien befinden können. Verzeichnisse können geschachtelt werden, womit man zu Verzeichnisbäumen gelangt.

Lediglich die von Windows bekannten Laufwerksbuchstaben sind unter Unix unbekannt. Hier gibt es logisch gesehen nur ein einziges Laufwerk, dessen oberstes Verzeichnis das so genannten »Wurzelverzeichnis« ist. Selbst physikalisch unterschiedliche Laufwerke erscheinen nur als Unterverzeichnis des Wurzelverzeichnisses. Schließlich ist es für die Logik eines Programms völlig unerheblich, auf welchem physikalischen Laufwerk sich eine Datei befindet. Viel wichtiger ist es doch, auf welche Art und Weise diese Datei zu finden ist. Und das ist mit dem Unix-Konzept jedenfalls viel einheitlicher gelöst: Es ist immer ein Pfad, der mit dem Wurzelverzeichnis beginnt.

9.4 Das Berechtigungskonzept

Ein recht gut durchdachtes Konzept betrifft die Berechtigungen. Zunächst muss sich jeder, der an einem Unix-System arbeiten will, mit einem Benutzernamen anmelden. Dieser Name entscheidet über die Zulässigkeit aller Aktionen, die der Benutzer im Laufe seiner Unix-Sitzung durchführen will. So hat jede Datei und jedes Verzeichnis einen Besitzer, der natürlich durch seinen Benutzernamen identifiziert wird. Außerdem ist jede Datei einer Gruppe von Benutzern zugeordnet.

Für Dateien gibt es drei Berechtigungsarten, und zwar Zugriff zum Lesen, zum Schreiben und zur Ausführung von Programmen. Jede dieser Berechtigungsarten wird durch ein Kürzel bezeichnet, und zwar *»w«* für Schreib-, *»r«* für Lese- und »x« für Ausführungsberechtigung. Und jede kann separat für den Besitzer, die zugeordnete Gruppe oder für alle übrigen Benutzer vergeben werden.

Das bereits erwähnte Kommando *ls -l* gibt all diese Informationen für die Dateien im aktuellen Verzeichnis mit aus. Dies könnte etwa so aussehen:

```
ls -l
drw-rw-rw- user1 gruppe1       10-12-03  alt
-r-xr-x--- user1 gruppe1 45663 01-01-01  programm
-rw-rw-r-- user1 gruppe1  3301 14-02-02  readme.txt
```

Das *ls*-Kommando zeigt drei Einträge. Der erste mit Namen *alt* ist ein Unterverzeichnis, was an dem Buchstaben *d* am Anfang der Zeile zu erkennen ist. Alle Dateien, also auch das Unterverzeichnis, gehören dem Benutzer *user1*, die zugeordnete Gruppe ist *gruppe1*.

Von den 10 Zeichen am Beginn jeder Zeile dienen die Zeichen 2-4 der Kennzeichnung der Rechte des Besitzers, also *user1*, die Zeichen 5-7 der Rechte aller Benutzer, die zur Gruppe *gruppe1* gehören, und die Zeichen 8-10 der Rechte aller übrigen Benutzer.

Für das Unterverzeichnis *alt* haben demnach sowohl der Besitzer *user1* als auch die Mitglieder der Gruppe *gruppe1* als auch alle übrigen Benutzer sowohl Lese- als auch Schreibrechte. Für die Datei *programm* haben der Benutzer *user1* und alle Mitglieder der Gruppe *gruppe1* Lese- und Ausführungsrechte. Das heißt sie dürfen dieses Programm ausführen und lesen, z.B. dürfen sie es woanders hinkopieren. Änderungen des Programms sind auf Grund der fehlenden Schreibrechte untersagt. Alle übrigen Benutzer haben überhaupt keine Rechte für diese Datei.

Für die Datei *readme.txt* schließlich haben der Benutzer *user1* und alle Mitglieder der Gruppe *gruppe1* Lese- und Schreibrechte, alle übrigen Benutzer haben nur Leserechte. Schreibrechte heißt also, die Datei darf durch einen Editor geändert werden. Leserechte gewähren nur die Möglichkeit, sich den Inhalt der Datei anzusehen. Der Versuch, Änderungen zu speichern, verursacht eine Fehlermeldung.

Dieses Berechtigungskonzept hat grundlegende Bedeutung für die Arbeit in Unix. Oft kommt es vor, dass ein Programm nicht so funktioniert, wie es gedacht ist, obwohl es vorher immer das Gewünschte getan hat. Dann ist fast immer ein Berechtigungsproblem die Ursache, und die erste Überprüfung in solchen Fällen sollte immer den Berechtigungen gelten.

9.5 Shellskripte und Dienstprogramme

Große Bedeutung haben in Unix die so genannten *Shellskripte*. Sie entsprechen den so genannten »Batch-Dateien« aus MS-DOS bzw. Windows, bieten aber unvergleichlich viel mehr an Möglichkeiten. Sie haben ihren Namen von den Shells, in denen sie ablaufen und die eine einfache, aber effektive Skriptsprache zur Verfügung stellen. So können Variablen mit Werten belegt werden, und viele aus C bekannte Kontrollstrukturen sind vorhanden.

Daneben ist eine ganze Reihe an Dienstprogrammen zu erwähnen, die häufig benötigte Aktionen durchführen. Mit *grep* kann man Texte in allen Dateien eines Verzeichnisses suchen. *sed* und *awk* sind mächtige Textprozessoren. Mit diesen lassen sich Operationen durchführen, die ansonsten eine aufwändige manuelle Bearbeitung in einem Editor erfordern. Viele weitere Dienstprogramme gibt es, und alle können natürlich innerhalb von Shellskripten aufgerufen werden, ebenso aber direkt aus der Shell.

Shellskripte müssen nicht kompiliert werden, da ihr Inhalt direkt von der Shell interpretiert und ausgeführt wird. Daher bieten sie sich an, wenn »auf die Schnelle« ein paar nicht allzu komplexe Dateioperationen durchgeführt werden sollen oder das Ganze nicht für die Ewigkeit gebraucht wird. Dann dauert es meist wesentlich länger, ein entsprechendes C-Programm zu schreiben. Außerdem lassen sich manche Dateioperationen wesentlich effektiver durch Unix-Befehle formulieren als durch Aufruf einer Bibliotheksfunktion in einem C-Programm. Dann sind Shellskripte eindeutig im Vorteil.

9.6 Telnet und FTP

Und die gute Nachricht am Schluss dieser eher theoretisch orientierten Lektion: Auch ein Unix-Rechner, egal welcher Sorte, kann von einem PC aus bedient werden. Heute ist es kaum noch üblich, spezielle Unix-Terminals zur Bedienung anzuschaffen. Vielmehr geht man davon aus, dass es PCs ohnehin überall gibt und diese das viel besser können.

Benötigt werden dann aber so genannten *Emulator-Programme*, welche die Funktion des Unix-Terminals übernehmen. Das bekannteste ist *Telnet*. Es muss natürlich eine Verbindung von dem PC, auf dem man arbeitet, zu dem Unix-Rechner geben. Eine solche kann über ein lokales Netzwerk (LAN) oder auch über das Internet hergestellt werden. In beiden Fällen gibt es einen Namen oder eine Kombination aus vier Zahlen von 0-255, der so genannten IP-Adresse, mit der der Unix-Rechner identifiziert wird. In Verbindung mit dem Benutzernamen und dem Passwort können Sie sich mit einem *Telnet*-Programm auf dem Unix-Computer anmelden und erhalten ein Fenster, das ähnlich wie eine Eingabeaufforderung aussieht, in Wirklichkeit aber die Unix-Shell ist.

Ebenso wichtig wie das Emulator-Programm ist ein Programm zur Übertragung von Daten zwischen dem PC und dem Unix-Rechner. Es heißt *FTP* (*File Transfer Program*), und Sie müssen sich auf genau dieselbe Art und Weise anmelden wie bei *Telnet*. Mittlerweile gibt es auch entsprechende Programme mit grafischer Oberfläche, die unter Windows laufen. Sie werden ähnlich wie der Windows Explorer oder der von früheren Windows-Versionen bekannte Datei-Manager bedient.

9.7 Besonderheiten von Unix

In diesem Abschnitt werden ein paar Formalitäten vorgestellt, die Unix von Windows unterscheidet.

9.7.1 Groß-/Kleinschreibung

Eine wichtige Besonderheit bei Unix ist die Groß-/Kleinschreibung. Sehen Sie sich dazu einmal das folgende kleine Programm an:

```
#include <STDIO.H>

void main()
{
  printf("C ist eine moderne Sprache!\n");
}
```

Wahrscheinlich ist Ihnen sofort aufgefallen, dass der Name der Include-Datei *stdio.h* hier großgeschrieben ist, was natürlich falsch ist. Klar, in der Überschrift steht ja auch, dass es hier um Groß-/Kleinschreibung gehen soll, da wird das wahrscheinlich Absicht sein. Ist es auch, da haben Sie Recht. Sie werden aber wohl nicht vermuten, dass sich dieses Programm unter Windows tatsächlich kompilieren lässt und lauffähig ist. Dabei wissen Sie doch seit Kapitel 2, dass C zwischen Groß- und Kleinschreibung unterscheidet. Wie kann das also funktionieren?

Ganz einfach: Zunächst wissen Sie bereits, dass *#include* gar keine Anweisung der Sprache C ist, sondern vom Präprozessor ausgewertet wird. Dieser soll an die Stelle der *#include*-Anweisung den kompletten Inhalt der Datei *STDIO.H* kopieren. Um den Inhalt der Datei *STDIO.H* zu lesen, muss er diese Datei öffnen, auch das kennen Sie bereits. Und dieses Öffnen wird letzten Endes vom Betriebssystem ausgeführt.

Nun ist Windows ein Betriebssystem, das bei Datei- und Verzeichnisnamen Groß-/Kleinschreibung ignoriert. Zwar kann man unter Windows Groß- und

Kleinbuchstaben in Datei- und Verzeichnisnamen verwenden, doch beim Öffnen einer Datei spielt die Groß-/Kleinschreibung keine Rolle – die Schreibweisen *stdio.h* und *STDIO.H* haben damit die gleiche Auswirkung. Somit wird die gesuchte Datei gefunden und korrekt eingefügt.

Unix hingegen unterscheidet streng Groß- und Kleinbuchstaben. Hier wird das Betriebssystem die Datei *STDIO.H* auf keinen Fall finden, der Compiler wird eine Fehlermeldung ausgeben. Probieren Sie es aus, es wird nicht funktionieren.

Unix unterscheidet streng Groß- und Kleinbuchstaben. Alle Datei- und Verzeichnisnamen im Programm, ob in einer *#include*- oder *fopen*-Anweisung, müssen in korrekter Groß-/Kleinschreibung angegeben werden.

9.7.2 Verzeichnispfade

Aus dem letzten Abschnitt wissen Sie, dass sich die Dateisysteme von Windows und Unix bis auf die Laufwerksbuchstaben im Wesentlichen gleich verhalten. Einen Unterschied gibt es aber doch, und der besteht in der Schreibweise. Eine Pfadangabe in Windows sieht z.B. so aus:

```
file = fopen("config\\test.ini", "r");
```

Eine Pfadangabe in Unix:

```
file = fopen("config/test.ini", "r");
```

Hier zeigt sich ein kleiner, aber wesentlicher Unterschied.

In Windows werden die Bestandteile eines Pfades mit dem Zeichen »\« (»Backslash«), in Unix mit dem Zeichen »/« (»Slash«) getrennt.

Wenn Sie eine Anweisung wie die obige unbedingt benötigen, kommen Sie natürlich in Schwierigkeiten, wenn Ihr Programm unter Windows und Unix gleichermaßen laufen soll. Denn nur eine kann richtig sein. In der nächsten Lektion werden Sie aber Möglichkeiten kennen lernen, dies einfach und elegant zu umschiffen.

Wie Sie in obigem Beispiel sehen, müssen im Windows-Programm sogar zwei »\« geschrieben werden. Das hat einen einfachen Grund. Wie Sie wissen, wird »\« zur Kennzeichnung von Sonderzeichen benutzt. »\n« ist ein Zeilenumbruch, »\t« das Tabulatorzeichen. Soll nun wirklich ein Backslash in einer Textkonstanten erscheinen, muss er zur Unterscheidung von eventuellen Sonderzeichen doppelt geschrieben werden.

9.7.3 Das Zeilenende in Textdateien

Vielleicht ist es Ihnen bei Benutzung eines *ftp*-Programms schon einmal aufgefallen: Es gibt zwei Modi zur Übertragung von Dateien zwischen Windows und Unix. Und zwar den Binär- und den Textmodus. Und komischerweise ändert sich die Größe der im Textmodus übertragenen Dateien zwischen den Systemen, während sie im Binärmodus gleich bleibt. Offenbar werden Textdateien unterschiedlich gespeichert.

Bei Textdateien geht man davon aus, dass es sich um eine Abfolge von Textzeilen handelt. Da Textzeilen keine feste Länge haben, muss es logischerweise eine Markierung geben, die das Ende einer Zeile und den Beginn der nächsten markiert.

Erinnern Sie sich doch mal an die alten mechanischen Schreibmaschinen. War man da mit dem Schreiben am Ende der Zeile angelangt, mussten doch eigentlich zwei Dinge passieren. Zunächst musste der Wagen (auf englisch »carriage«) wieder auf den Beginn der Zeile positioniert werden (»carriage return«). Zum anderen musste er auch noch eine Zeile weitergedreht werden (»line feed«).

Für diese beiden Aktionen gibt es im ASCII-Code zwei Zeichen, und zwar »\r« für den Wagenrücklauf und »\n« für den Zeilenvorschub. Letzteres kennen Sie bereits, in zahlreichen *printf*-Anweisungen haben Sie es benutzt.

Sehen Sie sich einmal folgendes Programm an:

```
    #include <stdio.h>
    #define FNAME "test.dat"
    #define MAXANZ 100

    main()
    {

      int idx;
      char text[MAXANZ];
      long ret;
      FILE *file;

      /* Datei schreiben */
A     file=fopen(FNAME,"w");
B     fprintf(file,"eins\n");
      fprintf(file,"zwei\n");
C     fclose(file);

      /* Datei lesen */
D     file=fopen(FNAME,"rb");
E     ret=fread(text,1,MAXANZ,file);
F     fclose(file);
```

```
     /* Resultat auf den Bildschirm schreiben */
G    printf("Anzahl Zeichen: %ld\n",ret);
H    for ( idx=0; idx<ret; idx++ )
       printf("text[%d]=%d\n",idx,text[idx]);
   }
```

Erläuterungen

A Es wird eine Datei zum Schreiben geöffnet. Der Dateiname wird durch die Präprozessorkonstante *FNAME* angegeben, die am Beginn des Programm als *»test.dat«* definiert ist.

B In einer *printf*-Anweisung wird der Text *»eins«* mit nachfolgendem Zeilenvorschub in die Datei geschrieben. Eine zweite *printf*-Anweisung schreibt den Text *»zwei«* und ebenfalls einen Zeilenvorschub in die Datei. Insgesamt werden also 10 Zeichen geschrieben.

C Die Datei wird geschlossen.

D Die Datei wird erneut geöffnet, diesmal mit dem Modus *»rb«*. Das *»r«* kennen Sie bereits, das bedeutet, aus der Datei soll gelesen werden. Das *»b«* ist neu, dies kennzeichnet den Binärmodus. Dieser wird für eine kleine Überraschung sorgen.

E Durch den Aufruf der Funktion *fread* wird bis zu einer maximalen Länge von *MAXANZ* (=100) aus der Datei gelesen. Der Rückgabewert enthält nach Ausführung der Funktion die tatsächliche Anzahl der gelesenen Zeichen. Diese wird in der Variablen *ret* gespeichert.

F Die Datei wird geschlossen.

G Die Anzahl der gelesenen Zeichen wird auf dem Bildschirm ausgegeben.

H In einer *for*-Schleife werden die Zeichen einzeln durch ihren ASCII-Code auf dem Bildschirm ausgegeben.

Kompilieren Sie das Programm und lassen es laufen. Welchen Wert erhalten Sie als Anzahl der gelesenen Zeichen? 10 oder 12? Erwartet haben Sie sicher 10, denn 10 Zeichen haben Sie in die Datei geschrieben. Haben Sie das Programm auf einem Unix-System gestartet, stimmt das auch. Befinden Sie sich allerdings unter Windows, erhalten Sie plötzlich den Wert 12. Was ist denn da passiert?

Windows ist ganz einfach der Meinung, zu einem ordentlichen Zeilenvorschub (*»\n«*) gehört auch ein Wagenrücklauf (*»\r«*). Und den fügt das Betriebssystem ganz eigenmächtig ein. Das können Sie auch an der weiteren Ausgabe des Programms sehen: Am Ende jeder Zeile finden Sie da den ASCII-Code 13 (=*»\r«*) und dann den ASCII-Code 10 (=*»\n«*). Ein Unix-System erlaubt sich im Gegensatz dazu keine Eigenmächtigkeiten. Hier wird nur das in die Datei geschrieben, was der Programmierer vorgesehen hat.

Zwei Dinge können Sie tun, um das Programm zu identischen Bildschirmausgaben unter Windows und Unix zu bewegen: Sie können die Datei zum Lesen im Textmodus öffnen, also durch Angabe von *»r«* statt *»rb«*. Probieren Sie es aus, falls Sie über beide Systeme verfügen. Es klappt. Allerdings ändert es nichts an der Tatsache, dass die beiden *»\r«*-Zeichen in die Datei geschrieben werden. Durch den gewählten Textmodus werden sie beim Lesen allerdings gleich wieder entfernt.

Sie können natürlich auch dafür sorgen, dass diese Zeichen erst gar nicht in die Datei geschrieben werden. Wie macht man das? Ganz klar: Wählen Sie gleich beim Schreiben den Binärmodus. Öffnen Sie die Datei also mit dem Modus *»wb«*. Probieren Sie es aus! Allerdings könnten Sie mit einer derart erzeugten Textdatei Probleme bekommen, wenn Sie sie in einem Texteditor ansehen möchten. Es gibt eine Reihe von Editoren, die mit einem solchen Zeilenende nicht zurecht kommen.

ACHTUNG

Windows unterscheidet beim Schreiben und Lesen von Dateien zwischen Binär- und Textmodus. Im Textmodus wird das Ende einer Zeile durch die Zeichen *»\r«* (ASCII-Code 13) und *»\n«* (ASCII-Code 10) gekennzeichnet. Unix kennt eine solche Unterscheidung nicht, Textzeilen werden lediglich durch *»\n«* markiert. Falls Sie Dateien mit einem *FTP*-Programm zwischen beiden Systemen übertragen wollen, achten Sie auf die korrekte Wahl des Übertragungsmodus (Binär oder Text).

9.7.4 Die Funktion »system«

Angenommen, Ihr Programm soll eine Datei löschen, in der Sie irgendwelche Zwischenergebnisse gespeichert haben. Wie Sie das manuell tun, wissen Sie ja: In einer Unix-Shell gibt es den Befehl *rm*, in einer Eingabeaufforderung unter Windows heißt der Befehl *del*. Aber wie löscht ein C-Programm eine Datei?

Eine einfache Lösung bietet die Bibliotheksfunktion *system*. Mit ihr können Sie all das, was Sie in einer Shell tun können, aus Ihrem Programm heraus durchführen. Die Zeichenkette, die Sie beim Aufruf der Funktion angeben, wird ganz einfach an das Betriebssystem übergeben, und dieses übernimmt den Rest.

Windows:

```
ret = system("del datei.txt");
```

Unix:

```
ret = system("rm datei.txt");
```

Natürlich sehen Sie gleich das Dilemma, in das Sie sich hierbei begeben: Der Befehl ist immer abhängig vom Betriebssystem, und von daher haben Sie wenig gewonnen, falls Ihre Programme gleichermaßen unter Windows und Unix funktionieren sollen. Aber Geduld, bald kommt ja die Abhilfe.

Erwähnt werden muss außerdem, dass der Rückgabewert der Funktion *system* mit Vorsicht zu genießen ist. Er soll ungleich null sein, wenn es bei der Ausführung des Befehls zu einem Fehler gekommen ist. Die Frage ist nur, wann das Betriebssystem einen Fehler erkennt und wann es die Durchführung als völlig normal ansieht. So wäre die Frage, ob es beim Löschen einer Datei ein Fehler ist, wenn die Datei überhaupt nicht existiert. Denn das Ziel ist doch, dass es nach Ausführung des Lösch-Befehls diese Datei nicht gibt. Warum sollte es ein Fehler sein, wenn das bereits vorher der Fall ist?

Falls Sie eine Fehlerbehandlung programmieren möchten, sollten Sie daher alle möglichen Fehlerfälle durchprobieren und sich ausgeben lassen, welche Rückgabewerte Sie erhalten. Vorsicht: Eventuell kann es hier sogar Unterschiede zwischen den verschiedenen Unix-Systemen geben.

ACHTUNG

Die Bibliotheksfunktion *system* erlaubt die Ausführung von Betriebssystemkommandos, Shellskripten und Dienstprogrammen aus C-Programmen heraus. Der Rückgabewert ist ungleich null, wenn ein Fehler aufgetreten ist. Welche Fälle hierbei als Fehler angesehen werden, muss der Dokumentation entnommen oder ausprobiert werden.

9.8 Schreiben portabler Programme

Wie Sie von vielen Stellen in diesem Buch wissen, ist es eine hervorragende Eigenschaft von C, portabel zu sein. C-Programme können von einem Unix-System übernommen und nach Windows übertragen werden. Oder natürlich umgekehrt. Das Programm wird nach der Kompilierung anstandslos funktionieren. Garant hierfür ist der ANSI-Standard, der nicht nur die Sprachkonstrukte, sondern auch eine ganze Reihe wichtiger Bibliotheksfunktionen verbindlich festlegt. Nun wissen Sie aus diesem Kapitel, dass es dennoch einige Fallstricke gibt. Aber – und das ist die Hauptsache – allen kann man ausweichen, und das Ziel, ein portables Programm, ist keinesfalls Illusion.

9.8.1 Ein paar Tipps

Es soll mit den Dingen begonnen werden, die Sie schon kennen:

- Benutzen Sie nur ANSI-Funktionen, sofern es möglich ist. Nur bei diesen ist es gewährleistet, dass sie auf allen Systemen vorhanden sind und dasselbe leisten. Die wichtigsten ANSI-Funktionen finden Sie im Anhang C. Es gibt aber noch viele mehr. Die Dokumentation oder die Onlinehilfe Ihres C-Compilers geben Ihnen Auskunft über die ANSI-Funktionen.
- Vermeiden Sie den Datentyp *int*. Sie wissen, dass sein Wertebereich von dem Betriebssystem abhängig ist, auf dem das Programm läuft. Überlegen

Sie, wie groß der benötigte Wertebereich ist und entscheiden Sie sich entweder für *short* oder *long*.

- Verwenden Sie an allen Stellen, an denen auf andere Dateien Bezug genommen wird, die korrekte Groß- und Kleinschreibweise. Nur dadurch ist gewährleistet, dass die Dateien auch auf Systemen mit strenger Unterscheidung bei der Groß- und Kleinschreibung gefunden werden.

Und ein paar weitere Tipps:

- Verwenden Sie nach Möglichkeit keine deutschen »Sonderzeichen« in Ihrem Programm. Damit sind Umlaute, das »ß« und das Paragraphenzeichen gemeint. Diese gehören nämlich nicht zum Standard-ASCII-Zeichensatz, sondern sind eine länderspezifische Erweiterung. Es könnte sein, dass diese auf einem anderen System eine andere Bedeutung haben und im ungünstigsten Fall sogar als Steuerzeichen dienen. Damit können sie eventuell bei der Kompilierung eine Sonderfunktion auslösen. Im harmlosen Fall würden diese Zeichen schlicht als andere Zeichen dargestellt, und Ihre Kommentare oder Stringkonstanten wären dann lediglich schlechter lesbar.

Verwenden Sie nur dann die neuen C99-Erweiterungen, wenn Sie sicher sind, dass auf allen Systemen, auf denen Ihr Programm laufen soll, ein C99-Compiler vorhanden ist. Nichts wäre ärgerlicher, als dass Sie bei einem fertigen und ausgetesteten C99-Programm nun doch wieder eine Umarbeitung auf den alten Standard vornehmen müssten. Bedenken Sie, dass es nach Einführung eines neuen Standards gewöhnlich ein »paar Jahre« dauert, bis alle Hersteller ihre Compiler dahingehend angepasst haben (selbst Marktführer Microsoft schafft es nicht, dass sein Visual C++-Compiler hundertprozentig ANSI-konform ist, wenngleich dies auch nicht absolute Priorität hat, da für die meisten Entwickler Portabilität kein Thema ist). Klären Sie also auf jeden Fall diesen Punkt, bevor Sie beginnen!

9.8.2 Und für alle anderen Fälle die bedingte Kompilierung

Und dennoch gibt es Fälle, da haben Sie alles beherzigt, was bisher gesagt wurde. Und trotzdem ist es einfach nicht möglich, das Programm so zu schreiben, dass es unter Unix und Windows gleichermaßen läuft. So könnte es sein, dass es für Ihr Vorhaben keine ANSI-Funktion gibt, wohl aber eine Nicht-ANSI-Funktion für Windows und eine für Unix. Aber die sehen jeweils völlig anders aus. Oder Sie benötigen unbedingt eine Dateiangabe mit Pfad. Auch für diese Fälle gibt es natürlich eine Lösung, und das ist die bedingte Kompilierung, die Sie bereits aus Lektion 3.6 kennen. Erinnern Sie sich: Durch Einsatz der Präprozessorbefehle *#ifdef*, *#else* und *#endif* können Sie es von der

Existenz einer Präprozessorkonstanten abhängig machen, welcher von zwei Textabschnitten kompiliert wird.

Beispiel

```
#ifdef UNIX
  ret = system("rm datei.txt");
#else
  ret = system("del datei.txt");
#endif
```

Diesen Programmabschnitt können Sie leicht lesen: Falls die Präprozessorkonstante *UNIX* definiert ist, wird die Anweisung *ret = system("rm datei.txt")* kompiliert, ansonsten die Anweisung *ret = system("del datei.txt")*.

Eigentlich ganz einfach, aber das ist die Lösung aller Probleme! Bereits der Präprozessor macht aus dem gemeinsamen Programmtext die für Unix oder die für Windows geeignete Version. Der Compiler sieht die für ihn »unkorrekten« Anweisungen gar nicht. Die Frage ist nur, wie sorgen Sie dafür, dass in allen Programmen die Konstante *UNIX* definiert ist? Dafür gibt es doch die Präprozessoranweisung *#define*. Einerseits richtig, aber andererseits sehr unschön. Bedenken Sie, dass es Programme gibt, die aus vielen Dateien bestehen. Soll da in jede Datei eine *#define*-Anweisung eingebaut werden?

Nein, Präprozessorkonstanten können auch »von außen« gesetzt werden. Dies kann man dem Präprozessor durch einen Befehl sagen. Man spricht hier von einer *Compiler-Option* (obwohl diese nicht an den Compiler, sondern an den Präprozessor gerichtet ist), von denen es meist eine große Zahl gibt. Die hier benötigte heißt meistens *-D*.

In vielen Fällen müssen Sie eine solche Compiler-Option aber gar nicht einstellen. Denn die meisten Compiler definieren standardmäßig bereits eine Anzahl von Präprozessorkonstanten. So können Sie normalerweise davon ausgehen, dass auf Unix-Systemen die Konstante *UNIX*, unter Windows die Konstante *MSDOS* oder eine ähnliche bereits definiert ist. In der Dokumentation oder Onlinehilfe Ihres Compilers finden Sie Informationen hierüber.

9.9 C-Kompilierung unter Unix

Zum Schluss soll natürlich auch verraten werden, wie ein C-Programm unter Unix kompiliert wird. Dies lässt sich praktisch in einem Satz zusammenfassen, denn der Aufruf des Compilers unterscheidet sich grundsätzlich nicht von dem Aufruf in der Eingabeaufforderung von Windows.

Allerdings hat es der Programmierer unter Unix im Allgemeinen nicht mit einer nackten Kommandozeile, sondern mit einer mehr oder weniger komfortablen Shell zu tun, in die der C-Compiler integriert ist. Sollte dies der Fall sein, müssen Sie sich über die Hilfe zu der Shell informieren. Aber auch dann besteht der Ablauf darin, dass Sie zuerst den Compiler aufrufen und beim Aufruf eine Quelltextdatei übergeben. Sollte der Linker nicht automatisch aufgerufen werden, muss dies im Anschluss daran geschehen. Das Ergebnis ist, wie unter Windows, eine Programmdatei, die durch Eingabe des Namens ausgeführt wird. Unter Unix hat die ausführbare Datei übrigens keine .exe-Erweiterung, sondern gar keine Erweiterung, eine Quelltextdatei *programm.c* wird also unter Unix zu *programm*.

9.10 Schlusswort für alle C-Einsteiger

Die Einführung in die Programmiersprache C ist damit am Ende angelangt. Das Motto des Buches »Jetzt lerne ich C« gilt für Sie damit nicht mehr, denn die letzten neun Kapitel haben Ihnen einen Überblick über die wichtigsten Bereiche der C-Programmierung gegeben. Natürlich konnten nicht alle Themen behandelt werden. Einige Themen, wie z.B. der Umgang mit Zeigern oder die verschiedenen Dateizugriffsmethoden, wurden relativ kurz abgehandelt. Andere Themen, wie z.B. die so genannten *unions*, zusammengesetzte Datentypen, die mit den Strukturen vergleichbar sind, oder der *typedef*-Befehl, wurden überhaupt nicht behandelt.

Doch das Ziel dieser Einführung war es nicht, Ihnen eine lückenlose Übersicht über die Programmiersprache C zu präsentieren. Es ging vielmehr darum, Ihnen einen möglichst einfachen Einstieg in die Programmierung mit C zu ermöglichen. Mit Ihren bis jetzt erworbenen Grundkenntnissen sollten Sie dazu in der Lage sein, einzelne Gebiete auf eigene Faust zu erkunden und so Ihre C-Programmierkenntnisse Stück für Stück zu ergänzen. Die Onlinehilfe Ihres C-Compilers kann dazu eine wichtige Unterstützung sein, denn hier finden Sie zu allen Befehlen und Funktionen eine ausführliche Beschreibung.

Erfolg == (*Üben) Ausprobieren->Beispiele;

Ein guter C-Programmierer wird man nicht über Nacht oder durch Studium eines Buches. Wie bei kaum einer anderen Sprache spielt die Erfahrung im Umgang mit C eine wichtige Rolle. Mit anderen Worten, nur durch ständiges Üben wird man zu einem echten C-Programmierer. Diese zeichnen sich nicht dadurch aus, dass sie die Syntax aller Befehle oder Standardfunktionen auswendig können (dafür gibt es die Onlinehilfe des Compilers), sondern dass sie ein bestimmtes Problem eleganter und damit effektiver lösen können als andere. C und ihre Nachfolgerin C++ gehören zu den wichtigsten Computersprachen und stellen sicherlich die wichtigsten Sprachen in der PC-Softwareentwicklung dar. Insbesondere für die Programmierung unter Windows spielt C, und in zunehmendem Maße auch C++, eine entscheidende Rolle. In diesem wichtigen und hoffentlich auch interessanten und spannenden Gebiet können Sie nun mitreden.

9.11 Test

1. In Ihrem Programm wollen Sie eine Datei wie folgt zum Lesen öffnen:

   ```
   file = fopen("datei.txt","r");
   if ( !file )
     printf(
     "Datei konnte nicht geoeffnet werden\n");
   ```

   Auf dem Bildschirm erscheint bei Ausführung des Programms auf einem Unix-System der Text »Datei konnte nicht geoeffnet werden«. Sie prüfen mit dem Kommando *ls -l*, ob die Datei überhaupt vorhanden ist, und erhalten folgende Ausgabe:

   ```
   -rw-rw---- user1 gruppe1  200 14-02-03  datei.txt
   ```

   Die Datei existiert also. Woran kann es liegen, dass sie dennoch nicht zum Lesen geöffnet werden kann?

2. Welche der folgenden unter Windows funktionierenden Programmzeilen verursachen Probleme, wenn das Programm unter Unix kompiliert und ausgeführt wird? Überlegen Sie auch, was Sie tun können, damit das Programm an diesen Stellen unter Unix ebenso funktioniert.

   ```
   a. #include <MATH.H>

   b. file = fopen("ini\\telefon.ini", "r");

   c. system("ren datei.txt datei.dat");

   d. double doubNum = longNum/shortNum;

   e. int zahl = 100000;

   f. ret = _dos_findfirst("*.txt",par,&fstruct);
   ```

3. In Ihrem Programm möchten Sie den Text »Dies ist Unix« auf dem Bildschirm ausgeben, falls das Programm auf einem Unix-System läuft. Sie tun das wie folgt:

   ```
   #ifdef UNIX
     print("Dies ist Unix\n");
   #endif
   ```

   Der Compiler hat daran nichts auszusetzen. Wenn Sie das Programm starten, erscheint allerdings der Text nicht auf dem Bildschirm. Da entdecken Sie, dass Sie fälschlicherweise *print* statt *printf* geschrieben haben. Ist dies die Lösung Ihres Problems?

Die Lösungen zum Test finden Sie in Anhang A.

Anhang A

jetzt lerne ich

Testlösungen

Lösungen zu Kapitel 1

1. Zur Bildschirmausgabe dient die Funktion *printf*, der Aufruf zur Ausgabe des Strings lautet *printf("Clever & Smart");*.
2. Für die Tastaturabfrage ist die Funktion *scanf* vorgesehen, der Aufruf zum Einlesen einer höchstens 15 Zeichen langen Zeichenkette lautet *scanf("%15s",txt);*.
3. Eine Stringvariable, die 15 Zeichen Text aufnehmen kann, muss die Länge 16 haben, da C immer ein Kennzeichen ans Ende der Zeichenkette schreibt. Die Definition lautet daher *char txt[16];*.
4. Das Hauptprogramm wird durch die Zeile *void main()* eingeleitet, die Befehle des Hauptprogramms werden in ein Paar geschweifter Klammern eingeschlossen.
5. Eine Stringvariable, die mit dem Text »Hofbräuhaus« initialisiert wird, wird durch *char txt[] = "Hofbräuhaus";* definiert. Die zusätzliche Angabe einer Länge zwischen den eckigen Klammern ist zwar möglich, aber nicht notwendig.
6. In C wird streng zwischen Groß- und Kleinbuchstaben unterschieden. Daher handelt es sich bei *txt* und *TXT* um zwei verschiedene Variablen. *TXT* wurde nicht definiert, ist dem Compiler daher unbekannt.
7. Es wird zunächst zweimal eine Stringvariable definiert und zugleich initialisiert. Im ersten Fall befindet sich am Ende ein zusätzliches Leerzeichen. Dieses gehört zum Text, da es sich innerhalb der Anführungszeichen be-

findet. Die Zeichenkette ist somit um ein Zeichen länger als im zweiten Fall, auch die Länge der Stringvariablen ist um 1 größer. Zwischen den beiden *printf*-Aaufrufen besteht kein funktionaler Unterschied, da der Programmierer sein Programm beliebig formatieren kann.

Lösungen zu Kapitel 2

1. Sie haben bisher die Typen *short* und *long* für ganze Zahlen sowie *float* und *double* für Fließkommazahlen kennen gelernt. Der C99-Standard bietet für ganze Zahlen außerdem *long long* sowie für Fließkommazahlen *long double* mit einem jeweils noch größeren Wertebereich an.

2. Es handelt sich hier um eine Zuweisung zwischen verschiedenen Datentypen. Um diese Zuweisung korrekt umzusetzen, muss der Compiler eine Typumwandlung durchführen. Er weiß aber nicht, ob das im Sinn des Programmierers liegt und meldet sich daher mit einer Warnung. Durch Verwendung einer Cast-Umwandlung kann diese Warnung entfallen, denn der Programmierer zeigt damit die Korrektheit der Zuweisung an. Die Zuweisung lautet dann:

   ```
   sh = (short)lg;
   ```

3. Zulässig sind auf jeden Fall *__A*, *KKK*, *Y*, *A123* und *_2*. Sie beginnen mit einem Buchstaben oder Unterstrich und enthalten nur Buchstaben, Ziffern oder Unterstriche. Gleiches gilt natürlich für *float*. Jedoch ist *float* ein reserviertes Wort, das bekanntlich einen Datentyp bezeichnet. Für *Short* könnte man auf denselben Gedanken kommen. *Short* ist allerdings am Anfang groß geschrieben und unterscheidet sich somit vom reservierten Wort *short*. Die Folge ist, dass *Short* ein zulässiger Variablenname ist. *7DD7* ist unzulässig, da eine Ziffer am Anfang steht. *db_7%* enthält das Zeichen % und ist daher unzulässig.

4. Division und Multiplikation sind Operationen derselben Priorität. Diese werden daher von links nach rechts ausgewertet. Zunächst wird also 9/4 berechnet. Weil 9 und 4 ganzzahlig sind, handelt es sich um eine ganzzahlige Division, bei der die Dezimalstellen entfernt werden. 9/4 hat also 2 zum Ergebnis. Dann wird also *2*4* berechnet, und das ist bekanntlich 8.

5. Bei Ausdrücken mit verschiedenartigen Operatoren gilt wie in der Mathematik die Regel: Punkt vor Strich. Das bedeutet, die Multiplikation wird jeweils vor der Addition ausgewertet. Der Ausdruck *2*3+4*5* ist somit gleichbedeutend mit dem Ausdruck 6+20, also wird *x* den Wert 26 erhalten.

6. Soll die gesamte Zeichenkette *txt* ausgegeben werden, kann der Formatkennzeichner %s verwendet werden. Wenn beispielsweise nur die ersten 10 Zeichen ausgegeben werden sollen, muss im Formatkennzeichner die

Länge angegeben werden, also mittels *%10s*. Ein einzelnes Zeichen wird immer durch *%c* auf dem Bildschirm ausgegeben.

7. Die Zuweisung muss

```
ch = txt[4];
```

lauten. Da die Zählung in C immer bei 0 beginnt, muss der Index also immer um 1 kleiner sein als die Nummer des Zeichens in der Zeichenkette. Also: Für das 5. Zeichen ist der Index 4.

8. Aus Lektion 2.3 ist bekannt, dass bei einer Wertzuweisung zunächst der Wert des Ausdrucks auf der rechten Seite ermittelt wird. Das heißt, es wird 257*258 berechnet. Welcher Variablen das Resultat zugewiesen wird, wird zunächst außer Acht gelassen. Der Compiler geht natürlich immer vom einfachsten Fall aus. Und der besagt, dass 257 und 258 vom Typ *int* sind.

   Die Berechnung wird also im Rechenbereich einer *int*-Zahl durchgeführt. Und der reicht zumindest bei einem 16-Bit-System zur Aufnahme des Resultats nicht aus, da bei diesen *int* als *short* interpretiert wird. Das Ergebnis ist zu groß, überschüssige Stellen werden abgeschnitten. So kommt das Ergebnis 770 zustande. Die Typentransformation in eine *long*-Zahl wird erst bei der Zuweisung ausgeführt.

   Wie in Lektion 2.1 erwähnt, kann durch Hinzufügen eines »L« angezeigt werden, dass es sich um *long*-Zahlen handelt. Und dann wird selbstverständlich eine *long*-Multiplikation durchgeführt. Die Zuweisung

```
lg = 257L*258L
```

   ergibt somit das korrekte Ergebnis.

   In Verbindung mit einem 32-Bit-System werden Sie in aller Regel keine Probleme haben und auch ohne Anfügen eines »L« das korrekte Ergebnis erhalten.

9. Eine Division wie 10/4 mit ganzen Zahlen kann kein korrektes Ergebnis liefern, da 10 kein Vielfaches von 4 ist. Die Nachkommastellen müssen abgeschnitten werden, um ein ganzzahliges Ergebnis zu erhalten. 10/4 ergibt hier also den Wert 2, mit 3 multipliziert erhält man 6. Andersherum ist 10*3/4 identisch mit 30/4, also eigentlich 7.5, nach Abschneiden der Dezimalstellen ist das 7. *float*-Zahlen können natürlich auch nicht unbegrenzt Dezimalstellen aufnehmen, auch hier wird irgendwo abgeschnitten. Aber das fällt bei dieser kleinen Berechnung nicht ins Gewicht. Hier ist immer 7.5 das Ergebnis.

10. Die Wertzuweisung muss

```
y = sin(5.0)
```

lauten. *y* ist eine *float*-Variable, und durch Angabe von 5.0 wird dem Compiler angezeigt, dass es sich tatsächlich um eine *float*-Zahl handelt. Im *short*-Bereich kann der Sinus nicht berechnet werden. Sämtliche mathematische Funktionen sind nur für *float* und *double* sinnvoll.

11. Natürlich wird der Compiler nicht an der Nase herumgeführt. Wie immer, wenn ein Gleichheitszeichen im Spiel ist, handelt es sich um eine Wertzuweisung. Und da wird immer zuerst der Wert des Ausdrucks auf der rechten Seite ermittelt. Erst wenn dieser feststeht, wird er in die Variable auf der linken Seite übertragen. Ob diese Variable auf der rechten Seite schon einmal vorkam, spielt überhaupt keine Rolle. In diesem Fall wird der Wert von *x* also verdoppelt.

12. Innerhalb des Kommentars werden wiederum die Kommentarzeichen /* und */ benutzt. Daher handelt es sich hier um einen geschachtelten Kommentar. Und der ist laut ANSI-Standard nicht gestattet.

13. Alle *#define*-Anweisungen sind Anweisungen an den C-Präprozessor. Vollziehen Sie also nach, wie dieser arbeitet. Die vier Konstanten *ANZ_GAESTE*, *SUPPE*, *HAUPTGANG* und *DESSERT* sind jeweils direkt durch eine Zahl definiert. Da kann nicht viel schief gehen. Interessanter ist die Definition von *ESSEN*. Setzen Sie dort die konkreten Zahlen ein, ist *ESSEN* identisch mit 4.50 + 13.80 + 5.20. So sieht es auch der Präprozessor. Der ersetzt in der Anweisung

```
x = ANZ_GAESTE * ESSEN;
```

nun einfach die Konstanten und erhält *x = 20 * 4.50 + 13.80 + 5.20;*. Da die Multiplikation eine höhere Priorität als die Addition hat, wird also nur der erste Wert mit 20 multipliziert, alles andere wird ohne Faktor dazuaddiert. Das Resultat ist EUR 109.00, und sicher wäre Herr Weber sehr froh über diesen Preis.

Damit auch der Hauptgang und das Dessert mit 20 multipliziert werden, muss die Summe der einzelnen Gänge geklammert werden. Dies geschieht bei der Definition, also:

```
#define ESSEN (SUPPE+HAUPTGANG+DESSERT)
```

Und siehe da, schon kostet alles zusammen EUR 470.00. Da hierzu noch die Getränke kommen, muss Herr Weber nach dieser Korrektur wahrscheinlich einige Gäste ausladen.

14. Da *#define* ein reines Ersetzen des Textes durchführt, lassen sich damit auch komplette Anweisungen definieren. Der Student kann also einfach definieren:

```
#define ZW printf("Zwischenergebnis: %d %d %d",x1,x2,x3)
```

Er braucht nun an jeder Stelle statt der komplizierten *printf*-Anweisung nur noch `ZW;` zu schreiben.

15. Der Zugriff auf die einzelnen Zeichen der Zeichenkette ist korrekt. Das erste Zeichen hat den Index 0, das dritte den Index 2. Der Fehler liegt in den Zuweisungen. Jedem Zeichen entspricht sein ASCII-Code, und der wird hier in den Variablen *y* und *z* gespeichert. Bei der Verarbeitung der Zeichenkette *3+4* erhält *y* also den Wert 51, *z* den Wert 52. Das Resultat wird also 103 sein und nicht, wie erwartet, 7.

    Das Zeichen *3* wird also nicht automatisch in den Wert 3 überführt. Wie kann man das aber trotzdem erreichen? Nun, es ist bekannt, dass alle Ziffern im ASCII-Code in der richtigen Reihenfolge auf die *0* folgen. Man muss also nur berechnen, wie viele Positionen das Zeichen von dem ASCII-Code der *0* entfernt ist. Eine solche Berechnung entspricht einer einfachen Subtraktion. Die Zuweisung

```
y = txt[0] - '0'
```

    liefert das Gewünschte.

    Überlegen Sie: Hat *txt[0]* den Wert *3*, so wird gerechnet

```
y = '3' - '0';
```

    Zwar kann man streng genommen mit Zeichen nicht rechnen, doch über den Umweg der ASCII-Codes lassen sich auch mit Zeichen Subtraktionen oder Additionen durchführen (ob das einen Sinn ergibt, ist eine andere Frage). Also ist die obige Anweisung identisch mit der Anweisung

```
y = 51 - 48;
```

    Das Resultat ist natürlich 3.

Lösungen zu Kapitel 3

1. Die Bedingung »x gleich 0« wird in C wie folgt geschrieben: *x==0*. Mit *!x* existiert aber eine praktische Kurzform. Die Bedingungen für positive *y* und *z* lauten *y > 0* und *z > 0*. Alle drei Bedingungen müssen durch das logische UND verknüpft werden. Die gesamte Anweisung lautet demnach:

```
if ( !x && y>0 && z>0 ) x = y + z;
```

2. Hier wurde die sprachliche Formulierung im Kommentar direkt in entsprechenden C-Code übertragen, einer der beliebtesten Anfängerfehler. *x* oder *y* müsste sich doch als *x || y* schreiben lassen, und die Bedingung größer als 5 entspricht sicherlich der Schreibweise *>5*. Der ODER-Ausdruck wurde hier noch abschließend geklammert, weil die Priorität von || nicht so hoch ist. Das Schlimme ist, dass der C-Compiler das auch noch akzeptiert, weil es seiner variantenreichen Syntax trotzdem noch entspricht.

   Warum ist es aber nicht richtig? Betrachten Sie es von der Logik her. Der innere Ausdruck lautet x || *y*. Wie Sie in Lektion 3.3 gelernt haben, verknüpft || zwei Bedingungen durch ODER. Dieser Operator || fragt also: Ist die eine ODER die andere Bedingung erfüllt? Das hieße hier also: Ist die Bedingung x ODER die Bedingung y erfüllt? Dass eine solche Frage hier nicht vorgesehen war, ist klar.

   Nun sind *x* und *y* korrekte Ausdrücke. Sie sind nämlich identisch mit *x!=0* und *y!=0*. C-intern resultiert aus diesem Ausdruck *x || y* eine Zahl, sodass der Vergleich mit der 5 sogar zulässig ist. Was genau dabei herauskommt, steht in den Sternen, viel Sinn kann dem jedenfalls nicht abgewonnen werden.

   Was hier also tatsächlich abgefragt werden sollte, sind zwei Bedingungen, durch ODER verknüpft. Sprachlich: Falls *x* größer als 5 oder falls *y* größer als 5. In C: *x>5 || y>5*.

3. Wie Sie aus Lektion 2.4 wissen, sind *float*-Operationen grundsätzlich ungenau. Es kann nur eine gewisse Anzahl Dezimalstellen mitgeführt werden. So hat die Division 10.0/3.0 das Ergebnis 3.333333, die Division 2.0/3.0 das Ergebnis 0.666666. Die Summe beider ergibt zumindest bei bestimmten Compilern 3.999999 und nicht exakt 4.0. Ein Vergleich wie dieser kann also fehlschlagen.

4. Aus Lektion 2.5 ist bekannt, dass jedes Zeichen eine Entsprechung in einem zugehörigen ASCII-Code hat. So entspricht z.B. dem »A« der ASCII-Code 65. Allerdings ist diese 65 wirklich synonym zu dem Zeichen »A« zu sehen. Das bedeutet, eine Zuweisung *ch = 65;* ist absolut identisch zu der Zuweisung *ch = 'A';*. Daher ist auch die Alternative *case 65* absolut identisch zur Alternativen *case 'A'*. In einer *switch*-Anweisung darf aber keine Alternative doppelt auftreten. Genau das ist aber hier der Fall.

5. Man macht sich hier die Eigenschaft des ASCII-Codes zunutze, dass die Großbuchstaben, die Kleinbuchstaben und die Zahlen jeweils direkt aufeinander folgen und in sich geordnet vorliegen. Die Bedingung *ch >= 'A' && ch <= 'O'* testet daher, ob die *char*-Variable *ch* einen der Buchstaben von »A« bis »O« enthält, wie es in der switch-Anweisung auch geprüft wird. Analog wird für die Kleinbuchstaben von »a« bis »o« die Bedingung *ch >=*

'a' && ch <= 'o' angewandt, für die Ziffern von »0« bis »9« die Bedingung *ch >= '0' && ch <= '9'*.

Die letzten beiden Alternativen betreffen die Zeichen »#« und »&« Falls die Variable *ch* eines von beiden enthält, wird die Variable *x* auf 4 gesetzt. Hier kommt der ODER-Operator zum Einsatz: *ch == '#' | | ch == '&'* lautet die Bedingung. Die *else-if*-Kette sieht also folgendermaßen aus:

```
if ( ch>='A' && ch<='O' )
  x = 1;
else if ( ch>='a' && ch<='o' )
  x = 2;
else if ( ch>='0' && ch<='9' )
  x = 3;
else if ( ch=='#' || ch=='&' )
  x = 4;
else
  x = -1;
```

6. Für derartige Aufgaben wird meist die *while*-Schleife benutzt. Es gibt allerdings zwei prinzipielle Möglichkeiten des Schleifenabbruchs. Zum einen kann die Abbruchbedingung genutzt werden, die die *while*-Schleife anbietet. Dann müsste jedoch vor dem Start der Schleife schon ein Wert von der Tastatur abgefragt werden. Diese Lösung hat folgende Form:

```
scanf("%c",&ch);
while ( ch!= '#' )
{
  printf("ch %d %c\n",ch,ch);
  scanf("%c",&ch);
}
```

Die zweite Lösungsmöglichkeit benutzt den Abbruch mittels der *break*-Anweisung. Hier wird die *while*-Schleife als Endlosschleife formuliert. Die Abbruchbedingung wird direkt hinter dem Aufruf der *scanf*-Funktion geprüft:

```
while(1)
{
  scanf("%c",&ch);
  if ( ch == '#' ) break;
   printf("ch %d %c\n",ch,ch);
}
```

Und tatsächlich kann hier auch die *for*-Schleife verwendet werden. Sehen Sie sich die folgende Lösungsmöglichkeit an:

```
for ( scanf("%c",&ch); ch!='#'; scanf("%c",&ch) )
  printf("ch %d %c\n",ch,ch);
```

7. Es müssen hier alle Zeichen einer Zeichenkette geprüft werden. Da ist es sinnvoll, eine *for*-Schleife mit einem Index zu benutzen, der die Zeichen der Zeichenkette durchgeht. Wie in Lektion 3.5 praktiziert, wird die Länge der Zeichenkette zunächst an eine Variable mit dem Namen *len* zugewiesen.

   In der Schleife wird für jedes Zeichen geprüft, ob es gleich »x«, »y« oder »z« ist. Falls diese Prüfung wahr ist, könnte das Resultat gleich bekannt gegeben, also der Text 'xyz' auf dem Bildschirm ausgegeben werden. Das negative Resultat kann jedoch erst nach Ende der Schleife feststehen. Denn erst dann ist klar, dass tatsächlich kein »x«, »y« oder »z« auftrat.

   So ist es besser, sich in einer zusätzlichen Variablen zu merken, ob einer der Buchstaben auftrat oder nicht. Ist die Schleife abgearbeitet, kann dann in Abhängigkeit vom Wert dieser Variablen der entsprechende Text ausgegeben werden. Die Variable *result* wird beispielsweise mit dem Wert 0 initialisiert. Dieser zeigt an, dass keines der gesuchten Zeichen auftrat. Wird eines der Zeichen lokalisiert, wird die Variable *result* auf 1 gesetzt und die Schleife beendet.

   Hat die Variable *result* am Ende den Wert 1, kam eines der Zeichen vor, und der Text »xyz« kann ausgegeben werden. Hat sie hingegen immer noch den Wert 0, kam keines der Zeichen vor. Die Schleife hat zusammen mit der nachfolgenden Resultatsausgabe folgendes Aussehen:

```
for ( index=result=0, len=strlen(txt);
  index<len; index++ )
  if ( txt[index]=='x' || txt[index]=='y' ||
     txt[index]=='z' )
     { result = 1; break; }
  if ( result ) printf("xyz\n");
    else printf("Kein xyz\n");
```

8. Neben den reservierten Worten kann es in C-Programmen natürlich auch Namen geben, die der Programmierer erfunden hat. Das sind z.B. Namen von Variablen oder Konstanten. Da der Name *FOREVER* versal geschrieben ist, scheint es sich um eine Konstante zu handeln. Versalschreibweise ist bei Konstanten allgemein üblich. Der Name *FOREVER* deutet auf eine Endlosschleife hin. Die könnte durch eine der folgenden *#define*-Anweisungen erreicht worden sein:

```
#define FOREVER for(;;)
#define FOREVER while(1)
```

9. Die *break*-Anweisung bricht jede der genannten Anweisungen ab, egal ob es sich um eine *switch*-Anweisung oder eine Schleife handelt. Der Effekt ist, dass sämtliche Anweisungen innerhalb der *switch*-Auswahl oder innerhalb der Schleife übersprungen werden. Es wird dann bei der ersten

darauffolgenden Anweisung weitergemacht. Auch die *continue*-Anweisung innerhalb einer Schleife überspringt sämtliche Anweisungen, sie beginnt die Schleife jedoch wieder von vorn. Bezüglich der Auswirkung der *continue*-Anweisung unterscheiden sich die Schleifentypen *while* und *for*. Bei der *for*-Schleife wird zunächst die Reinitialisierung der Schleifenvariablen durchgeführt und dann die Bedingung getestet, bei der *while*-Schleife wird dagegen nur die Bedingung getestet. Innerhalb der *switch*-Anweisung ist *continue* unzulässig.

10. Der logische Ausdruck, der hier geprüft wird, lautet *strlen(txt)*. Das ist kein typischer logischer Ausdruck, wie Sie ihn kennen, sondern ein numerischer Ausdruck. Er liefert einen Wert zurück, nämlich die Länge der Zeichenkette *txt*. Allerdings kennen wir die Kurzform eines numerischen Ausdrucks:

```
if (x)
```

Diese prüft, ob der Wert der Variablen *x* ungleich 0 ist. Und genauso wird bei obigem Ausdruck geprüft, ob *strlen(txt)* ungleich 0 ist. In Worte gefasst lautet die Anweisung daher: Falls die Variable *txt* keine leere Zeichenkette ist, gib den Text »Alles klar!« auf dem Bildschirm aus.

11. Da hier eine Initialisierung und eine Reinitialisierung stattfindet, ist die *for*-Schleife angebracht. Eine *float*-Variable *x* dient als Index und wird mit dem Wert 0.0 initialisiert. Die Abbruchbedingung lautet *x <= 3.0*, die Reinitialisierung wird durch die Anweisung

```
x += 0.01
```

vorgenommen. Den Operator += kennen Sie ja bereits aus der Lektion 2.3 »Arithmetische Operatoren«. In der Schleife wird zunächst der Sinus berechnet und der Variablen *y* zugewiesen. Ist der Wert von *y* größer als 0.95, wird ein Aufruf der *printf*-Funktion durchgeführt:

```
for ( x=0.0; x<=3.0; x=x+0.01 )
{
  y = sin(x);
  if ( y > 0.95 ) printf("x %g y %g\n",x,y);
}
```

12. Erinnern Sie sich bitte an die Lektion 2.4. Dort haben Sie das Schlüsselwort *unsigned* kennen gelernt. Es kann in Kombination mit ganzzahligen Datentypen verwendet werden und sorgt dafür, dass die damit definierten Variablen keine negativen Werte annehmen können. Für *unsigned short* beispielsweise liegt der Wertebereich bei 0 bis 65535.

Das heißt also, es wird bei dem logischen Ausdruck abgefragt, ob eine nicht negative Zahl kleiner als 0 ist. Und das kann ja nicht sein. Aus diesem Grund hat der Compiler Recht, wenn er eine solche Meldung ausgibt. Der logische Ausdruck ist also immer falsch. Die gesamte *if*-Anweisung inklusive der zugehörigen *print*-Anweisung kann aus dem Programm entfernt werden. Es könnte allerdings auch sein, dass die Abfrage richtig, aber die Definition der Variablen falsch ist. Dies muss Ihnen dann Herr Schiebelhuth als Autor des Programms sagen.

Zu erwähnen ist noch, dass es sich hier nicht um einen Fehler handelt, sondern eben nur um eine Warnung. Das Programm wird trotz Warnung fertig kompiliert und kann ausgeführt werden. Nicht jeder Compiler wird an dieser Stelle eine Warnung ausgeben. Es lohnt sich aber, allen Warnungen, die Sie auch immer bekommen mögen, nachzugehen. Denn immer kann eine Unstimmigkeit vorliegen oder etwas, das so nicht geplant war.

13. Die Abhängigkeit von den Konstanten *VERSION3* und *VERSION2* soll erhalten bleiben. Deswegen muss auch die Struktur der Anweisungen aus *#if*, *#elif*, *#else* und *#endif* erhalten bleiben. Sie müssen lediglich die Definitionen von *ProgName* durch *#define*-Anweisungen ersetzen:

```
#if defined VERSION3
  #define PROGNAME "Programm Version 3.0"
#elif defined VERSION2
  #define PROGNAME "Programm Version 2.0"
#else
  #define PROGNAME "Programm Version 1.0"
#endif

void main()
{

  char ProgName[] = PROGNAME;

  /* Und hier folgt der Rest des Programms */

}
```

Wie Sie sehen, steht diese neue Kombination von Präprozessoranweisungen nicht an der Stelle der Variablendefinition, sondern vor dem Hauptprogramm. Das ist keine Pflicht, sondern eher ein »ungeschriebenes Gesetz«. Fast jeder Programmierer hält sich daran, und es erhöht ja auch die Übersichtlichkeit. Vielleicht fällt Ihnen auch auf, dass die *#define*-Anweisungen eingerückt sind. Obwohl die meisten Programmierer davon keinen Gebrauch machen, ist es sehr wohl erlaubt.

14. Der Wert soll ungleich 3 oder 4 sein. Zugegebenermaßen sollten Sie mit dieser Formulierung ein bisschen aufs Glatteis geführt werden. Genauer heißt das doch, der Wert soll zum einen ungleich 3 sein. Zum anderen soll er aber auch ungleich 4 sein. Beide Bedingungen müssen zugleich erfüllt

sein, das heißt durch ein logisches UND (&&) verknüpft werden. Als Bedingung der *#if*-Anweisung in Günters Lösung steht aber ein logisches ODER (| |). Da mindestens eine der beiden Bedingungen immer erfüllt ist, ist auch Günters Gesamtbedingung immer erfüllt, es wird also immer die erste Variante kompiliert.

Lösungen zu Kapitel 4

1. Die richtigen Antworten sind b, c und d.
2. Variante a ist korrekt. Bei Variante b wurde bei der Deklaration der Variablen *n* ein Semikolon vergessen. Die Tatsache, dass der Rückgabewert der Funktion *Funny* den Datentyp *char* besitzt und dieser einer *int*-Variablen zugewiesen wird, ist kein Programmfehler, kann aber manchmal zu einer Warnung des Compilers führen. Bei Variante c ist das Schlüsselwort *int* fehl am Platz, da beim Funktionsaufruf kein Datentyp angegeben werden darf.
3. Eine Begrenzung der Anzahl an Funktionen, die ein C-Programm enthalten kann, gibt es nicht.
4. Ein *void* vor dem Funktionsnamen bei der Deklaration einer Funktion bedeutet, dass diese Funktion keinen Rückgabewert besitzt. Eine solche Funktion kann nicht in einem Ausdruck erscheinen.
5. In diesem Fall beschwert sich der C-Compiler mit einer passenden Fehlermeldung. Jede Funktion muss vor ihrer Verwendung mit Hilfe eines Funktionsprototypen deklariert werden.
6. Die Fehler, oder besser »Fehlerchen« sind leicht zu finden. 1. Die Funktion *TestFun* wird ohne Rückgabewert deklariert, wird dann aber in einem Ausdruck verwendet. Dies führt zu einer Warnung des Compilers 2. Beim ersten Aufruf der Funktion *TestFun* wird ihr mit der Variablen *y* ein *int*-Wert übergeben. Dies ist aber kein echter Fehler, da der Compiler automatisch eine Typenumwandlung vornimmt. 3. Bei der Definition der Funktion *TestFun* erhalten die beiden Funktionsparameter *F1* und *F2* den Datentyp *int*. Dies steht im Gegensatz zum Funktionsprototypen und führt daher ebenfalls zu einer Warnung.
7. Die Funktion *sincos* soll für einen beliebigen *double*-Wert *x* einen Ausdruck berechnen. Also muss ein solcher *double*-Wert als Parameter vereinbart werden. Der Rückgabewert muss ebenfalls vom Typ *double* sein. Der Funktionskopf steht daher schon fest:

   ```
   double sincos ( double x )
   ```

   Der Funktionsrumpf ist auch nicht weiter schwierig. Es muss der Ausdruck *sin(x) + cos(x)* berechnet und durch die *return*-Anweisung an die aufrufende Funktion zurückgegeben werden. Die Funktion sieht daher wie folgt aus:

```
double sincos ( double x )
{
    return ( sin(x)+cos(x) );
}
```

8. Die Funktion *vonbis* benötigt zwei Parameter, nämlich den Start- und den Endwert. Beides müssen *long*-Werte sein, sie sollen *start* und *ende* heißen. Der Rückgabewert ist natürlich auch vom Typ *long*. Der Funktionskopf hat daher folgendes Aussehen:

   ```
   long vonbis ( long start, long ende )
   ```

   Die Summe aller Zahlen von *start* bis *ende* wird in einer *for*-Schleife berechnet. Für diese wird eine lokale Variable *index* benötigt, die mit dem Wert von *start* initialisiert wird. Die Schleife läuft, solange die Bedingung *index <= ende* gilt. Die Werte werden in einer weiteren lokalen Variablen *summe* aufaddiert, deren Wert nach Beendigung der Schleife mittels der *return*-Anweisung zurückgegeben wird. Der Funktionsrumpf besitzt damit den folgenden Aufbau:

   ```
   long vonbis (long start, long ende)
   {
   long index, summe;

     for (index=start, summe=0; index<=ende; index++)
       summe = summe + index;

     return (summe);
   }
   ```

9. Die Funktion *pi* muss nichts anderes tun als den angegebenen Wert zurückzugeben, also:

   ```
   double pi()
   {
     return (3.1415926535);
   }
   ```

   Die Funktion *pi* ist eine parameterlose Funktion. Beim Funktionsprototypen muss daher anstelle einer Parameterliste das Wort *void* aufgeführt werden:

   ```
   double pi (void);
   ```

   Für derartige Aufgaben, das heißt das Austauschen einer fest vorgegebenen Konstanten durch einen Namen, wurde bereits in Lektion 2.6 die *#define*-Anweisung vorgestellt.

Durch folgende Anweisung wird dem Wert 3.1415926535 der Name *PI* zugeordnet:

```
#define PI 3.1415926535
```

Nun kann *PI* in Ausdrücken wie z.B.

```
umf = 2 * PI *rad;
```

verwendet werden.

10. Folgen Sie zunächst dem Hinweis und folgen Sie gedanklich die Arbeit des Präprozessors: Das Resultat sollte lauten:

```
if ( komponente1<0 )
  { printf("Komponente a: %d\n",0);
    printf("Komponente b: %d\n",komponente2); };
else
  { printf("Komponente a: %d\n",komponente1);
    printf("Komponente b: %d\n",komponente2); };
```

Vergleichen Sie dies nun mit anderen *if else*-Konstruktionen, die Sie bereits kennen gelernt haben. Fällt Ihnen etwas auf? Jawohl, es ist nur eine Kleinigkeit, aber dennoch wichtig: Es liegt am Semikolon vor dem *else*. Wenn Sabine dieses entfernt, klappt es. Also folgendermaßen:

```
if ( komponente1<0 )
  DruckeErgebnis(0, komponente2)
else
  DruckeErgebnis(komponente1, komponente2)
```

Probieren Sie das ruhig in einem kleinen Programm aus. Trotzdem werden Sie jetzt wahrscheinlich fragen, wieso tauchte das Problem erst nach Einfügen von *else* auf? Um darauf zu kommen, muss man ein bisschen »um die Ecke denken«. Im Grunde ist es aber einfach.

Denken Sie an den Abschnitt über Entscheidungen zurück. Dort haben Sie erfahren, dass von *if* und *else* die Ausführung jeweils einer Anweisung abhängig gemacht werden kann. Mehrere Anweisungen können durch den Einsatz geschweifter Klammern zu einer zusammengefasst werden. Dies hat Sabine ja auch getan.

Ein solcher »Block« zählt als eine Anweisung, ohne dass ein Semikolon folgt. Erinnern Sie sich: Nie wird nach einer schließenden geschweiften Klammer ein Semikolon geschrieben. Für den Compiler zählt dieses Semikolon daher als neue Anweisung, auch wenn dies eine leere Anweisung ist. Dem *if* folgen also zwei Anweisungen. Das ist so lange kein Problem, wie es alleine steht. Dann ist die erste Anweisung abhängig vom *if*, die zweite nicht. Das spielt aber keine Rolle, da sie ohnehin leer ist, also nichts ausführt.

Kommt nun aber ein *else* hinzu, klappt es plötzlich nicht mehr, da dann zwei Anweisungen zwischen *if* und *else* stehen; das akzeptiert jedoch der Compiler nicht mehr.

11. Wie immer bei Problemen mit Makros lohnt es sich aufzuschreiben, was der Präprozessor im Programm aus dem Makroaufruf macht. In diesem Fall wäre das:

```
aktwert = (maxwert++>startwert) ? maxwert++ : startwert;
```

Erinnern Sie sich: Der Operator ++ liefert den Wert einer Variablen und erhöht den Wert gleich danach. Spielen Sie mit echten Werten den Programmablauf durch. Nehmen Sie an, zu Beginn wäre *maxwert*=5 und *startwert*=1.

Die Bedingung wird geprüft. *maxwert* ist natürlich größer als *startwert*. Die Bedingung ist also erfüllt. Danach wird *maxwert* auf Grund des Operators ++ um 1 erhöht, hat also nun den Wert 6. Da die Bedingung erfüllt ist, erhält der Gesamtausdruck den Wert des ersten Teilausdrucks, das ist also *maxwert* und damit 6. Danach wird *maxwert* allerdings schon wieder um 1 erhöht, weil der Ausdruck natürlich ausgewertet werden muss.

Resultat der ganzen Aktion: *aktwert* hat den Wert 6, *maxwert* den Wert 7. Es ist davon auszugehen, dass der Programmierer eher geplant hat, dass nach der Ausführung *aktwert* den Wert 5 und *maxwert* den Wert 6 hat. Zumindest wäre es bei Benutzung einer Funktion so. Spielen Sie den Ablauf bitte noch einmal durch und nehmen Sie diesmal die Werte *maxwert*=1 und *startwert*=5 an. Überrascht?

Festzuhalten ist also, dass es hier einen kleinen, aber feinen Unterschied zwischen Funktionen und Makros gibt. Auf jeden Fall ist Vorsicht geboten, falls Sie Inkrementierungsoperatoren innerhalb von Makroaufrufen verwenden wollen. Erst recht, wenn Sie dieses Makro gar nicht selbst geschrieben haben, sollten Sie Abstand davon nehmen und Makroaufruf und Inkrementierung lieber in zwei aufeinanderfolgenden Schritten durchführen.

Lösungen zu Kapitel 5

1. Die Variable *pt* muss ein *char*-Zeiger sein. Die Definition lautet daher:

```
char *pt;
```

»c« ist das 3. Zeichen der Zeichenkette, der Index ist also 2. Die Zuweisung muss daher lauten:

```
pt = &txt[2];
```

2. Durch die Zuweisung

   ```
   pt = txt + strlen(txt);
   ```

   wird die Zeigervariable *pt* genau auf die binäre Null am Ende gesetzt. Dann wird durch die Anweisung

   ```
   *pt = 'h';
   ```

   das gefragte Zeichen angefügt. Schließlich muss auch eine neue binäre Null ans Ende geschrieben werden.

   Das kann durch die Anweisung

   ```
   *(pt+1) = 0;
   ```

   geschehen.

3. Der Compiler akzeptiert die Anweisung

   ```
   pt1 = pt2 + sh;
   ```

   Hier wird zu einer Adresse eine ganze Zahl addiert. Das Resultat ist gemäß des Wertes der Variablen *sh* ein um einen Offset, das heißt einen konstanten Wert, verschobener Zeiger. Allerdings ist das Vertauschen der Operanden unzulässig. Viele Compiler akzeptieren aber eine Anweisung wie die folgende trotzdem:

   ```
   pt1 = sh + pt2;
   ```

   Generell unzulässig ist die Anweisung

   ```
   sh = pt1 * pt2;
   ```

   Die Multiplikation zweier Zeiger ist in C nun überhaupt nicht vorgesehen, denn der Sinn einer solchen Operation ist vollkommen unklar.

   Einen Sinn ergibt hingegen die Differenzbildung zweier Zeiger. Durch die Zuweisung

   ```
   sh = pt1 - pt2;
   ```

   wird gewissermaßen die Entfernung der Elemente ermittelt, auf die die Zeigervariablen *pt1* und *pt2* zeigen. Die Addition zweier Zeiger schließlich stellt den Compiler wieder vor Probleme. Auch dies ist keine sinnvolle Operation, weshalb die Zuweisung

   ```
   sh = pt1 + pt2;
   ```

   nicht akzeptiert wird.

4. Zunächst zur Frage, was da überhaupt berechnet wird. Als Erstes wird die Klammer ausgewertet. Dort steht die Differenz zweier Zeiger. Das Resultat ist wieder eine ganze Zahl. Diese wird zu einem *short*-Zeiger hinzuaddiert, denn auch das ist gestattet. Das Resultat davon ist wieder ein *short*-Zeiger,

das ist bekannt. Somit muss auch die Variable *res* ein *short*-Zeiger sein. Er wird durch folgende Anweisung definiert:

```
short *res;
```

Die Zuweisung kann durchaus ihren Sinn haben. Es könnte z.B. synchron an zwei Zeichenketten gearbeitet werden. Die Zeigervariablen *pt2* und *pt3* zeigen auf Elemente einer Zeichenkette, *pt1* auf ein Element einer anderen. Die Zeigervariable *res* soll nun denselben Abstand von *pt1* haben wie *pt2* von *pt3*. Dazu muss natürlich die Differenz von *pt2* und *pt3* berechnet werden, was innerhalb der Klammer geschieht. Diese Differenz muss zu der Zeigervariablen *pt1* hinzuaddiert werden. Und genau das wird auch getan. Vielleicht haben Sie aber auch einen anderen Sinn dieser Zuweisung ausgemacht.

5. Derartige Probleme werden am einfachsten mit der *for*-Schleife gelöst. Wie in diesem Kapitel besprochen, geht ein *char*-Zeiger von vorne bis hinten alle Elemente der Zeichenkette durch und führt gegebenenfalls die geforderte Operation durch. Es muss also ein *char*-Zeiger mit dem Namen *pt* definiert werden, welcher mit der Anfangsadresse der Zeichenkette initialisiert wird. Die Schleife läuft, solange der Ausdruck **pt* wahr ist, das heißt einen Wert ungleich Null besitzt. Der Abbruch erfolgt bei der binären Null am Ende, denn dann ist der Ausdruck **pt* Null. Die Reinitialisierung, das heißt die Änderung des Schleifenzählers zu Beginn eines Schleifendurchlaufs, wird einfach durch Inkrementieren des Zeigers erreicht.

   Innerhalb der Schleife muss nun einfach abgefragt werden, ob das jeweilige Element den Wert »E« oder »e« besitzt. Das aktuelle Element erhält man über den Ausdruck **pt*. Wenn das der Fall ist, wird über den Ausdruck **pt* das Zeichenelement auf einen neuen Wert gesetzt. Die Schleife besitzt somit die folgende Form:

```
for (pt = txt; *pt; pt++)
  if (*pt == 'E' || *pt == 'e') *pt='-';
```

6. Der Trugschluss liegt in der Abbruchbedingung. Der Ausdruck **pt* prüft, ob irgendwann ein Wert Null auftritt. Dann würde die Schleife beendet. Doch das Array mit 28 Elementen ist voll besetzt. An den 28 Besuchstagen wird immer mindestens ein Besucher gekommen sein. Das heißt, eine Null taucht nie als Arrayelement auf. Der Zeiger *pt* wird über das Ende des Arrays hinausgeschoben und läuft weiter durch das Niemandsland des Arbeitsspeichers. Vielleicht kommt er irgendwann an eine Null und beendet so die Schleife. Bis dahin werden aber genügend unsinnige Werte zur Variablen *summe* hinzuaddiert. Das korrekte Ergebnis ist auf diese Art jedenfalls nicht zu erhalten.

   Um dieses Problem zu beheben, aber trotzdem mit Zeigern zu arbeiten, wurde in einem ähnlichen Fall in Lektion 5.4 ein zusätzliches Element am

Ende des Arrays eingefügt. Dieses wird mit einem Wert belegt, der bei den »normalen« Daten nicht vorkommen kann, z.B. der Wert –1. Dann kann als Abbruchbedingung der Ausdruck **pt!=–1* dienen. Tritt der Wert –1 auf, ist das Ende erreicht. Folgende Variablendefinition wird daher benötigt:

```
short anz_bes[TAGE+1], summe, *pt;
```

Die *for*-Schleife sieht somit wie folgt aus:

```
for (summe=0, anz_bes[TAGE]=-1, pt=anz_bes; *pt!=-1; pt++)
  summe = summe + *pt;    /* Der erste Tag hat den Index 0 */
```

7. Das Problem besteht in der Abbruchbedingung. Wie in Lektion 5.4 demonstriert wurde, müsste durch Hinzufügen eines Elements am Ende eine künstliche Abbruchbedingung geschaffen werden. In diesem Element müsste dann ein Wert eingetragen werden, der unter den »normalen« Daten nicht auftreten kann. Ein solcher Wert ist aber nicht so einfach zu bestimmen. Wer könnte denn mit Sicherheit sagen, dass ein bestimmter Wert nie als Abweichung auftritt?

   Es muss stattdessen mit einem Index gearbeitet werden. Dieser Index läuft einfach von 0 bis 499, wobei der Zugriff auf die Elemente mit Hilfe dieses Index geschieht. Die Definition der benötigten Konstanten und Variablen könnte wie folgt aussehen:

```
#define ANZAHL 500
float abw[ANZAHL];
short index;
```

   Und dies wäre die Schleife:

```
for (index=0; index<ANZAHL; index++)
  if (abw[index]>10.0 || abw[index]<-10.0)
    printf("%g\n",abw[index]);
```

8. Hierzu wird natürlich eine *for*-Schleife verwendet. Der *char*-Zeiger *pt* soll von vorne bis hinten durchgehen, bis das Zeichen »a« auftritt. Allerdings kann es auch sein, dass überhaupt kein »a« vorkommt. Das muss natürlich auch berücksichtigt werden. So gibt es zwei Schleifenbedingungen. Zum einen muss bei jedem Durchlauf der Ausdruck **pt* ungleich Null sein. Denn bei diesem Wert wäre der Zeiger *pt* am Ende der Zeichenkette angekommen. Zum anderen muss der Ausdruck **pt* auch ungleich »a« sein. So kann man die Schleife folgendermaßen schreiben:

```
for (pt=txt; *pt && *pt!='a'; pt++);
```

   Eine Anweisung in der Schleife gibt es nicht. Was sollte dort auch getan werden? Wurde kein »a« gefunden, zeigt die Zeigervariable *pt* nach Beendigung der Schleife auf die Null am Ende. Diesen Umstand kann man dann dazu benutzen, um eine Behandlung dieses Falls zu implementieren.

9. Zulässig sind alle Zuweisungen außer

   ```
   Wert = pt;
   ```

   Denn *Wert* enthält die Adresse der Elemente, die durch die Definition von *Wert* reserviert wurden. Diese Adresse kann nicht geändert werden. Der Zeigervariablen *pt* dürfen beliebige Adressen zugewiesen werden. Die erste und dritte Zuweisung sind daher korrekt, weil auch die Ausdrücke zur Berechnung dieser Adressen korrekt sind. In der letzten Zuweisung wird ein einzelner *short*-Wert in ein Element von *Wert* kopiert, auch das ist korrekt.

10. Die Initialisierung mittels geschweifter Klammern ist für jedes Array gestattet, also auch für Zeichenketten. Zu beachten ist allerdings, dass gegenüber der Initialisierung mit Anführungszeichen die binäre Null am Ende nicht automatisch erzeugt wird. Dies muss der Programmierer eigenhändig erledigen.

    Er hat das wohl auch nicht vergessen. Allerdings hat er für die binäre Null eine falsche Schreibweise gewählt. Er hat die druckbare Null angegeben, die den ASCII-Wert 48 aufweist. Er hätte stattdessen *'\0'* oder *0* schreiben müssen.

11. Das Resultat der Funktion wird hier über einen gewöhnlichen Parameter zurückgegeben. Bei diesem Parameter *len* findet jedoch nur eine Wertübergabe statt. Das bedeutet, die Funktion *txtlen* vermag keinerlei Wertänderungen durchzuführen, die außerhalb der Funktion wirksam sind. Ein Aufruf in der Form

    ```
    txtlen(txt,len);
    ```

    wird am Wert der Variablen *len* nichts ändern. Es muss vielmehr ein Zeiger auf die Variable übergeben werden. Der Aufruf muss daher in der Form

    ```
    txtlen(txt, &len);
    ```

    erfolgen. Dazu muss natürlich auch die Funktionsdefinition geändert werden:

    ```
    void txtlen (char *txt, short *len)
    {
    char *pt;

      for (pt=txt; *pt; pt++);
      *len=pt-txt;
    }
    ```

Lösungen zu Kapitel 6

1. Die Zuweisung

   ```
   vert1 = vert2;
   ```

   überträgt den kompletten Inhalt der Struktur *vert2* nach *vert1*. Also muss *vert1.sh* nun denselben Wert wie *vert2.sh* besitzen, in diesem konkreten Fall 7. Am Wert von *pt1* hat sich nichts geändert, der Zeiger zeigt nach wie vor auf die Struktur *vert1*. Der Ausdruck *pt1->sh* ist also identisch mit dem Ausdruck *vert1.sh*. Auf dem Bildschirm erscheint daher zweimal die 7.

   Die Zuweisung

   ```
   pt1 = pt2;
   ```

   ändert am Inhalt der Strukturen *vert1* und *vert2* nichts. Also besitzt der Ausdruck *vert1.sh* nach wie vor den Wert 5. Jedoch zeigt der Zeiger *pt1* nun auf dieselbe Struktur wie der Zeiger *pt2*, und damit auf die Struktur *vert2*. Somit ist der Ausdruck *pt1->sh* identisch mit dem Ausdruck *vert2.sh*, beide besitzen den Wert 7. Es erscheint daher zuerst der Wert 5, anschließend der Wert 7 auf dem Bildschirm.

2. Hier ist es sinnvoll, durchgehend mit Zeichenketten zu arbeiten. Klar dürfte das ohnehin beim Vor- und Nachnamen, bei der Straße und beim Wohnort sein. Allerdings empfiehlt es sich auch bei der Postleitzahl, da diese auf jeden Fall fünfstellig ist und führende Nullen hier eine Rolle spielen. Bei einer Zeichenkette ist jedoch sichergestellt, dass »01234« nicht irgendwann nur noch »1234« lautet.

   Außerdem kann die Länge einer solchen Postleitzahl durch Benutzung einer Zeichenkette klar festgelegt werden. Eine *long*-Zahl könnte ja auch mehr als fünf Stellen enthalten. Für die Längen der Zeichenketten sind Konstanten empfehlenswert. Für deren Größen können eigentlich nur Empfehlungen abgegeben werden. Irgendwann taucht nämlich garantiert ein Name auf, der in das Feld nicht mehr hineinpasst. Nur die Postleitzahl hat eine eindeutige Länge von 5. Daran wird sich in absehbarer Zeit (hoffentlich) nichts mehr ändern.

   Die Konstantendefinitionen könnten also lauten:

   ```
   #define LEN_VORN  20
   #define LEN_NACHN 30
   #define LEN_STR   30
   #define LEN_PLZ    5
   #define LEN_ORT   30
   ```

Und so kann die Struktur aussehen:

```
struct adr
{
  char vorn[LEN_VORN];
  char nachn[LEN_NACHN];
  char strasse[LEN_STR];
  char plz[LEN_PLZ];
  char ort[LEN_ORT];
};
```

3. Die Daten stehen in der Struktur *groesse*, die Teil der Struktur *fernseher* ist. In Lektion 6.1 wurde der Strukturtyp kurz mit einer Gattung verglichen. Demnach wäre *fernseher* ein Vertreter der Gattung *fern*, *groesse* ein Vertreter der Gattung *gr*. Über den Namen *groesse* erfolgt also der Zugriff auf die Struktur und damit auf den Eintrag *breite*. Für den Zugriff auf Strukturen wird bekanntlich ein Punkt verwendet, sodass sich der Ausdruck *groesse.breite* ergibt. Nun handelt es sich hier aber um geschachtelte Strukturen, *groesse* ist Element der Struktur *fern*.

   Einmal steht zum Zugriff die Struktur *fernseher* zur Verfügung. Da wieder der Punkt zum Einsatz kommt, lautet die Zuweisung

   ```
   fernseher.groesse.breite=95;
   ```

   Im Unterschied dazu ist *pt* ein Zeiger, sodass der Zugriff auf die Strukturelemente über den ->-Operator erfolgen muss. Die Zuweisung lautet daher

   ```
   pt->groesse.breite=95;
   ```

4. Die Aufgabe ist so ohne weiteres gar nicht zu erfüllen. Denn bei der Strukturfestlegung wurde der Struktur leider kein Name gegeben. Es wurde lediglich gleich eine Strukturvariable mit dem Namen *xyxy* definiert. Falsch ist daher eine Definition wie:

   ```
   struct xyxy xy1, xy2;
   ```

   Die angegebene Strukturdefinition muss also zunächst erweitert werden:

   ```
   struct xy
   {
     char xy[4];
     double db;
   } xyxy;
   ```

   Jetzt hat die Struktur den Namen *xy*. Gleichzeitig wird eine Strukturvariable mit dem Namen *xyxy* definiert, die den Datentyp *struct xy* besitzt.

Zur Definition weiterer Strukturvariablen muss jetzt immer der »Gattungsname« – sprich der Name des Strukturtyps *xy* – verwendet werden, also:

```
struct xy xy1, xy2;
```

Beachten Sie, dass bei der Strukturdefinition nun der Name der Struktur und der Name der ersten Komponenten gleich lauten. Dies stellt für den Compiler aber kein Problem dar, da er auf Grund des Kontextes jederzeit entscheiden kann, worum es sich handelt. Sie können natürlich auch einen ganz anderen Namen wählen, das bleibt Ihnen als Programmierer überlassen.

5. Sie haben sicher schnell gesehen, dass die »zusammengesetzten« Variablen *d1* und *d2* jeweils zwei *short*-Variablen enthalten. Für *d1* wurde eine Struktur verwendet, für *d2* ein Array. Die beiden Funktionen *set_struct* und *set_vek* setzen jeweils beide ihrer Komponenten auf den Wert 1. Wenn Sie sich die Bildschirmausgaben ansehen, scheint das bei der Funktion *set_struct* aber nicht zu funktionieren, bei *set_vek* hingegen schon. Die Frage ist nur, warum?

   Bei der Funktion *set_struct* findet eine Wertübergabe statt. Die Funktion erhält daher nur eine Kopie der übergebenen Werte. Diese kopierten Werte können zwar geändert werden, was in der Funktion ja auch geschieht. Das kann allerdings keine Auswirkung auf die ursprünglichen in *d1* enthaltenen Daten haben. Diese behalten ihre zuvor zugewiesenen Werte. Ausgabe wird also zweimal die Zahl 2 sein.

   Anders dagegen bei der Funktion *set_vek*. Ihr wird die Anfangsadresse eines *short*-Arrays übergeben, denn dies trifft auf Arrays immer zu. Die in der Funktion durchgeführten Änderungen sind somit auch bei den originalen Daten in *d2* wirksam.

   Um nun *set_struct* genauso funktionieren zu lassen wie *set_vek*, muss die Wertübergabe durch eine Übergabe eines Zeigers ersetzt werden. Die Funktion muss damit folgenden Aufbau besitzen:

```
void set_struct (struct dop_short *d)
{
  d->x = d->y = 1;
}
```

   Die fragliche Zeile sieht nun natürlich auch etwas anders aus als zuvor, denn beim Aufruf von *set_struct* muss ein Adressoperator hinzugefügt werden:

```
d1.x = d1.y =2;
set_struct(&d1);
printf("%d %d\n",d1.x,d1.y);
```

6. Benutzen Sie ein Array von Strukturen. Für die Speicherung der drei Messwerte können Sie folgende Struktur verwenden:

```
struct temp
{
  float tief;
  float hoch;
  float mitt;
}
```

Damit lässt sich nun das Array definieren:

```
#define ANZ_TAGE 365
struct temp temp1[ANZ_TAGE];
```

An die erwähnten Funktionen muss nun nur noch ein einziges Array übergeben werden. Das gestaltet die Parameterliste wesentlich einfacher.

7 Es soll hier Speicherplatz für eine Struktur vom Typ *hh* reserviert werden. Dazu wird zunächst die Größe der Struktur ermittelt. Die Zuweisung

```
len = sizeof(pt);
```

ist jedoch falsch, denn es wird hier nicht die Größe der Struktur berechnet, sondern die Größe des Zeigers *pt*. Und diese ist bekanntlich völlig unabhängig davon, auf welches Objekt *pt* zeigt.

Dem *sizeof*-Operator muss ausdrücklich gesagt werden, dass er die Größe des Objekts ermitteln soll, auf das *pt* zeigt. Also:

```
len = sizeof(*pt);
```

Deutlicher ist es allerdings, den Namen der Struktur hinzuschreiben. Denn dann sieht man sofort, welche Größe hier gemeint ist. Damit ergibt sich folgender Befehl:

```
len = sizeof(struct hh);
```

Lösungen zu Kapitel 7

1. Eine sequentielle Datei kann nur zum Schreiben oder Lesen geöffnet werden. Schreiben und Lesen zugleich ist nicht möglich. Die angegebene *fopen*-Anweisung öffnet die Datei zum Schreiben. Deshalb ist der Aufruf von *fprintf* korrekt. Der darauf folgende Aufruf von *fscanf* zum Lesen des Geschriebenen ist jedoch nicht gestattet. Zwar hat der Compiler nichts dagegen, denn es handelt sich letztendlich um einen ganz normalen Funktionsaufruf. Beim Ablauf des Programms werden Sie jedoch feststellen, dass auf dem Bildschirm Unsinn ausgegeben wird.

Wenn Sie wirklich lesen wollen, was zuvor in die Datei geschrieben wurde, müssen Sie die Datei zunächst schließen und dann neu zum Lesen öffnen.

2. Die Funktion besitzt einen *char*-Zeiger als Parameter. Dieser soll auf den Dateinamen zeigen. Ein *short*-Wert wird zurückgegeben. Damit hat der Prototyp folgendes Aussehen:

```
short zlesen (char *filenam);
```

In der Funktion muss zunächst die Datei zum Lesen geöffnet werden. Der Name der Datei ist bereits im Parameter *filenam* enthalten. Der Modus muss *"r"* lauten, das bedeutet Öffnen zum Lesen. Die Anweisung zum Öffnen lautet also:

```
pfile = fopen (filenam,"r");
```

Falls das Öffnen der Datei schief geht, wird in *pfile* ein Nullzeiger zurückgeliefert. Diese Möglichkeit sollte im Programm daher abgefragt werden, denn ohne einen gültigen Dateizeiger kann der Rest der Funktion nicht ordnungsgemäß ausgeführt werden.

Sinnvoll ist es in diesem Fall, die Funktion mit der Anweisung

```
return(0);
```

zu beenden. Wird nämlich der Wert 0 zurückgegeben, ist dies gleichbedeutend mit dem Zustand »Es wurden 0 Zeilen gelesen«. Und genau das ist auch der Fall. Zur Unterscheidung von einer Datei, die tatsächlich 0 Zeilen enthält, könnte man auch einen negativen Wert zurückgeben. Wie Sie dieses Problem letztlich lösen, ist mehr oder weniger Geschmackssache.

Das Lesen der Daten aus der Datei erfolgt am besten in einer *for*-Schleife. In ihr kann nämlich bequem ein Index mitgeführt werden, der am Ende die Anzahl der gelesenen Zeilen enthält. Damit steht gleichzeitig auch ein Rückgabewert für die *return*-Anweisung zur Verfügung. Der Kopf der *for*-Schleife besitzt somit folgenden Aufbau:

```
for (index=0; ; index++)
```

Natürlich würde diese Schleife niemals beendet werden. Also darf in der Schleife der *break*-Befehl nicht fehlen, der ein Verlassen der *for*-Schleife bewirkt.

Die *fscanf*-Funktion dient dazu, eine Zeile aus der Datei zu lesen. Da sie aber bei Erreichen des Dateiendes den Wert *EOF* annimmt, muss ihr Wert festgehalten werden, denn nur so lässt sich die Abbruchbedingung testen. Die gesamte *for*-Anweisung besitzt damit folgendes Aussehen:

```
ret = fscanf (file, "%d %d %d %d", &a, &b, &c, &d);
```

Sobald die Bedingung *ret==EOF* gilt, muss der *break*-Befehl durchgeführt werden, was zu einem Abbruch der Schleife führt. Im anderen Fall wird die Summe der Variablen *a*, *b*, *c* und *d* auf dem Bildschirm ausgegeben. Das erledigt eine *printf*-Anweisung, wie Sie sie schon oft gesehen haben.

Nach Beendigung der Schleife muss die Datei natürlich auch durch Aufruf der Funktion *fclose* geschlossen werden. Der Wert von *index* wird zurückgegeben, denn dieser enthält die Zahl der gelesenen Zeilen. Damit sieht die gesamte Funktion *zlesen* wie folgt aus:

```
short zlesen (char *filenam)
{
  FILE *pfile;
  short a,b,c,d;
  short ret;
  short index;

    /* Datei öffnen */
    pfile = fopen (filenam, "r" );
    if (!pfile) return(0);

     for (index=0; ; index++)
     {
        ret = fscanf (pfile, "%d %d %d %d", &a,
        &b, &c, &d);
        if (ret==EOF) break;
        printf("%d\n",a+b+c+d);
     }

    /* Datei schließen */
    fclose(pfile);

    return (index);
}
```

3. Die Regeln zur Bildung der Dateinamen sind abhängig vom Betriebssystem, auf dem das Programm läuft. Unter DOS sind acht Zeichen erlaubt, zuzüglich einer drei Zeichen langen Erweiterung, die vom Dateinamen durch einen Punkt getrennt werden musste. Unter Windows – auch unter der Windows-Eingabeaufforderung – und den meisten Betriebssystem besteht diese Einschränkung nicht. Ob allerdings das Zeichen zum Zeilenvorschub gestattet ist, das sei dahingestellt. Sinnvoll ist es auf keinen Fall; Sie sollten daher darauf verzichten.

   Der Compiler kann das natürlich nicht erkennen, obwohl er weiß, auf welchem Betriebssystem er läuft. Für ihn ist der Dateiname nur ein *char*-Zeiger, der an die Funktion *fopen* übergeben wird. Insofern kann er keine Unkorrektheit erkennen. Was allerdings die Funktion mit diesem Dateinamen macht, kann man nicht wissen. Vielleicht lässt sich die Datei ganz einfach nicht öffnen, vielleicht führt sie auch zu einem Laufzeitfehler, das heißt zu einem Programmabbruch während der Programmausführung.

Lösungen zu Kapitel 8

1. Unter Windows gibt es zwei Programmtypen: Windows-Anwendungen und Konsolenanwendungen, die sich aber nur geringfügig unterscheiden. Konsolenanwendungen führen Ein- und Ausgaben über das Konsolenfenster der Eingabeaufforderung durch (könnten aber auch Fenster anzeigen). Windows-Anwendungen zeigen nach dem Start in der Regel ein Fenster an und richten eine Nachrichtenschleife ein. Wenn die Exe-Datei gestartet wird, wird kein Konsolenfenster geöffnet.

2. Eine Nachricht ist eine Mitteilung, die an ein Fenster geschickt wird, um dieses über einen bestimmten Zustand, wie »Fensterfläche muss neu gezeichnet werden« oder »Menüeintrag wurde angeklickt«, zu informieren. Dahinter steckt aber ein simpler Mechanismus. Hinter einer Nachricht verbirgt sich eine einfache Struktur (vom Typ *MSG*); das Senden einer Nachricht ist der Aufruf der Fensterfunktion eines Fensters, bei der die Datenstruktur als Parameter übergeben wird.

3. Es gibt »sehr viele« Nachrichten (die meisten Nachrichtenkonstanten sind in *Windows.h* definiert), wobei Programmierer auch eigene Nachrichten definieren können.

4. Eine Fensterfunktion ist eine (im Prinzip beliebige) Funktion, die beim Definieren eines Fensters angegeben wird. Sie wird immer dann aufgerufen, wenn ein Fenster (über die *SendMessage*-API-Funktion) eine Nachricht erhält. Die Fensterfunktion muss den folgenden Kopf besitzen:

   ```
   static BOOL CALLBACK DialogFunc(HWND hwndDlg, UINT msg,
   WPARAM wParam, LPARAM lParam)
   ```

5. Eine API-Funktion ist eine Funktion, die die Aufrufschnittstelle (engl. »Application Programming Interface«) eines Betriebssystems zur Verfügung stellt. Die Windows-API (auch Win32 genannt) umfasst weit über 1.000 Funktionen.

6. Eine statische Bibliothek ist eine Datei mit der Erweiterung .lib, die eine Sammlung von Funktionen enthält, die beim Linken mit einem Programm kombiniert werden, sodass das Programm einzelne Funktionen aufrufen kann. Eine dynamische Bibliothek enthält ebenfalls Funktionen, allerdings werden diese nicht durch den Linker zu einem Programm hinzugefügt. Die DLL wird erst nach der Ausführung des Programms mit dem ersten Funktionsaufruf geladen. Beim ersten Laden der DLL wird eine Initialisierungsfunktion ausgeführt. Damit das Kompilieren dennoch funktioniert,

werden die externen Funktionen im Quelltext speziell deklariert. Der Linker ersetzt diese »Stubs« durch die Funktionsnummern der DLL. Beim Start des Programms wird über einen solchen Stub eine Funktion in der DLL aufgerufen. Die Windows-API besteht aus einer Reihe von DLLs.

7. Die Wahrscheinlich ist nicht sehr groß, es sei denn, der Programmierer ist ein wahrer »Codekünstler«, der schneller programmiert als die meisten Menschen denken. Der Grund für die pessimistische Einschätzung liegt einfach darin, dass die Windows-Programmierung mit C sehr aufwändig ist, weil viele Formalitäten, wie die Deklaration von Fenstern, eine Rolle spielen und die Fehlersuche der zeitaufwändig ist.

Lösungen zu Kapitel 9

1. Die Ausgabe des Kommandos *ls -l* besagt, dass der Benutzer *user1* sowie alle zur Gruppe *gruppe1* gehörenden Benutzer die Berechtigung haben, die Datei zum Lesen zu öffnen. Da Sie die Datei offenbar nicht öffnen dürfen, sind Sie weder als *user1* noch mit einem zur Gruppe *gruppe1* gehörenden Benutzernamen am System angemeldet.

2. a. Der Name der Include-Datei ist groß geschrieben, obwohl Kleinschreibung korrekt wäre. Dies funktioniert unter Windows trotzdem, da das Betriebssystem dort keine Unterscheidung zwischen Groß- und Kleinbuchstaben macht. In Unix werden Groß- und Kleinbuchstaben aber sehr wohl unterschieden, deshalb funktioniert dies dort nicht. Schreiben Sie den Dateinamen also klein.

   b. Als Pfadtrennzeichen wird in Windows das Zeichen »\« verwendet, unter Unix hingegen das Zeichen »/«. Soll das betreffende Programm unter Windows und Unix laufen, muss die bedingte Kompilierung benutzt werden.

   c. Die Bibliotheksfunktion *system* übergibt eine Zeichenkette an das Betriebssystem, das diese Zeichenkette als Befehl interpretiert. Da der Befehl *ren* unter Unix unbekannt ist, wird diese Zeile dort nicht funktionieren. Der entsprechende Unix-Befehl lautet *mv*, zu empfehlen ist die bedingte Kompilierung.

   d. Kein Problem

   e. Der Wertebereich des Datentyps *int* hängt vom zugrundegelegten Betriebssystem ab, ist also unbestimmt. Da, wie in der Aufgabenstellung angenommen, diese Zeile unter Windows bereits funktioniert hat, können Sie davon ausgehen, dass sie unter Unix ebenso funktionieren wird. Statt *int* sollten Sie aber generell lieber *long* verwenden.

f. Die hier aufgerufene Funktion *_dos_findfirst* ist offenbar keine ANSI-Funktion, worauf das *»dos«* im Namen hinweist. Daher wird Ihr C-Compiler diese Funktion unter Unix nicht kennen. Um sicher zu gehen, sehen Sie in der Dokumentation oder Onlinehilfe Ihres Compilers nach. Dort müssen Sie auch nachsehen, um eine äquivalente Funktion zur Benutzung unter Unix zu finden. Zum Erhalt eines gemeinsamen Programms für Windows und Unix benutzen Sie dann die bedingte Kompilierung.

3. Nein, das ist nicht die Lösung. Sie wissen doch, dass sich der Compiler sofort beschwert, wenn er den Aufruf einer Funktion vorgesetzt bekommt, die er nicht kennt. Da er *print* normalerweise nicht kennt, hätte er schon mit einer passenden Fehlermeldung geantwortet.

   Das heißt, der Compiler hat gar nicht versucht, diesen Funktionsaufruf zu kompilieren. Und das kann nur an der *#ifdef*-Anweisung liegen. Diese bewirkt doch, dass der Aufruf von *print* eliminiert wird, sofern die Konstante *UNIX* nicht definiert ist. Und genau das scheint hier der Fall zu sein.

   Informieren Sie sich in der Dokumentation oder Onlinehilfe Ihres Compilers, welche Konstanten automatisch definiert sind. Vielleicht heißt die passende Konstante nicht *UNIX*, sondern *_UNIX* oder ganz anders. Sie können aber auch über eine Compiler-Option die Konstante Ihrer Wahl setzen und im Programmtext benutzen.

   Sie sehen hier übrigens eine sehr einfache Möglichkeit festzustellen, ob eine bestimmte Präprozessorkonstante definiert ist oder nicht. Packen Sie einfach eine mit Sicherheit unkorrekte Anweisung in ein *#ifdef* ein, und der Compiler sagt Ihnen schon, ob oder ob nicht.

ANHANG B

ASCII-Tabelle

Code	Zeichen	Code	Zeichen	Code	Zeichen	Code	Zeichen
0		16	►	32		48	0
1	☺	17	◄	33	!	49	1
2	☻	18	↕	34	"	50	2
3	♥	19	‼	35	#	51	3
4	♦	20	¶	36	$	52	4
5	♣	21	§	37	%	53	5
6	♠	22	▬	38	&	54	6
7	σ	23	↨	39	'	55	7
8	◘	24	↑	40	(	56	8
9	○	25	↓	41	)	57	9
10	◙	26	→	42	*	58	:
11	♂	27	←	43	+	59	;
12	♀	28	∟	44	,	60	<
13	♪	29	↔	45	-	61	=
14	♫	30	▲	46	.	62	>
15	☼	31	▼	47	/	63	?

Anmerkung: Die Zeichen mit den Nummern 0 bis 31 sind (normalerweise nicht druckbare) Steuerzeichen. Je nach System können die Zeichen ab Nummer 128 anders gestaltet sein.

Code	Zeichen	Code	Zeichen	Code	Zeichen	Code	Zeichen
64	@	96	`	128	Ç	160	á
65	A	97	a	129	ü	161	í
66	B	98	b	130	é	162	ó
67	C	99	c	131	â	163	ú
68	D	100	d	132	ä	164	ñ
69	E	101	e	133	à	165	Ñ
70	F	102	f	134	å	166	ª
71	G	103	g	135	ç	167	º
72	H	104	h	136	ê	168	¿
73	I	105	i	137	ë	169	⌐
74	J	106	j	138	è	170	¬
75	K	107	k	139	ï	171	½
76	L	108	l	140	î	172	¼
77	M	109	m	141	ì	173	¡
78	N	110	n	142	Ä	174	«
79	O	111	o	143	Å	175	»
80	P	112	p	144	É	176	░
81	Q	113	q	145	æ	177	▒
82	R	114	r	146	Æ	178	▓
83	S	115	s	147	ô	179	│
84	T	116	t	148	ö	180	┤
85	U	117	u	149	ò	181	╡
86	V	118	v	150	û	182	╢
87	W	119	w	151	ù	183	╖
88	X	120	x	152	ÿ	184	╕
89	Y	121	y	153	Ö	185	╣
90	Z	122	z	154	Ü	186	║
91	[	123	{	155	ø	187	╗
92	\	124	¦	156	£	188	╝
93	]	125	}	157	¥	189	╜
94	^	126	~	158	₧	190	╛
95	_	127	⌂	159	ƒ	191	┐

Code	Zeichen	Code	Zeichen
192	└	224	α
193	┴	225	ß
194	┬	226	Γ
195	├	227	π
196	─	228	Σ
197	┼	229	σ
198	╞	230	µ
199	╟	231	τ
200	╚	232	ϕ
201	╔	233	Θ
202	╩	234	Ω
203	╦	235	δ
204	╠	236	∞
205	═	237	Ø
206	╬	238	ε
207	╧	239	∩
208	╨	240	≡
209	╤	241	±
210	╥	242	≥
211	╙	243	≤
212	╘	244	⌠
213	╒	245	⌡
214	╓	246	‘
215	╫	247	≈
216	╪	248	°
217	┘	249	∙
218	┌	250	·
219	╟	251	√
220	┼	252	^{n}
221	▌	253	^{2}
222	▐	254	■
223	▀	255	

Anhang C

ANSI C Schlüsselwörter

Dieser Anhang gibt eine alphabetische Übersicht über alle durch den ANSI-C-Standard definierten Schlüsselwörter. Es handelt sich dabei aber nicht nur um Befehle, sondern auch um die Namen von Operatoren, Datentypen und so genannten *Modifizierern*, die die Bedeutung eines Datentyps oder Befehls modifizieren. Darüber hinaus kann jeder C-Compiler noch eigene Schlüsselwörter besitzen, die in diesem Anhang aber nicht vorgestellt werden.

Übersicht über alle Schlüsselwörter

Die folgenden 31 Schlüsselwörter werden durch den ANSI-C-Standard definiert:

auto	break	case	char
const	continue	do	double
else	enum	extern	float
for	goto	if	int
long	register	return	short
signed	sizeof	static	struct
switch	typedef	union	unsigned
void	volatile	while	

Neu im C99-Standard sind die folgenden 5 Schlüsselwörter:

inline	restrict	_Bool	Complex
Imaginary			

Das Schlüsselwort auto

Dieser so genannte Speicherklassenbezeichner (engl. »storage class specifier«) legt fest, dass die folgende Variable beim Aufruf einer Funktion automatisch Speicherplatz erhält, der vor dem Verlassen der Funktion wieder freigegeben wird.

```
void main()
{
    auto int var_name;
...
}
```

Der Grund dafür, dass *auto* (es steht für »Automatische Speicherallozierung«) in C-Programmen so gut wie nie zu finden ist, liegt ganz einfach darin, dass das hier beschriebene Verhalten bereits bei allen Variablen, deren Gültigkeitsbereich sich auf einen Block beschränkt, standardmäßig aktiv ist.

Das Schlüsselwort break

Durch dieses Schlüsselwort wird eine *for*-, *do*- oder *while*-Schleife oder der *case*-Zweig eines *switch*-Befehls beendet und die Programmausführung mit dem ersten Befehl außerhalb des Blocks fortgesetzt.

```
for (I=0; i < 100; i++)
{
  if (getchar() =='*')
    break;
}
```

Das Schlüsselwort case

Leitet in einem *switch*-Befehl einen neuen Zweig ein.

```
switch (i)
{
  case 1:
   printf("Der Wert ist 1!\n");
   break;
  case 2:
   printf("Der Wert ist 2!\n");
   break;
  case 3:
   printf("Der Wert ist 3!\n");
   break;
  default:
   printf("Es ist ein anderer Wert!\n");
}
```

Das Schlüsselwort char

Definiert eine Variable vom Typ *char*, in der ein einzelnes Zeichen oder eine Zeichenkette gespeichert werden kann. Im letzteren Fall muss auf den Variablennamen ein Paar eckiger Klammern folgen, dann handelt es sich aus programmiertechnischer Sicht um ein Array.

```
char Name[] ="Rudi & Franz";
```

Das Schlüsselwort const

Definiert eine Konstante, das heißt eine Variable, deren Wert sich während der Programmausführung nicht ändern kann. Das Schlüsselwort kann einer beliebigen Variablendefinition vorausgehen. Die Konstante muss initialisiert werden, da eine spätere Wertzuweisung vom Compiler nicht akzeptiert wird.

```
const int Zahl1=4711;
```

Das Schlüselwort continue

Dieses Schlüsselwort sorgt innerhalb einer Programmschleife dafür, dass die Schleife erneut aufgerufen wird. Bei der *for*-Schleife erhält der Schleifenzähler dabei den nächsten Wert. Bei der *while*- und *do-while*-Schleife bleiben alle Variablenwerte unverändert.

```
float i;
for (i=-10; i < 10; i++)
{
  if (i==0)
    continue;
    printf("Das Ergebnis ist: %f\n", 1/i);
}
```

Der *continue*-Befehl bewirkt in diesem Fall, dass der Schleifenwert 0 nicht ausgegeben wird und damit auch nicht an der Division beteiligt ist. Stattdessen wird die Schleife mit dem Wert $i = 1$ fortgesetzt.

Das Schlüsselwort default

Leitet in einem *switch*-Befehl den Zweig ein, der immer dann ausgeführt wird, wenn keiner der vorherigen *case*-Zweige ausgeführt wurde. Ein passendes Beispiel enthält die Beschreibung des *case*-Befehls.

Das Schlüsselwort do

Durch diesen Befehl wird eine *do*-Schleife eingeleitet. Die folgenden Befehle werden so oft wiederholt, solange der auf den abschließenden *while*-Befehl folgende Ausdruck wahr ist.

```
do
{
  i++;
  printf("Der Wert ist: %d\n",i);
}
while (i < 10);
```

Bei dieser Programmschleife wird die Abbruchbedingung erst nach dem ersten Durchlauf geprüft, sodass die Schleife mindestens einmal durchlaufen wird.

Das Schlüsselwort double

Definiert eine Variable vom Typ *double*, deren Wert im Bereich von +/-$1.7*10^{-308}$ bis +/-$1.7*10^{308}$ liegen kann und die im Arbeitsspeicher 8 Byte belegt.

Das Schlüsselwort else

Folgt auf einen *if*-Befehl und führt die folgende Anweisung nur dann aus, wenn der auf den *if*-Befehl folgende Ausdruck nicht wahr ist.

```
if (i > 0)
  printf("Der Wert ist groesser Null!\n");
else
  printf("Der Wert ist kleiner oder gleich Null!\n");
```

Das Schlüsselwort enum

Ermöglicht die Definition so genannter Aufzählungstypen, das heißt von Variablen, die eine bestimmte Anzahl von *int*-Werten besitzen können, die nicht in einem zusammenhängenden Bereich liegen müssen.

```
enum Wochentag        /* Definiert eine
                       enum-Variable Wochentag*/
   {
    Montag = 10,     /* Montag = 10*/
    Dienstag,        /* Dienstag = 11*/
    Mittwoch,        /* Mittwoch = 12*/
    Donnerstag,      /* Donnerstag = 13*/
    Freitag,         /* Freitag = 14*/
    Samstag = 222,   /* Samstag = 222*/
    Sonntag,         /* Sonntag = 223 */
    };

enum Wochentag Gestern = Samstag;
enum Wochentag Heute = Sonntag;

printf("Der Wert ist: %d\n",Gestern);
printf("Der Wert ist: %d\n",Heute);
printf("Der Wert ist: %d\n",Montag);
```

Über die *enum*-Anweisung wird zunächst ein Aufzählungstyp mit dem Namen *Wochentag* definiert, der die Werte *Montag*, *Dienstag*, *Mittwoch*, *Donnerstag*, *Freitag*, *Samstag* und *Sonntag* besitzt. Dabei handelt es sich allesamt um *int*-Variablen, deren Werte innerhalb des Aufzählungstyps festgelegt werden. Wird eine einzelne Untervariable nicht mit einem Wert initialisiert, erhält sie einen um 1 größeren Wert als ihre Vorgängerin.

Der Hauptvorteil von Aufzählungstypen besteht darin, dass man eine Reihe von *#define*-Befehlen einspart, und dass die Elemente von Aufzählungstypen wie *int*-Werte behandelt werden und so auch die gleichen Gültigkeitsbereiche besitzen (mit einem *#define*-Befehl definierte Konstanten sind stets im gesamten Programm gültig). Aufzählungstypen, deren Möglichkeiten im Vergleich zu anderen Programmiersprachen (z.B. Pascal) stark eingeschränkt sind, werden in C nur sehr selten benötigt.

Das Schlüsselwort extern

Geht einer Variablendeklaration oder einem Funktionsprototypen voraus, wenn sich die Variablen- oder Funktionsdefinition in einer anderen Datei befindet.

```
extern int i;
extern void FunNotInFile(int , int);
```

Das Schlüsselwortfloat

Definiert eine Variable mit dem Datentyp *float*, deren Wert im Bereich von $+/-3.4*10^{-38}$ bis $+/-3.4*10^{38}$ liegen kann und die im Arbeitsspeicher 4 Byte belegt.

Das Schlüsselwort for

Leitet eine *for*-Schleife ein. Die Initialisierung von Variablen, die Abbruchbedingung und Anweisungen zur Änderung von Variablen (Reinitialisierung) können als optionale Parameter aufgeführt werden. Mehrere Initialisierungen und Reinitialisierungen in einer *for*-Schleife müssen durch Kommata getrennt werden.

```
int i;
for (i = 3; i < 1000; i=i+3)
{
   /* Anweisungen */
}
```

Diese *for*-Schleife zählt die Variable *i* in 3er-Schritten hoch. Abgebrochen wird die Schleife, wenn *i* den Wert 1000 erreicht oder überschritten hat.

Das Schlüsselwort goto

Führt einen unbedingten Sprung zu einer Sprungmarke durch. Sollte in C nur in Ausnahmefällen eingesetzt werden, da der Programmverlauf unübersichtlicher wird.

```
goto Marke1;
...
Marke1: ;
```

Im Zusammenhang mit dem *goto*-Befehl sind zwei Dinge zu beachten. Zum einen muss sich die Sprungmarke, in diesem Fall heißt sie *Marke1*, innerhalb der gleichen Funktion wie der *goto*-Befehl befinden. Zum anderen muss der Sprungmarke stets eine Anweisung folgen, auch wenn es, wie im obigen Beispiel, nur eine leere Anweisung ist. Nicht vergessen werden sollte natürlich, dass auf die Sprungmarke selbst stets ein Doppelpunkt folgen muss.

Obwohl der *goto*-Befehl im Allgemeinen verpönt ist, ist er z.B. nützlich, um aus einer verschachtelten Schleife herauszuspringen oder um im Falle einer Fehlersituation eine bestimmte Fehlerroutine innerhalb der Funktion anzuspringen.

Das Schlüsselwort if

Führt die folgenden Anweisungen nur aus, wenn der auf den *if*-Befehl folgende Ausdruck wahr ist.

```
if (Wert < 0)
{
  printf("Die Zahl ist leider negativ!\n");
  return;
}
```

Das Schlüsselwort inline (nur C99)

inline ist ein Zusatz zu einer Funktionsdefinition. Eine Inline-Funktion verhält sich wie eine normale Funktion und bietet auch alle Möglichkeiten, was z.B. Parameterübergabe und lokale Variablen betrifft. Auch können und sollen Inline-Funktionen durch Prototypen deklariert werden. Der Unterschied zu einer normalen Funktion besteht darin, dass der vom Compiler erzeugte Code an jede Stelle kopiert wird, an der die Funktion aufgerufen wird. Diesbezüglich verhält sie sich also wie ein Makro, ein solches wird allerdings vom Präprozessor ausgewertet.

```
inline double funk(double x)
{
  return 1.0 / (x*x+1.0);
}
```

Das Schlüsselwort int

Definiert eine Variable mit dem Datentyp *int*, deren Wert im Bereich von -32768 bis +32767 liegen kann und die im Arbeitsspeicher 2 Byte belegt. Auf 32-Bit-Systemen kann der Wertebereich einer *int*-Variablen dem einer *long*-Variablen entsprechen.

Das Schlüsselwort long

Definiert eine Variable mit dem Datentyp *long*, deren Wert im Bereich von -2147483648 bis +2147483647 liegen kann und die im Arbeitsspeicher 4 Byte belegt.

Das Schlüsselwort register

Dieses Schlüsselwort geht einer Variablen- oder Funktionsdefinition voraus und legt fest, dass die Variable oder der Parameter der Funktion, wenn möglich, in den Registern des Prozessors und nicht auf dem Stapelspeicher abgelegt werden sollen. Dadurch wird ein schnellerer Zugriff gewährleistet. Es kann aber durchaus sein, dass die Benutzung von *register* keine Wirkung zeigt, weil der zugrunde gelegte Prozessor nicht über genügend Register verfügt.

Das Schlüsselwort restrict (nur C99)

Hierdurch kann erreicht werden, dass zwei oder mehr Adressbereiche sich nicht überlappen können. Voraussetzung dafür ist, dass die Zeiger, mit denen auf diese Speicherbereiche zugegriffen wird, als *restrict* definiert werden.

```
char * restrict pt;
```

Das Schlüsselwort return

Beendet eine Funktion und übergibt gleichzeitig einen Rückgabewert an die aufrufende Funktion oder an das Betriebssystem, wenn die Funktion *main* beendet wird.

Das Schlüsselwort short

Definiert eine Variable vom Typ *short*, die Werte im Bereich –32768 bis +32767 aufnehmen kann. Im Unterschied zum Datentyp *int* belegt dieser Datentyp auf allen Systemen 2 Byte und besitzt damit stets den hier angegebenen Wertebereich.

Das Schlüsselwort signed

Hierbei handelt es sich um einen so genannten Typenmodifizierer. Er geht stets einer Variablendefinition voraus und legt fest, dass in dem Wertebereich der Variablen positive und negative Zahlen möglich sind. Dieses Schlüsselwort ist nur für ganzzahlige Variablentypen zulässig. Normalerweise ist die Benutzung von *signed* nicht nötig, weil dies der Standard-Compilereinstellung entspricht. Diese kann jedoch geändert werden.

```
signed int x;
```

Das Schlüsselwort sizeof

Der *sizeof*-Operator ermittelt die Anzahl Bytes, die eine Variable im Arbeitsspeicher belegt.

```
anzahl_bytes = sizeof(wert);
```

oder

```
int feld[100];
anzahl_bytes = sizeof(feld[0]);
```

Beachten Sie, dass im zweiten Beispiel der *sizeof*-Operator nicht die Größe des gesamten Arrays liefert, sondern nur die Größe eines einzelnen Arrayelements, in diesem Falle also je nach System 2 oder 4 (Byte).

Das Schlüsselwort static

Dieses Schlüsselwort geht einer Variablendefinition oder einem Funktionsprototypen voraus. Seine Wirkung besteht darin, dass alle in einer Funktion definierten Variablen ihren Wert auch nach Verlassen der Funktion noch besitzen. Beim nächsten Aufruf der Funktion werden die Variablen nicht mit Null initialisiert, sondern besitzen den Wert, den sie auch beim Verlassen der Funktion aufgewiesen haben.

Geht *static* dem Funktionsprototypen voraus, werden alle Variablen automatisch als statisch deklariert. Geht *static* dagegen nur einer Variablen voraus, wird nur diese Variable als statisch definiert.

```
static int i;
```

Das Schlüsselwort struct

Über diesen Befehl werden Strukturtypen und Strukturvariablen definiert.

```
struct
{
  float geschwindigkeit;
  short leistung;
  short zylinder;
  char  kraftstoff;
} mercedes;
```

Dieser *struct*-Befehl definiert einen Strukturtyp ohne Namen, welcher anschließend zur Definition einer Strukturvariablen mit dem Namen *mercedes* verwendet wird. Eine Initialisierung der Strukturvariablen wird allerdings noch nicht durchgeführt.

Kleiner Exkurs: Bitfelder

Mit Hilfe eines *struct*-Befehls können auch Bitfelder definiert werden, bei denen sich die einzelnen Bits einer Speicherzelle namentlich ansprechen lassen.

```
struct
{
   unsigned B1  :4;
   unsigned B2  :7;
   signed  Mono :1;
} BitFeld;
```

Zu Bitfeldern gilt anzumerken, dass diese die Ausführungsgeschwindigkeit eines C-Programms unter Umständen deutlich verlangsamen können und dass sich keine Zeiger auf Bitfelder definieren lassen.

Das Schlüsselwort switch

Dieser Befehl leitet eine *switch-case*-Anweisung ein.

```
switch (Wochentag)
{
   case 0:
    printf("Heute ist Sonntag!\n");
    break;
   case 1:
    printf("Heute ist Montag!\n");
    break;
   case 2:
    printf("Heute ist Dienstag!\n");
    break;
/* usw. */
   default:
    printf("Fehler bei der Eingabe!\n");
}
```

Der *switch*-Befehl prüft die Variable *Wochentag* und führt in Abhängigkeit ihres Wertes einen der folgenden *case*-Zweige aus.

Das Schlüsselwort typedef

Dieses Schlüsselwort dient in erster Linie zur Vereinfachung beim Einsatz selbst definierter Datentypen. Der *typedef* definiert damit ein Synonym für einen bereits existierenden Datentypen.

```
typedef int X, Y;
X Wert1; /* int-Variable*/
Y Wert2; /* int-Variable */
```

oder

```
struct pkw_daten
{
  int leistung;
  int zylinder;
};
typedef struct pkw_daten Marke;
Marke Mercedes={195.0, 12};
```

Das Schlüsselwort union

Dieses Schlüsselwort definiert, wie der *struct*-Befehl, einen zusammengesetzten Datentypen. Es gelten daher die gleichen Regeln. Anders als bei einer Strukturvariablen beginnen jedoch die einzelnen Elemente bei der gleichen Basisadresse, sodass sie sich zwangsläufig überlappen.

```
union
{
  float Wert_Lang;
  int   Wert_Kurz;
} flexibel;

flexibel.Wert_Lang = 3.13543434;
flexibel.Wert_Kurz = 22;
```

Die Variable *flexibel* kann innerhalb des Programms einmal als *float*-, ein anderes Mal als *int*-Variable angesprochen werden. Ein Vorteil einer solchen Variablen besteht also darin, dass ein und dieselbe Speicherzelle mehrere Datentypen besitzen kann.

Das Schlüsselwort unsigned

Hierbei handelt es sich um einen so genannten *Typenmodifizierer*. Er geht stets einer Variablendefinition voraus und legt fest, dass in dem Wertebereich der Variablen nur positive Zahlen und 0 möglich sind. Weitere Informationen finden Sie bei den Erläuterungen zum Schlüsselwort *signed*.

Das Schlüsselwortvoid

Dieser Datentyp wird z.B. immer dann eingesetzt, wenn einer Funktion keine Parameter übergeben werden oder wenn sie keinen Rückgabewert besitzt.

Das Schlüsselwortvolatile

Dieser so genannte *Typenbezeichner* wird nur sehr selten eingesetzt. Stellen Sie sich vor, dass eine Hardwarekomponente irgendwelche Ergebnisse in einem Register ablegt, welches in einem C-Programm über eine Variable angesprochen wird. Wird diese Variable in einer Schleife abgefragt, um z.B. auf eine Zustandsänderung in dem Register zu warten

```
while (RegisterWert & (ZUSTAND1 | ZUSTAND2) == 0)
{
   /* Anweisungen werden nur nach einer Zustandsänderung */
   /* ausgeführt */
}
```

kann es passieren, dass ein C-Compiler feststellt, dass innerhalb der *while*-Schleife stets die gleiche Speicheradresse geprüft wird und infolgedessen den *while*-Befehl einfach »wegoptimiert«. Die Folge ist, dass das Hardwaregerät nur ein einziges Mal geprüft wird und das Programm nun nicht mehr richtig funktionieren kann. Um genau diesen Effekt zu verhindern, muss einer Variablendefinition das Schlüsselwort *volatile* vorausgehen.

```
volatile int RegisterWert;
```

Der C-Compiler erkennt daran, dass sich die Variable aus Gründen ändern kann, die aus dem Programm selbst nicht ersichtlich sind, und belässt jede Referenz auf diese Variable daher in ihrem Originalzustand. Das Schlüsselwort *volatile* wird in der Regel mit dem Schlüsselwort *const* verwendet, damit man eine auf diese Weise definierte »Variable« nicht versehentlich ändern kann.

Das Schlüsselwort while

Dieser Befehl leitet eine *while*-Schleife ein. Die auf den Befehl folgenden Anweisungen werden so oft wiederholt, wie der auf den *while*-Befehl folgende Ausdruck wahr ist. Da die Schleifenabbruchbedingung bereits vor dem ersten Durchlauf geprüft wird, kann es passieren, dass die Schleife gar nicht durchlaufen wird.

```
while (i < 0)
{
  /* Anweisungen */
}
```

Damit die *while*-Schleife nicht endlos durchläuft, müssen die Anweisungen innerhalb der Schleife dafür sorgen, dass die Variable *i* irgendwann einmal kleiner als Null wird. Ansonsten muss die Schleife über einen *break*- oder *goto*-Befehl verlassen werden.

Das Schlüsselwort _Bool (nur C99)

Datentyp, der nur die Werte 0 und 1 annehmen kann. Hierdurch können logische Werte gespeichert werden.

```
_Bool BinFertig = 1;
```

Vorgesehen ist allerdings, durch Einbinden der Datei *stdbool.h* die dort definierten Namen *bool*, *true* und *false* zu benutzen.

```
bool BinFertig = true;
```

Das Schlüsselwort _Complex (nur C99)

Datentyp zur Aufnahme von komplexen Zahlen. Vorgesehen ist allerdings, durch Einbinden der Datei *complex.h* die dort definierten Namen zu benutzen. Dann lassen sich die Datentypen *float complex*, *double complex* und *long double complex* mit jeweils unterschiedlicher Genauigkeit definieren.

```
#include <complex.h>

void main()
{
  double complex cTest = 3 + 1.3 * I;
}
```

Das Schlüsselwort _Imaginary (nur C99)

Dieses Schlüsselwort dient dem Umgang mit imaginären Zahlen (bzw. dem Imaginärteil von komplexen Zahlen). Weitere Anmerkungen finden Sie bei der Erläuterung des Schlüsselworts *_Complex*.

Anhang D

jetzt lerne ich

ANSI C Bibliotheksfunktionen

In diesem Anhang werden die wichtigsten Bibliotheksfunktionen in alphabetischer Reihenfolge vorgestellt, die durch den ANSI-C-Standard festgelegt werden. Die Aufzählung ist alles andere als vollständig, es geht im Wesentlichen darum, einen ersten Eindruck von den Möglichkeiten der Bibliotheksfunktionen zu vermitteln und deutlich zu machen, welchen Stellenwert diese für die C-Programmierung besitzen. Eine vollständige Auflistung aller C-Bibliotheksfunktionen finden Sie z.B. im Handbuch Ihres Compilers. Die Funktionsbeschreibung bei LCC-Win32 ist z.B. sehr übersichtlich und bei allen größeren Compilern natürlich auch in der Onlinehilfe enthalten. Wurde die Hilfedatei installiert, erhalten Sie über die [F1]-Taste sofort eine Erklärung inklusive einer Syntaxbeschreibung.

Zu jeder Funktionsbeschreibung werden folgende Dinge aufgelistet:

- Der Name der Header-Datei, z.B. *stdio.h*, in der der Funktionsprototyp enthalten ist, und die über den *#include*-Befehl in das C-Programm eingebunden wird
- Eine Syntaxbeschreibung mit Funktionsnamen, den Datentypen der Parameter und dem Datentyp des Rückgabewertes
- Eine kurze Beschreibung der Funktion

Die Funktion abort

```
#include <stdlib.h>
void abort(void);
```

Bricht ein Programm ab und übergibt an das Betriebssystem eine Fehlermeldung, die den außergewöhnlichen Programmabbruch signalisiert.

Rückgabewert: keiner

Die Funktion abs

```
#include <stdlib.h>
int abs(int n);
```

Bildet den Absolutwert von *n*.

Rückgabewert: Absolutwert von *n*

Die Funktion acos

```
#include <math.h>
double acos(double x);
```

Berechnet den Arcus Cosinus von *x*. Der Wert von *x* wird im Bogenmaß angegeben und muss im Bereich von –1 bis 1 liegen. Der Rückgabewert liegt im Bereich 0 bis *Pi*.

Rückgabewert: Arcus Cosinus von *x*; 0, wenn *x* außerhalb des Bereichs liegt.

Die Funktion asin

```
#include <math.h>
double asin(double x);
```

Berechnet den Arcus Sinus von *x*. Der Wert von *x* wird im Bogenmaß angegeben und muss im Bereich von –1 bis 1 liegen. Der Rückgabewert liegt im Bereich –Pi/2 bis +Pi/2.

Rückgabewert: Arcus Sinus von *x*; 0 wenn *x* außerhalb des Bereichs liegt.

Die Funktion atan

```
#include <math.h>
double atan(double x);
```

Berechnet den Arcus Tangens von *x*. Der Wert von *x* wird im Bogenmaß angegeben. Der Rückgabewert liegt im Bereich von –Pi/2 bis +Pi/2.

Rückgabewert: Arcus Tangens von *x* im Bogenmaß

Die Funktion atan2

```
#include <math.h>
double atan2(double x, double y);
```

Berechnet den Arcus Tangens von y/x. Die Werte von x und y werden im Bogenmaß angegeben. Der Rückgabewert liegt im Bereich von –Pi bis +Pi.

Rückgabewert: Arcus Tangens von x durch y; 0, wenn x und y gleich 0 sind.

Die Funktion atof

```
#include <stdlib.h>
double atof(char *string);
```

Konvertiert einen String, auf den das Argument zeigt, in einen Zahlenwert vom Typ *double*.

Rückgabewert: der *double*-Wert des Strings; 0, wenn keine Zeichen umgewandelt werden konnten.

Die Funktion atoi

```
#include <stdlib.h>
int atoi(char string)
```

Wandelt einen String, auf den das Argument zeigt, in einen *int*-Wert um. Führende Leerzeichen werden ignoriert, die Konvertierung wird beim ersten nicht numerischen Zeichen abgebrochen.

Rückgabewert: *int*-Wert des Strings; 0, wenn keine Zeichen umgewandelt werden konnten.

Die Funktion atol

```
#include <stdlib.h>
long atol(char string)
```

Wandelt einen String, auf den das Argument zeigt, in einen *long*-Wert um. Führende Leerzeichen werden ignoriert, die Konvertierung wird beim ersten nicht numerischen Zeichen abgebrochen.

Rückgabewert: *long*-Wert des Strings; 0, wenn keine Zeichen umgewandelt werden konnten.

Die Funktion clock

```
#include <time.h>
clock_t clock(void)
```

Gibt in einer Näherung die Anzahl an Zeitgebertakten seit dem Start des Programms zurück. Durch eine Division mit der Makrokonstanten *CLK_TCK* ergibt sich aus diesem Wert die Anzahl an verstrichenen Sekunden. Bei *clock_t* handelt es sich um einen numerischen Datentyp, der ebenfalls in *time.h* deklariert ist.

Rückgabewert: Anzahl an Systemtakten; *(clock_t) –1*, wenn die Systemzeit nicht ermittelt werden konnte.

Die Funktion cos

```
#include <math.h>
double cos(double x)
```

Berechnet den Cosinus des Wertes *x*.

Rückgabewert: Cosinus von *x*

Die Funktion cosh

```
#include <math.h>
double cosh(double x)
```

Berechnet den Cosinus Hyperbolicus des Wertes *x*. Der Wert von *x* wird im Bogenmaß angegeben.

Rückgabewert: Cosinus Hyperbolicus von *x*; *HUGE_VAL* (definiert in *math.h*), wenn ein Überlauf auftrat.

Die Funktion ctime

```
#include <time.h>
char *ctime(time_t *zeit);
```

Gibt die aktuelle Systemzeit (Ortszeit) in Form eines 26-Zeichenstrings im folgenden Format zurück.:

Wed Feb 23 12:11:32 1994\n\0

Vor dem Aufruf dieser Funktion sollte man die Funktion *time* aufrufen, um die Zeit, die seit dem 01.01.1970, 00:00 (Greenwich-Zeit), vergangen ist, zu erhalten. Dieser Wert wird über *ctime* dann in die Ortszeit umgewandelt.

Rückgabewert: Zeiger auf den Zeitstring

Die Funktion div

```
#include <stdlib.h>
div_t div(int zahl1, int zahl2);
```

Berechnet den Quotienten und den Rest, der sich aus der Division von *zahl1* durch *zahl2* ergibt. Der Rückgabewert wird dabei in einer Struktur vom Strukturtypen *div_t* abgelegt, die folgenden Aufbau besitzt:

```
typedef struct {
  int quot;     /* Quotient */
  int rm;       /* Rest     */
} div_t;
```

Die Funktion exit

```
#include <stdlib.h>
void exit(int status);
```

Bricht ein Programm ab und übergibt einen Wert an das aufrufende Programm.

Rückgabewert: keiner

Die Funktion exp

```
#include <math.h>
double exp(double x);
```

Berechnet die Potenz zur Basis *e* des Arguments *x*, wobei *e* den Wert 2.718281828 besitzt.

Rückgabewert: e^x; *HUGE_VAL*, wenn das Ergebnis zu groß ist.

Die Funktion fabs

```
#include <math.h>
double fabs(double x);
```

Berechnet den Absolutwert des Fließkommaarguments *x*.

Rückgabewert: Absolutwert von *x*

Die Funktion fclose

```
#include <stdio.h>
int fclose(FILE *fp);
```

Schließt die Datei, deren Dateizeiger als Argument übergeben wird.

Rückgabewert: 0, falls die Funktion erfolgreich war; ungleich Null, wenn ein Fehler auftrat.

Die Funktion feof

```
#include <stdio.h>
int feof(FILE *fp);
```

Prüft, ob bei der Datei, deren Dateizeiger als Argument übergeben wird, ein *EOF* (Dateiende, »end of file«) erreicht wurde.

Rückgabewert: 0, falls das Ende nicht erreicht ist; 1, falls das Dateiende erreicht wurde.

Die Funktion fflush

```
#include <stdio.h>
int fflush(FILE *fp);
```

Überträgt alle Daten in noch offenen Dateipuffern in die Datei, deren Dateizeiger als Argument übergeben wurde.

Rückgabewert: 0, falls erfolgreich; ungleich Null, falls ein Fehler auftrat.

Die Funktion fgetc

```
#include <stdio.h>
int fgetc(FILE *fp);
```

Liest ein Zeichen aus der Datei, deren Dateizeiger als Argument übergeben wurde.

Rückgabewert: ASCII-Code des gelesenen Zeichens; *EOF*, falls das Ende der Datei erreicht wurde.

Die Funktion floor

```
#include <math.h>
double floor(double x);
```

Gibt die größte ganze Zahl zurück, welche kleiner oder gleich *x* ist. Der Rückgabewert ist vom Typ *double*.

Rückgabewert: größte ganze Zahl, die nicht größer als *x* ist.

Die Funktion fmod

```
#include <math.h>
double floor(double x, double y);
```

Berechnet den Rest, der bei der Division von *x* durch *y* entsteht, und gibt diesen zurück. Der Rest wird dabei nach der Formel *x – (i * y)* berechnet, wobei *i* ein bei der Division ermittelter ganzzahliger Wert ist.

Rückgabewert: Rest der Division *x/y*. Ist *y* ungleich Null, erhält der Rückgabewert das gleiche Vorzeichen. Der Absolutwert des Rückgabewertes ist kleiner als *y*.

Die Funktion fopen

```
#include <stdio.h>
FILE *fopen(char *dateiname, char *zugriff);
```

Öffnet eine Datei, deren Name als Stringargument übergeben wird. Für den Zugriffsmodus kommen folgende Werte in Frage:

Wert	Bedeutung
"r"	Textdatei zum Lesen öffnen
"w"	Textdatei zum Schreiben öffnen
"a"	Öffnen oder Erzeugen einer Textdatei und Anhängen der Daten an das Dateiende
"rb"	Binärdatei zum Lesen öffnen
"wb"	Binärdatei zum Schreiben anlegen
"ab"	Öffnen oder Erzeugen einer Binärdatei und Anhängen der Daten an das Dateiende.
"r+"	Öffnen einer Textdatei zum Lesen oder Schreiben
"w+"	Öffnen oder Erzeugen einer Textdatei zum Lesen oder Schreiben
"a+"	Öffnen oder Erzeugen einer Textdatei zum Lesen oder Schreiben, wobei der Dateizeiger an das Ende der Datei positioniert wird
"r+b"	Öffnen einer Binärdatei zum Lesen oder Schreiben
"w+b"	Öffnen oder Erzeugen einer Binärdatei zum Lesen oder Schreiben
"a+b"	Öffnen oder Erzeugen einer Binärdatei zum Lesen oder Schreiben, wobei der Dateizeiger an das Ende positioniert wird

Rückgabewert: Dateizeiger der geöffneten Datei

Die Funktion fprintf

```
#include <stdio.h>
int fprintf(FILE *fp, char *kontroll, ...);
```

Führt eine formatierte Ausgabe in einer geöffneten Datei durch, die über den als Argument übergebenen Dateizeiger festgelegt wird. Die übrigen Konventionen entsprechen der *printf*-Funktion.

Rückgabewert: Anzahl der ausgegebenen Zeichen; –1, wenn beim Schreiben der Zeichen ein Fehler auftrat.

Die Funktion fputc

```
#include <stdio.h>
int fputc(int c, FILE *fp);
```

Schreibt ein Zeichen *c* in eine geöffnete Datei, deren Dateizeiger als Argument übergeben wird.

Rückgabewert: *c*, wenn das Zeichen geschrieben wurde; *EOF*, wenn ein Fehler auftrat.

Die Funktion fread

```
#include <stdio.h>
size_t fread(void *puffer, size_t groesse, size_t anzahl, FILE *fp);
```

Liest eine bestimmte Anzahl an Zeichen aus einer geöffneten Datei und überträgt diese in einen Speicherpuffer, dessen Adresse als Zeiger übergeben wird.

Rückgabewert: Anzahl der eingelesenen Zeichen (Bytes)

Die Funktion free

```
#include <stdlib.h>
void free(void *ptr);
```

Gibt einen Speicherbereich wieder frei, der über die Funktionen *calloc*, *malloc* oder *realloc* zugewiesen wurde. Als Argument wird jener Zeiger übergeben, den diese Funktionen zurückgegeben haben.

Rückgabewert: keiner

Die Funktion frexp

```
#include <math.h>
double frexp(double x, int *exp);
```

Berechnet die Mantisse der Fließkommazahl *x* als normalisierten Bruch im Bereich 0.5 bis 1.0.

Rückgabewert: Mantisse von *x* im Bereich 0.5 bis 1.0; *x*, wenn *x* 0 ist.

Die Funktion fscanf

```
#include <stdio.h>
int fscanf(FILE *fp, char *kontroll, ...);
```

Führt eine formatierte Eingabe aus einer geöffneten Datei durch, deren Dateizeiger als Argument übergeben wird. Die übrigen Konventionen entsprechen denen der Funktion *scanf*.

Die Funktion fseek

```
#include <stdio.h>
int fseek(FILE *fp, long offset, int ursprung);
```

Verschiebt den internen Dateizeiger, der die aktuelle Schreib-Lese-Position bei einer geöffneten Datei festlegt, um den angegebenen 32-Bit-Offset. Dabei kann die Verschiebung an der aktuellen Position (*SEEK_CUR*), am Dateianfang (*SEEK_SET*) oder am Dateiende (*SEEK_END*) beginnen.

Rückgabewert: 0, wenn der Dateizeiger erfolgreich verschoben werden konnte; ungleich Null, wenn ein Fehler auftrat.

Die Funktion fwrite

```
#include <stdio.h>
size_t fwrite(void *puffer, size_t groesse, size_t anzahl, FILE *fp);
```

Schreibt eine bestimmte Anzahl an Zeichen aus einem Speicherpuffer, dessen Adresse als Zeiger übergeben wird, in eine geöffnete Datei.

Rückgabewert: Anzahl der geschriebenen Zeichen (Bytes); ein kleinerer Wert, als beim Funktionsaufruf übergeben wurde, signalisiert einen Fehler.

Die Funktion getchar

```
#include <stdio.h>
int getchar(void)
```

Liest das nächste Zeichen vom Standardeingabegerät (Tastatur).

Rückgabewert: gelesenes Zeichen

Die Funktion getenv

```
#include <stdlib.h>
char *getenv(char *name);
```

Gibt den aktuellen Wert einer Umgebungsvariablen zurück, deren Name durch den übergebenen Zeiger adressiert wird.

Rückgabewert: Zeiger auf den Wert der Umgebungsvariablen; *NULL*, wenn die Variable nicht gefunden wurde.

Die Funktion ldexp

```
#include <math.h>
double ldexp(double x, int exp);
```

Berechnet $x * 2^{exp}$.

Rückgabewert: $x * 2^{exp}$; *+/-HUGE_VAL*, wenn die Berechnung zu einem Überlauf führt.

Die Funktion log

```
#include <math.h>
double log(double x);
```

Berechnet den Logarithmus von *x* mit der Basis *e* (2.718281828). Der Wert von *x* muss größer Null sein.

Rückgabewert: Logarithmus von *x*, wenn *x > 0*; *–HUGE_VAL*, wenn *x <= 0* ist.

Die Funktion log10

```
#include <math.h>
double log10(double x);
```

Berechnet den so genannten *Briggschen Logarithmus* von *x* mit der Basis *10*. Der Wert von *x* muss größer Null ist.

Rückgabewert: Logarithmus von *x* zur Basis *10*, wenn *x > 0*; *–HUGE_VAL*, wenn *x <= 0* ist.

Die Funktion malloc

```
#include <stdlib.h>
void *malloc(size_t size);
```

Reserviert einen Speicherbereich der angegebenen Größe und gibt einen Zeiger auf diesen Bereich zurück. Bei *size_t* handelt es sich um einen vorzeichenlosen Integerwert, der aus der Benutzung des *sizeof*-Operators resultiert.

Rückgabewert: Zeiger auf den reservierten Speicherbereich; *NULL*, wenn der Bereich aus irgendeinem Grund nicht reserviert werden konnte.

Die Funktionmodf

```
#include <math.h>
double modf(double x, double *vork);
```

Trennt den Vor- und Nachkommaanteil der Fließkommazahl *x*. Der ganzzahlige Vorkommaanteil wird dabei unter der Speicheradresse abgelegt, auf die das Argument *vork* zeigt. Der Nachkommanteil wird als *double*-Wert zurückgegeben. Sowohl der Vor- als auch der Nachkommaanteil besitzen das gleiche Vorzeichen wie *x*.

Rückgabewert: Nachkommaanteil von *x*

Die Funktion pow

```
#include <math.h>
double pow(double x, double y);
```

Berechnet x^y.

Rückgabewert: x^y; 0, wenn *x* gleich 0 und *y* kleiner oder gleich 0 ist, wenn *x* negativ und *y* keine ganze Zahl ist. *HUGE_VAL*, wenn zu große oder zu kleine Werte auftreten.

Die Funktion printf

```
#include <stdio.h>
int printf(char *Kontroll, ...);
```

Gibt einen oder mehrere Werte in einer formatierten Form auf der Standardausgabe (Bildschirm) aus. Der *Formatbezeichner* wird durch ein %-Zeichen in Verbindung mit einem oder mehreren der folgenden Werte gekennzeichnet:

Wert	Bedeutung
d	Argument vom Typ *int* wird als vorzeichenbehaftete Zahl ausgegeben.
i	identisch mit d
u	Argument vom Typ *unsigned int*, wird als vorzeichenlose Zahl ausgegeben.
o	Argument vom Typ *int* oder *unsigned int*, wird als vorzeichenlose Oktalzahl ausgegeben.
x	Argument vom Typ *int* oder *unsigned int*, wird als vorzeichenlose Hexadezimalzahl ausgegeben.
f	Argument vom Typ *float* oder *double*, wird im Festkommaformat ausgegeben.
e	Argument vom Typ *float* oder *double*, wird im Exponentialformat ausgegeben.
g	Argument vom Typ *float* oder *double*, wird möglichst kompakt ausgegeben.
s	Argument vom Typ *char **, das eine Zeichenkette bedeutet. Standardmäßig werden sämtliche Zeichen exklusive des Null-Bytes ausgegeben.
p	Argument vom Typ *void **, das heißt Zeiger auf einen beliebigen Datentyp, wird als vorzeichenloser Hexadezimalwert ausgegeben.
l	Zusatzzeichen zur Kennzeichnung von *long*- oder *double*-Argumenten
ll (nur in C99)	Zusatzzeichen zur Kennzeichnung von *long long* oder *long double*

Rückgabewert: Anzahl der ausgegebenen Zeichen

Die Funktion putchar

```
#include <stdio.h>
int putchar(int c);
```

Gibt das Zeichen mit dem Zeichencode *c* auf dem Standardausgabegerät (Bildschirm) aus.

Rückgabewert: *c*, wenn das Zeichen ausgegeben wurde; *EOF*, wenn ein Fehler auftrat.

Die Funktion qsort

```
#include <stdlib.h>
void qsort (void *basis, size_t anzahl, size_t groesse, int
(*vergleich)(void *, void*));
```

Diese extrem nützliche Funktion sortiert ein Array nach dem Quicksort-Algorithmus in aufsteigender Reihenfolge. Das Argument *basis* zeigt dabei auf den Anfang des Arrays, das Argument *anzahl* gibt die Anzahl der zu sortierenden Arrayelemente an, das Argument *groesse* legt die Größe eines einzelnen Arrayelements fest.

Das Argument *vergleich* zeigt auf eine Funktion, die die Funktion *qsort* aufruft, um den eigentlichen Vergleich durchzuführen. Diese Funktion kann entweder innerhalb des Programms definiert werden, sie kann aber auch eine bereits existierende Funktion sein, z.B. *strcmp*. Wichtig ist, dass die Funktion zwei ihr übergebene Werte vergleichen kann und dabei einen Wert kleiner 0 zurückgibt, wenn das erste Argument kleiner als das zweite Argument ist, eine 0, wenn beide Argumente gleich sind, und einen Wert größer 0, wenn das erste Argument größer ist als das zweite Argument.

Rückgabewert: keiner

Die Funktion rand

```
#include <stdlib.h>
int rand(void);
```

Ermittelt eine Zufallszahl im Bereich 0 bis *RAND_MAX*. Letzteres ist ein Makro, das in *stdlib.h* definiert ist.

Rückgabewert: Pseudozufallszahl im Bereich 0 bis *RAND_MAX*

Die Funktion realloc

```
#include <stdlib.h>
void *realloc(void *ptr, size_t groesse);
```

Ändert die Größe eines Speicherblockes, der zuvor über die Funktionen *calloc* oder *malloc* reserviert wurde und dessen Zeiger als Argument übergeben wird. Die neue Größe wird durch das Argument *groesse* festgelegt.

Rückgabewert: 0, wenn die Funktion erfolgreich ausgeführt wurde; ungleich 0, wenn ein Fehler auftrat.

Die Funktion rewind

```
#include <stdlib.h>
void rewind(FILE *fp);
```

Setzt den Dateizeiger, der die aktuelle Schreib-Lese-Position einer geöffneten Datei angibt, auf den Dateianfang zurück, wobei auch eventuelle Fehlerflags gelöscht werden.

Rückgabewert: keiner

Die Funktion scanf

```
#include <stdio.h>
int scanf(char *format, ...);
```

Nimmt eine Eingabe vom Standardeingabegerät (Tastatur) entgegen und weist sie den aufgelisteten Variablen zu. Diese müssen stets in Form ihrer Adresse übergeben werden, sodass z.B. *int*-Variablen der Adressoperator & vorausgehen muss. Es gelten die gleichen Formatbezeichner wie bei der *printf*-Funktion.

Rückgabewert: Anzahl der eingegebenen Zeichen

Die Funktion sin

```
#include <math.h>
double sin(double x);
```

Berechnet den Sinus von *x*.

Rückgabewert: Sinus von *x* im Bereich –1 bis 1

Die Funktion sinh

```
#include <math.h>
double sinh(double x);
```

Berechnet den Sinus Hyperbolicus von *x*. Das Argument wird dabei im Bogenmaß angegeben.

Rückgabewert: Sinus Hyperbolicus von *x*; *+/-HUGE_VAL* bei einem Überlauf.

Die Funktion sqrt

```
#include <math.h>
double sqrt(double x);
```

Berechnet die Quadratwurzel von *x*, wobei *x* größer oder gleich Null sein muss.

Rückgabewert: Quadratwurzel von *x*; 0, wenn ein negativer Wert übergeben wurde.

Die Funktion srand

```
#include <stdlib.h>
void srand(unsigned seed);
```

Initialisiert den Zufallszahlengenerator. Über das Argument *seed* wird die Reihenfolge der Zufallszahlen festgelegt, welche durch die Funktionen *rand* und *drand* ausgegeben werden. Bei *seed>1* werden stets unterschiedliche Zahlen gezogen, bei *seed=1* wird der Zufallszahlengenerator reinitialisiert, und die Funktionen *rand* und *drand* erzeugen wieder die gleiche Zufallszahlenreihenfolge wie bei ihrem ersten Aufruf.

Rückgabewert: keiner

Die Funktion strcat

```
#include <string.h>
char *strcat(char *str1, char *str2);
```

Verkettet zwei Zeichenketten zu einer einzigen Zeichenkette, indem die zweite Zeichenkette an das Ende der ersten Zeichenkette kopiert wird. Der für *str1* reservierte Platz muss groß genug sein, um alle Zeichen, inklusive eines Null-Bytes, aufnehmen zu können.

Rückgabewert: Zeiger auf *str1*

Die Funktion strchr

```
#include <string.h>
char *strchr(char *str1, int c);
```

Ermittelt das erste Auftreten des Zeichens *c* in der angegebenen Zeichenkette.

Rückgabewert: Zeiger auf das Zeichen in der Zeichenkette; *NULL*, wenn das Zeichen nicht gefunden wurde.

Die Funktion strcpy

```
#include <string.h>
char *strcpy(char *str1, char *str2);
```

Kopiert die Zeichenkette *str2* in die Zeichenkette *str1* einschließlich eines Null-Bytes. *str1* muss daher groß genug sein, um alle Zeichen aufnehmen zu können.

Rückgabewert: Zeiger auf die Zeichenkette *str1*

Die Funktion strlen

```
#include <string.h>
size_t strlen(char *str);
```

Ermittelt die Länge einer Zeichenkette, die mit einem Null-Byte abgeschlossen werden muss. Letzteres wird nicht mitgezählt.

Rückgabewert: Länge der Zeichenkette *str*

Die Funktion strpbrk

```
#include <string.h>
char *strpbrk(char *str1, char *str2);
```

Ermittelt die Position des ersten Zeichens in *str1*, welches auch in *str2* enthalten ist.

Rückgabewert: Zeiger auf ein Zeichen in *str1*; *NULL*, falls kein Zeichen gefunden wurde.

Die Funktion strrchr

```
#include <string.h>
char *strrchr(char *str1, int c);
```

Bestimmt das letzte Vorkommen des Zeichens *c* in der Zeichenkette *str1*.

Rückgabewert: Zeiger auf das gefundene Zeichen in der Zeichenkette; *NULL*, wenn das Zeichen nicht gefunden wurde.

Die Funktion strstr

```
#include <string.h>
char *strstr(char *str1, char *str2);
```

Ermittelt die Position des ersten Auftretens von *str2* innerhalb von *str1*.

Rückgabewert: Zeiger auf den Beginn von *str2* innerhalb von *str1*; *NULL*, wenn die Zeichenkette nicht gefunden wurde.

Die Funktion system

```
#include <stdlib.h>
int system(char *cmdstring);
```

Übergibt den über *cmdstring* festgelegten Kommandostring an das Betriebssystem und ermöglicht so die Ausführung von Betriebssystemkommandos oder den Aufruf von Programmen. Bei MS-DOS und Windows ist die maximale Größe eines Kommandos zusammen mit den zugehörigen Parametern auf 127 Zeichen begrenzt.

Rückgabewert: 0, zeigt an, dass das Kommando erfolgreich ausgeführt werden konnte; ungleich Null, wenn ein Fehler auftrat.

Die Funktion tan

```
#include <math.h>
double tan(double x);
```

Berechnet den Tangens von *x*.

Rückgabewert: Tangens von *x*; 0, wenn ein Fehler auftrat.

Die Funktion tanh

```
#include <math.h>
double tanh(double x);
```

Berechnet den Tangens Hyperbolicus von *x*. Der Wert des Arguments muss im Bogenmaß angegeben werden.

Rückgabewert: Tangens Hyperbolicus von *x*

Die Funktion time

```
#include <stdio.h>
time_t time(time_t *zeit);
```

Speichert die aktuelle Systemzeit in der Variablen, auf die das Argument *zeit* zeigt. Die aktuelle Zeit wird dabei ab dem 1. Januar 1970, 0:00, berechnet.

Rückgabewert: aktuelle Zeit in Sekunden

Die Funktion tolower

```
#include <ctype.h>
int tolower(int c);
```

Wandelt das Zeichen *c* in einen Kleinbuchstaben um, wenn sich dieses im Bereich *[A...Z]* befindet.

Rückgabewert: Kleinbuchstabe, wenn *c* im Bereich *[A..Z]* liegt.

Die Funktion toupper

```
#include <ctype.h>
int toupper(int c);
```

Wandelt das Zeichen *c* in einen Großbuchstaben um, wenn sich dieses im Bereich *[a...z]* befindet.

Rückgabewert: Großbuchstabe, wenn *c* im Bereich *[a..z]* liegt.

Stichwortverzeichnis